Cahiers Parisiens

Parisian Notebooks

sous la direction de Françoise Meltzer

Volume 6
2010

Sommaire / Contents

LA FIN DE LA DEMOCRATIE ? CYCLE DE DÉBATS EN RÉSONANCE AU SPECTACLE *CORIOLAN* DE SHAKESPEARE MIS EN SCENE PAR CHRISTIAN SCHIARETTI

Preface

This, the sixth volume of the *Cahiers Parisiens/Parisian Notebooks,* continues the tradition of publishing some of the events that took place at the University of Chicago's Center in Paris during an academic year—in this case, 2008-09, during which I was Academic Director. As with previous volumes of the *Cahiers,* not all of the lectures, colloquia and gatherings are recorded here. Indeed, of the fourteen events that took place at the Center in that year, only four are produced in these pages. The others have either appeared elsewhere, or were not intended for publication. I think our readers will agree, however, that the four we produce here are remarkable, and attest to the diversity and interdisciplinarity of the Center's intellectual pursuits. Moreover, they resonate with each other in fascinating, if unintended, ways.

The first of these is the lecture given by Jennifer Pitts (University of Chicago, Department of Political Science). The lecture was given in French, and titled "La montée du libéralisme impérialiste: Les penseurs libéraux et la question coloniale" ("The rise of imperialist liberalism: Liberal thinkers and the colonial question"). Professor Pitts' book, *A Turn to Empire: The Rise of Imperial Liberalism in Britain and France* (Princeton, 2005) had been published a few years before, and the author generously took the time to present its major points in front of an audience (and two respondents) at the Center. Professor Pitts asks why, after the intense critique of Empire that marks the 18th-century Enlightenment, did writers such as Tocqueville and John Stuart Mill become apologists of sorts for imperialism in the 19th century. The "civilizational hubris" that marks much of the liberal and neo-liberal discourse today, writes Pitts, can be just as destructive as the self-assured claims of 19th-century "liberal' imperialists. What we need, argues Pitts, is a certain intellectual humility in viewing the past if we don't wish, in this post Cold War era, to recapitulate the misplaced confidence that 19th-century liberalism placed in itself as the only political option. We are dangerously close to such a recapitulation, concludes

Pitts: we are in many ways still locked in the uncritical liberalism of the 19th century; 1789 is too easily echoed by 1989.

The second event was an international, bilingual conference on "Emotion Past and Future: Transdisciplinary Perspectives on Explaining Emotion." The conference, organized by Claudia Wassmann (who was also a participant), is a model of interdisciplinarity. It engages questions on how we now understand emotion in the light of the relatively new technology of brain imaging (MRI), and does so from a myriad of perspectives: psychological, neurological, affective sciences, philosophy, history and literature. Dr. Wassmann's excellent introduction is detailed and concise, so I won't rehearse it here. She explains that a good many of the presentations at the conference, given that they followed the academic customs of the various fields engaged, were Power Points and thus could not be reprinted here. Her introduction then summarizes these absent presentations, so that the reader has a clear idea of what the stakes were in each instance, how the varying fields were able to talk to each other on the subject of emotion, and the problematics outlined and discussed. What we do have in these pages, then, are two lectures from the conference.

The first of these two is by Christiana Frey (Assistant Professor at Princeton University), who spoke on "Passions, humeurs, sentiment. Esquisse d'une histoire sémantique et littéraire des émotions" ("Passions, Humors, Sentiment. A Brief Description of the Semantic and Literary History of the Emotions"). Frey, who specializes in the history of knowledge, explains that until the 18th century, the understanding of emotion followed Aristotle's theory of passions, and was based on the four humors. The 18th century saw a restructuring of medical and anthropological knowledge (such as the concept of nerves), supplanting the old models. The study of emotion has a cultural history, Frey argues, and the new models for explaining emotion actually changed the way people felt. The mind was now seen as an independent entity "that generates its own moods." With a new semantics of feeling, she concludes, "new ways of feeling become conceivable."

The second published paper from the conference on emotion is by Dr. Wassmann herself, titled "Reflections on the "body loop": Carl Georg Lange's theory of emotion." Her paper argues for a reappraisal of Lange's work on the emotions (during the 1890s), among other reasons because he saw emotions as biologically based (as against spiritually based, the more common view in his day), and because Lange can be seen, in Dr. Wassmann's words, "as a precursor to component and appraisal theories of emotion."

The third event at the Center was a conference organized by my colleague at the University of Chicago, Philippe Desan, and was held in French. Here seven literary scholars and historians consider the connection between two major French writers and thinkers: Michel de Montaigne, the 16th century Renaissance scholar and author of the famous *Essais*, and François-René de Chateaubriand (1768-1848), the romantic writer and politician. The issues raised range from Chateaubriand's frequent reference to Montaigne's work (Piva), to Chateaubriand's decreasing idealization of the native Americans (Toffano), to his *Italian Journals* (Desan), and to the extent to which both authors understood themselves to be "gentleman," a category that helped to define how they viewed their position as writers and the ethos of their discourse (Basalmo). The conference on "Montaigne et Chateaubriand" provides a rich mixture of historical, sociological, literary and cultural observations. The results are much more significant than "influence studies"; the seven scholars here show how the voyage itself (to Italy for both writers, and to the New World for Chateaubriand), engages a notion of the self (*le moi*) that is problematized by the varying cultural contexts (Tucci). Chateaubriand's days spent with the Niagara Iroquois results in a mixture of times (*uchronie*): the nostalgia for the *ancien régime*, forever lost, and the Iroquois as a surviving instance of noble savages in the way Montaigne imagined them at humanity's beginnings. Chateaubriand increasingly realizes that the noble savage too, is a thing of an ancient past—if, in fact, such a savage ever existed at all (Lestringant). The Catholic Chateaubriand's recourse to

Montaigne's texts is not without ambivalence, but the two writers share a belief in the freedom of expression, an innovative form of writing, anchored in irony and self-irony (Vasarri).

Finally, we present here in its entirety the fourth conference, which was a genuinely remarkable achievement, and was conceived and introduced, as well as framed, by Gérald Garutti. Director of the Department of Theater and Politics at Science Po, and of the Department of Arts and Humanities at the École Nationale Supérieure des Arts et Techniques du Théâtre, Garutti is also a playwright and director. The conference was organized by the Fabrique des Idées du Théâtre National Populaire, and took place in December 2008, over a three-day period-- the first two days at the Cité Internationale Universitaire de Paris (Collège Franco-Britannique), and the third day at the Théâtre Nanterre-Amandiers. It was funded by the Cité Universitaire de Paris, the Collège Franco-Britannique, the Théâtre des Amandiers, Science Po, and the University of Chicago Center in Paris. The variety of sponsors itself is an indication of the deeply multi-disciplinary tenor of the proceedings.

The conference (in French) centered on Shakespeare's late play "Coriolanus," (drawing in particular on the then recent French production directed by Christian Schiaretti, who participated in the conference), to ask whether democracy has come to an end at the present time ("La fin de la démocracie?"). In the format of five round table discussions, fifteen participants from a variety of disciplines considered the question about democracy. Specialists ranged from a wide array of fields: political journalism; history; social sciences; theatrical direction and production; acting; philosophy; psychoanalysis; literary history and criticism; poetry; and writing. In order to orient the discussion, several of the round tables were preceded by a screening of a given scene from "Coriolanus" (in the Schiaretti production). The five round tables have five separate considerations: 1. The Worst of Regimes. 2. The Regime of Crises. 3. The Reign of Representation. 4. What is a Hero? 5. The Hero and the Masses.

The result is a superb collection of commentaries on the history of democracy, its present state politically and globally, the philosophical concerns that democracy elicits, the question of heroism, of the role of crisis in democracy, of representation in the theater and in the political arena—all considered under the auspices of the Shakespeare play and its tragic character, the Roman military hero Coriolanus. Every participant in this conference is at the forefront of his or her field, and the resulting reflections on democracy today make for a first-rate collection.

I should add that during my directorship of the University of Chicago Center in Paris, in the fall of 2008, we were pleased to host the annual meeting of the Advisory Board of the Consortium of Humanities Centers and Institutes. We arranged for the Board to begin their proceedings with some of their European counterparts, in order to encourage a greater international scope for CHCI and to open a conversation on shared interests with the directors of European institutes and centers. We are proud, at the Center, that we played a small role in the visibly greater international aspect of CHCI. Part of our mission at the Center, after all, is to increase discussion between us and other institutions of similar scholarly and interdisciplinary concerns. We do this regularly now in Paris, and with many European colleagues. The circle needs to widen beyond the United States, Canada, and Europe, and at the Center we continue to make such a broadening of our lectures, colloquia, courses and gatherings a priority. The questions of democracy, colonialism and political liberalism, the voyage and the widening of perspectives it necessitates, the theater and the issues of representation, and the possible conversations between science and the humanities—all of these questions are raised and confronted in these four events that took place at the Center during 2008-9.

In closing, I would like to thank the Center's Administrative Director, Sébastien Greppo, for making my year of Directorship so pleasant and successful—indeed, possible. Thanks also to Thomas Dodman and Maia Gabily for their help in editing the published version of these four events, again to Sébastien

Greppo for formatting and collecting these events, and to the entire staff at the Center: Arnaud Coulombel, Arnaud Hédin, Claire Vidonne and Xin Miao. My predecessor as Director of the Center, Jan Goldstein ended her own introduction to the *Cahiers Parisien* thus: "This is not an exhaustive list, just as the four conferences contained herein in no way exhaust the riches of the Center events in 2007-8." I would concur completely, and simply add the dates of 2008-9.

-- Françoise Meltzer

La montée du libéralisme impérialiste : Les penseurs libéraux et la question coloniale

Jennifer Pitts

La notion d'empire a fait un retour en force à la fois aux Etats-Unis et en France. Aux Etats-Unis, on assiste à une multitude de débats autour de l'existence d'un nouvel empire américain. L'administration Bush et ses partisans envisageaient une présence militaire américaine majeure au Proche Orient pour les générations à venir ; cette présence n'a pas diminué de façon significative sous le président Obama. L'Amérique a adopté son rôle de leader mondial et a tenté de fixer les conditions de la coopération internationale à tous les niveaux, du commerce, à l'environnement, en passant par les crimes de guerre. La plupart de ceux qui parlent des Etats-Unis comme d'un empire sont été des opposants de gauche qui utilisent l'analogie pour montrer combien les positions unilatérales et militaristes de l'administration sont désastreuses sur un plan moral et économique. L'administration Bush de son côté a nié l'impérialisme de sa politique et parlait au contraire de libération des peuples et de protection de la sécurité américaine.[1] Mais certains partisans de ce programme, parmi lesquels Niall Ferguson et Michael Ignatieff, encouragent le gouvernement américain à adopter le modèle d'empire dans leur politique, sur le modèle de l'empire britannique des XIXe et XXe siècles. Ferguson a déclaré que les Etats-Unis doivent comprendre et accepter le fait qu'ils construisent un empire, sous peine de mettre la planète en plus grave danger encore, de violence et

---

[1] Bien qu'ils reconnaissent parfois leurs aspirations impérialistes, comme lorsqu'un conseiller de Bush anonyme déclara de façon méprisante que les journalistes et les critiques de l'administration appartenaient à une « communauté fondée sur la réalité » alors que « Nous sommes un empire à présent, et lorsque nous agissons, nous créons notre propre réalité ». Cité dans Ron Suskind, « Faith, Certainty, and the Presidency of George W. Bush », *New York Times Magazine*, 17 Octobre 2004.

d'instabilité. Il a également souligné que l'empire britannique au faîte de sa puissance, utilisait la même rhétorique de libération et de protection des intérêts nationaux.

La France a elle aussi connu, mais pour des raisons assez différentes, un récent regain d'attention envers son expérience et son héritage coloniaux. Ce « virage post-colonial » vient bien tard pour de nombreux observateurs français et étrangers, et on a développé le concept de *fracture coloniale* pour rendre compte de l'oblitération initiale des souvenirs coloniaux de la France, suivie d'un nouvel intérêt pour cette partie de son histoire, et de nouveaux conflits.[2] Le débat sur la guerre d'Algérie, longtemps refoulé, a pris de l'ampleur avec le vieillissement des anciens combattants. Alors que la présence des immigrés en provenance des anciennes colonies devient de plus en plus notable dans la vie publique, notamment au travers des problèmes de banlieues, de l'affaire du foulard et de la crise d'intégration, le discours médiatique s'intéresse comme jamais à la préhistoire coloniale de ces problèmes. Alors, contrairement à la Grande-Bretagne, dont le passé colonial et post-colonial ont fait l'objet de discussions à la fois universitaires mais aussi collectives depuis des dizaines d'années, les Etats-Unis et la France n'ont que récemment commencé à fournir une réflexion nourrie sur leurs aspects impériaux.

J'avais tout d'abord conçu mon livre, et orienté mes recherches, sur la période d'avant Bush, alors qu'on ne parlait à peine d' « empire » comme d'un phénomène contemporain, donc bien avant l'avalanche de livres sur l'empire américain. Mais même à ce moment là, quelques critiques décrivaient déjà comme néo-coloniales un certain nombre de politiques américaines, ou d'institutions internationales soutenues par les

---

[2] Pascal Blanchard, Nicolas Bancel et Sandrine Lemaire, *La fracture coloniale : la société française au prisme de l'héritage colonial*, Paris, La Découverte, 2005. *Marianne et les colonies* de Gilles Manceron (Paris, La Découverte, 2003) figure parmi les meilleurs ouvrages qui se sont efforcés de se saisir de l'histoire coloniale de la France.

Etats-Unis comme le FMI ou la Banque mondiale. Ces organisations étaient, on disait, utilisées par les nations dominantes pour enraciner leurs privilèges, même si, dans une certaine mesure, elles servaient aussi la cause de la prospérité collective et de la coopération.

L'impérialisme libéral du XIXe siècle ressemblait, sous bien des aspects, plus à ce genre de néo-colonialisme qu'à l'empire façon Bush. Il s'empreignait souvent d'un idéalisme authentique ; il aspirait à une globalisation unifiée où le commerce et les relations seraient mutuellement bénéfiques. Mais il avait également tendance à se considérer comme un modèle pour le reste du monde. Ses conceptions étaient plutôt étroites, notamment sur quels types d'arrangements politiques et institutionnels étaient acceptables, progressistes ou indiqués pour le monde moderne.

L'impérialisme de l'administration Bush, ainsi que le militarisme éhonté et le mépris pour l'application du droit qui la caractérisaient, se détachait assez clairement de ce modèle d'impérialisme libéral. En même temps, le libéralisme demeure tout de même au cœur de la rhétorique de justification de cette nouvelle forme d'empire : les guerres sont justifiées par la diffusion de la démocratie ou la libération de régimes autoritaires. Même si, dans une certaine mesure, ces justifications ne sont que rhétoriques, elles s'animent d'une vie propre une fois articulées ; elles affectent les modalités et la durée de l'occupation, ainsi que les objectifs à atteindre. Et il n'y a aucun doute que quelques personnes au moins, au sein de l'administration, croient fermement que la guerre et l'occupation à long terme sont effectivement les seuls moyens de libérer les peuples de dirigeants tyranniques.

De bien des façons alors, nous sommes toujours dans l'héritage du libéralisme impérial du XIXe siècle. La montée de cet ensemble d'idées commence par une énigme. Alors qu'un nombre surprenant de penseurs politiques de la fin du XVIIIe siècle critiquaient violemment les empires de leurs temps, leurs successeurs, des libéraux comme Alexis de Tocqueville et John Stuart Mill, furent de fervents partisans du pouvoir impérial. Il est possible d'aborder ce paradoxe de deux façons distinctes. La première passe par le biais d'une question d'histoire intellectuelle : comment se fait-il que les visions sur l'empire aient tellement changées au sein de penseurs si proches sous bien d'autres aspects ? Pourquoi les critiques acerbes du XVIIIe siècle ont-elles soudain disparu ? La seconde, plus orienté vers la morale, se propose de tenter de récupérer quelque chose des croyances et des sensibilités de ces critiques du XVIIIe siècle.

Ce n'est qu'au cours de la dernière génération que les spécialistes universitaires de l'histoire intellectuelle ont pris en compte les nombreux enchevêtrements pourtant anciens entre la notion d'empire et la pensée politique. La montée du libéralisme comme philosophie ou idéologie, en particulier, est contemporaine de l'expansion des empires européens, et ce n'est que récemment que l'on a enfin admis combien le libéralisme était lié à l'histoire de l'empire. Cette question est encore chaudement débattue.

L'argument qui est devenu récemment prévalent est que le libéralisme avait toujours eu une dimension impérialiste en ce sens que l'accent mis par les libéraux sur le progrès et l'établissement d'une législation les avait conduit à soutenir les projets impériaux. De ce point de vue, la « mission civilisatrice » des Français et des Britanniques au XIXe siècle peut être considérée comme un exemple extrême mettant en évidence la logique pro-impérialiste de la pensée politique libérale de John Locke à nos jours.[3]

D'autres contestent que le libéralisme soit forcément anti-impérialiste. Dans les années soixante, le grand penseur libéral

[3] Voir par exemple Uday Mehta, *Liberalism and Empire: A Study in Nineteenth-Century British Liberal Thought*, Chicago, University of Chicago Press, 1999.

britannique Isaiah Berlin, par exemple, supposait après sa lecture de *La Démocratie en Amérique*, que Tocqueville devait s'être opposé, je cite Berlin, « au paternalisme et au colonialisme, et à toutes les formes de domination exercées par des éléments extérieurs, indépendamment de leur bonne volonté. »[4] Bien qu'un tel oubli soit désormais impossible, certains continuent d'affirmer que le libéralisme comme théorie ne peut être qu'anti-impérialiste en raison de son attachement à l'égalité et aux droits de l'homme.

Le premier de ces points de vue ne saurait rendre compte des nombreux penseurs considérés comme libéraux, ou peut être mieux comme proto-libéraux, qui critiquaient violement l'impérialisme européen, en particulier au cours du XVIIIe siècle. Le second fait l'impasse sur le fait qu'un grand nombre de concepts clefs de la pensée politique libérale furent effectivement mis au service des entreprises impérialistes européennes, et que le libéralisme fut fortement marqué de l'essor par l'expansion impérialiste. Le libéralisme ne débouche inéluctablement ni sur l'impérialisme, ni sur l'anti-impérialisme. Il nous faut plutôt nous interroger sur la nature des pressions et des peurs propres à certains moments historiques pour comprendre comment des penseurs de la tradition élargie qu'on appelle le libéralisme peuvent avoir eu entre eux des désaccords aussi profonds sur l'une des questions politique les plus importantes de leur temps, celle de l'expansion des empires coloniaux.

Tout en souhaitant insister sur le fait qu'il n'existe aucun déterminisme logique qui fasse du libéralisme une tradition critique à l'égard de l'impérialisme, j'avancerai également l'idée que si le libéralisme peut être considéré comme un engagement en faveur de la dignité humaine et de l'égalité, le soutien qu'un si grand nombre de libéraux apporta à l'impérialisme au cours du XIXe siècle soulève un problème théorique. Il ne faudrait pas penser qu'un gouffre se creusa tout simplement entre la théorie

---

[4] I. Berlin, « The Thought of de Tocqueville », *History*, 50, 1965, p. 204.

et la pratique libérales. La théorie libérale s'est constituée à travers son engagement dans le champ politique. Que la création et la consolidation des empires aient joué un rôle central dans ce processus est un fait historique important, mais souvent négligé.

Nombreux proto-libéraux du XVIIIe siècle — comme Adam Smith, Jeremy Bentham, Denis Diderot, Emmanuel Kant — dénoncèrent avec éloquence des empires qu'ils considéraient comme injustes. Ils redoutaient également que le despotisme exercé à l'extérieur de l'Europe ne vienne fragiliser la liberté politique attente par l'Europe.

En 1793, par exemple, Jeremy Bentham, qui venait d'être nommé citoyen d'honneur de la République française, adressait à la convention nationale une lettre ouverte dans laquelle il exhortait la France à émanciper ses colonies. « Vous exécrez la tyrannie; l'idée de la sujétion d'une nation à une autre vous fait horreur. Vous considérez cela comme de l'esclavage...Avez-vous vraiment l'intention de diriger le monde, et est-ce *cela* que vous appelez la liberté ? Où sont passés les droits de l'homme ? Etes-*vous* les seuls hommes à avoir des droits ? »[5]

Bentham était un critique sévère de l'impérialisme européen. Il rejetait l'idée selon laquelle l'Angleterre devait se servir de son Empire pour imposer des lois bonnes à des sociétés prétendu « arriérées ». Il résuma plus tard cette opinion ainsi: « Réformer le monde par l'exemple : c'est agir avec générosité et avec sagesse. Réformer le monde par la force ? Autant essayer de réformer la lune: il faut être fou [*lunatic*, en anglais] pour forger pareil dessein ! »[6] De nombreux contemporains de Jeremy Bentham

---

[5] J. Bentham, « Emancipate Your Colonies! », in Philip Schofield, Catherine Pease-Watkin, et Cyprian Blamires (dir.), *Rights, Representation, and Reform: Nonsense upon Stilts and Other Writings on the French Revolution*, Oxford, Clarendon Press, 2002, p. 307-8.

[6] John Bowring (dir.), *Works of Jeremy Bentham*, Edinburgh, W. Tait, 1843, vol. 4, p. 416.

éprouvaient les mêmes réticences au sujet des empires européens.

La plupart des penseurs libéraux du XIXe siècle, en revanche, mirent de côté les réticences de leurs prédécesseurs. John Stuart Mill, le fils spirituel le plus célèbre de Jeremy Bentham, affirmait ainsi que, je cite, « le despotisme est un mode légitime de gouvernement des Barbares, dès lors qu'il a pour fin leur progrès ».[7] En dépit de ses positions radicales en matière de politique intérieure, Mill avait énormément foi en un gouvernement colonial considéré comme une forme de despotisme légitime et animé de bonnes intentions s'agissant de faire progresser ses sujets. Il hésita à mettre en chantier une vaste réflexion sur les structures de la domination coloniale et les abus récurrents que ces structures encourageaient.

Son ami Alexis de Tocqueville, durant les décennies qu'il passa à la Chambre des députés, travailla sans répit à la consolidation de la domination française en Algérie, et la violence nécessaire pour la faire. Il écrivait ainsi : « J'ai souvent entendu en France des hommes que je respect, mais que je n'approuve pas, trouver mauvais qu'on brulât les moissons, qu'on vidât les silos et enfin qu'on s'emparât des hommes sans armes, des femmes et des enfants. Ce sont là, suivant moi, des nécessités fâcheuses, mais auxquelles tout peuple qui voudra faire la guerre aux Arabes sera obligé de se soumettre. »[8]

On peut s'étonner du fait que, juste au moment où les idées de droits de l'homme, d'égalité, et de démocratie, commençaient à gagner du terrain sur la scène politique européenne, les théoriciens politiques du libéralisme devenaient quant à eux de fervents adeptes de la domination impériale. Je vois en cette

---

[7] J. S. Mill, *On Liberty*, in *Collected Works of John Stuart Mill*, Toronto, University of Toronto Press, 1963-1991, vol. 18, p. 224.

[8] A. de Tocqueville, « Travail sur l'Algérie [1841] », in André Jardin (dir.), *Oeuvres Complètes*, t. 3, vol. 1, p. 226-27.

évolution des penseurs libéraux deux raisons principales, sur lesquelles je voudrais m'arrêter brièvement ce soir.

Une première raison est à chercher dans une certaine forme de confiance en la civilisation et la politique européenne. Une autre se trouve, paradoxalement, dans une inquiétude envers la démocratie. Beaucoup craignaient que la démocratisation ne mette en péril les réalisations politiques de l'Europe. On craignait en effet qu'avec l'accroissement de l'égalité et du pouvoir du peuple, le régime politique ne devienne despotique et la société intellectuellement et artistiquement médiocre. Cette crainte était largement répandue, *même* chez les penseurs progressistes et libéraux, pour qui la démocratie était la seule forme vraiment légitime de gouvernement. Je dirais que ce sont ces deux éléments — la confiance en la civilisation européenne et l'inquiétude au sujet de la démocratie — qui ont fait disparaître les sentiments anti-impérialistes des penseurs du XVIIIe siècle.

A partir des années 1830, même les critiques sociaux les plus radicaux étaient d'accord pour dire que, quelques fussent les vices de la culture politique européenne, celle-ci n'en restait pas moins largement supérieure à celle du reste du monde. Je suggérais que cette confiance représente un phénomène inédit. Tout au long du XVIIIe siècle, on trouvait encore un respect pour les sociétés commerçantes d'Asie. La Chine et l'Inde étaient considérées comme des civilisations anciennes et très développées, riches de traditions artistique et littéraire de grande valeur, et de systèmes politique et juridique complexes. Par l'opulence et le raffinement de leurs marchandises, et par le bien être des membres les plus pauvres de la société chinoise, la Chine et l'Inde étaient, on croyait, dignes d'être comparés à l'Europe.

Je mentionne trois développements qui ont contribué à étayer cette foi en la supériorité européenne : la croissance économique et technologique qu'on a appelé la révolution industrielle ; les bouleversements politiques en Europe ; et l'abolition du commerce des esclaves, et puis de l'esclavage, dans les colonies.

Tous ces événements facilitèrent l'émergence de théories du progrès présentant la suprématie européenne comme un projet juste et même providentiel.

D'abord, alors, la croissance économique. Il est probable que l'augmentation de la productivité européenne ait été, en partie, facilitée par l'ouverture d'un vaste espace agricole grâce à la conquête des Amériques. Tandis que l'Empire stimulait la croissance économique de la Grande Bretagne, il freinait l'évolution économique et culturelle des colonies comme l'Inde. Autrement dit, quand les intellectuels de l'Angleterre victorienne décrivaient la société indienne comme stagnante, ils avaient probablement raison en partie. Mais ils omettaient de noter que cette stagnation était en réalité un des effets négatifs de l'empire britannique lui-même. Car alors, plusieurs régions de l'Inde avaient bel et bien pris du retard par rapport à leur situation avant l'arrivée du pouvoir britannique en Inde.

L'incompétence de l'administration britannique et l'imposition de réglementations commerciales défavorables à l'Inde contribuèrent à créer une dépression économique de plusieurs décennies en Inde. La politique britannique en Inde eut pour conséquence d'estropier une économie de manufacture autrefois dynamique et de transformer la société indienne en une société plus traditionnelle. Or, au lieu de voir cette évolution comme un problème récent dont ils étaient en partie responsables, les Anglais s'empressèrent d'expliquer le retard de la société indienne comme un trait inhérent à la culture indienne. De ce point de vue l'empire britannique représentait pour l'Inde son seul espoir de progrès économique et culturel.

En second lieu, il y a la consolidation de la démocratie en Europe occidentale. De nombreux philosophes du XVIIIe siècle pensaient que l'Europe, en raison de la tyrannie et de l'inégalité qui caractérisait sa société, n'avait aucune légitimité morale pour prétendre diffuser sa culture politique à l'étranger. Pour eux, la violence impériale n'était rien d'autre qu'une forme d'injustice supplémentaire caractérisant les régimes politiques de leur temps. Diderot plaçait cette critique dans la bouche d'un dirigeant tahitien imaginaire, parlant à l'explorateur Bougainville: « Et toi, chef des brigands qui t'obéissent, écarte promptement ton vaisseau de notre rive: nous sommes innocents, nous sommes heureux; et tu ne peux que nuire à notre bonheur. Laisse-nous nos mœurs ; elles sont plus sages et plus honnêtes que les tiennes ; nous ne voulons point troquer ce que tu appelles notre ignorance, contre tes inutiles lumières …. Laisse-nous reposer : ne nous entête ni de tes besoins factices, ni de tes vertus chimériques. »

A cette autocritique des radicaux de l'Ancien Régime succéda, chez les libéraux français du XIXe siècle, un sentiment de fidélité envers la nation et la société. Assurément, des libéraux comme Tocqueville s'inquiétaient du chaos de la vie politique française au XIXe siècle. Mais les libéraux français étaient convaincus que la Révolution avait inauguré une ère de liberté et d'égalité. Tocqueville affirmait ainsi: "C'est *nous* qui avons donné un sens déterminé et pratique à cette idée chrétienne que tous les hommes naissent égaux…. Grâce à nous, [cette idée est] devenue le symbole de la politique nouvelle." Pour de tels libéraux, les succès politiques de la génération passée étaient glorieux, mais fragiles. Aussi n'étaient-ils pas prêts à critiquer avec autant de virulence un ordre politique dont la fragilité était si inquiétante et dont le potentiel de progrès était si prometteur.

De même, on trouve en Grande Bretagne, dès les premières décennies du XIXe siècle, l'idée que le système politique anglais, malgré ses défauts, est infiniment supérieur à tout autre, et que les Anglais sont le seul peuple capable d'apporter un bon gouvernement à une société aussi sous-développée que l'Inde. Bentham par exemple avait été indigné par l'inconsistance, et la présomption, de l'administration britannique en Inde. Il déplorait le fait que les Anglais se fussent débarrassés, de manière aussi irresponsable, d'un système juridique dont le travail avait été plutôt satisfaisant : « Là où un juge anglais agit comme il faut une fois sur cent, les juges Bramine avaient coutume d'agir correctement tous les jours ».[9]

James Mill, l'ami et disciple de Bentham et le père de John Stuart Mill, déclarait en revanche que les juges indiens étaient tous incompétents et tyranniques. « Le gouvernement anglais en Inde, en dépit de tous ses vices, est une bénédiction inouïe pour la population de l'Hindoustan. Même le pire des pouvoirs européens est meilleur que le pouvoir despotique oriental le plus tempéré. » [10] L'Europe, malgré ses problèmes politiques, apparaissait alors comme résolument engagée sur le chemin du progrès. Le reste du monde en revanche était perçu non seulement comme sous-développé, mais aussi comme incapable de progresser sans aide extérieure.

En troisième lieu, il y a l'abolition du commerce des esclaves qui a nourri la confiance européenne. Au XVIIIe siècle, on a dénoncé l'expansion impériale européenne comme complice de l'horreur que représentait le commerce des esclaves. Des réformateurs de cette époque concevaient l'esclavage dans les Indes occidentales et les injustices commises par les Européens dans l'Inde orientale comme des crimes interdépendants. Ce mélange humanitaire d'anti-impérialisme et d'anti-esclavagisme disparaît vers la fin du XVIIIe siècle. L'opposition à l'esclavage se répand rapidement au-delà d'un cercle d'activistes pour devenir une sorte de mouvement de masse. Mais la critique de l'impérialisme en revanche s'atténue clairement à la fin du siècle et reste presque invisible tout au long du XIXe siècle.

J'ai mentionné quelques unes des diverses causes de la *confiance* avec laquelle l'Angleterre et la France vinrent envisager le monde hors des frontières de l'Europe. Mais le milieu du XIXe siècle se caractérise aussi par une inquiétude persistante au sujet

---

[9] *Works of Jeremy Bentham*, *op. cit.*, vol. 1, p. 187.

[10] J. Mill, « Review of *Voyage aux Indes orientales* by Le P. Paulin de S. Barth´lemy, Missionary », *Edinburgh Review*, 15, 1810, p. 371.

de la longévité des victoires politiques de l'Europe. Au moment où l'Angleterre et la France étendent de plus en plus le droit de vote, on perçoit chez de nombreux penseurs une vive inquiétude au sujet du danger que la démocratisation représente pour les sociétés européennes.

Il semble surprenant qu'au moment où l'égalité et la démocratie progressaient à l'intérieur de l'Europe, on voit disparaître presque entièrement l'idée de justice plus universelle à l'égard du monde non européen, qu'avait défendue les penseurs de la génération précédente. Pour les libéraux du XIXe siècle, les Européens et les non Européens devaient désormais être jugés selon des critères politiques et juridiques différents. La souveraineté populaire devint la règle à *l'intérieur* de l'Europe ; le despotisme devint la règle à *l'extérieur*, sinon de façon permanente, du moins à durée indéterminée.

C'est ce que suggèrent les arguments de Tocqueville en faveur de l'Algérie française. Pour Tocqueville, la démocratie était la forme la plus juste de gouvernement, et le développement de la démocratie en Europe un phénomène providentiel. Mais il craignait également que l'égalité démocratique ne conduise à l'apathie politique et à la léthargie sociale. Il craignait que les peuples des sociétés modernes démocratiques ne se détournent des affaires publiques pour ne s'occuper que de leurs petits problèmes de famille ou de travail. Au mieux, cette forme de retrait de la sphère publique conduirait à une forme molle de despotisme, un gouvernement tutélaire. Mais le *grand* risque était celui d'un retour du bonapartisme, et la disparition totale de la liberté.

Tocqueville souhaitait parer de toute urgence à une telle éventualité. Il fallait pour cela mettre en œuvre un grand projet national tel que la société retrouve son intérêt pour la vie politique de la nation. Pour Tocqueville les chances de réaliser un tel projet en France étaient minces. Aussi se tourna-t-il vers l'Empire français, espérant y trouver une source de défi susceptible de conduire le peuple français et ses dirigeants sur le chemin de la vertu. L'abolition de l'esclavage aux Antilles fut l'un de ces défis. La conquête de l'Algérie en fut un second. Si les Français parvenaient à asseoir leur empire en Algérie, ils pourraient ainsi prouver au monde et à eux-mêmes leur vitalité politique.

Il écrivait ainsi: « Je ne crois pas que la France puisse songer sérieusement à quitter l'Algérie…elle paraîtrait aux yeux du monde plier sous sa propre impuissance et succomber par son défaut de cœur. »[11] A son ami John Stuart Mill, il écrivait : « la plus grande maladie qui menace une nation démocratiquement constituée, c'est l'abaissement de l'esprit, la médiocrité des goûts… ce n'est pas à une pareille nation qu'il est sain de laisser croire que sa place dans le monde est [devenue] plus petite. »[12]

Certes, il reconnaissait que, « nous avons rendu la société musulmane beaucoup plus misérable, plus désordonnée, plus ignorante et plus barbare qu'elle n'était avant de nous connaître ».[13] A la différence de la plupart de ses contemporains britanniques, il ne chercha pas à se persuader que l'empire était bénéfique pour ses sujets. Mais il continua à justifier la consolidation violente de l'empire français en Algérie comme essentielle à la vitalité de la démocratie en France.

Les amis anglais de Tocqueville, tels que Mill, ne partageaient pas sa grande inquiétude au sujet de l'avenir de la démocratie, en partie à cause de l'aspect beaucoup plus stable de l'évolution de la démocratie britannique. Toutefois, Mill, comme Tocqueville, établissait un rapport entre le système politique démocratique en Europe et le despotisme dans les colonies. Mill défendait

---

[11] Tocqueville, « Travail sur l'Algérie », *op. cit.*, p. 213.

[12] Tocqueville à J. S. Mill, 18 mars 1841, in *Oeuvres Complètes*, t. 6, vol. 1, p. 335.

[13] Tocqueville, « Rapport sur l'Algérie [1847] », in *Oeuvres Complètes*, t. 3, vol. 1, p. 323.

l'inclusion politique de la classe laborieuse en Grande Bretagne en soulignant à quel point elle se distinguait des peuples « arriérés » non européens, qui n'étaient pas encore dignes de la démocratie. Les classes laborieuses anglaises, affirmait Mill, étaient responsables et indépendantes, alors que les sauvages et les barbares ne l'étaient pas. Il n'y avait aucun risque, assurait-il ses critiques conservateurs, que la démocratie n'arrive en Syrie ou à Tombouctou et le despotisme européen était le meilleur espoir de progrès pour de telles sociétés.

L'émergence de l'Etat nation démocratique au XIXe siècle représenta pour les penseurs libéraux une source de pression et d'inquiétude telle qu'ils en vinrent à soutenir l'entreprise coloniale. Sous l'effet de leurs nombreuses appréhensions, ils abandonnèrent les doutes au sujet de l'empire et de la supériorité culturelle de l'Europe que l'on trouve chez de nombreux penseurs des Lumières, de Smith et Bentham à Diderot et Kant. Ainsi, paradoxalement, ce ne fut pas simplement un excès de confiance mais également un excès d'inquiétude qui conduisit les libéraux du XIXe siècle à repousser les frontières entre l'Europe et le reste du monde.

Mes deux buts sont d'essayer de comprendre la montée du libéralisme impérial comme fait de l'histoire intellectuelle, et de récupérer l'ancienne critique de l'empire que les libéraux impérialistes ont abandonné. Je voudrais conclure en évoquant certains des arguments les plus forts parmi ces critiques. J'en soulignerai deux. Premièrement, l'idée que la conquête corrompt le peuple conquérant, que le pouvoir despotique exercé à l'étranger est sur le point de venir s'enraciner en métropole, tout comme le mépris de l'application des lois. Si les gouvernements doivent, par décence, rendre des comptes aux gouvernés, alors le gouvernement impérial, qui ne rend absolument aucun compte à ses sujets, est non seulement enclin à tomber dans l'injustice et l'abus de pouvoir, mais il menace également le « bon » gouvernement en métropole. C'est un argument qu'Edmond

Burke a fait puissamment valoir tout au long de ses décennies de croisade contre l'abus de pouvoir en Inde britannique.

La seconde critique appartient peut-être davantage au domaine de la sensibilité : il s'agit d'une humilité intellectuelle et culturelle, et d'une auto-critique. Ce que les critiques du XVIIIe siècle s'accordaient avant tout à dire, c'est qu'il n'existait aucun système, ou aucun peuple, qui ne possédait le monopole de la vérité morale ou politique. Ils étaient tous d'avis que l'Europe avait ses propres problèmes. Nous pouvons bien exercer un jugement critique moral sur les pratiques existantes dans le monde, mais nous devons être aussi prêts et ouverts à diriger ces critiques envers les pratiques de notre propre société. Adam Smith, par exemple, remarquait que les gens ont tendance à être remplis de préjugés lorsqu'ils jugent les pratiques des autres. Il comprenait les difficultés d'adopter une perspective neutre. Il sentait, avec nombre de ses contemporains, combien il est difficile d'atteindre à la connaissance de nous-mêmes et de prendre une distance critique par rapport à nous-mêmes. C'est ce mélange de finalité morale et de tempérament intellectuel caractérisé par l'humilité et le doute, que je trouve le plus puissant au sein des penseurs de cette génération. Et c'est ce qui manque le plus cruellement aux libéraux impérialistes du XIXe siècle. Quelque chose de très semblable à la confiance civilisatrice du XIXe siècle semble avoir refait son apparition dans la période de l'après guerre froide. Nombreux ceux sont qui pensent qu'une stricte définition du libéralisme ou du néo-libéralisme est la seule option politique possible pour tout le monde. On peut dire dans ce sens que 1989 est le reflet de 1789. Et parce que les formes contemporaines « d'*hubris* civilisationnel » peuvent avoir les mêmes effets destructeurs que ceux des impérialistes du XIXe siècle, nous avons plus que jamais besoin de l'exemple d'humilité intellectuelle des critiques de l'empire du passé.

Emotion Past and Future: Transdisciplinary Perspectives on Explaining Emotion
March 9, 2009

Ahmad R. Hariri	Duke University
Jean Decety	University of Chicago
Joëlle Proust	Institut Jean-Nicod (EHESS-ENS)
Klaus R. Scherer	University of Geneva
Alain Berthoz	Collège de France
Christiane Frey	Princeton University
Claudia Wassmann	Institut d'histoire et de la philosophie des sciences et des techniques (IHPST)

Emotion Past and Future: Transdisciplinary Perspectives on Explaining Emotion Colloque international « Concevoir les émotions : Perspectives scientifiques et philosophiques »

This international bilingual conference was jointly organized by the Institut d'histoire et de philosophie des sciences et des techniques (IHPST) and the University of Chicago Center in Paris. It received funding by the IHPST (Paris I, CNRS) and was made possible by the University of Chicago Center in Paris. It was held at the University of Chicago Center in Paris on March 9th, 2009 and drew a large audience of graduate students, postdoctoral researchers, and scholars. The conference furthered a European forum for international exchange and dialogue on a number of interrelated questions concerning research on emotions. My sincere thanks go to the staff of the University of Chicago Center in Paris, in particular to its director, Francoise Melzer, and to Sébastien Greppo, who assured in every way that this conference could take place.

The conference "Emotion Past and Future" invited speakers from transdisciplinary backgrounds to reflect on the ways that the emotions are being studied across different disciplines ranging from psychology, affective sciences, and the neurosciences to philosophy, history, and literature studies. In particular, speakers were invited to reflect on what has changed in our understanding of the emotions through the use of brain imaging devices in research. The rationale was that, ten years after functional MRI had opened new venues to studying the emotions experimentally it was time to evaluate this research. The conference facilitated a dialogue between disciplines in order to take stock of past research and to identify promising new perspectives of research in emotion.

Arguably the introduction of the technique of *functional* brain imaging did indeed open a new era in scientific research in emotion. Indeed, the number of publications on emotion has skyrocket since 1998. It is now possible to determine those fields of research that have proved particularly fruitful and innovative. Among these are research projects in the neurosciences, in cognitive sciences and neurobiology, but also in psychology and the philosophy of the emotions. However, brain imaging research and, in particular, its application in research projects on the emotions, which have been the classical domain of the humanities and philosophy, meets with much reserve on the side of philosophers and historians.[1] The aim of this conference, then, was to further discussion and mutual understanding of the particularities of research in emotion, of what each field is doing and what can be learned by talking to one another.

To begin with, the conference addressed questions concerning the neural bases of emotion and cognition from the viewpoint of the neurosciences and neurobiology, followed by cognitive theories of emotion and attempts to modeling the emotions. It then turned to questions dealing with the regulation of the emotions. Here problems of subjectivity and intersubjectivity, and problems of intentionality, mentalization and action were addressed. Finally, philosophical concerns came center stage. The qualia of emotion, the history of emotion, and the relationship between the language of emotion and psychological concepts of emotion were analyzed.

Given the transdisciplinary nature of the conference the presentations that were given followed the academic customs of the speakers' respective fields. This means that we will not be able to reprint all of the presentations given at the conference in the present issue of the *Cahiers Parisiens* because several talks were elaborate PowerPoint presentations, which simply do not work on paper. In order to amend for this lacuna, in the remainder of this introduction I give a brief overview of the speakers and the research projects they presented. Included in full in this issue of the *Cahiers Parisiens* are the contributions from the humanities and social sciences in revised versions for print. These are the talks by Claudia Wassmann, "Reflections on the

[1] See for instance, J. Plamper and B. Lazier, "Introduction: The Phobic Regimes of Modernity," *Representations*, vol. 110, no. 1, 2010, p. 58–65.

"body loop": Carl Georg Lange's theory of emotion," and by Christiane Frey, "From Passions to Moods: Towards a Cultural History of Emotions."

Let me now turn to the outlook on the conference. "Emotion Past and Future" opened with a lively introduction into one of the most innovative applications of brain imaging techniques in the study of human emotions and individual differences.[2] Ahmad R. Hariri, Ph.D., who is a Professor of Psychology & Neuroscience at Duke University, and was at the time of the conference the Director of the "Developmental Imaging Genetics Program," Center for the neural basis of cognition, University of Pittsburgh, elucidated the neural bases of emotion and cognition. During his postdoctoral training at the National Institutes of Health Hariri had discovered that unprecedented insight to the biological pathways mediating variability in behavior could be gleaned through the synergy of molecular genetics and neuroimaging.[3]

His talk "The Neurobiology of Individual Differences in Complex Emotional Traits" showed how using modern molecular genetics and neuroimaging methods can probe processes of emotion on four levels: the level of the gene; the level of the nerve cell; the level of brain systems (i.e. the amygdala); and finally the level of behavior. In particular, Hariri studied the variability in the gene that codes for the serotonin transporter protein, a protein which affects the availability of serotonin at the level of the nerve cell, which in turn affects the sensitivity of the amygdala, and sheds light, for the first time, on the emergence of individual differences in temperament and personality as well as risk for neuropsychiatric disease.[4]

---

[2] A. R., Hariri, V. S. Mattay, A. Tessitore, et. al. "Serotonin Transporter Genetic Variation and the Response of the Human Amygdale," *Science*, vol. 297, no. 5580, 2002, p. 400-403.

[3] A. R. Hariri, and A. Holmes, "Genetics of Emotional Regulation: The Role of the Serotonin Transporter in Neural Function," *Trends in Cognitive Sciences*, vol. 10, no. 4, 2006, p. 182-191.

[4] A. R. Hariri, E. M. Drabant, K. E. Munoz, et. al., "A Susceptibility Gene for Affective Disorders and the Response of the Human Amygdale," *Archives of General Psychiatry*, vol. 62, no. 2, 2005, p. 146-152.

Neuroimaging, especially BOLD fMRI, Hariri explained, "has begun to identify how variability in brain function contributes to individual differences in complex behavioral traits. In parallel, pharmacological fMRI and multimodal PET/fMRI is identifying how variability in molecular signaling pathways influences individual differences in brain function. Against this background, functional genetic polymorphisms are being utilized to understand the origins of variability in signaling pathways as well as to efficiently model how such emergent variability impacts behaviorally relevant brain function." In his talk he presented an overview of "a research strategy seeking to integrate these complimentary technologies and utilize existing empirical data to illustrate its effectiveness in illuminating the neurobiology of individual differences in complex behavioral traits, for instance trait anxiety related to depression." He also discussed how such efforts "can contribute to the identification of predictive risk markers that interact with unique environmental factors to precipitate neuropsychiatric disease as well as develop more effective and individually tailored treatment regimes."

The next speaker was Jean Decety who holds a doctorate in Neurobiology from the University Claude Bernard (Lyon, France) and is Irving B. Harris Professor at the University of Chicago, Departments of Psychology and Psychiatry, Co-director of the Brain Research Imaging Center at the University of Chicago Medical Center (Chicago, USA). Decety's research on empathy showed that while empathy maybe a capacity naturally embedded in the brain, empathic behavior is by no means automatic. His talk evaluated "The benefits and the costs of empathy: the price of being human."

It is often taken for granted that it is humanistically desirable to be empathic, Decety held. "It is indeed useful and necessary in interpersonal interactions. Empathy is a valuable attribute in many aspects of social interaction (such as being a good mentor, a dedicated father/mother, a sensitive physician, etc.). However, there can be too much of a good thing. There appear to be costs (physiological, cognitive and social) associated with being too empathic, as well as costs associated with the other extreme (not being empathetic enough).” Decety first cleared up some conceptual issues and distinguished empathy from sympathy and personal distress. Then he critically examined a growing number of functional neuroimaging studies (functional MRI, magnetoencephalography and electroencephalography) of pain empathy from his own laboratory, which demonstrated a pervasive neural overlap between the first hand experience of pain and the perception of pain in others. “It is worth mentioning,” he held, “that activation of these neural regions (anterior cingulate cortex, insula, supplementary motor area, and periaqueductal grey) reflect a general aversive response in the observer, and not much in the way empathic concern, which is a more sophisticated process than the somatic sensorimotor resonance to nociceptive stimuli.” Such aversive response he showed, “seems to conflict with the emergence of sympathy/empathic concern, i.e., a motivation to approach the other. The experience of empathy is thus something that needs to be regulated, especially if it leads to sympathy and prosocial behavior.”

The conference then turned to philosophical perspectives on the emotions. Joëlle Proust, a professor of philosophy in Paris, Institut Jean-Nicod (EHESS-ENS), UMR CNRS 8129), inquired into the relationships of emotion and cognition. She argued that metacognition involves several kinds of feelings. Her talk “The role of emotion in reasoning and self-evaluation” examined how these different kinds of feelings are “calibrated” in the individual. Metacognition, she argued, “is exemplified in all the cognitive activities through which one is trying to appreciate in retrospect a cognitive achievement.” I.e., if we ask ourselves, “is my reasoning correct, do I forget something?” Metacognition is also exemplified in cognitive activities through which one is trying “to predict whether one will be able to reach some cognitive goal. For instance, if we want to learn a new material, retrieve a proper name, or make efficient plans. “Metacognitive evaluation, Proust held, “seems to involve various types of feelings, such as the feeling of knowing, the feeling of confidence, etc. Her talk examined “how these feelings are "calibrated", in which respect they are associated with epistemic norms, and how they differ from other types of feelings and emotional signals."

Our next speaker was Klaus R. Scherer, professor of psychology, University of Geneva, (Switzerland), and Director of the "*Swiss Center for Affective Sciences*," one of the most distinguished researchers in the field of emotion. Scherer's work is on cognitive appraisal theories of the emotions. In his talk "The sequential unfolding of appraisal driven synchronization of mental and somatic emotion components: Theory and evidence" he presented a component model process of emotion and demonstrated how the emotions can be conceptualized in terms of appraisal driven processes of motor expression and physiological reaction pattern.

Following a brief overview of the history of philosophical and psychological appraisal-based emotion theories, he briefly described the component process model of emotion and its predictions concerning componential patterning driven by sequential appraisal checks.[5] As he showed, the major structural elements of the model "are four appraisal objectives: 1) How relevant is this event for me? Does it directly affect me or my social reference group? (relevance); 2) What are the implications or consequences of this event and how do these affect my well-being and my immediate or long-term goals? (implications); 3) How well can I cope with or adjust to these consequences? (coping potential); 4) What is the significance of this event with respect to my self-concept and to social norms and values (normative significance)."

---

[5] K. R. Scherer, "On the Nature and Function of Emotion: A Component Process Approach," in *Approaches to Emotion*, ed. by K. R. Scherer and P. Ekman, Hiisdale, NJ, L. Erlbaum Associates, 1984; "Studying Emotion Empirically: Issues and a Paradigm for Research," in *Experiencing Emotion: A Cross-Cultural Study. European Monographs in Social Psychology*, New York, Cambridge University Press, 1986; "Appraisal Considered as a Process of Multilevel Sequential Checking," in *Appraisal Processes in Emotion: Theory, Methods, Research. Series in Affective Science*, New York, Oxford University Press, 2001.

His model posits that these four classes of assessments unfold sequentially over time. "Each type of assessment draws on (i.e., receives input from) other cognitive and motivational mechanisms (such as attention, memory, motivation, reasoning, and the self-concept) which provide stored information as well as evaluation criteria that are essential for the appraisal process." The model holds that for each sequential stage of assessment, there are two types of output: 1) a modification of the cognitive and motivational mechanisms that have influenced the appraisal process, and 2) efferent effects on the periphery, in particular the neuroendocrine system and the autonomous and somatic nervous systems.

In this model emotion differentiation is predicted as the result of the net effect of all subsystem changes brought about by the outcome profile of the appraisal sequence. It should be noted that each of the major assessment classes consists of a number of constituent appraisal criteria." Based on these assumptions Scherer proposed a componential patterning theory, which attempts to "predict specific changes in the peripheral subsystems that are brought about by concrete patterns of SEC results."

The central assumption of Scherer's componential patterning theory is that "the different organismic subsystems are highly interdependent and that changes in one subsystem will tend to elicit related changes in other subsystems in a recursive fashion." The basic tenet of his theory is that "the result of each consecutive check will differentially and cumulatively affect the state of all other subsystems."[6] To conclude, Scherer briefly reported on recent evidence that supports the predictions made by his model with respect to sequence of appraisal checks and the synchronization of different components. Finally he described potential alleys for further conceptualization and research.

---

[6] Scherer, "Appraisal Considered as a Process of Multilevel Sequential Checking."

The conference further moved to questions concerning the expression of the emotions. Alain Berthoz, professor of physiology at the Collège de France and Director of the « Laboratoire de Physiologie de la Perception et de l'Action », who leads a large European research project on emotion, presented some of this recently begun research in his laboratory which inquires into the embodiement of the emotions. His talk was in French, "L'expression corporelle des émotions : l'intégration de l'émotion et du comportement moteur," "the bodily expression of the emotions: Integration of emotion and motor action."

This was followed by two presentations from the social-sciences and the humanities. My own talk "Reflections on the "body loop" since James and Lange" (Claudia Wassmann, MD, PhD, at the time postdoctoral researcher at the IHPST, Paris) addressed the history of emotion recalling the ways in which emotional processing in the brain had been conceptualized during the late nineteenth century in the work of Carl Georg Lange. The beginning of the experimental study of emotion dates to the late nineteenth century. The argument at the time was that changes in arousal of the autonomic nervous system account for the felt quality of the emotions.

Carl Georg Lange was a psychiatrist who attempted to ground the emotions in neurophysiology at a time when psychologists still advocated a purely spiritual view of the emotions. Lange decomposed the emotions into combinations of components, which makes his work a precursor to component and appraisal theories of emotion. My talk argued that the James-Lange theory of emotions, which was considered of purely historical interest for a long time, has lost nothing of its actuality. Despite of the numerous articles written on the question since James and Lange, and although modern imaging techniques combined with other methods have produced considerable progress in terms of understanding emotions and brain function, we still know relatively little about the biological basis of emotions. The question how exactly the felt quality of an emotion is generated still awaits its answer and the interaction of body and mind in emotion remains an open scientific problem.

The conference closed with a wonderful venture into the cultural history of emotion. Christiane Frey, assistant professor of German, Princeton University and at the time of the conference Assistant Professor of Germanic Studies, University of Chicago, argued that the restructuring of medical-anthropological knowledge in the 18th century opened new ways of understanding and articulating the emotions, and thereby changed the very way we feel.

"From Passions to Moods: Towards a Cultural History of Emotions," held that the emotions are not only an anthropological fact, they also have a history. Frey argued that "according to a common view in the cultural history of emotions, the way we understand and articulate our emotions changes the very way we feel." Until late in the 18th century, she claimed, "the predominant model of describing emotions was based on the theory of passions already developed by Aristotle. The underlying medical-anthropological knowledge about emotions was formed by the doctrine of the four humors. It was only in the 18th century that new medical theories (for example the theory of the nerves) began to replace the ancient model."

According to Frey, the restructuring of medical-anthropological knowledge in the 18th century now also produced new ways of understanding and describing emotions. In particular, Frey claimed that the theory of emotions understood as specific and coded passions that alter the human psyche from the outside is, "if not replaced, at least accompanied by a new theory that conceives of the human psyche as an independent mechanism that generates its own moods." Whether this new conception of the human psyche indeed creates new ways of feeling, she cautioned, must remain an open question. Nonetheless she advanced the thesis that at least in 18th-century literature, new emotive terrains are explored. "With the new semantics of feeling, new ways of feeling become conceivable."

Passions, humeurs, sentiments. Esquisse d'une histoire sémantique et littéraire des émotions

Christiane Frey

Depuis au moins les années 80, le débat scientifique au sujet des émotions est tendu entre deux pôles : ou bien l'on considère les émotions comme des faits anthropologiques ou bien on les conçoit comme des constructions sociales et culturelles.[1] Vouloir parler d'une *histoire* des émotions suggère la deuxième thèse, à savoir que les émotions ne sont pas simplement des réactions affectives naturelles, mais bien plus des schémas de réactions déterminés par des conditions socioculturelles et des habitudes acquises. Ce n'est cependant pas tout à fait la position que nous nous proposons de défendre et d'élaborer dans ce qui va suivre. Comme cela a souvent été remarqué par les historiens et les

---

[1] Il serait impossible de donner ici une revue détaillée de la recherche sur les émotions, les différentes approches étant aussi diverses que les discours eux-mêmes. Pour ne nommer que quelques études importantes: Joseph E. LeDoux, *The Emotional Brain: The Mysterious Underpinnings of Emotional Life*, London, Weidenfeld & Nicolson, 1998; Antonio R. Damasio, *Looking for Spinoza: Joy, Sorrow, and the Feeling Brain*, Orlando, Harcourt, 2003; David Le Breton, *Les passions ordinaires. Anthropologie des émotions*, Paris, Armand Colin, 1998; Philip Fisher, *The Vehement Passions*, Princeton, Princeton University Press, 2002; Thomas Dixon, *From Passions to Emotions: The Creation of a Secular Psychological Category*, Cambridge, Cambridge University Press, 2003; Martha Nussbaum, *Upheavals of Thought: The Intelligence of Emotions*, Cambridge, Cambridge University Press, 2001; Eva Illouz, *Gefühle in Zeiten des Kapitalismus*, Frankfurt am Main, Suhrkamp, 2006; Claudia Wassmann, *Die Macht der Emotionen. Wie Gefühle unser Denken und Handeln beeinflussen*, Darmstadt, Wiss. Buchges, 2002; Cf. pour des études classiques ou redécouvertes: Ronald de Sousa, *The Rationality of Emotion*, Cambridge, Mass., MIT Press, 1987; Algirdas Julien Greimas et Jacques Fontanille, *Sémiotique des passions : des états de choses aux états d'âme*, Paris, Seuil, 1991; Agnes Heller, *A Theory of Feelings*, Assen, van Gorcum, 1979; Max Scheler, *Grammatik der Gefühle*, München, dtv, 2000; Jean-Paul Sartre, *Esquisse d'une théorie des émotions*, Paris, Hermann 1995. Cf. pour une introduction particulièrement utile Klaus R. Scherer et Paul Ekman (ed.), *Approaches to Emotion*, Hillsdale, Erlbaum, 1984.

philologues, le débat entre 'naturalistes' et 'constructivistes' néglige le fait que le 'langage des émotions', duquel dépend tout discours sur les émotions, soit lui-même un effet de l'histoire.[2] La référence aux émotions dépend inévitablement d'une abstraction des émotions qui, bien entendu, se trouve déterminée par le langage alors disponible, ce dernier étant d'autant plus sujet aux transformations qu'il assume son histoire. Cela ne veut pas dire que les émotions ne peuvent pas être vécues ou ressenties comme 'authentiques' ; mais que toute observation des émotions passe par un filtre sémantique qui nécessairement – et sans qu'il puisse jamais être rendu totalement conscient – précède l'observation. Le discours actuel sur les émotions présuppose un certain 'langage des émotions' qui porte toujours les traces de son propre discours et ce, dès ses prémices. A cela s'ajoute que, au plus tard depuis le XVIIIème siècle, l'observation des émotions s'est trouvée radicalement transformée par et au sein d'un domaine qui reste aujourd'hui rarement pris en considération quand il s'agit d'analyser les émotions de façon scientifique : le champ littéraire.[3]

---

[2] L'expression « langage des émotions » est utilisée ici dans un sens général, voulant dire simplement qu'il est impossible d'*observer* des émotions sans aussi *parler* des émotions et utiliser certains mots pour désigner ce que l'on appelle « les émotions ». Concernant les études sur l'histoire des émotions voir : Niklas Luhmann, *Liebe als Passion: zur Codierung von Intimität*, Frankfurt am Main, Suhrkamp, 1982; William M. Reddy, *The Navigation of Feeling: A Framework for the History of Emotions*, Cambridge, Cambridge University Press, 2001; Barbara H. Rosenwein, « Histoire de l'émotion : méthodes et approches », *Cahiers de civilisation médiévale*, vol. 49, 2006, p. 33-48; Peter N. Stearns et Carol Z. Stearns, « Emotionology: Clarifying the History of Emotions and Emotional Standards », *The American Historical Review*, vol. 90, no. 4, 1985, pp. 813-836; Ute Frevert, « Was haben Gefühle in der Geschichte zu suchen? », *Geschichte und Gesellschaft*, vol. 35, no. 2, 2009, p. 183-208; Ute Frevert, *Geschichte der Gefühle*, Göttingen, Vandenhoeck & Ruprecht, 2009.

[3] Nonobstant un grand nombre d'études sur l'expression des émotions dans la littérature et la rhétorique depuis l'Antiquité. Voir par example Rüdiger Campe, *Affekt und Ausdruck: zur Umwandlung der literarischen Rede im 17. und 18. Jahrhundert*, Tübingen, Niemeyer, 1990; Wolfgang Matzat, *Diskursgeschichte der Leidenschaft. Zur Affektmodellierung im französischen Roman von Rousseau bis Balzac*, Tübingen, Narr, 1990; Martin Harbsmeier et Sebastian Möckel (ed.), *Pathos, Affekt, Emotion. Transformationen der Antike*, Frankfurt am Main, Suhrkamp, 2009;

Mon exposé cherchera donc à démontrer d'une part la dépendance du discours sur les émotions à sa longue histoire, laquelle remonte jusqu'à l'Antiquité ; et d'autre part la curieuse négligence, dans le discours actuel, d'une sémantique littéraire des émotions laquelle, à notre avis, dépasse sur certains aspects l'état de connaissance actuel des recherches scientifiques.

Une étude de Jerome Kagan sur l'histoire et la notion actuelle d'émotion constitue le point de départ de nos réflexions.[4] Jerome Kagan est professeur émérite de psychologie à l'Université de Harvard et spécialisé dans l'évolution psychologique et cognitive chez l'enfant. Il a entre autre publié abondamment sur les émotions. Kagan est reconnu pour son approche critique : il demeure pessimiste qu'une définition des émotions fondée sur une analyse des états du cerveau (« brain states ») puisse aider à comprendre ce qu'est une émotion. Selon Kagan, un profil du cerveau comme on peut l'observer sur une image d'un I.R.M. est en soi peu signifiant. Un changement de l'état du cerveau, pour Kagan, ne signale rien d'autre que la *disposition* d'une émotion. S'il y a véritablement une émotion, la conscience et le ressenti d'une émotion ou même un acte basé sur une émotion sont une toute autre histoire. Kagan soutient aussi que les émotions observées et analysées aujourd'hui par les sciences cognitives suivent un moule culturel et philosophique qui remonte [au moins] jusqu'à Descartes. Selon Descartes, toutes les émotions humaines proviennent des cinq passions fondamentales : l'amour, la haine, la tristesse, la joie et le désir.[5] Dans les sciences cognitives, on part toujours d'un ensemble restreint d'éléments fondamentaux que l'on peut alors combiner afin d'arriver à des formes plus complexes. Kagan, en revanche, constate qu'il n'y a aucun consensus au sein des sciences naturelles sur quel phénomène mériterait d'être considéré comme fondamental lorsqu'il est question des émotions. Et pour cause : selon les observations de

---

Claudia Benthien, Anne Fleig, et Ingrid Kasten (ed.) *Emotionalität. Zur Geschichte der Gefühle*, Köln, Böhlau, 2000.

[4] Jerome Kagan, *What is Emotion? History, Measures, and Meanings*, New Haven and London, Yale Univervsity Press, 2007.

[5] René Descartes, *Les passions de l'âme*, 1649.

Kagan, les émotions sont trop complexes et trop nuancées pour pouvoir être superposées à des schémas rigides.[6] Il serait donc nécessaire d'observer d'abord la multiplicité et la complexité des émotions telles qu'elles 'se passent' et d'établir ensuite un vocabulaire approprié.

Dans son compte rendu de l'histoire des émotions, Kagan – voulant montrer à quel point les recherches scientifiques contemporaines dépendent de l'histoire des définitions historiques des émotions – retrace en effet l'histoire des catégorisations des émotions. Ce qu'il ne prend pas en considération, c'est l'histoire de sa propre approche. Et c'est ici qu'une intervention sémantique et historique se révèle nécessaire. On pourrait dire que la littérature, à partir du XVIIIème siècle au plus tard, a détecté et élaboré précisément une différenciation subtile des sentiments ou, pour être plus précis, des états d'âme mixtes et nuancés.

I.

Le discours sur les émotions tel qu'il a été transmis jusqu'au XVIIIème siècle et – même si on tend à moins le reconnaître – de manière toujours aussi prépondérante aujourd'hui, commence avec les philosophes et médecins grecs, et tout particulièrement avec Aristote et Galen. Dans son *Traité sur l'âme*, le premier donne d'amples descriptions de la nature ainsi que des causes, effets et fonctions des passions. Les passions chez Aristote sont des mouvements physiques bien précis, en ce sens où chaque passion possède une certaine détermination. Le second, dans son traité sur *L'Âme et ses passions*, et suivant Aristote, présente non seulement une liste bien définie des passions, mais aussi un classement des émotions selon les parties du corps auxquelles elles appartiennent.

Au Moyen Âge, la conception antique est plus ou moins reprise par St. Augustin et, pour ne nommer que le plus

---

[6] Cf. aussi J. T. Larson, A. P. McGraw, et J. T. Cacioppo, « Can people Feel Happy and Sad at the Same Time? », *Journal of Personality and Social Psychology*, vol. 81, 2001, p. 684-696.

important, St Thomas d'Aquin. Elle se trouve, bien évidemment, associée avec la doctrine des péchés. A la Renaissance, les chapitres que Saint Thomas consacre aux passions et qui correspondent à la « Prima Secundae » de sa *Summa Theologica*, sont publiés indépendamment sous le titre *Tractatus de affectibus*. Ce traité figure parmi les plus connus de l'époque : il est alors impensable qu'un philosophe ou un médecin ne mentionne ou ne fasse reposer sa théorie sur le *Tractatus de affectibus*. Les traités les plus importants et en filiation directe avec ce dernier seront écrits par Lipsius et Gassendi.

En 1598, Lelio Pellegrini publie son traité *De noscendi et emendandis animi affectibus liber singularis* (Rome), dans lequel il combine les différentes théories : à Aristote, il emprunte sa définition des passions comme mouvement du cœur et transformation du jugement ; à Saint Thomas la distinction entre les affects concupiscibles et irascibles. C'est aussi à Thomas d'Aquin qu'il est redevable pour son *classement* des passions : *amor*, *desiderium*, *gaudium*, et, comme concupiscible : *odium*, *aversatio*, *tristitia* ; par rapport à *spes*, *confidentia* et, comme irascible : *timor*, *audacia*, *ira*. Ce traité de Pellegrini est resté la source primordiale pour pratiquement toutes les doctrines sur les passions jusqu'au XVIIIème siècle. En Allemagne, on ne publiera pas de traduction avant 1724 (Christian Gottlieb Schwarz).[7]

Afin de se convaincre du fonctionnement des arguments et définitions des passions chez Saint Thomas (et dans la tradition philosophique qui persiste plus au moins jusqu'au début du XVIIIème siècle), on n'aurait qu'à lire le célèbre passage sur l'amour dans son traité *De affectibus*. On pourrait longuement commenter sur ce passage. Cependant, ce qui nous intéresse ici, c'est un seul aspect : pour Saint Thomas, les émotions se caractérisent par leur mouvement particulier et, avant tout, par leurs causes et leurs fins. La question de l'origine, du premier mouvement qui causera les mouvements suivants *est aussi*

[7] Une autre influence date de Juan Luis Vives et Philipp Melanchthon. Dans les deux cas, une certaine transformation de la doctrine des passions a souvent été observée. Voir Rüdiger Campe, *Affekt und Ausdruck: zur Umwandlung der literarischen Rede im 17. und 18. Jahrhundert*, Tübingen, Niemeyer, 1990.

importante que la question de l'objet ou de la fin des émotions. Les émotions ou passions sont alors définies par rapport à leur pulsion ou tendance. Il n'existe pas de passions, émotions ou affects qui n'aient une direction ou un objet. Il ne s'agit donc pas dans ce discours d'observer, de décrire ou de comprendre la nature du *moment* de sentir en soi; il s'agit toute au contraire d'analyser le *fonctionnement* des passions.

Cela devient encore plus clair quand on observe la distinction entre les passions concupiscibles et irascibles que maintient St Thomas. Que sont alors les passions concupiscibles par rapport aux passions irascibles ? On pourrait facilement supposer que les passions concupiscibles sont des mouvements disons 'positifs' et les irascibles des mouvements 'négatifs' ; mais ce n'est point le cas. La seule véritable différence entre ces deux classes de passions est que les unes, concupiscibles, se caractérisent par leur tendance à rechercher le bien, le séduisant, le beau ou le désirable tout court ainsi qu'à éviter le mal ; tandis que les passions irascibles sont les forces qui tendent à combattre tout ce qui bloque la tendance vers le bien. La partie concupiscible de l'âme se trouve activée dans le cas d'une expérience de désir ou d'aversion ; la partie irascible lorsqu'on espère d'obtenir ou que l'on a peur de perdre quelque chose.

Dans ce discours sur les passions qui restera plus au moins inchangé jusqu'au XVIIIème siècle, les émotions sont alors conçues comme des mouvements qui tendent vers une fin. Cette fin, contrairement à ce que l'on pourrait penser, est le bien. Evidemment, le bien vers lequel les passions tendent n'est pas toujours le bien de la raison ; mais cela ne veut pas dire que les passions sont par définition mauvaises. Les passions, si l'on veut, ne se suffisent pas à elles-mêmes et n'ont pas de contenu propre. Dans le système de Saint Thomas, les passions se définissent par rapport à leurs mouvements causaux et téléologiques, non par rapport à leur *nature*, à strictement parler. Il est inconcevable dans ce discours antérieur au XVIIIème siècle que les émotions soient observées seulement comme états d'âme, c'est-à-dire sans cause, sans raison, sans fin, sans mouvement particulier et comme pouvant survenir à tout moment.

II .

Dès l'antiquité, la doctrine philosophique des passions trouvait ses racines dans la théorie médicale des humeurs. Même si cette théorie est bien connue,[8] nous souhaitons malgré tout souligner quelques aspects et particularités de la pathologique humorale, auxquels, il nous semble, on n'a jamais réellement prêté attention.

Les humeurs, ces substances liquides produites par différents organes, qui cheminent à travers le corps et conditionnent le bien-être des hommes, sont aussi connues pour être à l'origine des passions. On pourrait aller jusqu'à dire que les humeurs décrivent des états d'âme. Mais en réalité, les humeurs, tant qu'elles sont conçues comme des « dispositions » ou des « inclinations », ne désignent pas vraiment le moral (cet usage du mot « humeur » fait seulement son apparition au XVIIème siècle). Jusqu'au XVIIème siècle, les humeurs ne renvoient donc pas, dans les théories médicales et diététiques, aux dispositions émotionnelles telles qu'on les entend aujourd'hui, mais plutôt à l'ensemble des dispositions générales, ou à la composition particulière d'un tempérament ou d'un caractère.

La tristesse d'une personne mélancolique n'est donc point observée et traitée médicalement en tant que sentiment ou état d'âme, mais comme une abondance de bile noire qui produit 1)

---

[8] Transmis par les Écrits hippocratiques, la théorie des humeurs constitue le noyau de la médecine antique. Selon cette doctrine, le corps est fait de quatre éléments fondamentaux, air, feu, eau et terre qui détiennent les qualités chaud ou froid, sec ou humide. Ces éléments antagoniques se trouvent idéalement en équilibre. Être saine veut plus au moins dire avoir un équilibre des humeurs. Un déséquilibre temporaire entraîne des sauts d'humeur ; un déséquilibre permanent nuit à la santé. Les traitements médicaux cherchent donc à rétablir l'équilibre, tandis que les régimes cherchent à le maintenir. Voir, par exemple, Gail Kern Paster, *Humoring the Body: Emotions and the Shakespearean Stage*, Chicago, University of Chicago Press 2004; Gernot Böhme, *Feuer, Wasser, Erde, Luft: eine Kulturgeschichte der Elemente*, München, Beck, 2004; Fay Bound Alberti, *Matters of the Heart: History, Medicine and Emotion*, Oxford, Oxford University Press, 2010.

le *tempérament* mélancolique et 2) des pathologies bien définies. Parmi les effets pathologiques de cette abondance de bile se trouve aussi, il est vrai, la tristesse entendue comme passion, c'est-à-dire comme mouvement de l'âme ayant une cause et une fin déterminables.

Ibn 'Imran, dans son fameux traité, décrit la mélancolie de la façon suivante :

> En ce qui concerne ceux qui sont constamment mornes et fourbus et qui cherchent la solitude, l'isolement et l'obscurité, il faut dire que la raison de tout cela est que les vapeurs [des humeurs de la bile] enceindrent les esprits vitaux et le cœur, et font que le mélancolique voit en son imagination des choses terribles et des ténèbres dont l'âme a peur. Dans des cas graves, cela va jusqu'à l'aliénation.[9]

La cause de la tristesse mélancolique se trouve alors dans des réactions purement physiologiques ; mais au lieu de produire une sorte de *sentiment* sensuel ou intellectuel, le corps produit des images illusoires au sein de l'imagination, lesquelles provoquent ensuite une pulsion que l'on nomme peur, et qui est tout aussi bien une angoisse que la crainte *de* quelque chose. En revanche, cette émotion ne saurait être rapprochée du dépit ou d'un certain état d'âme.

Le mot angoisse vient du *latin* « angustia » qui signifie « étroitesse, lieu resserré ». La raison évidente pour laquelle, au Moyen-âge, le terme «angoisse » est introduit pour désigner « la peur » vient du fait que la « peur » est alors physiquement observée et ressentie comme une contraction du cœur : ce sont les réactions corporelles elles-mêmes qui sont observées et décrites. Bien entendu, cela ne veut pas dire qu'il faille d'observer la nature ou la dimension psychologique du sentiment correspondant à l'angoisse. La définition du Petit Robert (ed. 1978) – « Malaise psychique et physique, né du sentiment de l'imminence d'un danger, caractérisé par une crainte diffuse

---

[9] Ishaq Ibn Imran, *Traité sur la mélancolie.*

pouvant aller de l'inquiétude à la panique et par des sensations pénibles de constriction épigastrique ou laryngée (gorge serrée) » – est dans ce contexte assez révélatrice : elle se rapporte en premier lieu au malaise et au sentiment, et souligne le caractère diffus de la crainte. Cette crainte diffuse se manifeste « *par* » des « sensations » physiques : on voit bien qu'ici, c'est-à-dire dans le contexte d'une sémantique moderne, les relations causales et avant tout l'objet lui-même ne correspondent plus tout à fait à leur antécédent.[10]

On pourrait invoquer un grand nombre de textes littéraires dans lesquels on trouve une représentation des émotions qui correspond précisément à la théorie et catégorisation des émotions d'Aristote et de Descartes, voire au-delà. Pour démontrer comment le régime des émotions fonctionne aussi, depuis l'Antiquité, dans la littérature, nous ne donnerons qu'un seul exemple – certainement le plus connu : la fureur d'Achilles dans l'*Iliade*. L'*Iliade* commence, on se le rappelle, par ces lignes :

> μῆνιν ἄειδε θεὰ Πηληϊάδεω Ἀχιλῆος
> οὐλομένην, ἣ μυρί'Ἀχαιοῖς ἄλγε'ἔθηκεν [...]
> Chantez, la déesse, la fureur d'Achilles le fils de Peleus,
> la fureur destructive qui a envoyé des défectuosités
> innombrables sur l'Achaeans [...][11]

Le premier mot de l'*Iliade* est μῆνις (*mēnis*), qui signifie "fureur", "rage" ou "colère". Le premier vers annonce donc le thème de l'épopée toute entière. Dans le premier chant du poème, Agamemnon se fait livrer Briseis, la femme esclave qui

[10] Encore plus significative est la citation de Malraux donnée par le *Petit Robert* : « Étrange sensation que l'angoisse, on sent au rythme de son cœur qu'on respire mal ». Nous voulons simplement mentionner ici que Malraux s'intéresse d'abord à la sensation et à ce qu'il sent quand il a peur. Il est sans doute quelque peu audacieux de le dire de cette façon, mais nous sommes tentés de remarquer qu'une telle phrase serait à la limite un non-sens dans le contexte d'une sémantique 'pré-moderne'.
[11] Alexis Pierron (ed.), *L'Iliade d'Homère*, Paris, Hachette, 1869, p. 1.

avait été donnée à Achilles comme prise de guerre. Cet abus de pouvoir provoque la fureur d'Achilles qui s'irrite à un tel degré qu'il se retire provisoirement du combat, comme on le sait jusqu'au livre XIX. Rage et vengeance deviennent le moteur central de l'action qui se déroule ensuite. On pourrait donc dire que c'est une passion qui domine le récit lui-même ; une émotion forte qui dicte les actions du drame. Cette passion n'a toutefois aucun intérêt en tant que sentiment comme tel. Cette passion, tout au contraire, n'est représentée que comme la cause à l'origine de toute une chaîne d'évènements et en tant que fin résultant d'autres causes. Les vers qui suivent l'entrée de l'épopée ne traitent donc pas de la fureur d'Achilles elle-même, mais de ses conséquences:

> Aux Grecs elle [la colère d'Achilles] causa des malheurs infinis,
> Trancha de leurs guerriers les jours inaccomplis,
> Et leurs corps, par milliers, privés de sépulture,
> Des vautours et des chiens devinrent la pâture.

Puis le narrateur se dépêche d'en expliquer et raconter en détail aussi les causes:

> Mais par qui fut; entre eux, la discorde allumée ?
> Quel en fut le motif ? Ce fut par Apollon.

Après une longue reconstruction de la pré- et, en quelque sorte, de la métahistoire, le narrateur nomme finalement la véritable raison de la colère d'Apollon:

> Mais des Grecs, à ses yeux, voici quel est le crime :
> De sa fille Chrysès apporta la rançon ;
> Atride humilia le prêtre d'Apollon.
> Son outrageant refus blessa le cœur d'un père,
> C'est ce qui d'Apollon excita la colère,
> Lorsqu'il arma son bras de traits pestiférés.

La colère d'Apollon explique par la suite l'offense faite à Agamemnon qui, à cause de l'offense faite à Apollon, commence son commerce injurieux avec Achilles. Ce n'est qu'alors que la fureur d'Achilles s'enflamme :

> Alors, tournant vers lui [Agamemnon] ses yeux pleins de fureur,
> Achille lui répond : « Tu n'as point de pudeur ;
> Tu respires toujours la ruse et l'artifice :
> Comment se fait-il donc qu'ici l'on t'obéisse,
> Soit qu'il faille poursuivre ou frapper les Troyens ? […]

La fureur ici décrite n'est nullement une émotion qui serait pertinente par son intériorité, son caractère personnel. Il s'agit plutôt d'un code ou d'un signe extérieur. La fureur d'Achilles est visible : elle a des conséquences bien concrètes mais est aussi nécessaire. Nécessaire d'une part parce qu'elle a une cause déterminée ; d'autre part parce que cette cause ne pourrait provoquer aucune autre émotion. La colère est le résultat logique de l'outrage d'Agamemnon. Toute autre réaction de la part d'Achilles serait incompatible avec le régime des émotions en temps de guerre – et sans oublier la nature d'Achilles (qui est demi-dieu).

III.

En nous tournant vers l'un des plus célèbres romans allemands du XVIIIème siècle, nous cherchons à montrer comment le langage littéraire d'une part détecte l'insuffisance inhérente à la compréhension de l'âme humaine par un schéma des affections simplistes et d'autre part invente une nouvelle façon d'imaginer et de concevoir la vie affective.

Johann Wolfgang Goethe publia son roman *Les Souffrances du jeune Werther* dans une première édition en 1774. Ce roman par lettres fait, entre autre, l'apologie du suicide. Les autorités déclarent une telle apologie immorale et en interdisent la vente. Il va de soi que cette mesure ne fut pas seulement vaine, mais contribua au succès de l'œuvre. L'auteur du roman devient célèbre du jour au lendemain. La réaction publique est en elle-même un événement historique. On trouve un grand nombre d'imitateurs du personnage de Werther : on s'habille à la Werther, on peint des motifs werthériens, et un parfum se nomme même « eau de Werther ». Finalement et tragiquement, on commence à se suicider « à la Werther ». On parle à l'époque d'un véritable *furor Wertherinus*. Par la suite, le monde littéraire engage des débats sur la force et l'influence de la littérature, la responsabilité de l'auteur et autres questions connexes. A notre avis, la question du succès de cette œuvre littéraire est intimement liée au langage particulier et nouveau que Goethe utilise pour mettre à nue les émotions intimes ou les états émotifs. La publication de « Werther », comme le souligne Pierre Bertaux dans sa préface, « est un événement, au-delà même de la seule histoire littéraire. C'est une date de la civilisation européenne ».[12] Il reste à ajouter que ce roman est aussi un événement dans l'histoire des émotions.[13]

Au premier regard, le roman ne raconte rien d'autre qu'une histoire d'amour tragique, c'est-à-dire l'histoire d'un jeune homme éperdument épris mais point aimé en retour. Ou, pour être plus précis, Werther est peut-être aimé, mais sans qu'il puisse en être sûr et sans que la femme qu'il aime – Charlotte – puisse lui montrer ses émotions : elle reste mariée et fidèle. Werther ressent donc un amour intense pour une femme, une passion comme nous l'avons décrit plus haut, c'est à dire une émotion dirigée vers un objet désiré, une émotion qui ne semble être rien d'autre qu'une pulsion très forte l'attirant vers quelque chose. L'histoire de Werther en effet raconte avant tout cela : une âme qui se dévore d'amour et qui, par crainte de l'amour, ne parvient plus à vivre.

Werther lui-même se fait son propre interprète et explique au mari de Charlotte – avec lequel il est lié par une amitié

---

[12] Johann Wolfgang von Goethe, *Les Souffrances du jeune Werther*, trad. Bernard Groethuysen, préface et notes de Pierre Bertaux, Paris Gallimard, 1973, p. 7.

[13] Une observation souvent faite dans le contexte de l'histoire de la littérature, mais rarement exploitée pour d'autres contextes.

chaleureuse – que parfois les êtres humains cessent de vivre parce qu'ils souffrent de passions trop fortes. Le suicide, c'est l'opinion que soutient Werther, n'est rien d'autre qu'une mort naturelle de l'âme et des forces intérieures qui cessent de lui donner l'envie de vivre. Werther explique, à l'exemple d'une fille malheureuse qui s'est suicidée :

> Dis-moi, Albert, n'est-ce pas la même marche que celle de la maladie ? La nature ne trouve aucune issue pour sortir du labyrinthe des forces déréglées et agissent en sens contraire ; et l'homme doit mourir. Malheur à celui qui, devant ce spectacle, oserait dire : l'insensée ! Si elle eût attendu, si elle eût laissé agir le temps, son désespoir se serait calmé ; elle aurait trouvé bientôt un consolateur. C'est comme si l'on disait : l'insensé, qui meurt de la fièvre, s'il avait attendu que ses forces fussent revenues, que son sang fût purifié, tout se serait rétabli, et il vivrait encore aujourd'hui.[14]

Albert, bien entendu, n'est pas convaincu par cette apologie du suicide. Il objecte par exemple que la fille que Werther vient de citer est une personne « simple ». Un homme pourvu de raison devrait être capable de contrôler ses émotions et s'empêcher de faire la sottise de se suicider. Werther, très agité, répond à Albert : « Mon ami...l'homme est toujours l'homme ; la petite dose d'esprit que l'un a de plus que l'autre fait bien peu dans la balance, quand les passions bouillonnent et que les bornes prescrites à l'humanité se font sentir. » Si l'on suit ce commentaire de Werther et qu'on interprète le roman suivant son diagnostique du suicide, on serait tenté de lire le roman tout entier comme la simple histoire d'une fureur amoureuse – un type de récit qui peuple l'histoire de la littérature depuis l'aube des temps. Que l'on pense seulement à la Phèdre antique et toutes ses divers adaptations et l'on se rappellera combien ce thème fait partie du corpus classique des *topoi* traditionnels.

---

[14] Goehte, *Les Souffrances du jeune Werther*, p. 82-83 (12 août).

Le roman de Werther, contre toute apparence, raconte toutefois une histoire bien différente. Il ne s'agit pas précisément de raconter comment un jeune homme se désespère à cause de passions amoureuses trop vives auxquelles il succombe. Il s'agit plutôt d'introduire le lecteur dans une sphère intime à travers laquelle il peut observer les souffrances d'un homme qui est particulièrement sensible. Werther se caractérise dès le début du roman – c'est-à-dire avant d'avoir rencontré Charlotte – par une certaine irritabilité et fragilité émotionnelle.

La deuxième phrase du roman, laquelle est la deuxième phrase de la première lettre que Werther écrit à un ami intime, commence avec l'exclamation suivante : « qu'est-ce que le cœur de l'homme ? ». Et quelques lignes plus tard on lit : « Je ne veux plus, comme je l'ai toujours fait, savourer jusqu'à la moindre goutte d'amertume que nous envoie le sort. » Fidèle à son intention, Werther dans la suite du récit, fait tout pour être heureux. La deuxième lettre commence alors avec la déclaration :

> Il règne dans mon âme une étonnante sérénité, semblable à la douce matinée de printemps dont je jouis avec délices. Je suis seul, et je goûte le charme de vivre dans une contrée qui fut créée pour les âmes comme la mienne. Je suis si heureux, mon ami, si abîmé dans le sentiment de ma tranquille existence...[15]

Cet extrait, bien que court, est pourtant révélateur. Werther ne raconte pas des événements qui excitent ses émotions ; de la même manière, ses sentiments n'ont aucun objet. Si la sérénité de son cœur *ressemble* à la douce matinée, elle n'est cependant pas *la cause* de son état d'âme. Et puis, Werther, littéralement, ressent son sentiment ; on pourrait dire qu'il a des émotions parce qu'il ressent et articule des émotions. Il s'abîme, comme le dit le texte, dans son sentiment, et c'est tout en se concentrant et tout en ressentant qu'il a des sentiments. Ressentir des sentiments : le mot ressentir en français est bien significatif puisqu'il exprime ce

[15] Ibid., p. 35 (10 mai).

doublement du sentir, se moment réflexif et répétitif qui fait qu'une émotion, si l'on veut, devient un sentiment ; ainsi, ressentir des sentiments est ce dont il s'agit ici.

Dans une des lettres suivantes, Werther sera encore plus explicite sur cette façon de ressentir qu'on peut dire moderne :

> Tu me demandes si tu dois m'envoyer mes livres ?... Au nom du ciel, mon ami, ne les laisse pas approcher de moi ! Je ne veux plus être excité... ; ce cœur fermente assez de lui-même... Combien de fois n'ai-je pas à endormir mon sang qui bouillonne ! Car tu n'as rien vu de si inégal, de si inquiet que mon cœur. Ai-je besoin de te le dire, à toi qui as souffert si souvent de me voir passer de la tristesse à une joie extravagante, de la douce mélancolie à une passion furieuse ?[16]

Werther observe donc lui-même que son cœur n'a pas besoin d'être excité. Il s'émeut et s'excite lui-même, dans un changement permanent, mais sans objet externe. Il devient très clair dans cette mise-à-nue de Werther que ses émotions s'agitent toutes seules et que pour tous les changements émotionnels, il est impossible de nommer des causes externes. On peut en effet observer une telle tendance dans l'ensemble du roman. Même quand Werther s'enflamme d'amour pour Charlotte et, de façon évidente, la désire, ses émotions s'autonomisent. Elles prennent un cours et une forme 'autopoétique' qui n'a plus rien avoir avec l'objet désiré.

Avant d'en venir à nos conclusions, nous voudrions souligner un dernier aspect du régime sentimental de *Werther*. Dans sa propre description et traduit dans un vocabulaire moderne, Werther apparaît comme dépressif passant par des phases maniaques et d'autres mélancoliques. Dans un vocabulaire plus ancien, Werther pourrait aussi être appelé un « lunatique ». Ce qui est toutefois frappant quand on pense aux quatre tempéraments de la théorie humorale, c'est que le lunatique

---

[16] Ibid., p. 36 (13 mai).

correspond au caractère sanguin. C'est bien ce dernier qui constamment change d'humeur, qui est facilement agité, toujours dans de différentes directions et qui ne connaît aucune constance ou stabilité. Mais Werther n'est sûrement pas un sanguin. Un autre tempérament qui est facilement sujet à l'agitation est celui du colérique. Mais Werther ne possède pas beaucoup de traits qui pourraient justifier une telle caractérisation. On pourrait en venir à dire, par rapport à sa tendance dépressive, pour ainsi dire, qu'il est bien plus – et de toute évidence – mélancolique. Pour un mélancolique, cependant, Werther est bien trop superficiel. Il me semble alors clair, que Goethe n'a point créé un caractère selon les humeurs des quatre tempéraments. On pourrait même dire, d'une certaine manière, qu'il n'a pas conçu de caractère du tout. Werther se trouve tout entier dans ses sentiments, et s'il relève d'un type ou d'un caractère, c'est celui du sentimental : le même sentimental qui incarne aussi, au XVIIIème siècle, l'homme moderne.

IV.

Nous espérons avoir montré ici non seulement combien les recherches actuelles sur les émotions dépendent d'une sémantique des émotions remontant jusqu'à l'Antiquité, mais aussi dans quel mesure la critique des recherches cognitives sur les émotions trouve ses racines, sa préhistoire dans la représentation des sentiments en littérature depuis le XVIIIème siècle.

Certains mouvements affectifs – aujourd'hui observés sur les images d'I.R.M – ont été attribués à certaines passions ou émotions depuis bien longtemps. Des émotions comme la peur, la haine, la tristesse sont alors décrites dans leur nature en tant que changement de mouvement physique. Et c'est avant tout la fonction de l'émotion qui détermine ce qu'elle est. Une telle conception des émotions semble pourtant peu adéquate quand il s'agit d'observer les différents états d'âme de l'homme. C'est avant tout Jerome Kagan (Harvard) qui a fait remarquer que les émotions n'apparaissent que rarement en tant qu'états d'âmes bien déterminés. Dans la plupart des cas, quand on ressent « une émotion », il s'agit d'un ensemble ou d'un mélange de différentes « émotions ». Kagan explique aussi que les émotions ne peuvent rarement être observées en tant que telles : elles changent leur caractère quand elles sont observées et répétées. Au final, Kagan reproche aux sciences cognitives que les images scan n'indiquent que la *possibilité* d'une émotion, un « mouvement » observé dans le cerveau qui reste rarement une émotion actualisée. Kagan plaide alors pour une observation plus raffinée des états d'âmes et pour une sémantique plus nuancée et plus apte à décrire ce qui se passe réellement quand un être humain « a » ou « sent » des « émotions ».

Ce que mon exposé voulait montrer, inspiré de Kagan, est la formation d'une telle sémantique dans la littérature européenne depuis au moins le XVIIIème siècle. *Les souffrances du jeune Werther* de Goethe peut être considéré comme un roman exemplaire quand il s'agit de montrer comment le XVIIIème siècle commence à développer une conscience des états d'âmes, lesquels ne se laissent pas réduire à une passion ou une émotion particulières. Les sentiments de Werther sont souvent indéterminés et naissent sans causes précises. Ils n'ont que rarement un objet ou une fonction particulière. Au cours du XVIIIème siècle, les « passions » deviennent donc de plus un plus des « sentiments » vagues mais nuancés, c'est-à-dire des « états d'âme » tout court.

Reflections on the "body loop": Carl Georg Lange's theory of emotion[1]

Claudia Wassmann

During the 1890s William James and Carl Georg Lange's works on emotion were discussed in psychological journals under the heading of the "James-Lange theory" of emotion. Yet Lange's work is much less known because it was linked with James' theory and because later neurophysiological research demonstrated that Lange's proposed mechanism for processing emotion could not be correct. However, a reappraisal of his work is warranted for several reasons: for his attempt to ground the emotions in physiology at a time when psychologists advocated a purely spiritual conception of emotions; for his insights in biological psychiatry; and for postulating a neuroanatomical center for processing emotion. Finally, in the light of contemporary research, because Lange deconstructed the emotions into combinations of components, which makes his work a precursor to component and appraisal theories of emotion.

The so-called "James-Lange theory" explained the nature of emotion by equating emotions with symptoms of physiological changes in the body. The argument at the time was that the perception of those changes gave rise to the psychological manifestations of emotion. As Lange (1887) put it:

> Take away the bodily symptoms in a frightened person, let his pulse beat regularly, his sight be firm, his complexion healthy, his movements quick and certain, let his speech be vigorous and his thoughts be clear—what remains of his fright?[2] (Lange, 1887, p. 53)

---

[1] This article is an extended version of my talk given at the conference "Emotion Past and Future," University of Chicago Center in Paris, March 9, 2009. The original version appeared in *Cognition & Emotion*, first published on 27 July 2009. DOI: 10.1080/02699930903052744

[2] The translations from Lange are mine.

Arguably, the cornerstone of the James-Lange theory was the proposition of the "body loop" to use the modern term coined by Antonio Damasio (1994). The "body loop" signified the efferent signaling systems to the body tissues and the afferent systems from the viscera and somatic tissues such as skeletal muscles and joints to the central nervous system. It is important though to keep in mind that we are dealing with a historical text. Lange's account was based on a different state of knowledge about the nervous system and did not map the contemporary concept of the "body-loop" one to one. With certain differences Carl Georg Lange (1885) and William James (1884) assumed that the bodily manifestations of changes in blood-flow and muscle tension provided when felt the emotional quality of emotions and without those we would have "cold cognition."

While the James-Lange theory seemed of purely historical interest for a long time, in the last 15 years it has regained interest among psychologists. Indeed, with the development of new techniques such as functional magnetic resonance imaging, which are used in order to investigate the biological basis of emotions in healthy human subjects and in patients as well as in different animal models, it turned out that the James-Lange theory is still relevant today.[3] Despite the numerous articles written on the question since James and Lange, and although modern imaging techniques combined with other methods have produced considerable progress in terms of understanding emotions and brain function, for instance with regard to the prefrontal cortex and the amygdala, we still know relatively little about the biological basis of emotions.

The present article concentrates on Lange's contributions to the James-Lange theory. In particular, I want to emphasize four aspects of his work: (1) Lange presented an important criticism of the Spiritualist position held by psychologists of his time according to which the emotions were purely mental entities. (2)

[3] See Damasio (2003); but see Rolls (2005).

Lange's work contributed to the history of biological psychiatry both through his rich observations of patients and through his attempt to give neuro-physiological explanations of their emotional symptoms. (3) His work was closer to neurophysiology than James' in that Lange conceptualized the emotions in terms of vascular changes due to changes in the innervation of the vasomotor muscles and he argued that a neuroanatomical center for processing emotion existed. (4) Finally, Lange advanced the idea that emotions are combinations of components, in his view physiological components, and in this respect his work prefigured contemporary componential theories of emotion.

Carl Lange was a physician and professor of pathological anatomy at the University of Copenhagen and renowned in Denmark and in Germany for his works on "nervous illnesses." In France he was mostly known as a psychologist. In 1885 Lange published a monograph in Danish, entitled "On emotions. A psycho-physiological investigation," which was translated into German in 1887 as *Über Gemüthsbewegungen. Eine psycho-physiologische Studie* and into French in 1895 (Lange, 1895) as "*Les emotions.*" During the 1890s his work was discussed in psychological journals together with James' theory of emotion under the heading of the "James-Lange theory." Yet Lange's (1922) monograph did not appear in English until 1922, when the debate about the nature of emotion had long ended in Europe.[4] Therefore, the American literature refers almost exclusively to James' "theory of emotion" (Spiller, 1904). However, that "*Über Gemüthsbewegungen*" was less known in the United States does not mean that it was less important. The two works originated in different intellectual environments and had slightly different agendas. James' article "What is an emotion?" was a theoretical work published in the philosophical journal

[4] James' translation was based on the German edition of Lange's work and appeared only posthumously in 1922. For a review of the discussion at the time, see Alfred Binet (1894). For a contemporary review, see Ellsworth (1994).

Mind (James, 1884) and was a masterpiece of scientific rhetoric; if one considers Sir Charles Sherrington's (1899-1900) comment, the article is an excellent example of the impact of rhetorical argument in scientific debates. Lange's work was a monograph, which combined clinical observation in psychiatric patients with the new ideas coming from physiological research.[5] Indeed, Lange described in detail joy, sadness, anger, fear, disappointment, embarrassment, and impatience from a physiological point of view and he tried to infer the kind of nervous processing that might underlie the emotions.

Against Spiritualism: Why study the biological basis of emotions

Lange assumed that the emotions had a bodily, physiological cause. In order to contextualize his concept of emotion it is important to recall that the background to the debate about the nature of emotion in the nineteenth century was the Spiritualist position held by psychologists at the time, according to which the emotions were purely mental entities. Mental processes at the time still resided in the "soul." As Lange put it:

> It is commonly held that the immediate effect of an occurrence upon which follows an emotion is of purely spiritual nature; that is, either the development of a new force in the soul or the development of a modification of the state of the soul; and that these occurrences in the soul are the true emotion, the true happiness, the true sadness, and so on, whereas the bodily occurrences are secondary phenomena only, which are never absent, but which are in principle utterly irrelevant." (Lange, 1887, p. 50-51)

[5] For example, see Mosso (1879, 1880).

As early as 1863 Wilhelm Wundt (1863) had objected to the Spiritualist position, which dissociated mental and physiological processes. Psychologists, Wundt argued, were mistaken, who

> eliminated from the province of emotions (*Gefühle*) all those nervous arousals (*Erregungen*) that fall into the purely sensory realm (*sinnliche Gebiet*) and that can also appear as sensations (*Empfindungen*) such as hunger, thirst, bodily pain, and sensory impressions of touch, because those are allegedly purely physical nervous processes (*physische Nervenprocesse*) that is sensations (*Empfindungen*); whereas the emotion (*das Gefühl*) is a purely spiritual state, a state of mind (*psychischer Zustand*), which is reserved for those affections of the mind (*Gemüthserregungen*) that are independent of bodily affections. (Wundt, 1863, II, p. 3)

This distinction between "affections of the mind" and "physical nervous processes" was wrong, Wundt argued. All emotions, simple and complex, had a bodily base.[6] Lange, like Wundt, objected to the Spiritualist concept of emotion. Lange was motivated by the question of how emotions could exert such a great impact over the body that for instance people would commit suicide even though there was no intellectual motive for it. One looked in vain in "all of modern psychology," he argued, in order to find an answer to this question, which was however of eminent importance for the physician, who had to deal "with the pathological consequences of violent emotions." "What the emotions really are then that they can have such a great impact on the body, not even Wundt can give an answer."[7] (Lange, 1887). In addition to Wundt, Lange attributed emotions to changes in blood circulation and he tried to locate a neuroanatomical structure, which could mediate the noted "bodily affections." Simplifying matters somewhat he attributed

---

[6] See in particular Wundt (1863, II, pp. 2-3, 19-25, 25-43). See also Wassmann (2009).

[7] Lange cited Wundt (1880, II, Chpt. 13).

this role to the so-called "vasomotor center," a neuroanatomical structure in the lower brain stem, because he observed that changes in vasoconstriction or vasodilatation occurred in all emotions.[8] Lange held:

> There are for sure two factors in emotion, first, an emotion eliciting cause, in general a sensory impression which acts via a memory or an associated idea and second, the effect, namely, the before mentioned vasomotor changes in the bodily and mental functions. Now arises the question what lies between them? Or does anything lie between them? If I shiver because someone points a loaded gun at me, does at first a purely spiritual (*seelischer*) occurrence develop, a "fear," which is then the cause for my shivering, my heart beating fast, my thoughts being disturbed; or are these bodily phenomena directly evoked by the emotion eliciting cause, and the emotion consists exclusively of the functional disturbances in my body? (Lange, 1887, p. 50)

The cognition/emotion debate of the twentieth century that was triggered by R. B. Zajonc's (1980) article "Preferences need no inferences," seems to have been prefigured here.

Lange's argument against the Spiritualists was threefold. First, he called attention to the fact that observable physiological changes occurred in patients in the grip of emotions, in particular vascular changes. Then he demonstrated that a purely physiological change of the vascular system, i.e., through the administration of alcohol, could generate ideational changes and alter the emotions of a person. And third, he showed that an emotion, for instance fear, could be evoked even where any spiritual or ideational component was lacking. I give examples of the first two points here and turn to the third point in section three.

---

[8] But see Lange (1887, footnote 20, pp. 87-88).

Much noted was for instance Lange's description of a patient in a state of "a wild paroxysm of anger" where he described the expression of emotion with respect to the behavior of the person and to the bodily expressions such as the swelling of arteries or the changes in heart rate:

> Suddenly the patient makes an assault on his environment, strikes, pushes with his feet and chokes whom ever he can seize, throws around whatever he gets hold of, smashes and shatters everything that comes close to him, tears up his clothes, screams, howls and yells with sparkling rolling eyes and thereby displays all those symptoms of vasomotor congestion that we have become acquainted with as the companions of rage. ... The jugular arteries abound and throb, the veins are swollen, and saliva flows. (Lange, 1887, p. 61)

Lange held that vascular changes were essential to generate emotional feelings (*Gemuethsbewegungen*). In order to underscore the importance physiological changes in blood flow had for emotion, he described how the bodily effect of alcohol altered the emotions because of the observable physiological effect which alcohol had on vasoconstriction and vasodilatation. Alcohol, he argued, fought sorrow and fear replacing them with happiness and courage "through the bodily effects alone." "Johnny drinks" because alcohol "has a physiologically arousing effect on his vasomotor apparatus" and thereby

> increases his heart beat in frequency and strength, widens his capillaries, and thus increases his voluntary (somato-motor) muscular innervation so that he chatters loudly, sings and jangles instead of hanging around wailing and whimpering at the road side. He has the sensation of warmth, lightness, and strength instead of the usual flabbiness and incapability; his dumb brain reawakens to life under the influence of rapid blood circulation, thoughts come flying, old memories surface and dispel the usual feelings of his daily misery—and all of this only because of a measure of schnapps, the effect of

> which upon the circulation we can understand and that does not need the intermediary of the soul in order to affect the vasomotor center. (Lange, 1887, p. 54-55)

If "the intermediary of the soul" was not necessary in order to create an emotion in this case, i.e., to change sorrow to happiness, Lange (1887) nonetheless qualified this claim by stating that of course one could not expect that the alcohol-generated emotions be "exactly identical" to those, which were usually "denominated by these terms, for instance sadness and happiness." It is noteworthy that Lange alluded to qualitative differences among emotions.

Lange's point then was to argue that mind and body were connected in emotions and that there must exist a neuroanatomical locus for processing emotion through which an emotion could affect the body in these observable ways regardless of the way in which the emotion was caused. Whether an emotion was evoked by alcohol (schnapps) or by drugs (mushrooms), by external events, or by thoughts or memories the effect of the emotion was the same, physiologically speaking:

> In reality the difference between the anger of a berserker intoxicated by mushrooms, of a manic patient, and of someone who has suffered a bloody insult lies only in the difference of the cause and in the consciousness of the respective cause or the lack of consciousness of a cause. … Furthermore, drawing a sharp line between physical (material) and psychic causes of emotions is not as easy as it may seem; and if we try to understand the physiological cause, the difference dissolves into something which is unessential from a physiological point of view. (Lange, 1887, p. 63)

Lange argued that science should determine the "emotional reactions of the vasomotor system to different influences" instead of studying the physiological or pathological effects, which a single emotion had on the body, because the difference between an emotion that was elicited "in a material way" and an emotion that was elicited "in a spiritual way" was from a physiological point of view unimportant, even immaterial. Yet, he admitted that the science of his day was still very remote from studying emotions in this manner.[9]

A chapter in the early history of biological psychiatry

One of his great differences with James is that Lange approached the question of emotion from a clinical point of view. Indeed, in this respect his work represented an important chapter in the early history of biological psychiatry because of his close observation of mental and physical symptoms in patients with mental illness and because he attempted to attribute physical causes to their symptoms. Indeed, he was concerned with the bodily aspect of emotions because of the pathological cases he knew as a physician – cases where emotions caught hold of the body and mind, sometimes in spite of opposing cognitive insight. He mentioned examples of pathological forms of emotion, such as mania, a pathological form of happiness, and Huntington's disease, an example of pathological fits of rage, which the patient had forgotten after he slept. Lange attributed to blood circulation, vaso-constriction, organ perfusion and nutrition, those effects that a century later would be attributed to neurotransmitter concentration and availability. As he saw it (Lange, 1887), the pathological manifestations of the many different emotions could be explained if one conceived them as being mediated by disturbances of the "vasomotor center." If the vasomotor center was subject to "functional disturbances" the individual was "either abject or frenzied, fearful or frolicsome, happy or abashed" and so forth according to the circumstances, and all this "without a motive and even though he is aware of the fact that there is no reason at all for his ire, his fear or his

[9] A century later Schachter and Singer (1962) conceptualized emotions in terms of situational interpretations of uniform physiological arousal of the autonomic nervous system.

happiness." Such cases were extraordinarily frequent, Lange noted:

> Every psychiatrist knows the acute cases, which appear as melancholy and mania; and every physician who has intensely studied nervous illnesses, has ample opportunity to see the weaker forms, which are even more instructive, because they show the transition between genuine mental illness and mere dysphoria (*Verstimmung*), which fall into the classes of crankiness, oddness, and gloom (etc.). Most frequently one sees dejection, the picture of sadness or sorrow (or even of despair), which often leads to suicide, in despite of the full and clear awareness of the absence of any spiritual (psychic) motive for this grief. Not much less frequent is morbid fear, which is often connected to the related emotion sadness, but as often also occurs alone." (Lange, 1887, p. 59-60)

Noteworthy is the richness of Lange's description of emotions in terms of physiological, cognitive and behavioral aspects and in terms of his language, especially, in the light of the later debate about the nature of emotion in psychology, which reduced emotions to dichotomies of pleasure and pain. Take for instance his description of sadness. Lange described the features of patients, which today (Smith, 1997) would be called depressed. His description influenced in particular George Dumas' (Dumas, 1894) insightful work on depression, *Les états intellectuels dans la mélancolie.*

The most prominent feature in the physiology of sadness, Lange pointed out, was the paralyzing effect on the skeletal muscles: "That it costs effort and pain to make movements, which are usually effectuated with ease." The sorrowful person had "a feeling of tiredness, of weariness;" the movements were "slow, lethargic, feeble," they were "effectuated with reluctance and effort" and for that matter were "restricted to the absolutely necessary." Thereby, the sorrowful person acquired its easily discernible habitus:

> He walks slowly, shakily, sagging, with hanging arms. His voice is feeble and toneless because of the weak activity of the muscles for expiration and of the larynx; the sorrowful prefers to sit still, sunken, and silent. The muscular tonus is equally noticeably enfeebled. The neck is bent, the head hangs. One says, "bent down by sorrow" or "curbed by sorrow." (Lange, 1887, p. 13)

The face of the sorrowful became "long and small" through the "atony of the muscles of the jaw and the cheeks." The lower jaw could droop. The eyes seemed large, as it was always the case "when the muscle weakened that closes the lid." There was a subjective feeling of "tiredness, of heaviness, of something that weighs one down," one felt dampened, "dejected," crestfallen, … one had "to 'carry one's pain'." Many were completely overwhelmed by sorrow to the point that they could not keep upright anymore. In these cases the muscles of the blood vessels and the nerves, the "vasomotor apparatus" acted in opposite ways. The muscles of the blood vessels constricted so that in consequence the tissues and organs became anemic.

> The immediate consequence of this anemia is pallor and collapse. Diminished "plethora,"[10] the pale complexion, the haggard, sunken facial features in combination with the flabbiness, these precisely are the peculiar features, which give their characteristic imprint to the face of the Sorrowful and often create the impression of an emaciation, which occurred so quickly that it cannot be due to changes in metabolism and the uncompensated use of body tissues. (Lange, 1887)

[10] Plethora, in German "Blutandrang," "Fülle," specifies the amount and the quality of the blood flow. The plethysmograph, for instance, was an instrument used in research in emotion for recording variations in the size and volume of extremities and organs by measuring changes in their blood volume, the amount of blood passing through or present in the body part.

Further regular consequences of the anemia of the skin were "feelings of cold," "chills," the "difficulty warming up," and "sensitiveness to cold." The mouth became dry, the tongue pasty, a bitter taste arose as the consequence of the dryness of the tongue; the "milk went." Other visible signs of sorrow were sighs, because of the "reduced perfusion of the lungs," the feeling of "dyspnea, burdensome feelings, oppressive sensations." The reduced perfusion of the brain caused "mental inertia, limpness, dullness, a feeling of mental fatigue, exhaustion and lack of interest in intellectual activities, often sleeplessness" (Lange, 1887). In the final analysis Lange attributed the bodily symptoms of sorrow to a "paralysis of the skeletal muscles" and to "a cramp like state of the constricted muscles of the blood vessels."

As a pathologist Lange called to mind "the ancient knowledge" and pointed out possible psychosomatic connections. The anemia, he argued, which showed so clearly in the external features of the person, was also present in the inner organs and led to organic illness, if the state of sorrow was protracted. Indeed, protracted sorrow could lead to the atrophy of inner organs through the disturbance in blood circulation, which it created. However his contemporaries had "overlooked that organic changes could have their cause in protracted emotions," and "the new pathology" was all too prone "to smile about those beliefs of earlier times and about the importance of prolonged periods of emotions as a causal agent in the etiology of certain organic diseases" (Lange, 1887).

It is important to note that Lange's close clinical observations were focused on physical symptoms, because arguably this led him to infer physical causes for emotions. And twentieth-century biological psychiatry eventually followed the search for physical treatments of mental illness.[11] Lange's concept of emotion traveled widely. His book also appealed to writers in the

---

[11] For the beginning of modern psychiatry at the turn of the century see Kraepelin (1913).

naturalistic tradition, such as the renowned German novelist Gerhard Hauptmann (1901) and to French psychologists such as Théodule Ribot and his student Dumas.[12] It was in particular the colorful description of the expression of the emotions and of their organic conditions that made his work appealing. From his multiple and rich observations of patients, Lange deduced not only that vascular changes gave rise to emotion but also that a neural center for processing emotions must exist. In addition, he made inferences about the pathways of nervous processing of emotion in the brain.

Nervous pathways: A neural center for processing emotion

Lange hypothesized that the neural regulation of emotion was effectuated by the vasomotor-center. The importance here lies in the fact that he postulated such a central regulation. James in contrast argued that "no special centers for emotion" existed in the brain. Emotions were nothing other than the perception of afferent signaling in the areas of the cortex already assigned. Lange presented a different picture of nervous processing. The difference from James' theory is that Lange attributed a greater role to brain processes and considered efferent and afferent signaling. In the following I want to highlight five points: a) the pathways to vasomotor center, b) the startle reflex, c) the use of a pictorial image of the brain in explaining emotion, d) the example of conditioning, and e) the hypothesis of functional coupling between nerve cells.

Lange made "disturbances" in the innervation of the muscles of the blood vessels, which accompany the emotions, the primary symptom of emotion. He assumed (Lange) that the changes in vasoconstriction or vasodilatation, which one can observe in the skin, existed equally in the inner organs and in the

[12] For Hauptmann's personal, annotated copy of Lange's monograph consult the *Staatsbibliothek* in Berlin's rare books collection.

blood-vessels in the brain. Because he had observed that all emotions involve physiological changes, in particular changes in blood flow, he asked whether a causal nexus existed between the physiological changes in blood circulation and the other changes characteristic of emotions, such as alterations in the innervation of the skeletal muscles, changes in sensibility, and cognitive changes. He remarked in a footnote that the vasomotor system might be only part of the autonomic nervous system in general, and that it was the latter, which is primarily affected in emotion.[13] In this case, he thought, the innervation of the bladder and the intestines would count among the primary symptoms of emotion.

As he had demonstrated by using different examples, that is, artificially evoked ire, alcohol-induced happiness, sorrow, and psychotic states (and because he excluded facial expressions), he argued that regardless of the reason why an emotion came into being the actions upon the nervous system all combined in one point: "In the vasomotor center, this group of nerve cells that regulate the innervation of blood vessels." The effect of eliciting an emotion always combined in an action upon this group of "regulatory vasomotor nerve cells."

> Whatever the causes are, which evoke an emotion, their impact on the nervous system all unites in one point, in the vasomotor center, this group of nerve cells that regulate the innervation of blood vessels. It is through the excitation of this group of nerve cells, which are situated, as is well-known, mainly at the juncture of the brain and the spinal cord in the so called *medulla oblon*gata that the various causes of emotions however they may be structured in detail cause the physiological phenomena out of which the emotions basically consist. (Lange, 1887, p. 65-66)

---

13 For Lange's argument see in particular p. 41ff, 65ff, footnote 20, p. 87.

The nervous pathways in the brain differed though, Lange explained, according to the nature of the cause of the emotion. The pathways to the vasomotor center depended upon whether the cause of the emotion reached the brain through one or the other sensory organ and also whether the information consisted of "simple sensory impressions" or of "more complex so-called psychic processes."

In order to support his point that an emotion could be elicited directly, without the need of a "spiritual force," Lange described the startle reflex, which is used today in research in emotion (e.g., Lang, Bradley & Cuthbert, 1990). Nobody would hesitate to call an emotion "fear," which was caused by a loud bang, for it showed the usual features of fear. However, this emotion was "not at all connected to the idea of a danger nor evoked through any association of ideas nor through a memory or any other mental process." Lange (1887) noted, "The phenomenon of fear *directly* follows the bang without any trace of mental fear." Thus, the assumption was warranted that, in this case, one was confronted with "a psychic reaction of purely material genesis" in which "the vasomotor reflex was simply evoked if not directly through the acoustical nerve then through a direct transmission from the acoustical center" (Lange, 1887). Lange assumed that "the pathway to the vasomotor center must be direct" in those cases in which an emotion was created through a simple sensory impression, i.e. evoked by a sound or a color.[14] The pathway was more complex, if the emotion originated from "a psychic cause" (*seelische Ursache*) for instance from a memory or an association of ideas, even where the latter had been roused by a sensory impression. The strength of the emotions too differed. In general a simple sensory impression evoked emotions only when it was very strong, and the effect was not very deep and not very prolonged in comparison to an emotion that was generated by a psychic cause. "Usually, such

[14] For research on the question a century later, see for example LeDoux, Thompson, and Iadecola (1983).

(psychic) causes have a much stronger emotional effect than simple excitations of a sensory organ" (Lange, 1887).

Furthermore, in order to explain his point Lange used a pictorial image of the brain (see Figure 1). Here one can find one of the first instances, if not the first, that an illustration of the brain was used in order to explicate emotion. Lange explicated how simple and complex emotions were processed in the brain. For instance, if an emotion was elicited by a simple "optical sensory impression," the information was transferred through the "optical nerve" to the "central organ of vision" and from there transmitted to the "vasomotor center" with, in consequence, "the emotional change in the innervation of blood vessels" (Lange, 1887). Lange visualized his claim by drawing a section through the brain in which he marked the relay stations of the nervous pathways implicated in processing emotion, that is, the ways in which, according to him, the sensory information, which emanated from visual and from gustatory impressions, could activate the vasomotor center.

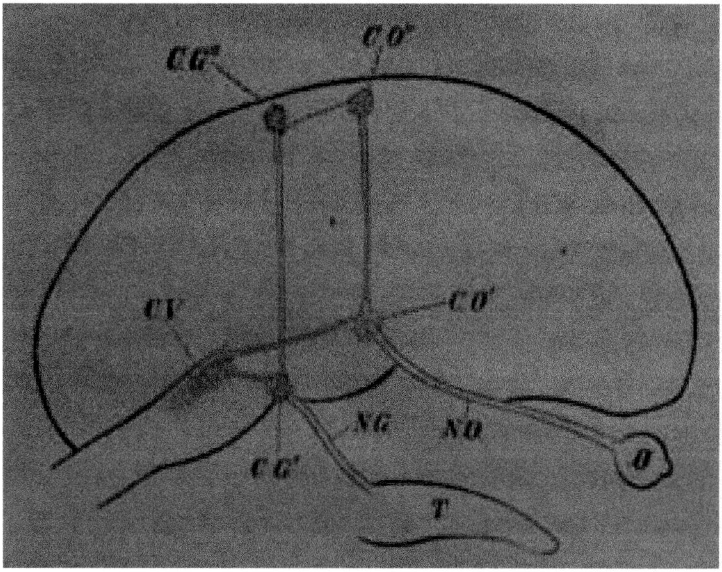

Figure 1. Lange (1885, p. 66) proposed the following mechanisms by which the "vasomotor center" *C.V.* could be activated: a) For simple emotions by a direct cerebral mechanism. For instance the pathways for visual and for gustatory impressions: Sensory information from the eye *O* would travel through the optical nerve *N.O.* to the "central organ of seeing" *C.O.'*, where it became a sensation. A simple nervous fiber tract from *C.O.'* to the "vasomotor center" *C.V.* would be sufficient in order to transfer the visual information to the "vasomotor center" and trigger the emotional changes in the innervation of the muscles of the blood vessels and subsequent emotion-related changes. Visual information would be transferred at the same time from the "central organ of seeing" *C.O.'* to the "cortical center of vision" *C.O.''*, where the image came to conscious awareness.

Equally, gustatory information would be transferred from the tongue *T* via the gustatory nerve *N.G.* to the "central organ of taste" *C.G'* and, from there a simple nervous fiber tract to the "vasomotor center" *C.V.* would be sufficient in order to trigger an emotional reaction, etc.

b) In the case of conditioning the "vasomotor center" would be activated by a more complex pathway via the cortical center of vision. The process could be pictured in five steps: (1) The bitter gustatory stimulus activated the vasomotor center via *T—C.G.'—C.V.* (2) The gustatory information was also transferred to the cortical center for taste where it became a conscious taste via *T—C.G.'—C.G.''*. (3) Simultaneously visual information was processed via *O—C.O.'—C.O.''*. (4) In addition, because *C.G.''* and *C.O''* were repeatedly activated at the same time, a new functional coupling was created between *C.G.''* and *C.O''*. (5) Now the vasomotor center could be activated via the cortical center of vision: *C.O''—C.G''—C.G.'—C.V.* In the brain nervous information could travel both ways.

At a time when synapses were not yet known Lange also attempted to account for the presumed neurophysiological changes in the brain by which more complex emotions could be implemented (Bennett, 1999). In particular, he (Lange, 1887) gave the example of conditioning. How could one explain that a toddler started crying when it saw a spoon by which it had been repeatedly fed bitter drugs? Lange assumed that the sensory information of "bitter taste" was processed in the following way: From the tongue information was transferred to the "central center of taste," where it became a sensation, and from there to the "cortical center of taste" where the taste "bitter" came to conscious awareness. And the sensory information was also transferred from the "central center of taste" to the vasomotor center where it elicited the changes in the innervation of the muscles of blood vessels and all the subsequent changes of emotion. Seeing a spoon had no effect on the vasomotor center in the first place. Visual information was transferred to the "central center of vision" and from there to the "cortical center of vision," where the image came to awareness. The phenomenon that seeing a spoon could elicit an emotional reaction was due to "the formation of a new functional coupling never initiated until then" between different nervous areas.

Indeed, Lange posited a model of facilitation that illustrates the new neuro-physiological beliefs of his time. The simultaneous nervous impressions received by the presumed cortical centers of vision and of taste and the functional coupling of nervous activation in these two centers explained the fact that seeing a spoon, which has had no effect on the vasomotor center previously, could suddenly activate it and prompt the child to cry. Lange explained,

> If we recall that the cause of the crying is that a gustatory nervous impulse and a visual nervous impulse have hit the brain repeatedly at the same time, one is prompted to think that through the simultaneous nervous impression a functional coupling has been created between the two excited nerve cell groups *C.O.*", the cortical center of awareness for the looks of the spoon and *C.G.*" the cortical center for the taste of the medicine. (Lange, 1887, p. 19)

What happened was that, through the simultaneous activation in the past, the "point *C.G.*", the cortical center of taste came into a state in which it was "more strongly affected" by the "irradiating impulses" from the activated nerve cells in the cortical center of vision than the other nerve cell groups. The reason for this greater sensibility lay "in the fact alone that this group of cells was repeatedly brought into activity together with *C.O.*", the cortical center of vision. By the simultaneous nervous excitation a change had been caused in the cells, Lange argued, "a state of excitability" was created, "which is not found in the other brain cells that are subjected to the irradiation."[15] Therefore, when *C.O.*" was now activated by seeing the spoon, *C.G.*" was activated as well.

Thus, emotions were caused by imagination or memory and were created through the building of associations in the brain and through the transfer of the nervous impulse to the vasomotor center in the lower brain stem. With regard to the standard discourse, which followed in early twentieth-century psychological literature, it is noteworthy that Lange accounted for individual differences in the brain processes implicated in emotion. The nervous response could vary. "One and the same cause affects the nerves of blood vessels in different ways in different people, first, because the nerves don't react in the same way in all people and second, because on its way through the brain to the vasomotor center the nervous impulse is affected in different ways by the previous impressions" (Lange, 1887). Lange also noted some kind of cognitive regulation of emotions. As he saw it, to a certain degree existed "a vasomotor antagonism" between "the life of the mind and the emotional life." The former acted in an *efferent* manner on the latter, draining the blood: "If Hermann von Bremen"[16] counts until twenty, through this little mental effort he robs the motor-part of his brain of such a great amount of blood that he no longer feels the urge to hit someone" (Lange, 1887).

As I mentioned earlier, Lange's account did not map the contemporary concept of the "body loop" one to one. One

[15] Professor Ellsworth pointed out that Lange's hypothesis is very close to Ivan Pavlov's later work on the gastric function of dogs during the 1890s and 1900s. Pavlov (1927) developed the concept of the "conditioned reflex" in the early 1900s.

[16] Hermann von Bremen was a figure in a social satire by Ludvig Holberg, *Den politiske Kandestøber*.

difference from the current debate is that the pathways of the efferent autonomic communication to body tissues and the afferent feedback from these tissues to the brain were not totally established at the time. Both Lange and James were unclear about them. That Lange focused on the vasomotor center in the lower brain stem is historically contingent upon physiological research that was conducted in the second half of the nineteenth century in Germany and France. Particularly important in this context were the experimental work on the neural regulation of the cardiovascular system of Claude Bernard in Paris (the heart and emotion) and of Carl Ludwig (1858) in his physiological laboratory in Leipzig. Need to be mentioned here as well Etienne-Jules Marey (1863) and Angelo Mosso (Mosso, 1879, 1880) who were both influenced by Ludwig's work. Marey revived the pulse diagnostic in medicine and developed several of measuring instruments that were used in research in emotion, and Mosso conducted experimental studies in the physiology of emotion.

Deconstructing emotion: Lange's component-model of emotions

Let me now highlight one aspect of Lange's concept of emotion that the French psychologist Dumas, who translated Lange's book, called attention to. Namely, the conceptualization of emotions in terms of sets of components, in Lange's view physiological ones. Lange was one of the first, if not the first, who postulated a component theory of emotion. It is important to note that in his view, emotions were not irreducible categories but can be broken down and differentiated according to combinations of smaller elements. In this respect, even though all of Lange's elements were physiological, his work must be considered a precursor to current componential theories of emotions, appraisal theories (Ellsworth & Scherer, 2003), and work on physiological and motor patterning (Ekman, Levenson & Friesen, 1983).

In his introduction to the French edition Dumas (1895) explained what it took in order to study the emotions from a scientific point of view. "We all know what joy means and we all know sadness from experiences in everyday life." However, in order to "scientifically address the obscure question of emotion" one had to set aside everything that one thought one knew about emotions. Science came at the price that the "subjective and imprecise definitions" derived from introspection had to be replaced by "objective characters." What these objective characters of emotion were everyone knew equally well: "These are the gestures, the attitudes, the organic manifestations that no observer can misunderstand." In this respect Lange's scientific study of emotion was satisfactory. Lange described emotions such as joy, sadness, anger, fear, disappointment, embarrassment, and impatience in terms of the changes in muscular activity, of the changes in the viscera, and of the changes in "vasomotor muscles." In particular, Dumas (1895) liked a schema (see Table 1) that Lange abstracted from his description of the physical changes in emotion and that characterized emotions in terms of sets of features.

Indeed, Lange posited that the emotions involved "all functions of the nervous life," the innervation of the muscles, and partly of the secretive glands, sensibility, and intelligence. The changes in the innervation of the muscles, however, especially in the muscles in the walls of the blood vessels, were the primary sign of emotion. He argued that the three different muscular systems, which are involved in emotion—the skeletal muscles, the muscles of inner organs, and the muscles in the walls of blood vessels—could be altered in three different ways. All of the three muscular systems could receive "too much," "too little," or "irregular innervation" (Lange, 1887). Furthermore, the innervation in skeletal muscles and in the organic and vasomotor muscles could change in opposite directions. In this way Lange retrieved 127 hypothetical combinations, which characterized the "somatic forms of emotion" solely with respect to the changes in the innervation of the muscles.

Table 1: Emotions and corresponding innervation of muscles (from Lange, 1885)

Disppointment	Decrease of voluntary innervation		
Sadness	Decrease of voluntary innervation	Vasconstriction	
Fright	Decrease of voluntary innervation	Vasconstriction	Spasm of the "organic" muscles
Embarrassment	Decrease of voluntary innervation		Uncoordinated movements
Impatience	Increase of voluntary innervation		Spam of the "organic" muscles
Joy (Happiness)	Increase of voluntary innervation	Vasodilatation	

Anger	Increase of voluntary innervation	Vasodilatation	Uncoordinated movements

Note. Lange held that changes in the innervation of the muscles might be the primary sign of emotions. The three different muscular systems, which are involved in emotion (skeletal muscles, organic muscles, muscles in the walls of blood vessels), could be altered in three different ways, and the innervation in skeletal muscles and in the organic and vasomotor muscles could change in opposite ways. Therefore one could derive 127 combinations, which characterized the "somatic forms of emotion" solely with respect to the changes in the innervation of the muscles. In the above table Lange (1885, p. 40) characterized the seven forms of emotion, which he had previously discussed, according to the physiological changes in the innervation of the muscles.

For instance joy could be characterized by an increase in the innervation of the skeletal muscles and a dilatation of the arteries, with as a result better perfusion and nutrition of the bodily organs and brain. Anger was characterized by an increase in voluntary innervation, vasodilatation and "irregular" innervation, which led to uncoordinated movements. Because the muscular systems were affected differently in different emotions it was possible to observe "the infinite variety of combinations" which resulted in motor activity, in glandular secretion, in sensitive, and in intellectual changes during emotion through nutrition, perfusion[17], and innervation. While Dumas (1895) admitted that one might object to such simplifications because joy could be quiet and fear could either prompt flight or

[17] Perfusion is the process of nutritive delivery of arterial blood to a capillary bed in the biological tissue. Perfusion can be calculated with a formula that includes mean arterial pressure, mean venous pressure, and vascular resistance.

paralyze, he nevertheless thought that Lange's examples were sufficient in order to define the "nature of emotion." In his later work Dumas (1900) too deconstructed emotions such as joy, fear, and anger, which were handled like entities by metaphysical approaches.

As I noted earlier, Lange argued strongly against the view that one can separate psychic from bodily emotions and he objected to the Spiritualists' claims of a psychic causality, which explained "everything and its contrary unrestrained by any reality." He mentioned Spinoza and he credited especially the French seventeenth-century philosopher Malebranche, who, in Lange's view, had the right intuition about the interconnection of body and mind at a time when physiology knew nothing about vasomotor-muscles and -nerves. Malebranche noted the implication of the heart in emotions and he held that nerves to the brain existed, which surrounded the arteries of the brain and the arteries that serve inner organs, "for faster and more fine tuned regulations of the *vital spirits* (*Lebensgeister*)" (Lange, 1887). An emotion caused the *vital spirits* to flow to the nerves that surround the blood vessels so that the constriction of the arteries going to the brain would block the blood flow and their relaxation would open the way for the blood to perfuse all the other bodily organs. According to Dumas, Lange's deconstruction of joy and sadness into motor phenomena and psychic phenomena was entirely in line with Malebranche and Spinoza. Indeed, Lange's vasomotor theory was encapsulated in *De la recherche de la verité* (Malebranche, 1880), it translated Malebranche's theory into "modern psychological language." In the final analysis, an emotion was "nothing but the consciousness of neuro-vascular variations" (Dumas, 1895).

The Kantian ideal: The purely rational human being

Allow me to finally point out an aspect of Lange's work, which is of historical interest. Lange's work raised several crucial issues, which returned transformed in psychological debates on emotion in the twentieth century. These were for instance, the necessity of emotional management in order to obtain a specific kind of socially desirable behavior; the question whether emotions are pathologies; and the conceptualization of emotion as "disruption."[18] Lange did not claim that emotions were *per se* pathological. Indeed, he criticized Kant's (Kant & von Kirchmann, 1880) *Anthropology from a pragmatic point of view*, arguing that it was a "peculiar view of the psychic (*Seelenlehre*) and a poor view of the human being "to think that sorrow or happiness, pity or anger, defiance or humbleness" were "states that are foreign to the spiritually healthy (*Seelengesunden*) individual" (Lange, 1887). While he criticized Kant, Lange admitted at the same time that some emotional management was necessary and he held that this was the very goal of education, "To teach the individual how to control or eliminate those drives that are the immediate result of our bodily organization and that do not fit into the given social order." Lange even speculated that one day mankind might reach the Kantian ideal of a purely rational human being through a Lamarckian mechanism of inheritance.—In 1948, at the occasion of the second symposium on emotion held in the twentieth century, Magda B. Arnold (Reymert, 1950) voiced the same belief, except for the fact that she sought the source for this development in changes of cognitive appraisal rather than in hereditary adaptation as had Lange.—Indeed, Lange had conceived of the mechanism in the following way: Over time under the influence of learned control and by lack of training the vasomotor center (*Gefässnervencentrum*) would more and more lose the "energy of its emotional activity" and this "developmental result of the education of mental life" would be transmitted through inheritance to the following generation. Thereby, the emotional innervation of blood vessels would weaken from generation to generation, whereas simultaneously the "innervation of the nerves of blood vessels for the organs of intelligence" would become ever easier. Eventually, the result was that, if this development continued,

---

[18] For the beginning historiography of the science of emotion, see Dror (1998) or Wassmann (2005).

"the Kantian ideal of the purely rational human being" could in the end be attained.

While he did not want to classify emotions as pathological in the first place, Lange nonetheless described emotions in pathological terms. In particular in the pathological cases of the patients he observed, he spoke of emotions as "disruptions of the innervation in various parts of the muscular system," as "functional disturbances," or as a physiological phenomenon of a "troubled equilibrium of the innervation and blood flow" (Lange, 1887). However Lange's aim was to explain the nature of emotion in a way which would allow understanding "the pathological states of affect," which were "so familiar to the physician," such as melancholy, fear, and mania, and also drug-induced states of affect such as the "artificial ire evoked by mushrooms" (Lange, 1887).

Conclusion

Let me conclude then with evaluating Lange's work in the light of the debate about the nature of emotion that began in the nineteenth century. This debate characterized the James-Lange-theory as a "peripheral" theory. Indeed, in the psychological debate about the nature of emotion during the 1890s James and Lange's works were linked and the emphasis was put on the proposed causal role of vascular changes in creating emotion. The only passage that was widely cited from Lange's book read,

> It is the vasomotor system to which we owe the entire emotional side of our mental life (*Seelenleben*), our pleasures and our pains, our happy and unhappy hours; if the impressions that hit our senses had not the power to move this system to action, we would go through life in apathy and dispassionate, all the impressions from the external world would only strengthen our experience and our knowledge, but would neither awaken us to happiness nor to anger, nor bow us in sorrow or fear. (Lange, 1887, p. 76)

As Sherrington (1899-1900) summarized the question, the assumptions of James, Lange, and of the Italian psychologist Guiseppe Sergi (1888) assigned with certain subtle differences "a large causal role in the genesis of affective psychological states" to the bodily manifestations of changes in blood flow and muscle tension.

> Professor Lange traces the whole psycho-physiology of emotion to certain excitations of the vasomotor center. He conceives all the other of the organic reflexes occurrent in emotion to be attributable mediately to the vasomotor. For him, as for Professor James, the emotion is *the outcome* and not the cause or the concomitant of the organic reaction. … Emotion is an outcome of vasomotor reaction to stimuli of a particular kind. (Sherrington, 1899-1900, p. 391)

It is important to note that what was at stake at the end of the nineteenth century was the role of the brain in processing emotion. After the "spiritual" had become the mental, the mental became brain processes. Emotions were anchored in the brain. It was Lange's achievement that he conceptualized emotions from a neurophysiological point of view. It was Sherrington's achievement to show that the vasomotor center in the lower brain stem could not fulfill the role Lange attributed to it. Sherrington cut the spinal cord and vagus nerves of dogs thus destroying "the connection of the brain with the heart, the lungs, the stomach and the bowels, the spleen, the liver and other abdominal organs" without this reduction of the sensory input causing any change in the emotional behavior of the animal.[19] Sherrington came to the conclusion that

[19] I thank Prof. Jänig for the following summary: In dogs where the spinal cord was cut at a low cercival level, the brain can no longer send impulses via the sympathetic outflows to the body tissues; and activity in spinal afferent neurons below the spinal lesion (including visceral ones) does no longer reach the brain (supraspinal centers). In dogs where the spinal cord is cut at a low cervical level and the vagus nerve is cut as well, the vagal (parasympathetic) efferent outflow

> The experimental observations yield no support to the theories of the production of emotion [James, Lange, Sergi] quoted at the opening of this communication. On the contrary, I cannot but think that they go some way toward negativating them. A vasomotor theory of the production of emotion seems at any rate rendered quite untenable ..." (Sherrington, 1899-1900, p. 402)

Doubtless the peripheral changes were important in emotion, Sherrington argued, yet their precise role remained unclear. At least they did not fulfill the role assigned to them by James and Lange. The feeling of emotion and the facial expressions and body posture of emotions, which Sherrington studied in his dogs, could not be accounted for by vascular changes.

The James-Lange theory of emotion was discussed in terms of "center" versus "periphery." The question debated at the time was whether the changes in emotion originated in the periphery, whether vasoconstriction came first and when signaled to the brain gave rise to the emotion. Indeed, the contentious point was a matter of information flow and concerned the role of the brain in these processes. James argued that information flow was *afferent* and that there were no special centers for emotion in the brain.[20] The emotion was the (immediate) perception of the afferent signals from the vascular system and muscles in the association cortices already assigned. James' contemporaries argued that this order of things could not be correct, emotions were of "central stimulation." Charles-Emile François-Franck (1904), who substituted for Etienne-Jules Marey at the Collège de France, put this very clearly. Since Gustav Hitzig and Eduard

---

to internal organs and the afferent inflow from these organs to the brain are additionally interrupted. Only the trigeminal system, the phrenic nerve, the afferent inflow to the cervical levels rostral to the spinal cord transsection and the afferents of the carotid arterial baro- and chemoreceptors are intact.

[20] Sherrington (1899-1900) cited the *Principles of Psychology*, which reiterate James' (1884) earlier article.

Fritsche's (1870) findings had opened the discussion on localization in the brain, it was clear that the question about the mechanism underlying the effects of cerebral excitation and emotion had to be discussed on the level of the brain.[21] As François-Franck put it, the brain was an active organ, and not passively subjected to the body.

Thirty years later, Walter Cannon would argue that all his evidence pointed to the "optic thalamus as a region in which resides the neural organization for the different emotional expressions." "The section in James' discussion, headed 'No Special Brain Centers for Emotion' must be modified in the light of accumulated information," Cannon wrote.

> The cortex at one end of the nerve paths as a reflex surface, and the peripheral organs at the other end as a source of return impulses make too simple an arrangement. Between the cortex and the periphery lies the diencephalons, an integrating organ on the emotive level, a receiving and discharging station, that on proper stimulation is capable of establishing in stereotyped forms the faces and bodily postures typical of the various affective states. That all afferent paths leading towards the cortex have relays in the diencephalons is a fact of great significance in explaining the nature of emotions. (Cannon, 1927, p. 118 / 580)

In the twentieth-century, physiological research continued searching for a center for processing emotion in the brain, from Sherrington (1899-1900) to Walter Cannon (1927), Phillip Bard (1934), James Papez (1937), Paul MacLean (1949, 1952, 1955),

---

[21] Hitzig and Fritsche (1870) demonstrated by experiment that "a part of the convexity of the hemisphere of the brain of the dog is motor . . . another part is not motor. The motor part, in general, is more in front, the non-motor part more behind. By electrical stimulation of the motor part, one obtains combined muscular contractions of the opposite side of the body."

and Joseph LeDoux (LeDoux et al., 1983; LeDoux, 1994). The thalamus, the limbic system, the amygdala were candidate structures for this neuroantomical center for processing emotion. Some of the neuroregulatory functions related to emotions, which Lange attributed mediately to the vasomotor center, were later attributed to the limbic system and then to the amygdala. The emphasis was no longer on vascular changes but on facial expressions of emotion, which Lange (1887) did not study because, as he pointed out, at his time there was no knowledge whatsoever in order to explain from a physiological point of view why the facial nerves were innervated differently in different emotions.

When Lange's work was subsumed to James' much of the complexity of Lange's argument was lost. Let me summarize. First, Lange had attempted to show that emotions were grounded in physiology. For this purpose he demonstrated that there even existed emotions, which apparently had no mental or ideational component at all, which were "purely bodily, like the startle reflex." Second, Lange sought a neurophysiological answer to the question of how emotions could have such a great impact on the body that they pushed people to commit suicide even where the patient was aware of the fact that any intellectual motive for committing such a desperate act was lacking. Based on clinical observation and on pathological anatomy he attributed the genesis of emotions to changes in the autonomic nervous system, especially, but not only, vascular changes, and he inferred that a center for processing emotion must exist where all emotion-related physiological changes were orchestrated. Finally, he advanced a component model of emotions, which was designated for the objective, scientific analysis of emotions. It was the first attempt of its kind to deconstruct the emotions into combinations of components, in Lange's view physiological components, and in this respect his work is a precursor to component- and appraisal theories of emotions. For all of these reasons his work is worthwhile rereading.

The James-Lange theory posited that the emotions were "caused" by the afferent feedback from the body tissues. On the question of how that "feeling" of the peripheral changes occurs, James had no answer. Lange's picture was more complex in that he conceived of emotions much more in terms of brain processes, which included efferent and afferent signaling. However, his proposed mechanism for the creation of emotion with neural signaling via the vasomotor center did not hold out against later scrutiny.

A century later, the localization of emotion undoubtedly resides in the brain. We have identified some nervous pathways that are especially involved in emotion. We now know that the emotions involve brain processes, not spiritual processes, though the question of how exactly emotional feelings arise out of these brain processes is still in debate (Jänig, 2006). Based on the observations on his spinalized dogs Sherrington argued against the "body loop." While today much more is known about the central representations of the body tissues, the body maps on which the continuous afferent feedback continuously plays, today's arguments against the James-Lange theory are no better than Sherrington's were, as far as the "body loop" is concerned. Lange's question about how emotional feelings are generated remains an important scientific problem.

Journée internationale d'études
Montaigne / Chateaubriand

23 octobre 2008

Des *Essais* aux *Mémoires* :
Montaigne et Chateaubriand

3 avril 2009

Sous la direction d'Anna Bettoni (Università di Padova), Philippe Desan (University of Chicago) et Patrizio Tucci (Università di Padova)

Essais d'outre-tombe

Patrizio Tucci

C'est le Discontinuum qui
bouche les trous.
Paul Valéry, *Tel quel (Rhumbs)*

Pour introduire mon propos, je partirai d'une indication très connue qui se trouve dans un recueil de fragments des *Mémoires d'outre-tombe* imprimé en 1834. Au seuil du livre, un *Avis de l'éditeur*, sans doute inspiré par Chateaubriand, informe que, au dire de son secrétaire, les *Mémoires* « ne sont pas précisément des mémoires dans le sens étroit du mot, mais un ouvrage varié à la manière des *Essais* de Montaigne, où l'écrivain descend du ton de la poésie et des récits familiers, à des sujets philosophiques, à des lettres, des voyages, des épisodes, etc., etc. »[1]. Si les *Essais* justifient leur allure « à sauts et à gambades » en s'autorisant des fluctuations du dialogue platonicien, « miparty d'une fantastique bigarrure »[2], l'*Avis* de 1834 est, sauf erreur de ma part, la seule occasion où Chateaubriand déclare les avoir pris pour modèle, si tant est que cette déclaration émane de lui. Dans une lettre de la même année[3], il fait part en effet de l'architecture composite de son œuvre, s'abstenant néanmoins de tout rapprochement : « Tel livre de mes *Mémoires* est un voyage, tel autre s'élève à la poésie, tel autre est une aventure privée, tel autre un récit général, une

[1] *Lectures des Mémoires de M. de Chateaubriand ou Recueil d'articles publiés sur ces Mémoires, avec des fragments originaux*, Préface de D. Nisard, Paris, Lefèvre, 1834, p. IV.

[2] *Les Essais*, éd. J. Balsamo, M. Magnien et C. Magnien-Simonin, Paris, Gallimard, « Bibliothèque de la Pléiade », 2007, p. 1040 (III, 9 : « De la vanité »). Mes références vont à cette excellente édition, faute de pouvoir identifier celle ou celles dont Chateaubriand s'est servi. Le signalement de la page, du livre et du chapitre sera donné dans le texte même.

[3] Citée par M. Levaillant dans l'*Introduction* de l'édition du Centenaire : *Mémoires d'outre-tombe*, Préface de J. Gracq, Paris, Flammarion, 1982 [1948], t. I, p. XLIV.

correspondance intime [...]. Dans cette variété, un sujet fait passer l'autre ». Notons qu'il est question ici de blocs textuels taillés aux dimensions d'un livre, alors que le passage qui m'a servi de repère initial faisait du disparate la loi générale du tracé textuel.

Deux ans plus tard Chateaubriand présente en termes similaires son *Essai sur la littérature anglaise* (un autre « essai », soulignons-le, après celui de 1797 *sur les Révolutions*), mais il ne se réclame pas non plus des *Essais* : « Je m'occupe de tout, du présent, du passé, de l'avenir ; je vais çà et là. [...] Ce sont des mélanges qui ont tous les tons parce qu'ils parlent de toutes les choses ; ils passent de la critique littéraire élevée ou familière à des considérations historiques, à des récits, à des portraits, à des souvenirs généraux ou personnels »[4]. À la fin de l'*Avertissement* liminaire, voulant proposer au lecteur une image de l'œuvre, il a recours à des métaphores textiles : « C'est pour ne surprendre personne, pour que l'on sache d'abord ce qu'on va lire, pour qu'on voie bien que la littérature anglaise n'est ici que le fond de mes stromates ou le canevas de mes broderies ; c'est pour cela que j'ai donné un second titre à cet *Essai* » (ce titre étant *Considérations sur le génie des temps, des hommes et des révolutions*). La qualification de « stromates »[5] fait allusion de toute évidence à l'ouvrage homonyme de Clément d'Alexandrie, dont la marque propre est précisément la *varietas*, et en effet la référence au père de l'Église grecque est expresse dans le livre VII, chapitre 9, des *Mémoires d'outre-tombe*, où sont évoquées les mœurs des Indiens d'Amérique[6].

Le terme de « stromates » désigne par ailleurs non les *Mémoires* mêmes, mais le manuscrit informe d'où furent tirés les *Natchez* (« Si jamais je publie les *stromates* ou folies de ma jeunesse, pour parler comme saint Clément d'Alexandrie, on y verra Mila »), et

---

[4] *Essai sur la littérature anglaise* [1836], *suivi de la traduction du « Paradis perdu » de Milton*, Paris, Victor Sarlit, 1873, p. 6.

[5] Sur ce mot et ses trois apparitions sous la plume de Chateaubriand, voir A. Verlet, « Les stromates de Chateaubriand », in *Chateaubriand : La Fabrique du texte*, dir. C. Montalbetti, Rennes, Presses Universitaires, 1999, p. 91-102.

[6] *Mémoires d'outre-tombe*, éd. J.-C. Berchet, Paris, Bordas, 1989-1998, « Classiques Garnier », t. I, p. 414 (VII, 9). Je me réfèrerai à cette édition par le sigle MO, suivi de l'indication du tome, de la page, du livre et du chapitre.

son occurrence, par une assez curieuse coïncidence, est associée à deux citations des *Essais*. Le mémorialiste, qui écrit à Londres en 1822, se demande d'abord si la chanson qu'avait chantée pour lui trente ans plus tôt la petite Indienne Mila n'était la « chanson amoureuse » dont Montaigne cite un couplet au chapitre « Des Cannibales » (I, 30, 220) : « 'Couleuvre, arreste toy ; arreste toy, couleuvre…' ». Il se garde cependant d'ajouter que Montaigne, en appelant à son commerce des Muses, avait jugé ce couplet « tout a faict Anacreontique » : sans doute cette précision lui paraissait-elle comporter une perte d'auréole de l'exotique, même si quelques pages auparavant il avait développé le parallèle rituel entre les Indiens et les Anciens, observant que certains usages des premiers « semblent empruntés des Grecs » (MO, I, 401 ; VII, 5). Est ensuite reproduite la phrase qui clôt le chapitre « Des Cannibales » (et qu'avait déjà citée Rousseau dans une note sur le *Premier Discours*[7]) : « L'auteur des *Essais* vit à Rouen des Iroquois qui, selon lui, étaient des personnages très-sensés : "Mais quoy ? ils ne portent point de haut de chausses !" » De la sorte, Chateaubriand infléchit la chute ironique de l'essayiste, confondant par un lapsus significatif (s'il en est bien un) la rencontre que celui-ci avait faite des Cannibales du Brésil et la sienne propre des Iroquois du Canada.

Montaigne est l'un des noms invoqués le plus souvent dans les *Mémoires d'outre-tombe*, et les *Essais* y ont été mis à contribution plus que nulle autre œuvre moderne[8]. Je n'aborderai pas ici cet aspect, même s'il m'arrivera de porter attention de temps en temps à la présence pour ainsi dire physique de Montaigne dans

---

[7] Comme le signale F. Lestringant, *Le Brésil de Montaigne. Le Nouveau Monde des « Essais » (1580-1592)*, Paris, Chandeigne, 2005, p. 289. Apostille notable : dans l'article « Sur un voyage de M. de Humboldt », paru dans *Le Conservateur* du 23 décembre 1819 et repris en 1826 dans les *Mélanges littéraires*, vingt-et-unième volume des *Œuvres complètes* Ladvocat, Chateaubriand proclame que « le discours de Jean-Jacques Rousseau sur l'*Origine de l'inégalité des Conditions* n'est que la paraphrase éloquente du chapitre de Montaigne sur *les Cannibales* » ; et l'auteur des *Essais* est ici appelé « le malin seigneur Gascon » (p. 408-409).

[8] Pour le détail, je renvoie à M. Piva, *Memorie di seconda mano. La citazione nei « Mémoires d'outre-tombe » di Chateaubriand*, Perugia, Morlacchi, 2008, p. 113-119.

le livre de Chateaubriand. Je n'insisterai pas non plus sur le prodigieux foisonnement de citations – autocitations comprises – qui donne aux *Mémoires* l'apparence d'une œuvre-bibliothèque. Il s'agit certes d'un des caractères les plus manifestes qu'ils partagent avec les *Essais*, et que sans doute ils leur empruntent[9]. Mais ce foisonnement n'est en fait que l'*un* des facteurs de la démarche zigzagante de la narration, au même titre que – pour nous borner aux plus marquants – la reproduction tout au long des *Mémoires* de toutes sortes de documents, la prolifération des notes, des digressions et de ces longs intermèdes que Chateaubriand appelle « Incidences ». Par six fois, le processus de reconstitution autobiographique se suspend, laissant place à des chapitres (quatorze au total, dans sept livres différents) qu'on pourrait retrancher des *Mémoires* sans qu'il y manque quoi que ce soit dans l'ordre des événements[10], et où se mêlent des réflexions diverses (littérature, culture, art, architecture, société, eaux minérales, botanique, etc.), des mises en perspective de tel ou tel phénomène historique (la colonisation de l'Amérique du Nord, le choléra de 1832), des prophéties sur l'avenir. On aurait tort de les considérer pour autant comme des éléments subsidiaires, pas plus que les anecdotes qui émaillent le texte. En dépit des préventions que Chateaubriand affiche contre celles-ci[11], au fil des pages il associe au *continuum* discontinu de l'autobiographie le récit de hauts faits et l'épisode menu, la fresque historique et le détail éphémère, usant constamment d'une écriture du contrepoint. On a invoqué à ce sujet le modèle des mémorialistes des siècles passés, et notamment de Saint-Simon, mais c'est ici le lieu pour souligner que la complaisance à l'égard des petits faits curieux est aussi une des

[9] Voir I. D. McFarlane, « A Note on the Presence of Montaigne in the "Mémoires d'outre-tombe" », in *Balzac and the Nineteenth Century. Studies in French Literature presented to H. J. Hunt*, Leicester, University Press, 1972, p. 234-235.
[10] Voir P. Berthier, « Incidences », in J.-C. Berchet (éd.), *Chateaubriand. Le tremblement du temps*, Colloque de Cerisy dirigé par J.-C. Berchet et P. Berthier, Toulouse, Presses Universitaires du Mirail, 1994, p. 323-329.
[11] Voir sur ce point F. Bercegol, « Poétique de l'anecdote », in *Chateaubriand mémorialiste.* Colloque du cent cinquantenaire (1848-1998), dir. J.-C. Berchet et P. Berthier, Genève, Droz, 2000, p. 205 *sqq.*

caractéristiques majeures des *Essais* : une complaisance fonctionnelle, parce que les « comptes » y servent d'illustration des passions qui meuvent l'homme et l'Histoire.

De même que Montaigne, Chateaubriand ne cherche aucunement à dissimuler les parenthèses, les divagations, les saccades, les ruptures (de séquence ou de plan) au gré desquelles procède son récit. Il les entérine, au contraire, et semble presque en faire un fil rouge : « Ne vous semble-t-il pas que je recommence *le chef-d'œuvre d'un inconnu* ? un mot me mène à l'autre. Je m'en vais en Islande et aux Indes. [...] Et pourtant je ne suis pas encore sorti de la vallée de la Tèple » (MO, IV, 325-326 ; XVIII, 2). C'est donc une esthétique de l'hétéroclite et du décousu, quoique mise en œuvre avec des modalités non entièrement coïncidentes, qui se détache d'entrée de jeu comme le phénomène substantiel de convergence entre *Mémoires* et *Essais*. Pour reprendre mon intitulé, je compléterai cette esquisse de rapprochement par quelques observations sur l'élément directeur de l'une et de l'autre œuvre, où confluent du reste les traits que je viens d'évoquer : le discours de soi, dont les canons, chez les deux écrivains, ne tiennent pas seulement à une pratique constante de la non-linéarité et du mélange, mais aussi au projet de se dire à travers une collecte et une réorganisation de la parole d'autrui, un va-et-vient de la lecture à l'écriture.

Il est vrai que, du moins en apparence, le discours tenu par Chateaubriand se distingue de celui de Montaigne par le « genre », ou plutôt le type, auquel il ressortit. Chateaubriand tisse une trame autobiographique qui suit ostensiblement la courbe du temps, alors que le statut d'autobiographie a été dénié aux *Essais*, le *hic et nunc* de l'énonciation y étant seul valorisé : il n'y a pas de récit suivi des divers épisodes qui marquent le parcours d'une existence, ni de regard rétrospectif restituant « l'histoire systématique d'une personnalité »[12]. Comme Michel Beaujour l'a bien dit, « ce que les *Essais* mettent en scène, c'est la présence du pré-

12 P. Lejeune, *L'Autobiographie en France*, Paris, Colin, 1971, p. 57. Voir également G. Mathieu-Castellani, *Montaigne. L'écriture de l'essai*, Paris, PUF, 1988, p. 10-11.

sent »[13]. En fait, Montaigne déclare à diverses reprises avoir résolu de tenir registre des productions de son esprit se déployant « les unes sur les autres, sans ordre, et sans propos », et il s'attache particulièrement aux « fantaisies informes et irrésolues » (335), aux « chimeres et monstres fantasques » (55), aux rêveries : « J'escoutte à mes resveries, parce que j'ay à les enroller » (704). Relevons au passage que l'*Essai sur les révolutions*, œuvre dans laquelle la lecture des *Essais* a laissé des traces visibles[14], est présenté par sa Notice originale de 1797 comme « une espèce de journal régulier » qu'un « malheureux » tient « de ses excursions mentales », « un registre de ses sentiments, de ses idées »[15]. Pour ce qui est des songes, des folles imaginations, des « chimères », on pourrait énumérer des dizaines de passages des *Mémoires* où Chateaubriand s'en entretient et bien souvent s'en enorgueillit. Qu'il suffise ici de citer telle autofiguration lapidaire : « Je suis l'homme de tous les songes » (MO, I, 582 ; XI, 1 ; voir IV, 491 ; XLI, 5 : « Moi, l'homme aux songes »), ou telle proposition tout aussi révélatrice sous une apparence d'objectivité : « Matière de songes est partout » (IV, 219 ; XXXVI, 5). Citons encore le superbe aveu qui se lit à la fin de l'ancien livre VII de la Quatrième partie, retranché en 1846 : « Inutilement je vieillis ; je rêve encore mille chimères » (IV, 802).

Pour revenir à l'écriture du *moi*, si les *Essais* se présentent comme une œuvre écrite « de jour en jour, de minute en minute » (845), les *Mémoires* multiplient quant à eux les marques d'un temps vécu et conçu en tant que succession. Mais comme ils le font en se fondant sur une esthétique de la bigarrure, la continuité du déroulement chronologique est menacée à chaque instant : d'où la nécessité d'arrangements au plan du dispositif de l'énonciation (raccords parfois laborieux : insertion en tête des

---

13 M. Beaujour, *Miroirs d'encre. Rhétorique de l'autoportrait*, Paris, Seuil, 1978, p. 119.

14 Voir R. Lebègue, « Essai sur Chateaubriand lecteur de Montaigne », *Bulletin de la société Chateaubriand*, n° 16, 1973, p. 56.

15 Chateaubriand, *Essai sur les Révolutions. Génie du Christianisme*, éd. M. Regard, Paris, Gallimard, « Bibliothèque de la Pléiade », 1978, p. 37.

livres de prologues faisant le point[16]) ; d'où, encore, de continuelles indications de dates visant à régler la double chronologie des événements vécus et de la narration. Encore y a-t-il lieu de penser que, à l'instar de l'essayiste, le mémorialiste ne s'est pas contenté d'opérer, mais qu'il a tenu à étaler les étapes, les modes et les secrets mêmes de la fabrication, au bénéfice d'un lecteur posthume investi des mêmes attributs que Montaigne avait imaginés pour le « suffisant lecteur », et auquel il s'adresse à travers une infinité de formes d'interpellations[17]. Voici un exemple instructif : après avoir raconté en 1839 sa « carrière littéraire » (de 1800 à 1814), c'est le lecteur institué en partenaire qu'il interroge (« Avez-vous beaucoup senti la glace de l'hiver dans mon récit ? »), avant de représenter par une métaphore recherchée les procédures lui permettant à la fois d'effacer les failles de la narration et de ressaisir la linéarité du narré : « Mes années sont mes secrétaires ; quand l'une d'entre elles vient à mourir, elle passe la plume à sa puînée, et je continue de dicter ; comme elles sont sœurs, elles ont à peu près la même main » (MO, II, 276 ; XVIII, 9).

La distinction qui se pose en principe entre le dessein « autographique » des *Essais* et le dessein autobiographique des *Mémoires*, et qui tient essentiellement, nous l'avons vu, au temps conçu soit comme instant présent[18], soit dans son ordre « avant / après », s'annule significativement dans le bloc correspondant à l'ancienne Quatrième partie du texte de Chateaubriand. Les chapitres XXXIV-XLII se donnent en effet pour une suite d'instantanés, pris par un écrivain redevenu « libre et voyageur » (MO, IV, 27 ; XXXIV, 1). Les accidents et les incidents, mais aussi les affleurements du passé auxquels ils donnent lieu, sont enregistrés

---

16 On en trouvera le recensement dans G. Genette, « Chateaubriand et rien », in *Figures V*, Paris, Seuil, 2002, p. 273-276.

17 Voir M. Lehtonen, « Le lecteur dans les *Mémoires d'outre-tombe* », *Neophilologica Fennica*, vol. XLV, 1987, p. 241-252 ; J.-F. Perrin, « Vers les rivages enchantés. Poétique de la mémoire et du temps chez Chateaubriand », in J.-C. Berchet (éd.), *Chateaubriand. Le tremblement du temps*, *op. cit.*, p. 251-259.

18 À ce propos, voir F. Joukovsky, *Montaigne et le problème du temps*, Paris, Nizet, 1972, p. 72 *sqq.* (ch. II : « La possession de l'instant »).

sans solution de continuité dans le fil d'un texte agencé comme un journal. La narration vise ostensiblement ici à les serrer au plus près comme si était réduit au minimum l'écart entre l'expérience et sa traduction par les mots, supposée couchée à chaud sur le papier. Restent les pratiques illusionnistes par lesquelles Chateaubriand fait de son présent une narration au passé, afin de l'intégrer, « en fondu enchaîné », au récit mémorialiste[19]. Je ne donnerai qu'un seul exemple : le 25 mai 1833 il écrit non pas « aujourd'hui 25 mai j'ai reçu la visite de... », mais « le lendemain 25 mai je reçus la visite du comte de Cossé ». Est-ce là un procédé tendant à couvrir l'aspect trop contemporain de certaines pages d'un vernis « outre-tombe » ? J'y reviendrai bientôt. D'autres pratiques illusionnistes se proposent des fins analogues. Ainsi, le 6 octobre 1833 est le dernier jour de la vie de Chateaubriand qui fasse l'objet d'une évocation dans les *Mémoires*, mais cette date n'est pas un terme extrême. Des notes de bas de page ajoutées lors de relectures ultérieures (par exemple MO, IV, 384, 401, 424) prolongent l'arc du temps jusqu'en 1838, 1840, 1841, comme si le mémorialiste avait à cœur de projeter le plus possible son texte vers l'avenir, c'est-à-dire vers sa propre mort[20].

Au chapitre II, 18, Montaigne pose au lecteur cette question : « Ay-je perdu mon temps, de m'estre rendu compte de moy, si continuellement ; si curieusement ? » (704). Dans les pages initiales des *Mémoires de ma vie*, première version des *Mémoires d'outre-tombe* achevée en 1822, dont ne subsistent que les trois (sur douze) premiers livres, Chateaubriand déclare, de son côté, qu'il entend écrire « principalement » pour « rendre compte de lui à lui-même », pour « expliquer [s]on inexplicable cœur » (MO, I, 7), ce qui revient à poser le *moi* comme énigme à résoudre, « *cœur* à explorer »[21]. Et de même que Montaigne fournit l'indication sui-

---

[19] Je m'inspire ici, presque littéralement, des remarques pénétrantes de J. Hoffenberg, *L'Enchanteur malgré lui. Poétique de Chateaubriand*, Paris, L'Harmattan, 1998, p. 190-191.

[20] Comme l'a observé P. Berthier, « Dernières italiques », in J.-C. Berchet, P. Berthier, J.-P. Clément, H. P. Lund, P. Soler, *Chateaubriand. Les « Mémoires d'outre-tombe ». 4e partie*, Paris, SEDES, 1990, p. 115.

[21] J.-C. Berchet, *Préface*, MO, I, XIV. « Qui suis-je » est la question inaugurale de

vante : « Ce ne sont mes gestes que j'escris ; c'est moy, c'est mon essence » (398 ; II, 6), de même Chateaubriand avertit un peu plus loin : « J'entreprends [...] l'histoire de mes idées et de mes sentiments plutôt que l'histoire de ma vie » (8), détournant ainsi les motifs autobiographiques de toute exploitation simplement anecdotique.

Il existe un autre point de contact entre les propos liminaires des *Mémoires de ma vie* et certains propos des *Essais* exposant le projet autographique qui les guide. En fait, lorsque Chateaubriand prend le parti d'une sincérité totale – « Je suis résolu de dire toute la vérité » –, on pourrait penser qu'il suit le modèle de Rousseau, mais tel n'est pas le cas : c'est plutôt vers Montaigne qu'il conviendrait de se tourner, ce Montaigne qui, selon les propres mots du mémorialiste, « ne cache jamais rien »[22]. En pareille matière, Chateaubriand avait pris depuis longtemps ses distances avec celui qu'il appelle « le fils plébéien de l'obscur horloger de Genève » (MO, IV, 416 ; XXXIX, 12). Dans la lettre de 1803 où il annonçait à Joubert l'intention de rédiger les *Mémoires* de sa vie[23], et qui a été reprise au chapitre XV-7 des *Mémoires d'outre-tombe* (II, 124), il fixait en effet les frontières à son sens infranchissables de la confession autobiographique, tant par fidélité à un idéal aristocratique de retenue et de distinction que par répulsion déclarée à l'égard des épanchements outrés de Jean-Jacques : « Je n'entretiendrai pas [...] la postérité du détail de mes faibles-

---

l'*Essai sur les révolutions*, éd. cit., p. 41.

22 Cette affirmation figure dans un chapitre de l'ancien Livre septième de la Quatrième partie, où elle introduit le passage du *Journal de voyage* sur les courtisanes de Venise (MO, IV, 768). J'enchaîne en rappelant que le chapitre du *Génie du Christianisme* intitulé « Des orateurs » (IIIe partie, IV, 2 ; éd. cit., p. 853) avait considéré les *Essais* comme des *Confessions*, confrontant Montaigne avec Rousseau (et l'un et l'autre avec saint Augustin, qui, lui, « ne se confesse point à la terre », mais « au ciel », et « apprend à connaître l'homme tel qu'il est »). Le jugement porté en l'occurrence sur Montaigne (il « s'est moqué de la bonne foi du lecteur ») est assez aigre ; beaucoup moins, toutefois, que ne l'est celui émis sur Jean-Jacques, qui « a révélé de honteuses turpitudes, en se proposant [...] comme un modèle de vertu ».

23 Chateaubriand, *Correspondance générale*, t. I, *1789-1807*, éd. B. d'Andlau, P. Christophorov et P. Riberette, Paris, Gallimard, 1977, p. 296 (n° 242).

ses ; je ne dirai de moi que ce qui est convenable à ma dignité d'homme et, j'ose le dire, à l'élévation de mon cœur. Il ne faut présenter au monde que ce qui est beau ». C'est en miroir de ces principes, ou de cette poétique, notons-le, que dans les *Mémoires* la litote et l'euphémisme sont les reines des figures, et que l'autocorrection prend quelquefois un aspect d'autocensure.

Or Montaigne avertit en toutes lettres au chapitre « Sur des vers de Virgile » : « Je me suis ordonné d'oser dire tout ce que j'ose faire » (886 ; III, 5). Un peu plus loin, il pose la sincérité comme le critère même de son dire : « En faveur des Huguenots, qui accusent notre confession auriculaire et privée, je me confesse en publicq, religieusement et purement. Sainct Augustin, Origene, et Hippocrates, ont publié l'erreur de leurs opinions : moy encore de mes mœurs » (888). On trouve bien d'autres annonces de cette volonté programmatique d'écrire sans rien dissimuler ; l'occurrence la plus marquée est celle du chapitre intitulé « De la presumption » (II, 17), où l'essayiste parle en termes exprès d'une « confession » qu'il a entreprise, déclarant néanmoins se trouver « empestré ès loix de la ceremonie » – les bonnes manières – qui ne défendent pas seulement de nommer « les choses licites et naturelles » (alors que la raison « nous deffend de n'en faire point d'illicites et mauvaises, et personne ne l'en croit »), mais empêchent aussi de parler « de soy », n'importe si « bien » ou « mal » (669-670).

Je me permettrai ici à mon tour une *incidence*. Ce même chapitre présente, comme on sait, un long autoportrait physique et spirituel de Montaigne. Ce n'est sans doute pas par hasard que le chapitre XXX-11 des *Mémoires* s'intitule « Présomption », et qu'il propose un autoportrait (ironique) de Chateaubriand en diplomate. Certains passages relèvent du plus pur style des *Essais*, tel celui-ci : « Lecteurs, attendez que j'aie terminé mes vanteries pour arriver ensuite au but, à la manière du philosophe Platon faisant sa randonnée autour de son idée. Je suis devenu le vieux Sidrac, l'âge m'allonge le chemin » (MO, III, 333). Ajoutons que l'autoanalyse menée par Montaigne au chapitre « Du repentir » (notamment 856-857) se déploie selon des modalités semblables à celles que, sous une détermination négative – « Défaut de mon caractère », – Chateaubriand met en œuvre au début du livre XI pour nous faire « entrer dans [s]on caractère ». Voici quelques échantillons « de ces "défauts" avoués qui ressemblent fort à des qualités prétendues »[24] : « sincère et véridique », « aventureux et ordonné, passionné et méthodique », « nature réservée », « perception distincte et rapide », « toutes les médiocrités [...] m'ont supposé de l'ambition et je n'en ai aucune » (MO, I, 581-583).

Si donc Chateaubriand, malgré la résolution proclamée de dire « toute la vérité », se fait un point d'honneur de taire ce qui contrarie – pour parler le langage des *Essais* – la « reverence publique » (7 ; « Au lecteur »), les « regles populaires de la civilité » (988 ; III, 8), « les loix de la bienseance » (931 ; III, 5), il faut reconnaître que chez Montaigne l'accomplissement ne colle pas non plus au programme. Dans « De la vanité » (III, 9), il est expressément question d'une décence limitant la faculté de divulguer « icy », c'est-à-dire dans le livre, les « inclinations et affections » qu'il sent : « Plus librement, et plus volontiers, le fais-je de bouche » (1028). Dans du « Du repentir », de même, l'écriture du *moi* ne jouit que d'un droit conditionnel à la véridiction : « Je dy vray, non pas tout mon saoul : mais autant que je l'ose dire »[25]. Au chapitre « Sur des vers de Virgile », l'essayiste cherche à autoriser la confession plénière qu'il déclare s'être « ordonnée » (886), mais le propos ne va pas sans quelque hésitation, ni sans quelque ambiguïté. Comme on a eu raison de le remarquer[26], Montaigne est tiraillé entre la revendication de la liberté de tout dire, et un ordre de tout dire qui est reçu comme le signe de la contrainte : « Qui s'obligeroit à tout dire, s'obligeroit à ne rien faire de ce qu'on est contraint de taire » (887). Ainsi, se dessine un écart entre l'impératif théorique, *oser advouer*, et la mise à exécution d'un tel ordre, qui sous couleur de libérer va à l'encontre du

[24] G. Genette, *Figures V*, *op. cit.*, p. 309.
[25] « Et l'ose un peu plus en vieillissant : car il semble que la coustume concede à cet aage, plus de liberté de bavasser, et d'indiscretion à parler de soi » (846 ; III, 2).
[26] Voir G. Mathieu-Castellani, *Montaigne. L'écriture de l'essai*, *op. cit.*, p. 246 *sqq.*

« jugement » personnel (932 : « J'ayme la modestie : et n'est par jugement, que j'ay choisi cette sorte de parler scandaleux »), aliénant la liberté intérieure. Et en fait, dans ce chapitre qui prône le droit/devoir de Montaigne de révéler aussi (surtout) ce qui a trait à « l'action génitale », à « noz parties honteuses », « à noz intimes et plus secrettes ordures », au nom de la vérité et exhaustivité de la peinture (931 : « Je doy au public universellement mon portrait »), sa parole se heurte à des résistances venant de l'intérieur, et tenant précisément à la « modestie » et à la mesure. Force lui est, en effet, d'admettre qu'il y a des « pensées impubliables » (886) ; quant au langage fort, il l'« excuse », mais il ne le « loue » pas, « non plus que toutes formes contraires à l'usage receu » (932). Retenons également l'affirmation selon laquelle « celuy qui dit tout, il nous saoule et nous desgouste » (923). Dans les vers de Virgile évoquant les amours de Vénus et de Vulcain que Montaigne cite, de même que dans le passage de Lucrèce sur les amours de Vénus et de Mars qu'il leur ajoute, il prise la « réserve » et « la discrétion » des poètes, y apercevant la source de la profonde impression exercée sur le lecteur. Et Montaigne de faire, comme en d'autres occasions, l'éloge de l'« ombrage », du voile, du langage oblique, de l'allusion.

Il est vrai que l'essayiste lui-même se garde de pratiquer une telle « réserve » et une telle « discrétion » lorsqu'il s'agit d'écrire son corps. Au fil des « allongeails », celui-ci occupe une place de plus en plus centrale dans les *Essais* : « Le corps de Montaigne se confond bientôt avec son *moi*, surtout après 1588. Montaigne met l'accent sur son corps souffrant, un corps qu'il n'hésite plus à révéler à tout instant »[27]. Il en va tout autrement des *Mémoires d'outre-tombe*. Chateaubriand fait tous ses efforts pour se désincarner dans son récit, pour y être représenté de préférence par des hypostases (la voix, le regard, la mémoire, l'écriture). À pareil effet concourt pour beaucoup le souci des convenances, dont Montaigne, comme nous l'avons vu, dénonce les dégâts au chapitre « De la presumption » (« Nous n'osons appeler a droict noz

[27] P. Desan, *Montaigne. Les formes du corps et de l'esprit*, Paris, PUPS, 2008, p. 53.

membres »), et qui au contraire ont pour Chateaubriand une valeur non seulement morale et sociale, mais aussi esthétique. Comment expliquer autrement la gêne rétrospective qu'il manifeste à l'égard de nombreux passages se rapportant au traintrain quotidien, à des détails dépourvus d'épaisseur historique et de potentialités symboliques, mais surtout à sa corporalité ? Dans la Quatrième partie, cette gêne est redoublée par la conscience qu'il a de son grand âge. Sur son corps l'« arrêt est prononcé » (« 'Vieillard harmonieux, repose-toi', m'a dit M. Lherminier ») et il est « obligé de le prendre tel qu'il est maintenant » (MO, IV, 342 et 244).

La réécriture, à partir de 1828, des *Mémoires de ma vie* marque la transition de l'autobiographie personnelle à des *Mémoires* plus ouverts sur l'histoire collective, dans lesquels le *moi* ne s'affirme pas seulement en tant que témoin des événements, comme dans la tradition mémorialiste, mais aussi en tant qu'acteur, et, à l'occasion, en tant que victime. Qui plus est, cette double inclusion de l'histoire personnelle du *moi* dans l'histoire de son temps, et de l'histoire de son temps dans l'histoire personnelle du *moi*, vise à faire de celui-ci la figure chargée de symboliser tout l'esprit d'une époque, sans que soit jamais perdue de vue pour autant son irréductible singularité : « Les enchaînements de l'histoire, le sort des hommes, la destruction des empires, les desseins de la Providence, se présentaient à ma mémoire en s'identifiant aux souvenirs de ma propre destinée » (MO, IV, 256 ; XXXVII, 1). Cette redéfinition profonde du dessein des *Mémoires* passe aussi par l'adoption d'une perspective d'outre-tombe, fiction que Chateaubriand réinscrit fréquemment dans son récit, malgré les dates de rédaction indiquées en tête de nombre de chapitres. Ainsi, dans un passage où il a été question de ses mirages et de ses « folies », il note : « Ceux qui s'attacheraient à ma mémoire par mes chimères, doivent se souvenir qu'ils n'entendent que la voix d'un mort » (MO, I, 231 ; III, 13). Ailleurs, il clôt par ce commentaire amer la citation du compte rendu d'une fête à la cour de Berlin, en mars 1821, qui le peignait comme ayant « les cheveux et les yeux noirs » : « Mais j'ai les cheveux blancs ; j'ai plus d'un siècle, en outre, je suis mort » (MO, III, 53 ; XXVI, 1). Déplaçant le le moment d'énonciation virtuel dans l'après mort, transmuant le présent en posthume, Chateaubriand d'une part munit son écriture d'un savoir infaillible puisque averti des fins[28], de l'autre il confère une profondeur de significations et une richesse d'idéalités à un narré – le *moi* dans le courant de l'histoire – dont la source n'est plus une voix vivante.

On a avancé[29] qu'une perspective ultratombale s'ouvre aussi dans les *Essais*, de même que dans d'autres œuvres autobiographiques et autographiques. Le présent de l'écriture y est en effet contaminé par l'avenir de la réception que programme le projet. Montaigne déclare dans II, 37 vouloir « loger » (« mais sans alteration et changement ») ses « conditions et facultez » « en un corps solide qui puisse durer quelques années, ou quelques jours après moi », et bien entendu, ce corps est son livre (823). Mais il y a peut-être plus intéressant pour notre perspective : s'adressant à Madame d'Estissac, Montaigne évoque le fils de cette dame en futur lecteur, et cela sonne presque comme du Chateaubriand : « Je veux, si ces escrits viennent un jour à luy tomber en main, lors que je n'auray plus ny bouche ny parole qui le puisse dire, qu'il reçoive de moy ce tesmoignage en toute verité » (404-405 ; II, 8). Dans le passage identifiant le *livre* avec un corps solide et faisant de ce corps le dépositaire des « conditions et facultez » de l'auteur, on aura reconnu une variante d'autres propositions extrêmement importantes pour la relation de l'homme à l'œuvre, telle celle-ci : « Icy nous allons conformément, et tout d'un train, mon livre et moy » (856 ; III, 2), ou la très célèbre formule qui se lit dans II, 18 : « Je n'ay pas plus faict mon livre, que mon livre m'a faict. Livre consubstantiel à son autheur : [...] Membre de ma vie » (703). J'ai dit « homme et œuvre », alors que quelques montaignistes estimables sont de l'avis que c'est l'auteur, et non l'homme, qui se confond avec son livre. Cette distinction me pa-

[28] J.-F. Perrin, « Figures de lecture », in *Chateaubriand mémorialiste*, *op. cit.*, p. 257.

[29] G. Mathieu-Castellani, « Un sujet en soi "oultrément divisé" : des acteurs et de leurs rôles dans l'auto(bio)graphie d'Augustin à Montaigne, de Rousseau à Genet », in L. Omacini (éd.), *Le Statut du sujet dans le récit de mémoire*, Padoue, Unipress, 1999, p. 8.

paraît néanmoins spécieuse : Montaigne ajoute « membre de ma vie », renvoyant ainsi à la totalité de son expérience. L'Avis « au lecteur » me semble lui aussi aller nettement dans le sens d'une figuration du livre comme reflet du *moi* « historique », englobant toutes ses autres déterminations (l'homme privé, l'homme social, l'homme pensant et, bien sûr, l'homme écrivant, « l'autheur »).

Quoi qu'il en soit, il n'est pas indifférent, au regard de notre propos, que Chateaubriand atteste en des termes tout aussi formels la consubstantialité de sa personne et de son livre : au chapitre XXXIV, 1, il appelle ses *Mémoires* « cet *alter ego* » (MO, IV, 127) ; au chapitre XI, 1, il prétend n'avoir « laissé passer [s]a vie complète que dans ces *Mémoires* » (I, 582). À d'autres endroits, il ne se borne pas à faire adhérer ses écrits à sa vie, mais il fait adhérer sa vie à ses écrits. Qu'il suffise ici de rappeler le récit de l'ascension du Vésuve et de la descente dans son cratère qu'il fit le 5 janvier 1804, et de citer la petite phrase qui le termine : « Je me pillais : je jouais une scène de *René* » (MO, II, 128 ; XV, 7). Ajoutons à cela que certaines constructions, pour ainsi dire en spirale, mènent de la vie de Chateaubriand à la relation qu'il en fait dans les *Mémoires*, par le biais de ses autres œuvres[30]. Il se plaît d'ailleurs à s'y manifester dans sa vérité biographique, tantôt par des rappels directs, tantôt sous des voiles transparents (Chactas, René, Eudore, Aben-Hamet) ou par des superpositions (Rancé), tantôt chargeant préfaces, préfaces ultérieures, avertissements, notes de bas de page, remarques justificatives, de faire état de l'arrière-plan biographique, parfois des arrière-plans biographiques successifs, ainsi que des rapports entre le vécu et son écriture, ou sa réécriture.

La destination « domestique et privée » que Montaigne assigne à son livre dans l'Avis « Au lecteur » est réaffirmée dans le livre lui-même. Ainsi, au chapitre II, 18, il assure ne pas vouloir

---

[30] Voici ce qu'il écrit dans la Préface de 1826 à l'*Essai sur les révolutions* : « Mes ouvrages, comme je l'ai déjà fait observer, sont les matériaux et les pièces justificatives de mes Mémoires : leur histoire est liée à la mienne de manière qu'il est presque impossible de l'en séparer » (*Essai sur les Révolutions. Génie du Christianisme*, éd. cit., p. 29).

dresser « une statue à planter au carrefour d'une ville, ou dans une Église, ou place publique. [...] C'est pour le coin d'une librairie, et pour en amuser un voisin, un parent, un amy qui aura plaisir à me racointer et repratiquer en cett' image » (702-703). Si de la sorte est récusée toute prétention à l'exemplarité, il est un fait que dans l'un des passages les plus célèbres des *Essais*, Montaigne attribue une valeur universelle à « la vie basse, et sans lustre » dont il entretient le lecteur : « On attache aussi bien toute la philosophie morale, à une vie populaire et privée, qu'à une vie de plus riche estoffe : Chaque homme porte la forme entiere, de l'humaine condition » (844-845 ; III, 2). Quel que soit le sens ultime de ce propos, dont on a souligné bien des fois l'ambiguïté, il n'est pas sans trouver des résonances dans les *Mémoires*, notamment dans leur principal texte programmatique, la *Préface testamentaire* datée du 1er décembre 1833 (et supprimée par la suite). On a vu plus haut que, passant des *Mémoires de ma vie* aux *Mémoires d'outre-tombe*, Chateaubriand a changé de projet et d'ambitions. Il ne s'agit plus de répondre à la question « Qui suis-je ? » qu'il avait formulée au début de l'*Essai sur les révolutions*. La *Préface testamentaire* annonce qu'il s'agit pour lui de représenter et incarner « dans [s]a personne représentée dans [s]es mémoires », sinon l'humaine condition tout entière, du moins « les principes, les idées, les événements, les catastrophes, l'épopée de [s]on temps » (MO, I, 846). D'autant plus qu'il ne propose guère une vie basse et sans lustre, comme il tient à le signaler dans ce même texte après avoir rappelé tous ses états de service et carrières : « J'ai fait de l'histoire, et je pouvais l'écrire » (846).

Or cette « personne » emblématique que se charge de « représenter » un livre tenu pour son *alter ego*, qui est-elle au juste ? Comme l'a bien vu Jean-Pierre Richard[31], les *Mémoires* – « essai pour refabriquer l'architecture d'une vie » – ne s'édifient pas, malgré leur titre et la perspective posthume qu'ils adoptent, à partir de l'immobilité d'un au-delà de la mort. Chateaubriand n'y jette jamais sur lui-même un regard surplombant, puisqu'il ne

[31] J.-P. Richard, *Paysage de Chateaubriand*, Paris, Seuil, 1967, p. 170-171.

peut fixer son *moi* dans le glissement où il est pris, et où il continue à vivre, à écrire : « Il faut compter trente-six ans entre les choses qui commencent mes *Mémoires* et celles qui m'occupent. [...] Mes opinions ne sont-elles pas changées ? Vois-je les objets du même point de vue ? », écrit-il à Dieppe en 1836 (MO, II, 18-19 ; XIII, 2). Et c'est à la même occasion, ce lieu lui remettant en mémoire un autre temps, qu'il mesure et donne à mesurer au lecteur, l'écart entre le *je* et le temps de la narration et le *moi* et le temps narré (mais aussi, fait significatif, un *moi* et un temps *encore à narrer*) : « Dieppe est vide de moi-même : c'était un autre *moi*, un *moi* de mes premiers jours finis, qui jadis habita ces lieux, et ce *moi* a succombé, car nos jours meurent avant nous. Ici vous m'avez vu sous-lieutenant au régiment de Navarre, exercer des recrues sur les galets ; vous m'y avez revu exilé sous Bonaparte ; vous m'y rencontrerez de nouveau lorsque les journées de juillet m'y surprendront » (II, 18 ; XIII, 1). On est confronté là à un des aspects les plus frappants, et les plus déroutants, des *Mémoires* : la mise en scène de l'acte de l'écriture, qui a elle aussi son histoire, et qui est à son tour objet de récit. Le rapport entre les deux séries temporelles est extrêmement varié, et il peut donner lieu à une interaction[32] ; le survenant modifie le souvenir de l'advenu, le présent du narrateur altère la vision du passé du personnage : « Près de quatre ans ont passé entre la date des faits que je viens de raconter et celle où je reprends ces *Mémoires*. Mille choses sont survenues : un second homme s'est trouvé en moi, l'homme politique. » (I, 238 ; IV, 1)

La fragmentation de l'identité n'est pas toujours l'effet de la trajectoire du temps, elle n'est pas que verticale, elle est aussi horizontale, comme le montre ce passage : « J'allai à Rome chercher parmi les ruines mon autre moi-même, car il y a dans ma personne deux êtres distincts, et qui n'ont aucune communication l'un avec l'autre. » (III, 176 ; XXVIII, 17) Plus loin, cependant, le temps reprend ses droits, et le séjour à Rome en évoque un autre et un *moi* antérieur (III, 204, 208 ; XXIX, 3 et 6). « Que suis-je

---

[32] *Ibid.*, p. 171.

entre les mains [...] de ce Temps qui me fait pirouetter dans les espaces avec lui ? », se demande le mémorialiste à la fin du chapitre évoquant la déchéance de l'Empereur décrétée par le Sénat le 3 avril 1814 (II, 512 ; XXII, 16). Ces pirouettes sur soi-même sont parfois celles que provoquent les multiples allers (dans différentes couches du passé) et retours (dans le présent, ou dans un passé moins reculé)[33], mais le plus souvent ils se font dans le gouffre temporel creusé par la mémoire en quête d'une identité sans cesse fuyante. Voici quelques passages où s'exprime avec une netteté particulière la conscience d'un *moi* discontinu, erratique dans le temps, bien que la voix de la *persona loquens* s'absorbe à chaque fois dans la première personne du pluriel ou dans un sujet impersonnel, « l'homme » : « En avançant dans la vie, nous laissons deux ou trois images de nous, différentes les unes des autres ; nous les revoyons ensuite dans la vapeur du passé comme des portraits de nos différents âges » (II, 693 ; XXIV, 11). « L'homme n'a pas une seule et même vie ; il en a plusieurs mises bout à bout, et c'est sa misère. » (I, 234 ; III, 14) « Chacun de nous, en fouillant à diverses profondeurs dans sa mémoire, retrouve une autre couche de morts, d'autres sentiments éteints, d'autres chimères qu'inutilement il allaita, comme celle d'Herculanum, à la mamelle de l'Espérance » (IV, 384 ; XXXIX, 3).

Comme nous l'avons vu faire au narrateur des *Mémoires*, il arrive à Montaigne de compter le temps qui s'est écoulé depuis le moment où il a commencé à rédiger « ce fagotage de tant de diverses pieces » : « Je me suis envieilly de sept ou huict ans [...] : Ce n'est pas sans quelque nouvel acquest. » (796-797 ; II, 37) Même sorte d'indication au chapitre « De la vanité » (« Je suis envieilly de nombre d'ans, depuis mes premieres publications, qui furent l'an mille cinq cens quatre vingts »), mais en l'occurrence il signale la mobilité continue et capricieuse de son « entendement » : « Moy à cette heure et moy tantost sommes

[33] « Je me promenais dans le parc de Kensington avec mes impressions récentes et l'ancien passé de mes jeunes années : confusion de temps qui produit en moi une confusion de souvenirs » (III, 90 ; XXVII, 1).

bien deux. » (1009 ; III, 9) Dans un autre chapitre, il constate combien son image présente est « eslongnée » des portraits qui le montrent tel qu'il était à « vingt et cinq » et « trente cinq ans » : « Combien de fois, ce n'est plus moy. » (1152 ; III, 13) Se détache ainsi un autre trait commun aux *Essais* et aux *Mémoires* : la prise de connaissance et la mise en vedette de la pluralité des *moi* qui coexistent sous le *je* du scripteur. Dans la perspective de Montaigne, cette pluralité résulte principalement, pour ne pas dire uniquement, du déroulement du temps, catégorie on sait combien problématique pour lui. « Je ne peinds pas l'estre, je peinds le passage: non un passage d'aage en autre, ou comme dict le peuple, de sept ans en sept ans, mais de jour en jour, de minute en minute. Il faut accommoder mon histoire à l'heure » : telle est l'assertion bien connue qui se lit dans « Du repentir » (845 ; III, 2). Si l'essayiste n'assigne pas pour mandat à son écriture de retracer chronologiquement un parcours, il est néanmoins évident que, s'appliquant à représenter son devenir incessant et précipité, « le progres de *ses* humeurs » et « le trein de *ses* mutacions » (796 ; II, 37), « tant de menus airs de ses agitations » (396 ; II, 6), il réinsère son *moi* dans la temporalité.

Aussi l'homme, « en tout et par tout », n'est-il « que rappiessement et bigarrure » (712 ; II, 20) ; « nostre vie, n'est que mouvement » (1144 ; III, 13), un mouvement « inegal, irregulier, et multiforme » (859 ; III, 3). De même, « ce monde n'est qu'une branloire perenne » (III, 2 ; 844). Nous avons noté qu'une corrélation entre microcosme et macrocosme s'instaure également dans les *Mémoires*. Au *perpetuum mobile* de la conscience du *je* narrant et du *moi* narré correspondent les retournements de l'histoire. Inlassablement, *tempora mutantur, et nos in illis* : « Les événements effacent les événements ; inscriptions gravées sur d'autres inscriptions, ils font des pages de l'histoire des palimpsestes. » (MO, I, 148 ; I, 4) Et des pages de la vie tout aussi bien. Une dimension essentielle des *Mémoires* est cependant absente des *Essais*, ou n'y est présente que dans des formulations dénégatoires, la dimension mémorielle[34], et c'est peut-être là la différence la plus sensible entre les deux œuvres, et celle qui empêche de tenir les *Essais* pour des *Mémoires* d'avant-tombe. On trouve du reste dans les *Mémoires d'outre-tombe* cette allégation et cette déclaration doublement significatives : « Montaigne dit [dans I, 3] que les hommes vont béant aux choses futures : j'ai la manie de béer aux choses passées. » Si Chateaubriand concède que « la mémoire est souvent la qualité de la sottise », il ne saurait pourtant concevoir une existence qui en serait démunie : car celle-ci « se réduirait aux moments successifs d'un présent qui s'écoulerait sans cesse ; il n'y aurait plus de passé » (MO, I, 174 ; II, 1). Certes, la mémoire est ressentie parfois comme un fait sous lequel l'ici et maintenant succombent (« Ma mémoire oppose sans cesse mes voyages à mes voyages, montagnes à montagnes, fleuves à fleuves, forêts à forêts, et ma vie détruit ma vie » [IV, 147 ; XXXV, 13]), mais c'est elle qui permet au narrateur de rétablir une continuité entre les vestiges discontinus de son existence, de relier ses expériences en créant non pas des chaînes causales à long terme, sur le modèle de Rousseau, mais des séries thématiques[35]. Le fonctionnement continu, notamment dans la Quatrième partie, de la « machinerie analogique », comme on l'a appelée, fait que toute expérience (dans le temps passé, dans le présent de l'écriture) devient matière à comparaison, et que les homologies sont elles-mêmes prolongées par des symétries territoriales (lieux) et historiques (ces lieux dans l'Histoire). Le texte est ainsi un carrefour, ou un « palimpseste », de souvenirs[36].

---

[34] Selon l'avis de Michel Beaujour, « en dénigrant si obstinément la mémoire, les *Essais* cherchent à désigner ce qui les sépare des *Mémoires* et de l'*autobiographie* » (*Miroirs d'encre*, *op. cit.*, p. 116). Mais il faut souligner que Montaigne, entre autres dénominations, qualifie son livre de *mémoires* : « Tant y a, qu'en ces memoires, si on y regarde, on trouvera que j'ay tout dit, ou tout designé. Ce que je ne puis exprimer, je le montre au doigt. » (1028 ; III, 9).

[35] M. Sheringham, « La mémoire-palimpseste dans les *Mémoires d'outre-tombe* », in J.-C. Berchet et P. Berthier (éds.), *Chateaubriand mémorialiste*, *op. cit.*, p. 131.

[36] Voir J.-L. Diaz, « À Prague en calèche avec les Muses », in P. Berthier (éd.), *Chateaubriand. Paris – Prague – Venise*, *Cahier romantique* n° 7, Clermont-Ferrand, Presses Universitaires Blaise Pascal, 2001, p. 30-31.

Ce jeu avec le temps (du vécu, de la mémoire, de l'écriture) aboutit bien souvent à un enchâssement des instances de remémoration, pour reprendre une expression de Genette[37], c'est-à-dire à des *temps mêlés* de présent et de divers passés. Le dispositif minimal est : je me rappelle (et je raconte) aujourd'hui m'être rappelé naguère ce que j'avais vécu jadis. Mais il faut noter a) que l'activité de la mémoire se transmuant en écriture est sélective (tout n'est pas racontable) ; b) qu'il y a des oscillations constantes entre mémoire involontaire et remémoration consciente et volontaire des données de l'existence, celle-ci pouvant prendre la forme d'une commémoration ou d'un rituel mnémonique (« La Saint-François m'est, tous les ans, un jour d'examen de conscience. Je tourne mes regards vers le passé ; je me demande où j'étais, ce que je faisais à chaque anniversaire précédent » [IV, 500 ; XLI, 7]) ; c) que la dialectique entre le *je* qui se remémore et écrit et le *moi* remémoré et narré est complexe et multiforme, ainsi que celle entre le *hic et nunc* de l'écriture et le *illac et tunc* de l'expérience (ou plutôt *les* lieux et temps des expériences que la mémoire superpose : selon la belle métaphore forgée par Chateaubriand, sa mémoire « est un panorama ; là viennent se peindre sur la même toile les sites et les cieux les plus divers avec leur soleil brûlant ou leur horizon brumeux » [IV, 354 ; XXXVIII, 9]).

Comme Juliette Hoffenberg l'a bien vu, « il ne s'agit pas tant de réminiscences que d'une mémoire textuelle, chacun de ces souvenirs, de ces moi, ayant été récité en son temps, consigné dans tel livre »[38]. Le travail conjoint de la mémoire et celui de l'écriture, conférant une sorte d'ubiquité temporelle au narrateur, lui permettent de recomposer les fragments épars de son moi. Il se plaît d'ailleurs, notamment dans la Quatrième partie, à enregistrer les affleurements d'une jeunesse, voire d'une adolescence éternelle, qui est à peine ternie par la patine des ans (« Je ne suis changé que de visage ; toujours chimérique, dévoré d'un feu sans cause et sans aliment » [IV, 141 ; XXXV, 11]). Quelquefois, il se montre saisi par des sursauts de vanité, qu'il maîtrise en se posant

[37] *Figures V*, *op. cit.*, p. 272.

[38] J. Hoffenberg, *L'Enchanteur malgré lui*, *op. cit.*, p. 190.

comme un être de nature double, mêlée, comme une sorte de *puer / senex*. Ainsi, racontant son passage à Wiesenbach en juin 1833, et la rencontre avec un voyageur allemand qui s'était étonné de sa « *jeunesse* » (en italique dans le texte), il avoue : « Je crains d'avoir les inconvénients des cheveux noirs et des cheveux blancs, et de n'être ni assez jeune ni assez sage. » (IV, 348 ; XXXVIII, 8) Si sa vieillesse et sa jeunesse mêlent ainsi leurs traits, c'est qu'il rédige la Quatrième partie en corrigeant la Première. La réunion de la fin au commencement signe donc une victoire sur la segmentation de l'être dans le temps. Le passage marquant la fin irrévocable de sa carrière politique explique la logique narrative présidant spécialement – mais pas seulement – à la Quatrième partie, et qui est celle de la surimpression[39] :

> Qui sait ? peut-être retrouverai-je d'étape en étape les rêveries de ma jeunesse ? J'appellerai beaucoup de songes à mon secours, pour me défendre contre cette horde de vérités qui s'engendrent dans les vieux jours, comme des dragons se cachent dans les ruines. Il ne tiendra qu'à moi de renouer les deux bouts de mon existence, de confondre des époques éloignées, de mêler des illusions d'âge divers (IV, 27 ; XXXIV, 1).

Plus explicitement que dans le corps du texte, c'est dans l'*Avant-propos* de 1846 que l'enjeu est donné, lorsque Chateaubriand indique au lecteur la présence dans l'ouvrage d'« une sorte de confusion, ou si l'on veut, [d']une sorte d'unité indéfinissable » : « Mon berceau a de ma tombe, ma tombe a de mon berceau : mes souffrances deviennent des plaisirs, mes plaisirs des douleurs, et je ne sais plus, en achevant ces Mémoires, s'ils sont d'une tête brune ou chenue. » Il sanctionne ainsi, et en même temps surmonte, le polymorphisme du *moi*, la discontinuité identitaire. Grâce à leur mise « en rolle » dans le Livre, « les formes

---

[39] Voir à ce propos J.-F. Perrin, « Vers les rivages enchantés. Poétique de la mémoire et du temps chez Chateaubriand », in *Chateaubriand. Le tremblement du temps*, *op. cit.*, p. 126 *sqq*.

changeantes de ma vie sont entrées les unes dans les autres » (I, 118).

Montaigne remédie à l'intime division du *moi* qui éclate en instances multiples et parfois conflictuelles en « peignant » son mouvement dans le temps, en fixant ses pensées, ses diverses dispositions, ses « mutacions », ses « fantaisies » au fur et à mesure qu'elles se dégagent. Chateaubriand essaie au contraire de pallier la discontinuité identitaire en cherchant une synthèse, si vous préférez un compromis, entre les différents âges, expériences, instances du *moi*, ce moi innombrable comme le « cœur » d'Anna de Noailles. Dans l'un et dans l'autre cas, le Livre est le lieu de cette (re)constitution de l'identité : « Par divers moyens on arrive à pareille fin ».

« À plus d'un titre » : l'*éthos* noble, des *Essais* aux *Mémoires d'outre-tombe*

Jean Balsamo

Dans les *Mémoires d'outre-tombe*, Chateaubriand décrit les armoiries de sa famille : « un écu de gueules, semé de fleurs de lys d'or » (MO, I, 8)[1]. Cette description peut être mise en relation avec un passage des *Essais*, dans lequel Montaigne rappelle qu'il porte « d'azur semé de trèfles d'or, à une patte de lion de même, armée de gueules, mise en fasce » (I, 46, 299)[2]. Il n'y a guère d'autre écrivain, du XVIe au XIXe siècle, qui ait su jouer avec exactitude de ce motif héraldique, à titre personnel du moins[3]. On sera d'autant plus sûr que Chateaubriand avait pris pour modèle *Les Essais*, qu'il empruntait également au même chapitre une mention à Du Guesclin[4]. La référence à Montaigne, dont Chateaubriand fut, sa vie durant, un lecteur attentif, est fréquente dans les *Mémoires d'outre-tombe* ; elle ne se limite pas aux *Essais*, mais englobe aussi le *Journal de voyage*, et ne se réduit pas à des citations et à quelques mentions visibles[5] ; plus que de simples

---

[1] Chateaubriand, *Mémoires d'Outre-tombe*, livre I, chap. 1, éd. M. Levaillant et G. Moulinier, « Bibliothèque de la Pléiade », Paris, Gallimard, 1951 [3e édition 1969]. Nous donnons les références dans le texte après l'abréviation MO.

[2] Montaigne, *Les Essais*, éd. J. Balsamo, M. Magnien et C. Magnien-Simonin, « Bibliothèque de la Pléiade », Paris, Gallimard, 2007. Nous donnons les références dans le texte.

[3] Le blason est un thème important chez Balzac, mais dans le cadre de la fiction romanesque ; voir Y. Loskoutoff « L'héraldique d'Honoré de Balzac », *L'Année balzacienne*, 1997, p. 33-69.

[4] Chateaubriand évoque l'exemple de Du Guesclin (I, 1, t. I p. 7) à propos des variations des noms; c'est une allusion précise à Montaigne, *Les Essais*, I, 47, éd. cit., p. 300.

[5] Le sujet toutefois n'a guère été traité jusqu'ici, à l'exception des études de I. D. McFarlane, « A Note on the presence of Montaigne in the *Mémoires d'outre-Tombe* », in *Balzac and the Nineteenth Century Studies in French Literature Presented to Herbert J. Hunt*, éd. D. G. Charlton et all., Leicester, Leicester University Press, 1972, p. 225-237 ; et R. Lebègue, « Essai sur Chateaubriand lecteur de Montaigne », *Société Chateaubriand. Bulletin*, n° 16, 1973, p. 54-63.

emprunts, il s'agit d'une véritable connivence entre Chateaubriand et Montaigne, liés par une même qualité et revendiquant un même statut littéraire, celui de l'écrivain gentilhomme[6]. La critique n'a vu généralement dans ce trait que vanité. Raymond Lebègue écrivait à ce propos :

> Tout en affectant du dédain pour les grandeurs terrestres, l'un et l'autre y étaient attachés. Michel Eyquem passe sous silence ses ancêtres plébéiens et fait sonner les titres de Seigneur de Montaigne chevalier de l'ordre du roi. Chateaubriand étale les parchemins de sa famille, et se montre fort discret sur la très récente noblesse du grand-père de sa femme. Il écrit : « je me soucie d'un cordon comme des nœuds du ruban de Léandre », mais se fait peindre avec ses décorations, et, les ayant mises, il fait visite à Hortense Allart pour l'éblouir. Tous deux ont eu *la gloriole de la noblesse d'épée*. Le tombeau de Montaigne le représente armé de pied en cap ; comme beaucoup d'anciens émigrés, Chateaubriand se fit donner, au début de la restauration, un grade [*sic*] élevé et purement honorifique[7].

Nous voudrions montrer que la représentation noble que Chateaubriand comme Montaigne donnent d'eux-mêmes, chacun à sa manière, en son temps et en des œuvres singulières, loin de pouvoir être interprétée comme une simple donnée biographique et psychologique, assimilée à un travers quelque peu ridicule, critiquable en termes de snobisme ou, de façon plus grave, nuisant à la « sincérité » de leur portrait et de leur projet autobiographique, constitue au contraire l'élément fondateur de leur œuvre, où se déploie leur personnage d'écrivain conforté par l'*éthos* de leur discours, et qui donne sens à leur dessein littéraire.

---

[6] L'étude de L. Richer, « L'écrivain gentilhomme ou le statut de l'écrivain selon Chateaubriand », *Travaux de Littérature*, vol. XX, 2007, p. 142-155, n'examine pas cette relation ni, en dépit de son titre, la relation de Chateaubriand à sa propre noblesse.
[7] R. Lebègue, *op. cit.*, p. 59.

Portraits en gentilshommes

Dès leur page de titre, les *Essais* (1580) présentent Montaigne dans ses dignités et son rang, inscrivant en même temps un projet littéraire personnel dans un projet familial séculaire d'ascension sociale qu'il couronnait. L'Ordre de Saint-Michel, réservé à la noblesse d'épée, la charge de gentilhomme de la chambre du roi, illustraient le statut particulier de l'écrivain et confirmaient la noblesse des Eyquem de Montaigne. Chateaubriand pour sa part consacre à ses origines et à l'histoire de sa famille les toutes premières pages de son grand livre[8]. Ni les *Essais* ni les *Mémoires* ne falsifient la réalité. Ils ne se bornent pas toutefois à l'enregistrer, ils exhibent, célèbrent, confirment la noblesse de leur auteur et leur auteur dans sa noblesse. Sur les modes divers de l'allusion, de la célébration ou du souvenir, les deux livres, composés dans le temps du loisir lettré, qui appartient en propre à un mode de vie aristocratique, tracent d'eux des portraits en gentilshommes[9]. Un des traits propres à la noblesse est son aspect public et non pas privé ; elle ne prend sa réalité, d'une certaine manière, que dans une constante affirmation d'elle-même et dans la reconnaissance d'autrui, sans cesse sollicitée et réitérée. L'ostentation du nom et des titres, la revendication de privilèges et de dignités appartiennent en propre à cette dynamique. Critiquer l'ostentation du rang revient à négliger son importance et son rôle dans le système nobiliaire.

---

[8] Remontant au XIe siècle, la famille de Chateaubriand était de noblesse immémoriale, issue des anciens comtes de Bretagne, et elle pouvait s'enorgueillir d'avoir participé aux croisades. L'écrivain était le dixième et dernier enfant de René-Auguste de Chateaubriand, lui-même fils cadet d'un cadet, Jacques-François de Chateaubriand, sieur des Touches, fils d'Amaury, sieur de Villandré, lui aussi fils cadet de Jean, fils de Christophe II de Chateaubriand, seigneur de La Guérande. Les Chateaubriand de La Guérande, branche collatérale des Chateaubriand de Beaufort, eux-mêmes issus des premiers barons de Chateaubriand, étaient devenus branche aînée à la fin du XVIIe siècle, après l'extinction des précédentes.

[9] Sur les portraits figurés ou au vif de Montaigne, voir P. Desan, *Portraits à l'essai. Iconographie de Montaigne*, Paris, H. Champion, 2007.

Légitime chez Montaigne, dont elle exprime et garantit le rang, cette même ostentation prend un sens différent pour Chateaubriand, dans une réalité sociale nouvelle : elle sert à marquer la distinction et la différence, comme elle a une portée politique. En une formule brillante et bien connue, l'écrivain résumait son analyse de l'évolution historique de la noblesse :

> L'aristocratie a trois âges successifs : l'âge des supériorités, l'âge des privilèges, l'âge des vanités : sortie du premier, elle dégénère dans le second et s'éteint dans le dernier (MO, I, 10).

Ces termes nous permettent aussi de comprendre la différence entre Montaigne et Chateaubriand. Le premier est un homme de la fin du XVIe siècle, au moment du passage d'une société encore féodale à la monarchie centralisée, un gentilhomme passant de l'âge des supériorités de sa classe à l'âge des privilèges concédés par le souverain. Chateaubriand quant à lui, « gentilhomme d'un royaume disparu »[10], avait connu la fin de l'ancien régime et vécu le passage de l'âge des privilèges à celui des vanités. Tout dans les *Mémoires* montre – ou du moins est destiné à montrer – qu'il avait su échapper à la tentation contre-révolutionnaire de la Restauration et à l'illusion de pouvoir restaurer un temps aboli. Il ne cesse de tracer une opposition entre son destin individuel, centré autour de son nom, et le destin collectif d'une noblesse en voie de pétrification ; son livre s'inscrit contre la célébration nostalgique des valeurs et des distinctions de l'ancien régime, alors même qu'il propose de lui, comme Montaigne, un portrait en gentilhomme.

Ce portrait noble est composé d'éléments topiques. C'est un portrait en grand apparat. Montaigne porte les insignes et le manteau de chevalier de l'ordre de Saint-Michel. L'ordre lui conférait des privilèges et un prestige considérable, même si, au cours des guerres civiles, il avait perdu de son lustre. Chateau-

[10] M. Fumaroli, *Chateaubriand. Poésie et terreur*, Paris, Editions de Fallois, 2003, p. 125.

briand fut créé chevalier de la Légion d'honneur, un ordre impérial que les Bourbon s'étaient gardés d'abolir ; il fut ensuite nommé chevalier des ordres du roi, Saint-Esprit et Saint-Michel, ainsi que de celui de la Toison d'or. Sur le tableau peint par Paul-Louis de Laval, l'écrivain-diplomate porte les insignes de tous ces ordres et décorations.

Le portrait littéraire fait apparaître, en arrière-plan, la vue du château. Montaigne évoque sa demeure à plusieurs reprises dans les *Essais*, et Chateaubriand lui-même, en un passage bien connu, représente le seigneur de Montaigne dans son château (MO, V, 14, 81). D'une certaine manière, Montaigne avait avec la terre dont il tirait son nom un rapport séculaire et un lien bien plus étroit et ancien que celui que Chateaubriand avait lui-même avec Combourg, à qui il consacra des pages admirables. Combourg, acheté par son père et où sa famille ne s'installa qu'en 1777, est de ce point de vue une recréation poétique et le témoin historique de la fin d'un monde. Dans les *Mémoires*, Chateaubriand mettra en évidence le paradoxe du gentilhomme sans terre et sans fief, comme une véritable allégorie morale, religieuse et politique, illustrant l'errance d'un éternel exilé et servant à confirmer son désintéressement. Sa vie durant, il vécut en effet dans une sorte de contradiction. Il avait conscience du rang de sa famille, de l'ancienneté et de l'illustration de son nom. Il bénéficia très tôt de solides protections et des solidarités familiales et il eut lui-même un rôle à jouer dans une stratégie sociale ; son frère l'employa pour « faire connaître son nom » (MO, 9, 133), en le faisant admettre aux honneurs de la cour. C'est donc avec un feint étonnement qu'il cite les attendus de l'examen de son dossier à l'ordre de Malte, au moment même où les privilèges venaient d'être abolis :

> Comment les chevaliers et les examinateurs de mes preuves trouvaient-ils aussi que je méritais *à plus d'un titre* la grâce et que sollicitais, etc., moi qui n'étais qu'un chétif sous-lieutenant d'infanterie, inconnu, sans crédit, sans faveur et sans fortune ? (MO, I, 9)

En opposant la faveur reçue à sa situation personnelle, il mettait en évidence une distinction essentielle, celle de la « qualité noble » : son mérite et ses qualités ressortissaient à un lignage, à une durée qui dépasse le temps individuel, et non pas à sa personne, modeste au sein même de cette famille, celle d'un cadet restant à vie dans une relation de déférence et de subordination à un frère aîné qui était chef du nom, Jean-Baptiste, comte de Combourg, puis aux fils de celui-ci. Sous l'ancien régime, Chateaubriand aurait dû accepter cette contradiction entre le prestige de sa famille et une condition personnelle en retrait ; il évoque lui-même sous forme de fiction quelle eût été alors sa carrière : celle d'un officier subalterne. En détruisant le système d'ordre de l'ancien régime, la Révolution bouleversa aussi les hiérarchies familiales et la place des individus.

L'évocation de la race et des origines, sous une forme précise, est topique dans le genre aristocratique des mémoires comme dans celui de l'éloge auxquels se rattache le portrait. Montaigne rappelle simplement, à plusieurs reprises, qu'il est né « d'une race fameuse en preud'hommie, et d'un très-bon père » (II, 11, 448). Châteaubriand indique qu'il est « né gentilhomme » et fait l'histoire de sa famille et de son nom, dont il précise l'étymologie, tout comme l'avait fait Montaigne. Cette généalogie détaillée sert à mettre en évidence des illustrations ; dans sa forme et dans le détail, elle apparaît peu méthodique : Chateaubriand se borne à renvoyer aux sources, sans faire lui-même un exposé ordonné de cette matière, qu'il développera avec plus de précision dans le *Supplément à mes mémoires*, en l'accompagnant de la transcription d'un certain nombre de pièces. Prenant une distance affectée avec ces « puériles récitations », une manie d'un autre âge, il attribue à son père cet orgueil aristocratique : « une seule passion dominait mon père, celle de son nom ». C'est aussi une manière de rendre hommage à celui qui avait restauré la fortune et l'éclat de sa famille, comme il met en exergue l'importance de la filiation dans la qualité noble, qui repose précisément sur la relation au père, fût-elle conflictuelle en termes personnels, et sur la célébration de sa lignée. Montaigne ne cesse de louer en Pierre

Eyquem le meilleur des pères, à l'imitation duquel il allait jusqu'à choisir son habillement et dont il hérita la maladie comme une sorte de confirmation physique de son droit d'aînesse. La situation est différente pour Chateaubriand, simple cadet ; son père avait entouré son enfance de « terreur ». Toutefois leur dernière rencontre marque aussi leur réconciliation et la transmission d'une forme d'aveu et de consécration, par le don de la « vieille épée » et des adieux émouvants, accompagnés d'une leçon morale, celle précisément que seul un gentilhomme pouvait donner à son fils, une leçon noble au sens moral et social du terme : « conduisez-vous en homme de bien et ne déshonorez jamais votre nom » (MO, III, 16, 104). Après la mort de son père, Chateaubriand évoqua son souvenir en citant précisément la belle page du chapitre « De l'affection des pères aux enfants » des *Essais* (II, 8), dans laquelle Montaigne relatait comme en un miroir inversé les relations contradictoires, faites d'indifférence apparente et d'affection profonde, entre le maréchal de Monluc et son fils. C'est dans le cadre de ce discours généalogique et de l'éloge paternel qu'il convient de comprendre l'absence totale de mention à la famille maternelle dans les *Essais* et son absence relative dans les *Mémoires*. Enfin, si la noblesse s'inscrit dans le temps et la durée d'une lignée, Montaigne et Chateaubriand, pour des raisons historiques mais aussi personnelles, ne peuvent vivre leur noblesse l'un et l'autre que de façon viagère, en une épreuve intérieure douloureuse. Montaigne évoque sous forme de dénégation, avec amertume et ironie, son « defaut » d'enfant (III, 9, 1044). Et ce n'est pas un hasard si c'est à Montaigne que Chateaubriand fait allusion pour exprimer en termes personnels son regret de n'avoir pas eu de descendance, et pour le conjurer : « je n'ai jamais désiré me survivre : mais pourtant une fille, et qui porterait le nom de Léonore ! » (MO, XXX, 2, 233). L'un et l'autre n'ont pas été capables d'assurer la survie de la race qu'ils avaient illustrée, ils doivent abandonner leur nom à des neveux ou à des cousins, prévoir de subtiles règles de substitution ; leurs seuls fils sont leurs livres : *libri*, *liberi*.

Montaigne se représente volontiers à cheval et en cavalier[11] ; il se dit aussi « soldat et gascon », définissant par ces termes le style littéraire qu'il préfère comme un style « soldatesque », celui d'un gentilhomme engagé dans les guerres civiles et répondant en soldat aux dangers qui le menacent. Chateaubriand en revanche ne se montre jamais en cavalier : il est breton et marin, à un moment où l'excellence équestre avait cessé d'être une qualité générale distinguant la noblesse de France. Il avait obtenu un brevet de sous-lieutenant au régiment de Navarre, et il évoque sa « vie de soldat » (MO, 70), mais aussi son ascendant personnel et ses origines qui le mettaient à l'abri des « épreuves » habituellement imposées aux jeunes officiers. Il relate en détail sa campagne d'émigré dans l'armée des princes, où il rencontra son cousin Armand, participant lui aussi de cette « ancienne France militaire » qui transmettra à la France issue de la Révolution et de l'Empire son énergie et sa vertu (IX, 11, 320). Même si les deux écrivains n'ont pas fait de véritables carrières dans les armes, cette représentation en soldat correspond à leur statut noble, elle est essentielle dans la constitution de leur personnage social et de leur *persona*. Elle illustre aussi le rôle de ce que Chateaubriand présente sous la figure du « chevalier français », l'ancienne conjonction de la noblesse et des armes, qui fait de celles-ci la forme la plus éminente de la noblesse, comme elle illustre la conjonction entre les armes et les lettres, un des piliers soutenant la culture française, de François Ier jusqu'à l'aube du XXe siècle[12]. Ce n'est pas un hasard alors si Chateaubriand oppose la figure de l'écrivain soldat et de l'écrivain gentilhomme à celle du pédant :

> Tout cela, joint au genre de mon éducation, à une vie de soldat et de voyageur, fait que je n'ai point senti mon pédant, que je n'ai jamais eu l'air hébété ou suffisant, la gaucherie, les habitudes crasseuses des hommes de lettres d'autrefois, encore moins la morgue et l'assu-

---

11 Sur ce point voir notre étude « Montaigne, le style (du) cavalier et ses modèles italiens », *Nouvelle revue du XVIe siècle*, XVII, 2, 1999, p. 253-268.

12 Voir sur ce point, Général Weygand, *L'Armée à l'Académie*, Paris, Wesmael-Charlier, 1962.

> rance, l'envie et la vanité fanfaronne des nouveaux auteurs (MO, II, 7, 70).

Ces termes sont une reprise de ceux de Montaigne, qui rappelle à plusieurs reprises tout ce qui le distingue des « hommes de lettres ».

Le portrait en gentilhomme enfin est un portrait de groupe, celui des amis nobles, celui des dames surtout, qui occupent dans la représentation que la noblesse française donne d'elle-même une place centrale, à la mesure du rôle essentiel qu'elles ont joué pendant quatre siècles comme instance littéraire et de goût. La relation aux dames, toujours formulée en termes de galanterie et de courtoisie, définit le gentilhomme français. Certains chapitres privilégiés des *Essais* sont mis sous le patronage de grandes dames appartenant à la noblesse catholique de la cour de Navarre. Les *Mémoires* sont remplies des dames qui ne cessent d'accompagner l'auteur, de l'encourager et de l'aimer ; le portrait de Chateaubriand en gentilhomme, reçu dans la société et « appelé dans les châteaux » (MO, XIV, 1, 470), le représente avec ses parentes, avec Mme de Beaumont, qui « ouvre la marche funèbre de ces femmes qui ont passé devant » (MO, XIII, 7, 449). Mme de Staël, la duchesse de Duras ou la duchesse de Lévis. Mme Récamier, elle-même longuement célébrée dans les derniers livres, apparaît ainsi moins comme une bourgeoise confirmant le ralliement en forme de concession consentie par Chateaubriand à la France nouvelle, qu'elle n'offre le portrait admirable d'"une dame formée par l'ancienne France et qui en porte les qualités au degré de spiritualité le plus éminent.

La noblesse mise à l'épreuve

En plus d'un portrait, les *Essais* et les *Mémoires* proposent aussi, sous une forme fragmentée, un véritable discours sur la noblesse. Celui-ci est lié à la représentation noble que chacun des deux auteurs donne de lui-même, il constitue d'autre part un « lieu » du discours moral, dans la tradition des satiriques et des moralistes depuis Juvénal, il correspond enfin et surtout à une réflexion liée aux circonstances historiques : dans le cas de Montaigne, les devoirs de loyauté et de générosité incombant à la noblesse dans le drame de la guerre civile, dans le cas de Chateaubriand, le rôle éventuel d'une noblesse régénérée, dans une nouvelle société fondée sur l'égalité de naissance et la primauté de la fortune. La mise en scène de leur propre noblesse est ainsi comme dramatisée par la mise à l'épreuve de la noblesse en tant qu'institution sociale et politique, à travers leur cas particulier.

Montaigne et Chateaubriand ont une conscience aiguë des différences et des distinctions, et ils affirment celles-ci sans chercher à les adoucir. Chateaubriand, en parfaite opposition avec la situation historique de son temps, ne cesse de distinguer noble et non noble, comme s'il avait été investi de la charge de roi d'armes pour juger de la qualité des lignages au moment de la grande redistribution des titres et des qualités sous la Restauration. L'emploi fréquent du terme de « plébéien », qu'il utilise systématiquement à la place de « roturier », peut-être en une paradoxale référence à l'Antiquité héritée de la propagande révolutionnaire, est significatif de cette distinction, jusque dans l'opposition qu'il établit entre la « grandeur monarchique » et la « célébrité plébéienne » (MO, XIII, 1, 434), comme de l'interprétation qu'il en donne en termes non pas historiques mais culturels et moraux. C'est pour lui une catégorie qui détermine ses choix littéraires : au « noble » Byron, élégant jusque dans la débauche, il oppose Rousseau, « le fils plébéien de l'obscur horloger de Genève », dont il dénonce la vulgarité, le cynisme et le mauvais goût (XL, 12, 793). Les deux gentilshommes connaissaient aussi parfaitement les réalités complexes de la société de leur temps ; ils étaient attentifs à la juste pesée des distinctions non visibles au sein même d'une classe noble tout autre qu'homogène. Montaigne, ainsi qu'il le témoigne dans les dédicaces de certains de ses chapitres, alors même qu'il accède à la noblesse d'épée, n'oublie jamais la différence de rang qui le sépare des Grands. À l'inverse, l'opposition factice entre une noblesse d'épée et une noblesse de robe (que l'on confond souvent aujourd'hui avec la bourgeoisie, et que l'on taxe volontiers d'imposture), ne joue pas pour eux. La robe et les carrières de la magistrature étaient à la fois une voie d'accession normale à la noblesse et elles constituaient d'autre part d'éminentes professions nobles, dont Antoine de Laval, un ami de Montaigne, avait donné le manuel au début du XVIIe siècle. Montaigne célèbre en Paul de Foix et en Pibrac, les figures de deux illustres magistrats et il mentionne les carrières de ses oncles parlementaires comme les premières illustrations de sa famille. Chateaubriand bénéficie par alliance de la gloire de Malesherbe, grand-père de sa belle-sœur, qui lui-même, tout magistrat qu'il était, « avait à un haut degré les principes de la naissance » (IV, 13, 145).

Dans le chapitre « Des récompenses d'honneur » (II, 7), dans lequel il exprimait ses réserves relatives à l'institution du nouvel ordre de chevalerie institué par Henri III, Montaigne rappelait pour conclure combien était étroit, en France du moins, le lien unissant noblesse et « vacation militaire », afin de mettre en évidence l'ambiguïté d'une « vertu » confondue en termes étymologiques avec la seule vaillance. Ailleurs dans les *Essais*, prenant en compte sa propre expérience des guerres civiles, il dépossédait la noblesse de ce qu'elle présentait comme ses qualités distinctives, la vaillance et l'excellence militaires. En évoquant la composition des unités dans l'armée des princes, Chateaubriand considérait comme factice la distinction entre les uniformes des compagnies nobles et ceux d'une compagnie du Tiers état :

> Des hommes attachés à la même cause et exposés aux mêmes dangers perpétuaient leurs inégalités politiques par des signalements odieux : les vrais héros étaient les soldats plébéiens, puisqu'aucun intérêt personnel ne se mêlait à leur sacrifice. (MO, 9, 326)

Ailleurs, il s'indignait de l'accueil réservé à l'héroïque paysan vendéen, « qui n'était rien » (XI, 3, 391) aux yeux des émigrés auxquels il apportait généreusement son concours. À la fin de son livre, tirant la leçon de l'expérience politique de l'Empire et de la Restauration, alors qu'il avait l'illusion de voir enfin réapparaître « le vieux génie français » de la Monarchie, la réalité politique le décillait aussitôt : « nous sommes courtisans et soldats, rien de plus » (MO, XLII, 1, 842). C'est précisément la conception caricaturale de la noblesse confondue avec les fonctions militaires et de cour qu'il finit par contester, comme Montaigne l'avait fait avant lui dans un tout autre contexte.

La noblesse est, selon Montaigne, une « belle qualité », mais qui peut tomber sur un « homme vicieux et de néant ». Dans les *Mémoires*, à travers les portraits innombrables qu'il trace de grands seigneurs, Chateaubriand ne cesse de dissocier noblesse de rang et vertu, pour distinguer la qualité de la personne et celles de l'individu. De ce point de vue, les *Mémoires* offrent la satire de la vieille aristocratie revenue provisoirement au pouvoir après l'épreuve de la Révolution, sans avoir connu une réforme politique et morale. Son propre portrait trouve son contraire dans la figure de Talleyrand, en une antithèse qui double l'opposition initiale entre noblesse et roture, et qui prend la valeur d'une allégorie : le combat du gentilhomme contre le courtisan, de Combourg contre Versailles, de la profondeur immémoriale de l'ancienne France contre la monarchie absolue et sa dépravation en despotisme, voire le combat, digne de Milton, entre le bien et le mal. D'une noblesse aussi ancienne et illustre que celle de Talleyrand, Chateaubriand tient pour déshonorant l'orgueil aristocratique de celui-ci, qui s'exprime sous sa forme détestable de morgue de caste. Son ennemi avait conservé la vanité de l'ancien régime dont il était l'expression la plus abjecte. Dans un autre passage des *Mémoires*, le duc de Rohan-Chabot fait l'objet d'un portrait ordonné autour de cette même conjonction d'orgueil et de servilité qui transforme des hommes « de condition » en hommes entrant « en condition », en laquais de cour, contre qui Chateaubriand définit sa propre identité aristocratique :

> On ne s'explique pas de prime abord comment des hommes que leurs noms rendaient bêtes à force d'orgueil s'étaient mis aux gages d'un parvenu [...] cette

> aptitude à entrer en condition découlait naturellement de leurs mœurs. (XXIX, 17, 197)

Ni Montaigne ni Chateaubriand pourtant ne prétendent substituer une conception morale à la conception sociale d'une noblesse qu'ils ne cessent de revendiquer pour eux-mêmes fût-ce à travers l'ironie. Celle-ci, pour Chateaubriand, est une donnée de la société, qui subsiste encore, sous des formes nouvelles, après la Révolution. Loin de la nier, il l'affirme comme il affirme sa distinction. La noblesse véritable est fondée sur une valeur propre, l'honneur, « c'est-à-dire le préjugé de chaque personne et de chaque condition »[13], dont Montesquieu, en une formule souvent mal comprise en raison de l'équivoque même du terme, avait fait le principe du gouvernement monarchique. L'honneur exige les honneurs et il garantit en retour des mœurs nobles. Montaigne et Chateaubriand lui donnent une définition plus exigeante, en termes moraux et en relation à la parole donnée, au for intérieur et à l'image de soi. Contre Talleyrand qui avait failli dans toutes les formes de l'honneur, Chateaubriand ne cesse de se présenter en homme d'honneur, qui s'indigne des pressions dont il est l'objet : « Grâce à Dieu, je n'ai jamais eu besoin qu'on me donnât des conseils d'honneur » (MO, XXXII, 2, 377). Ces trois niveaux de l'honneur (les honneurs, les mœurs, l'image de soi)participent pleinement à l'*éthos* noble, identifiant le gentilhomme à l'homme d'honneur, qui fait honneur et que l'on honore. À l'alternative noblesse ou vertu, imposée par les philosophes ou les révolutionnaires, les deux écrivains préfèrent l'addition ; la véritable noblesse, en l'occurrence la leur, conjugue le rang, les manières et la vertu, et réduite à l'essentiel, sous la forme ostentatoire d'un nom que personne ne peut leur ôter, les rend singulièrement libres.

Montaigne rappelle la liberté juridique dont jouissaient pleinement les gentilshommes de son temps ; comparables à des rois sur leurs terres, ils ne sentaient pas deux fois en leur vie le poids de la souveraineté :

[13] Montesquieu, *De L'Esprit des lois* [1748], III, 6.

> Et voyez aux Provinces esloingnées de la Cour, nommons Bretaigne pour exemple, le train, les subjects, les officiers, les occupations, le service et cerimonie d'un Seigneur retiré et casanier, nourry entre ses valets ; et voyez aussi le vol de son imagination : il n'est rien plus royal : il oyt parler de son maistre une fois l'an, comme du roy de Perse : et ne le recognoit, que par quelque vieux cousinage, que son secretaire tient en registre (I, 42, 287)

Il célèbre la Bretagne dont Chateaubriand fera, peut-être à sa suggestion, le lieu privilégié de l'esprit de liberté aristocratique. Comme Montaigne, Chateaubriand lie et identifie la noblesse à une seule passion, la liberté. Celle-ci est une qualité de naissance, qui ressortit aux origines, au *genus* noble :

> Selon moi, j'ai profité du hasard de mon berceau, j'ai gardé cet amour plus ferme de la liberté qui appartient principalement à l'aristocratie dont la dernière heure est sonnée (MO, I, 1, 7).

Au moment d'un douloureux asservissement public, nul plus que Chateaubriand n'a eu de passion plus forte et plus exclusive pour la liberté, un caractère tenant à ses origines et nourri, comme chez Montaigne, de la conception catholique du libre arbitre, du choix volontaire de préférer le bien plutôt que le mal, expression la plus élevée de la *dignitas hominis*. On pourra suivre chez les deux auteurs la parabole de cette liberté noble : avant d'être une revendication éthique et l'affirmation d'une identité, elle est, à l'origine, dans l'ancienne France, fondée en droit, donnée et reconnue ; comme telle, elle n'a pas à être conquise ou revendiquée. Pour Montaigne, la menace qui pèse sur la liberté n'est pas celle du despotisme, mais celle de l'anarchie. Sous les nouveaux régimes issus de la Révolution, cette liberté est un enjeu politique, et la menace réside dans le despotisme impérial comme dans le refus de la liberté de presse par le gouvernement ultra. Chateaubriand fera l'épreuve des limites mises à sa propre liberté : il fut brièvement emprisonné, à la suite d'une décision judiciaire, avec tous les égards qui étaient dus à sa qualité d'ancien ministre. Montaigne fut victime, durant quelques heures, d'une détention arbitraire, par les ligueurs révoltés. Pour Montaigne, dans la mesure où la liberté est une réalité et un privilège du gentilhomme, la liberté véritable, celle du jugement, reste à conquérir par un effort de vertu : une liberté de jugement à gagner sur toutes les formes d'aliénation et plus encore, par un effort constant sur soi-même : « et suis tant jaloux de la liberté de mon jugement, que mal-ayséement la puis-je quitter pour passion que ce soit » (II, 17, 698).

La parole du gentilhomme

La franchise est un exercice particulier de la liberté. Dans le chapitre « De la présomption », auquel Chateaubriand fait une claire référence dans le titre même du chapitre XXXI, 11 des *Mémoires*, Montaigne inverse en termes parodiques et ironiques le portrait noble qu'il avait tracé de lui ailleurs dans les *Essais*. Il se dénie, en apparence, une qualité noble identifiée à de simples usages et à un mode de vie, en dénonçant d'une façon fort subtile sa propre incompétence dans certaines activités qui caractérisent le gentilhomme (l'art de trancher à table ou de s'occuper de son cheval). Il dépossède ainsi le gentilhomme qu'il ne cesse d'être de tout ce qui n'est pas véritablement sien, fût-ce la noblesse des titres et des manières, au profit d'une seule qualité authentiquement sienne et authentiquement noble, parce qu'elle ressortit à la seule naissance : la franchise d'un « cœur genereux ». Montaigne retrouve ici la conception aristotélicienne de la magnanimité, véritable fil conducteur de l'éthique noble :

> Un cœur genereux ne doit point desmentir ses pensées : il se veut faire voir jusques au dedans : tout est bon, ou aumoins, tout y est humain. Aristote estime office de magnanimité, hayr et aimer à descouvert : juger, parler avec toute franchise : et, au prix de la vérité, ne faire cas de l'approbation ou reprobation d'autruy. (II, 17, 686)

La liberté et la franchise nobles s'opposent ainsi au vice par excellence du courtisan, la flatterie : « je hay à mort de sentir le flatteur. Qui faict que je me jette naturellement à un parler sec, rond et cru, qui tire à qui ne me cognoit d'ailleurs, un peu vers le dedaigneux » (I, 39, 257). Comme lui, et dans les mêmes termes, Chateaubriand revendique pour soi la franchise, à « cette époque, où la franchise manque à tous » (MO, XXXIII, 3, 925). Aux manières habituelles de la noblesse, faites de tact et de civilité, ils ajoutent et opposent la franchise, comme une marque de naissance, comme la qualité d'une noblesse authentique qui les détermine à agir et à parler. Cette vertu leur permet de s'adresser sans détour aux grands et aux princes, comme elle garantit la véracité de leur livre ; la franchise établit leur rapport à autrui, illustre leur qualité morale, définit leur style, combinant naturel et sublime. Et ce que les usages ne leur permettraient pas de dire dans la conversation familière, se trouvera ainsi justement formulé dans leur livre qui exprime le fond de leur cœur : « Sincère et véridique, […] je ne dis point une chose entière et je n'ai laissé passer ma vie complète que dans ces *Mémoires* (MO, XI, 1, 380).

Les *Essais* ne sont ni des mémoires ni une histoire des guerres civiles. Ils doivent pourtant se lire, pas seulement dans le contexte mais dans leur lien étroit avec le drame politique et religieux qui bouleversa la France et dans lequel Montaigne était impliqué ; ils apparaissent alors comme l'expression d'un double projet, apologétique et pédagogique. Ils constituent en premier lieu la justification de l'engagement de Montaigne et de ses choix, en particulier, dans le livre III, son action personnelle à la mairie de Bordeaux. Il opposait alors avec ironie et emphase, en termes de dignités et de « race », évoquant sa famille « qui a coulé sans esclat, et sans tumulte : et de longue mémoire, particulierement ambitieuse de preud'homie » (III, 10, 1068), afin de donner une réponse noble, mettant en évidence la longue durée lignagère, aux critiques qui lui étaient faites à titre personnel. Ils donnaient d'autre part une leçon destinée à domestiquer la brutalité de la noblesse par le magistère d'un Montaigne, moderne Socrate. Ce projet ne pouvait se réaliser et trouver un accueil auprès des gentilshommes que par la parole d'un autre gentilhomme d'épée, portant la « mémoire » des pères. L'« ambition aristocratique » de Montaigne déterminait étroitement la réception des *Essais*.

On pourra considérer de la même manière les *Mémoires d'outre-tombe* comme une apologie et comme un projet pédagogique. Les *Mémoires* constituent une précise apologie de l'action politique de Chateaubriand en tant que ministre d'État tentant en vain de sauver la monarchie constitutionnelle. Son honneur ayant été mis en cause par ses adversaires, il était devenu auteur pour se défendre. Si le livre est présenté comme la vérité de la vie, dans la plus absolue franchise, la liberté et la franchise sont sans cesse invoquées comme les véritables mobiles de toute la vie publique de l'auteur, résumée comme une suite ininterrompue de sacrifices « jamais commandés par personne » (MO, XXXII, 2, 377). En racontant sa dernière rencontre avec la duchesse de Berry, Chateaubriand se représente une dernière fois sous la figure du « chevalier » (MO, XLI, 4, 817), mais qui se confond alors avec celle du personnage littéraire de Don Quichotte. Par son ironie même, cette figure ainsi détournée assurait son autorité morale, il était un vivant reproche et non pas le complice d'une restauration manquée[14]. Chateaubriand comme Montaigne destinait cette apologie moins à une improbable postérité qu'au cercle de ses proches et surtout à son for intérieur. Chargés d'importantes fonctions et de grands emplois, les deux écrivains s'étaient engagés dans une action publique vouée à l'échec par les circonstances et l'insuffisance des princes auxquels ils s'étaient dévoués avec la plus exacte fidélité alors même qu'ils connaissaient leurs faiblesses. L'apologie qu'ils font de leur action et d'eux-mêmes les représente et les justifie en même temps dans l'exercice noble par excellence selon leur conception, celui des vertus nobles et de la magnanimité, dans une réelle absence d'ambition politique affichée.

Chateaubriand avait l'ambition d'offrir à la France, éprouvée par la barbarie de la Révolution et menacée d'une réaction ultra-

---

[14] Sur ce point, voir M. Fumaroli, *op. cit.*, p. 487.

royaliste, un modèle noble et héroïque capable de la civiliser à nouveau. Contemporain et acteur de l'autre grande catastrophe que le pays avait connue après celle des guerres religieuses et civiles du XVIe siècle, il ne pouvait proposer une forme de réconciliation du pays avec sa propre mémoire que par une même ostentation nobiliaire, qui n'était pas retour réactionnaire, mais la manière d'enrichir un présent en déshérence par toute l'ancienne « mémoire du Royaume ». Pour Chateaubriand comme pour Montaigne, la noblesse ne se confond ni avec ses titres ni avec ses fonctions ; elle est inscrite dans la longue durée. En rappelant et en confirmant sans cesse leur propre noblesse de race, ils s'inscrivaient à la fois dans un *pedigree*, une filiation suivie et un vaste réseau d'alliances et d'amitiés qui leur donnaient une identité personnelle, et dans une temporalité, le temps long de l'histoire, le temps « des pères » ; Chateaubriand élargit encore ce temps à celui, plus vaste encore, du royaume, et il justifiera sur sa noblesse de race sa prétention à en être l'historien. Il revient sans cesse sur le problème que pose à la noblesse de naissance sa survie dans l'ère démocratique, et aux nouvelles institutions l'existence d'une ancienne noblesse[15]. Celle-ci ne se justifie que par sa liberté et sa franchise, qui en font une voix contre toute forme de despotisme à venir, ainsi que par les talents particuliers de certains de ses membres, conjurant ainsi le soupçon d'inutilité, de vanité et de snobisme qui la menace. Même si elle avait aussi pu se rendre coupable de sauvagerie et de violence dans le passé, la noblesse, selon lui, était à même de jouer un rôle essentiel en termes politiques et moraux, en offrant à la mémoire des Français son patrimoine chevaleresque et chrétien, et à ses mœurs le modèle d'une ancienne liberté, transfigurée en naturel civilisé : il ne s'agissait plus de la seule politesse des manières, mais d'une politesse de la vie civile, de manières politiques capables de tempérer la brutalité des rapports de pouvoir, selon la leçon même de Montesquieu, et inversement, de modérer une passion de l'égalité qui avait montré sa barbarie sous la Terreur et qui se prolongeait en médiocrité bourgeoise sous Louis-Philippe.

---

[15] Voir sur ce point l'analyse de M. Fumaroli, *op. cit.*, p. 76.

* * *

Les *Essais* comme les *Mémoires d'outre-tombe* définissent ainsi une « humanité noble », dont ils se présentent comme les fruits les plus beaux et les plus singuliers. Montaigne et Chateaubriand s'y mettent en scène comme nobles et comme écrivains nobles, dans une filiation revendiquée par le second, dont la relation au premier, qui n'est pas une simple référence littéraire mais une véritable connivence et une sympathie aristocratique, tient précisément à cette similitude et à cette commune appartenance à la noblesse ; de ce point de vue, Chateaubriand peut considérer Montaigne, « le gentilhomme périgourdin » (MO, IV, 1, 110), comme un grand ancêtre. Cette noblesse s'inscrit aussi dans la longue durée des lettres françaises. Les *Essais* représentaient à leur manière le couronnement du projet de défense et illustration de la langue française, dont Du Bellay avait donné le programme un demi-siècle plus tôt ; cette illustration ne pouvait se faire qu'en termes sociaux et éthiques, par le ralliement aux lettres de la noblesse d'épée, qui donnait à celles-ci leur dignité. Du Bellay avait inventé la figure française du poète noble, que Montaigne allait assumer dans le domaine de la prose, et corriger jusque dans la dimension paradoxale du gentilhomme écrivain stipendié, mettant un style aristocratique au service d'une écriture « mercenaire », que Chateaubriand, conduit par la nécessité, devait assumer jusque dans le dénuement. À sa manière aussi, Chateaubriand représentait l'aboutissement de ce projet littéraire, dans une rupture avec la société qui lui donnait sens. Là toutefois se situe la différence entre Montaigne et Chateaubriand. Le premier, vivant la noblesse comme un privilège, fait de la sienne la condition nécessaire de son propre magistère. Pour le second, en revanche, selon Marc Fumaroli, la « belle naissance » avait été l'objet d'une découverte tardive et d'une création progressive, en réaction contre l'influence du « plébéien » Rousseau, cette noblesse prenant son sens en termes individuels au moment précis où elle avait perdu son importance historique. Chateaubriand en fait n'avait jamais oublié sa noblesse, qui illustrait la parabole de sa vie et de son livre[16] ; elle était évidente pour lui et fondait sa relation au monde comme à l'écriture. Dans sa jeunesse, il était le « chevalier » ; ce titre n'était pas une appellation générique donnée à tous les cadets ou aux nobles non titrés, mais un titre de courtoisie attribué à ceux qui étaient destinés à l'ordre de Malte. Sous la Restauration, qualifié « d'Excellence » en sa qualité d'ambassadeur, de ministre d'État et de pair de France, il était devenu « sa seigneurie, monsieur le vicomte de Chateaubriand » (MO, XXXVIII, 6, 118)[17], selon une titulature accordée à titre viager, qui n'était pas fondée sur un majorat. Au sommet de sa carrière, il connut la dépossession matérielle, qu'il exprimait dans les termes ironiques d'une titulature dérisoire, « François, seigneur sans vassaux et sans argent de la Vallée-aux-Loups » (MO, XXXVIII, 6, 118), dans la conscience que le titre est récent, accidentel et passager. C'était pour revenir à l'essentiel, à la célébration du seul nom : « Quant à moi, je ne me glorifie ni ne me plains de l'ancienne ou de la nouvelle société. Si dans la première, j'étais le chevalier, ou le vicomte de Chateaubriand, dans la seconde, je suis François de Chateaubriand ; je préfère mon nom à mon titre ».

Les *Mémoires*, mémorial d'un monde disparu et registre d'une carrière personnelle, sont le récit du passage imprévu du « chevalier » au « vicomte » de Chateaubriand, de la dépossession de celui-ci à l'accession de leur auteur à une notoriété offerte par les lettres. L'élément qui assurait la continuité jamais interrompue entre une époque et l'autre, entre les deux âges de la vie de l'auteur et deux époques de la société française, était le nom seul. Résumant ainsi ce qu'il avait de plus essentiel en lui, Chateaubriand témoignait sans doute de ce que l'on pourra considérer, en une analyse superficielle, comme une anachronique « conscience de classe ». La parabole de son livre révèle surtout qu'il avait conscience que la « mémoire du royaume » qu'il croyait porter était condamnée à la vanité dans une France de l'oubli,

[16] Voir M. Fumaroli, *op. cit.*, p. 745.

[17] Adresse de l'invitation au sacre de Charles X par M. de Sémonville, grand référendaire.

qu'elle ne pouvait plus être entendue, et qu'il avait la certitude lucide et désabusée de ne plus vivre sa noblesse autrement que comme une quête de soi en termes éthiques et comme la quête d'une mémoire intérieure, en termes poétiques.

De Montaigne à Chateaubriand : la filiation Cannibales-Iroquois

Frank Lestringant

Divers Montaigne

Les fortunes de Montaigne sont innombrables. Durant quatre siècles, pas un écrivain, pas un penseur qui ne l'ait médité ou qui ne se le soit approprié. Il n'est pas exagéré de dire que Montaigne avait lui-même programmé cette diversité de lectures. Il notait en effet dans « De l'experience » : « La parole est moitié à celuy qui parle, moitié à celuy qui l'escoute » (III, 13, 1088)[1]. C'est du même coup inviter le lecteur à s'approprier la matière des *Essais*, à la faire sienne en une sorte d'innutrition gourmande. La postérité a fort bien retenu l'injonction.

À chaque époque, à chaque génération son Montaigne. Comme le notait avec humour Bayle St. John, l'auteur d'une des meilleures biographies de Montaigne publiées au XIXe siècle : « Le Montaigne de Pascal et de Malebranche est un *esprit fort* du dix-septième siècle ; le Montaigne de Bayle est un gentilhomme sceptique ; le Montaigne des Voltairiens est un bouffon (*a scoffer*) ; le Montaigne de l'abbé Laborderie est un moine capucin ; le Montaigne de M. Emerson est M. Emerson lui-même ; le Montaigne du Docteur Payen est la propriété du Docteur Payen ; et le Montaigne de M. Grün est un préfet de la Gironde »[2]. On pourrait aujourd'hui s'amuser à compléter la liste. La galerie des Montaigne successifs est presque aussi fournie que celle de ses lecteurs.

Quel est le Montaigne de Chateaubriand ? Il faudrait parler des Montaignes de Chateaubriand au pluriel. Car il y en a plusieurs, qui se sont succédé dans le temps et ont parfois coha-

---

[1] Montaigne, *Essais*, éd. Pierre Villey, PUF, 1965. Nous donnons les références dans le texte.

[2] Bayle St. John, *Montaigne the Essayist. A Biography*, Londres, Chapman and Hall, 1858, vol. II, p. 326.

bité. Le premier Chateaubriand récapitule le jugement des Lumières, tout en le refoulant. Pour l'auteur de l'*Essai sur les révolutions*, il ne fait pas de doute que Montaigne, par sa pratique du libre examen, a préparé les ébranlements futurs : « En matière de foi », observe-t-il, « il n'est point de bornes ; aussitôt qu'on cesse de croire quelque chose, on cessera bientôt de croire le tout. Rabelais, Montaigne, Mariana étonnèrent les esprits par la nouveauté et la hardiesse de leurs opinions politiques et religieuses. Hobbes et Spinoza, levant ensuite le masque, se montrèrent à découvert »[3].

Montaigne, c'est donc l'avant-courrier des Lumières, le maître à penser et le précurseur des libertins et des Philosophes dans leur travail de sape de la religion chrétienne. Le *Génie du christianisme* reprend cette idée, en replaçant Montaigne dans l'arbre généalogique de la Révolution : « Les *Contes* de Rabelais, le traité de *La Servitude volontaire* de La Boétie, les *Essais* de Montaigne, la *Sagesse* de Charron, les *Républiques* de Bodin, les écrits en faveur de la Ligue, le traité où Mariana va jusqu'à défendre le régicide, prouvent assez que ce n'est pas d'aujourd'hui seulement qu'on ose tout examiner » (GC, 841).

Au demeurant, pour ce qui est du dessein philosophique de se peindre, et de peindre l'homme tout entier à travers soi, Montaigne est renvoyé dos à dos avec Rousseau. L'un s'est moqué des hommes, et l'autre de Dieu : « Montaigne et Rousseau nous ont donné leurs Confessions. Le premier s'est moqué de la bonne foi de son lecteur ; le second a révélé de honteuses turpitudes, en se proposant, même au jugement de Dieu, pour un modèle de vertu » (GC, 853). Le seul qui n'ait pas menti est saint Augustin, leur modèle à tous deux, et qu'ils ont trahi l'un et l'autre : « C'est dans les *Confessions* de saint Augustin qu'on apprend à connaître l'homme tel qu'il est. Le saint ne se confesse point à la terre, il se confesse au Ciel ; il ne cache rien à celui qui voit tout » (GC, 854). L'ironique Montaigne ne va pas

[3] Chateaubriand, *Essai sur les révolutions*, II, XLI, in *Essai sur les révolutions. Génie du christianisme*, éd. M. Regard, Paris, Gallimard, « Bibliothèque de la Pléiade », 1978, p. 396. Nous donnons la pagination dans le texte.

comme Rousseau jusqu'au blasphème, mais le voilà taxé de mauvaise foi et de duplicité.

Il est pourtant tout un pan de l'œuvre de Montaigne qui échappe à la critique de Chateaubriand, sans d'ailleurs que cette disparité soit expliquée. Ironiste redoutable, précurseur des démolisseurs de l'Église catholique, Montaigne a pourtant, dans un cas au moins, servi la cause que toute son œuvre, pour le reste, a affaiblie, sinon combattue. Cette exception, c'est l'*Apologie de Raymond Sebond.* Le *Génie du christianisme* ne cite qu'une seule fois le texte des *Essais*, mais il le cite précisément et en bonne part, à l'appui d'une démonstration visant à prouver la vanité des sciences au regard des vérités éternelles de la religion : « Les systèmes succéderont éternellement aux systèmes, et la vérité restera toujours inconnue. *Que ne plaît-il un jour à la nature*, s'écrie Montaigne, *de nous ouvrir son sein ? O Dieu ! quel abus, quels mécomptes nous trouverions en notre pauvre science !* » (GC, 804).

Chateaubriand, dans l'*Apologie*, ne voit pour une fois nulle trace d'ironie, mais une parfaite fidélité à la doctrine chrétienne et la défense sincère d'un auteur qui l'a en quelque sorte précédé. Car qu'est-ce que la *Théologie naturelle*, sinon une première ébauche du *Génie du christianisme* ? Un ouvrage qui, comme le sien, s'est efforcé de répondre à « la nécessité de rendre la religion aimable », en employant à ce but toutes les ressources humaines de l'intelligence et de l'imagination. C'est pourquoi, dans sa *Défense du Génie du christianisme*, Chateaubriand trouve un secours inattendu dans le Montaigne de l'*Apologie* : « Raymond de Sébonde a laissé un ouvrage écrit à peu près dans les mêmes vues que le *Génie du christianisme* ; Montaigne a pris la défense de cet auteur contre ceux qui avancent *que les chrétiens se font tort de vouloir appuyer leur créance par des raisons humaines* »[4]. Et de citer la phrase du préambule de l'*Apologie* : « C'est la foy seule qui embrasse vivement et certainement les hauts mysteres de nostre Religion. Mais ce n'est pas à dire que ce ne soit une très belle et tres loüable entreprinse d'accommoder encore au service de nostre

---

[4] Chateaubriand, *Défense du Génie du christianisme*, *op. cit.*, p. 1106.

foy les utils naturels et humains que Dieu nous a donnez » (II, 12, 441)[5].

Dans le *Génie du christianisme* même coexistent donc plusieurs images de Montaigne : le précurseur des Lumières et un maître de libertinage, et, contradictoirement, le défenseur d'une religion souriante qui ne répugne pas à composer avec le monde et avec les arguments de la raison. Après Chateaubriand, et l'époque intermédiaire qu'il représente, entre Ancien Régime et Modernité, Montaigne va retrouver au cours du XIXe siècle un semblant de cohérence. C'est en fait la thèse de la duplicité qui va durablement s'imposer. Le *Port-Royal* de Sainte-Beuve consacre un long développement à Montaigne. Une page célèbre nous le représente comme « un démon malin », « un enchanteur maudit » qui vous prend par la main et vous introduit avec mille discours séduisants « dans le labyrinthe des opinions ». Il vous entraîne dans les profondeurs, une petite lampe à la main. « Et quand il vous a bien promené, égaré et lassé dans les mille dédales, tout d'un coup il souffle, ou d'une chiquenaude il éteint ; et l'on n'entend plus qu'un petit rire »[6]. L'allusion est à l'*Apologie de Raymond Sebond* et au « dernier tour d'escrime » qui ruine les raisons de la raison même, pour laisser le champ libre à l'effusion de la grâce ou bien à son absence (II, 12, 558).

En imaginant ce ricanement dans les ténèbres, Sainte-Beuve n'est pas loin de considérer Montaigne comme un athée, ou plutôt comme un être diabolique se jouant de la crédulité de son lecteur. Il croit entrevoir en Montaigne un caractère « cauteleux »[7]. À ses yeux, le double jeu ne fait aucun doute, et les démonstrations d'une parfaite orthodoxie religieuse ne seraient destinées qu'à servir de paravent. Cette lecture aura la vie dure et va s'imposer pendant un grand siècle. Montaigne devient le

---

[5] Cité par Chateaubriand, *Défense*, p. 1106.

[6] Sainte-Beuve, *Port-Royal*, III, III, éd. M. Leroy, Paris, Gallimard, « Bibliothèque de la Pléiade », 1952, t. I, p. 861.

[7] A. Gide, *Essai sur Montaigne*, ornements de R. Ben Sussan, Paris, Jacques Schiffrin, 1929, p. 85-86 ; in *Essais critiques*, éd. P. Masson, Paris, Gallimard, « Bibliothèque de la Pléiade », 1999, p. 689. Cf. Sainte-Beuve, *Port-Royal*, III, II, *op. cit.*, t. I, p. 841.

héraut de la libre-pensée, celui dont se réclament tour à tour Anatole France et Alain.

L'Iroquois, fils du Cannibale : l'épisode des amours de Mila selon les *Mémoires d'outre-tombe*

Dans l'usage qu'il fait de ses devanciers, Chateaubriand se signale par sa désinvolture. C'est dans son rapport à la tradition littéraire que s'affirme le mieux peut-être sa *sprezzatura* de gentilhomme. Ce qui lui importe, c'est toujours lui-même à travers les autres, et, le cas échéant, au détriment des autres, qu'il pille et nargue gentiment. À preuve, comme on l'a déjà expérimenté par *l'Essai sur les révolutions* et le *Génie du christianisme*, le regard cavalier qu'il jette sur Montaigne.

On ne saurait trop souligner, par ailleurs, la disparate de la section américaine dans les *Mémoires d'outre-tombe*, où coexistent plusieurs images de l'Amérique. Ces diverses Amériques coexistent difficilement dans l'espace réel : l'Amérique, envahissante, voire déferlante, des colons européens ; l'Amérique, en totale récession, des Indiens, une Amérique disparaissante, en quelque sorte. Or Chateaubriand montre à peine leur conflit, encore moins leur affrontement brutal, mais une inexplicable et précaire juxtaposition. Comme si deux époques étaient représentées côte à côte sur la carte de l'Amérique, celle, depuis longtemps révolue et dès lors idéalisée, des débuts pacifiques de la colonisation et celle, qui vient de s'ouvrir, de l'occupation massive par les émigrants venus de toutes les parties de l'Europe.

Le chapitre des *Mémoires d'outre-tombe* dédié aux amours de Mila confirme cette impression de *sprezzatura*. Lors de son séjour en Amérique du Nord en août 1791, pendant la Révolution française qu'il a fuie ou du moins esquivée, et parvenu aux chutes du Niagara, le jeune Chateaubriand rencontre Mila, une Indienne de quatorze ans. Il croit reconnaître dans son chant la Chanson de la Couleuvre transcrite à la fin du chapitre « Des Cannibales ». Mais lorsqu'il se risque à citer Montaigne, ce voyageur imaginaire, ce voyageur en chambre se trompe d'aire géographique : les

Tupinamba sont devenus des Iroquois, qui, du coup, perdent leurs hauts-de-chausses[8] !

Rappelons les circonstances de l'épisode. Chateaubriand visite les chutes du Niagara, qui constituent dès cette époque l'une des principales attractions touristiques de l'Amérique du Nord. Il affronte successivement deux périls, d'abord un serpent à sonnettes qui effraie son cheval, tout près de le jeter dans l'abîme, puis une glissade malencontreuse le long d'un rocher à pic, une fois encore au bord du gouffre, « à un demi-pied » des eaux rugissantes. Ce second accident lui vaut une légère fracture du bras. Le héros est alors recueilli et soigné par les Indiens de l'endroit. L'épisode se situe à la fin du mois d'août 1791. On peut penser qu'il est apocryphe, ou à tout le moins très enjolivé :

> Je demeurai douze jours chez mes médecins, les Indiens de Niagara. J'y vis passer des tribus qui descendaient du Détroit ou des pays situés au midi et à l'orient du lac Erié. Je m'enquis de leurs coutumes ; j'obtins pour de petits présents des représentations de leurs anciennes mœurs, car ces mœurs elles-mêmes n'existent presque plus. Cependant, au commencement de la guerre de l'indépendance américaine, les sauvages mangeaient encore les prisonniers, ou plutôt les tués : un capitaine anglais, puisant du bouillon dans une marmite indienne avec la cuiller à pot, en retira une main (MO, 492).

Chateaubriand prend ici de grandes libertés avec la réalité ethnographique. Non seulement, comme nous l'apprennent les *Relations* jésuites, les Iroquois ne se contentaient pas de manger les tués, ni même de tuer pour manger, mais ils mangeaient leurs prisonniers vivants, morceau par morceau, et prolongeaient interminablement leur agonie, au moyen de supplices raffinés. Chateaubriand n'ignorait nullement l'hagiographie des saints martyrs du Canada, dont le culte est toujours très vivant à Sainte-

[8] F.-R. de Chateaubriand, *Mémoires d'outre-tombe*, livre VII, chap. 9, éd. J.-C. Berchet, Paris, LGF, « Le Livre de Poche », 2001, t. I, p. 492-494. Ce chapitre a été rédigé à Londres, d'avril à septembre 1822.

Marie des Hurons, et la mort, aussi horrible qu'édifiante, des pères jésuites Jean de Brébeuf, Gabriel Lalemant et Isaac Jogues, tués à petit feu au temps des guerres iroquoises, et peu à peu mangés, si l'on peut dire, sous leurs yeux mêmes. Ces trois noms lui étaient familiers. Brébeuf, Lalemant et Jogues apparaissent à plusieurs reprises sous sa plume, par exemple dans le *Voyage en Amérique*[9] et surtout dans le *Génie du christianisme* où leur supplice est rapporté au chapitre des « Missions de la Nouvelle-France » (chapitre 10). Juste avant la rencontre de la jeune et jolie Mila, lorsqu'il se voit sur le point d'être précipité par son cheval dans les cataractes du Niagara, le narrateur des *Mémoires* évoque en ces termes sa mort imminente : « En quittant la vie au milieu des bois canadiens, mon âme aurait-elle porté au tribunal suprême les sacrifices, les bonnes œuvres, les vertus des Pères Jogues et Lallemand, ou des jours vides et de misérables chimères ? » (MO, 491). Le rapprochement ne manque pas de sel : il n'existe, on l'avouera, qu'un très lointain rapport entre la ferveur mystique d'un Jean de Brébeuf et les états d'âme du jeune gandin égaré dans les forêts du Nouveau Monde.

De toute évidence, dans ce chapitre des *Mémoires d'outre-tombe*, il y a, de la part de Chateaubriand, la volonté délibérée d'atténuer la cruauté de ses hôtes indiens, quitte à affadir leur sauvagerie. La suite, en effet, emprunte le ton de l'idylle :

> Je voulais entendre le chant de mes hôtes. Une petite Indienne de quatorze ans, nommée Mila, très jolie (les femmes indiennes ne sont jolies qu'à cet âge) chanta quelque chose de fort agréable. N'était-ce point le couplet cité par Montaigne ? « Couleuvre, arreste toy ; arreste toy, couleuvre, à fin que ma sœur tire sur le patron de ta peincture, la façon et l'ouvrage d'un riche cordon, que je puisse donner à ma mie : ainsi, soit en tout temps ta beauté et ta disposition préférées à tous les autres serpens ».

[9] Chateaubriand, *Voyage en Amérique*, in *Œuvres romanesques et voyages*, éd. M. Regard, Paris, Gallimard, « Pléiade », 1969, p. 860. Voir plus loin le contexte de cette mention.

> L'auteur des *Essais* vit à Rouen des Iroquois qui, selon lui, étaient des personnages très sensés : « Mais quoi, ajoute-t-il, ils ne portent point de hauts-de-chausses ! »
> Si jamais je publie les *stromates* ou folies de ma jeunesse, pour parler comme saint Clément d'Alexandrie, on y verra Mila (MO, 493-494).

Les *stromates*, ce sont les « bigarrures » ou « pensées diverses ». Au sens propre, le mot désigne une couverture ou un tapis bariolé, comme est bariolé le tissu même des *Mémoires d'outre-tombe*, artistement ravaudé de diverses pièces et mêlant tous les tons[10].

Cet épisode des *Mémoires* frappe par le caractère plutôt attendu des deux emprunts faits à Montaigne. Les deux passages, auxquels se réduit à peu près ici le chapitre « Des Cannibales », sont parmi les plus cités des *Essais* et les plus commentés par la tradition littéraire. La Chanson de la couleuvre, de style « anacréontique », au jugement de Montaigne, a déjà été traduite à cette date par Goethe, dans deux versions successives, de 1783 et 1826, aussitôt mises en musique et commençant respectivement par : « Schlange, warte, warte, Schlange », et « Schlange, halte stillle ! » Cette strophe naïve et sauvage flattait l'imagination romantique, qui y retrouvait avec délectation le génie éternel des nations, la voix profonde et immémoriale du folklore.

L'autre référence à Montaigne n'est pas moins galvaudée. Il s'agit de la fameuse chute du chapitre sur les « hauts-de-chausse ». Ce trait qui conclut l'entrevue rouennaise des trois Cannibales et du roi-enfant avait été relevé auparavant par Jean-Jacques Rousseau dans une note sur le *Premier Discours*, admirant, après Pascal, « la simple et naturelle police » des Cannibales et leur franc-parler face au roi de France[11].

---

[10] C'est en effet, comme le dit Chateaubriand, le titre du principal ouvrage de Clément d'Alexandrie.

[11] Jean-Jacques Rousseau, dans une note sur le *Premier Discours*, Première Partie, avait évoqué « la simple et naturelle police » des Cannibales et relevé le trait final de Montaigne : « Mais quoi ! dit-il, ils ne portent point de chausses! », *Œuvres complètes*, « Bibliothèque de la Pléiade », 1964, t. III, p. 11.

Chateaubriand avait de Montaigne une connaissance familière, mais quand il cite, comme ici, c'est de mémoire et, semble-t-il, par le filtre de la tradition. Autant qu'à Montaigne, il se montre sensible aux échos que ce dernier a suscités jusqu'à l'époque présente : moralistes et philosophes avec Pascal et Rousseau ; littérature romantique avec Goethe.

Quant à la confusion entre Cannibales et Iroquois, elle ne trahit pas seulement la désinvolture de Chateaubriand à l'égard de ses sources, et en particulier de Montaigne. Elle montre aussi que pour lui, comme déjà pour Montaigne, l'Amérique est une et indivisible, et que tous les peuples qui l'habitent, quelle que soit leur diversité culturelle, se ramènent en définitive à un seul, un peuple sauvage, vivant nu dans sa forêt natale, comme le veut justement l'étymologie du mot. Ce peuple, qui est en quelque sorte la synthèse des différentes nations qui entrent dans cette vaste catégorie, est le peuple sauvage par excellence, une catégorie des plus vagues et des plus floues, qui ne correspond en définitive à aucune réalité anthropologique.

L'unification des peuples d'Amérique, depuis le Pérou et les pays de la Plata jusqu'au Canada, autorise toutes les confusions, mais aussi des raccourcis hardis. Une telle simplification est en vérité fort ancienne. Elle a pris, dès la fin du XVIe siècle, la forme d'une « tupinambisation »[12] : à partir surtout de la collection des *Grands Voyages* de Théodore de Bry et de ses fils, publiée en plusieurs langues et abondamment illustrée, une image standardisée de l'Amérindien se fixe et se diffuse, empruntant la plupart de ses traits au Tupinamba du Brésil. C'est la figure d'un homme nu, au corps peint de génipat, la tête coiffée de plumes, l'épée-massue à la main, à ses pieds une tête ou des membres coupés. Dans l'imaginaire européen, l'Indien anthropophage du Brésil, pendant plus de deux siècles, a de la sorte colonisé l'ensemble des deux Amériques.

---

[12] Comme l'a montré l'anthropologue William C. Sturtevant dans son article « La tupinambisation des Indiens d'Amérique du Nord », in G. Thérien, éd., *Les Figures de l'Indien*, Montréal, Service des publications de l'Université du Québec à Montréal, 1988, p. 293-303.

À lire ce passage des *Mémoires d'outre-tombe*, on pourrait croire qu'il existe chez Chateaubriand un processus inverse d'« iroquoïsation », puisque les Brésiliens de Montaigne se sont métamorphosés en Canadiens. En vérité, c'est la même figure mythique qui se perpétue sous des noms différents. Gilbert Chinard, il y a un siècle, a montré comment les lettres jésuites du XVIIe siècle avaient pérennisé la vision largement positive donnée des Indiens du Brésil par le voyageur protestant Jean de Léry, le prédécesseur immédiat de Montaigne et très probablement l'une de ses sources d'inspiration pour « Des Cannibales »[13]. Or ces lettres jésuites du Canada, directement ou à travers la compilation du père Charlevoix, ont constitué l'une des sources favorites de Chateaubriand pour son évocation de l'Amérique du Nord[14]. La filiation est donc bien perceptible, et peu importe si l'objet réel auquel s'accroche la figure mythique du sauvage n'est plus le même.

Du Brésil au Canada, on observe en effet un phénomène de transfert, discernable à la fois sur le plan des réalités coloniales et sur le plan des représentations. Sur le plan des réalités, c'est le transfert de l'expérience coloniale et de ses techniques, militaires, agricoles, diplomatiques, du Sud au Nord de l'Amérique, et du Brésil au Canada[15]. Sur le plan des représentations, c'est la propagation de l'image du Brésilien nu, anthropophage et emplumassé, qui recouvre bientôt toute l'étendue du Nouveau Monde, et informe notamment sur l'image des peuples du Canada, Hurons sédentaires et Iroquois semi-nomades., L'Iroquois est surtout proche du Tupinamba du Brésil : il en retient la quasi-nudité, la cruauté et l'irréductible liberté. Pour Chateaubriand, qui suit en cela la leçon de Charlevoix, la société iroquoise offrirait le paradigme du régime républicain, alors que les Hurons

---

[13] G. Chinard, *L'Amérique et le Rêve exotique dans la littérature française au XVIIe et au XVIIIe siècle*, Paris, Droz, 1934.

[14] Sur ce point, voir le dossier bibliographique réuni par G. Chinard, *Chateaubriand en Amérique, essai de bibliographie*, Washington, Institut français, s. d.

[15] Comme l'a montré Olive Patricia Dickason dans son *The Myth of the Savage and the Beginnings of French Colonialism in the Americas*, Edmonton, The University of Alberta Press, 1984 ; trad. fr. : *Le Mythe du Sauvage*, traduit de l'anglais par J. des Chênes, Sillery (Québec), Éditions du Septentrion, 1993.

représentent la monarchie. Les Iroquois semi-nomades, guerriers et cannibales se prêtaient mieux à la tupinambisation que leurs ennemis hurons, qui furent aussi leurs victimes. Rien d'étonnant si, par un choc en retour, les Tupi de Montaigne (que recouvre chez lui le terme de « Cannibales ») prennent désormais l'apparence concrète des Iroquois.

Plus que le support réel, ou plus que telle ou telle de ses incarnations occasionnelles et successives, ce qui importe, c'est la figure flottante, errante, de l'homme de la Nature dans sa version américaine. Cette figure mythique transmigre d'une extrémité du continent à l'autre, au fur et à mesure que les tentatives de colonisation menées par la France et leurs échecs répétés se succèdent dans le temps et se déplacent dans l'espace. Au demeurant, le parallélisme des situations historiques est frappant. Montaigne écrit son chapitre « Des Cannibales » vingt ans après la chute, en 1560, de la France Antarctique fondée par Villegagnon à Rio de Janeiro ; Chateaubriand compose *Les Natchez*, *Atala* et bientôt les *Mémoires d'outre-tombe*, de trente à quarante ans après le traité de Paris (1763) qui a définitivement liquidé la Nouvelle-France d'Amérique du Nord après presque deux siècles d'existence.

Le mythe du Noble Sauvage, formule que l'on préférera ici à celle du Bon Sauvage, s'alimente à ces échecs répétés. Il suppose en effet la perte de l'autre ou à tout le moins son éloignement irréversible, et le sentiment de deuil qui en résulte et qui se partage entre la nostalgie et le remords.

Les deux mondes réconciliés

N'est-ce pas Montaigne qui parle ? On croirait lire « Des Cannibales » ou plutôt « Des Coches ». C'est en fait Chateaubriand dans son *Voyage en Amérique* :

> Écartant un moment les grands principes du christianisme, mettant à part les intérêts de l'Europe, un esprit philosophique aurait pu désirer que les peuples du Nouveau Monde eussent eu le temps de se développer

> hors du cercle de nos institutions. Nous en sommes réduits partout aux formes usées d'une civilisation vieillie (je ne parle pas des populations de l'Asie, arrêtées depuis quatre mille ans dans un despotisme qui tient de l'enfance) : on a trouvé chez les Sauvages du Canada, de la Nouvelle-Angleterre et des Florides, des commencements de toutes les coutumes et de toutes les lois des Grecs, des Romains et des Hébreux. Une civilisation d'une nature différente de la nôtre, aurait pu reproduire les hommes de l'Antiquité, ou faire jaillir des lumières inconnues d'une source encore ignorée. Qui sait si nous n'eussions pas vu aborder un jour à nos rivages quelque Colomb américain venant découvrir l'Ancien Monde[16] ?

Cet « esprit philosophique », qui met de côté l'histoire et les principes sacro-saints du christianisme, pour imaginer des mondes possibles, ce penseur audacieux qui commence par « écarter tous les faits », ressemble beaucoup au Rousseau du *Second Discours*[17], mais c'est déjà Montaigne. Certes l'idée, depuis lors, est devenue une sorte de lieu commun. Il reste qu'on est tenté de rapprocher cette réflexion de Chateaubriand du passage du chapitre « Des Coches » où Montaigne formule ce regret :

> Que n'est tombée soubs Alexandre, ou soubs ces anciens Grecs et Romains, une si noble conquête : et une si grande mutation et alteration de tant d'empires et de peuples soubs des mains qui eussent doucement poly et defriché ce qu'il y avoit de sauvage, et eussent conforté et promeu les bonnes semences que nature y avoit produit : meslant non seulement à la culture des terres, et ornement des villes, les arts de deçà, en tant qu'elles y eussent esté necessaires, mais aussi, meslant les

---

[16] Chateaubriand, *Voyage en Amérique*, in *Œuvres romanesques et voyages*, *op. cit.*, p. 857-858.

[17] J.-J. Rousseau, *Discours sur l'origine, et les fondements de l'inégalité parmi les hommes*, in *Œuvres complètes*, « Bibliothèque de la Pléiade », 1964, t. III, p. 132.

> vertus Grecques et Romaines, aux originelles du pays (III, 6, 910) ?[18]

Sans doute n'est-ce pas tout à fait la même idée. Chateaubriand imagine que les peuples du Nouveau Monde aient poursuivi leur croissance et leur développement naturel sans intervention extérieure, à l'abri, par conséquent, de toute agression du dehors. Toujours est-il que le constat initial est identique : « C'était un monde enfant », écrivait Montaigne. Que serait devenu ce « monde enfant » si on l'avait laissé grandir selon le processus naturel et suivant ses vertus et ses ressources propres ?

Une autre affirmation est commune aux deux écrivains : c'est l'espèce de plain-pied qui existe d'emblée entre l'Antiquité et le Nouveau Monde. Montaigne regrettait que « les vertus Grecques et Romaines » n'aient pu être « mêlées aux originelles du pays » (III, 6, 910), en une sorte de métissage culturel et moral. Chateaubriand rapporte quant à lui que l'on aurait « trouvé chez les Sauvages du Canada, de la Nouvelle-Angleterre et des Florides, des commencements de toutes les coutumes et de toutes les lois des Grecs, des Romains et des Hébreux ». À partir de là s'amorcent deux processus possibles : ou bien une répétition à l'identique de l'histoire de l'Ancien Monde, « une civilisation d'une nature différente de la nôtre aurait pu reproduire les hommes de l'antiquité » ; ou bien une histoire divergente et imprévisible, « ou faire jaillir des lumières inconnues d'une source encore ignorée ».

Mais cette histoire divergente aurait pu finir par constituer une histoire symétrique de la nôtre, une histoire en miroir, une histoire spéculaire en quelque sorte, qui referme la boucle sur notre présent. Le résultat est en effet le retournement du sens de l'histoire. Ce n'est plus l'Europe qui découvre l'Amérique, mais l'Amérique qui découvre l'Europe : « Qui sait si nous n'eussions pas vu aborder un jour à nos rivages quelque Colomb américain venant découvrir l'Ancien Monde ? »

---

[18] Cf. F. Lestringant éd., *Le Brésil de Montaigne. Le Nouveau Monde des « Essais »*, Paris, Chandeigne, 2005, p. 149-150.

De sorte que – et c'est là un troisième point commun entre Montaigne et Chateaubriand – s'il est vrai que l'Amérique représente à l'Europe son passé, intact et préservé malgré la distance des siècles et même des millénaires (car l'Amérique, c'est notre enfance), elle pourrait, ou plutôt elle aurait pu tout aussi bien représenter notre avenir : l'Amérique amérindienne est en avance sur nous et nous montre le chemin. Derrière la fiction d'une Amérique découvrant l'Europe, au rebours du processus historique réel, se dessine cette image de réconciliation des deux parts du monde qu'esquissait déjà Montaigne — à l'irréel du passé, il est vrai : « Quelle reparation eust-ce esté, et quel amendement à toute cette machine, que les premiers exemples et deportemens nostres, qui se sont presentez par-delà, eussent appelé ces peuples, à l'admiration, et imitation de la vertu, et eussent dressé entre eux et nous, une fraternele societé et intelligence ! » (III, 6, 910).

Un tel rêve de réconciliation des deux mondes, qui aurait enclenché une histoire autre, une histoire divergente, est brisé, chez Chateaubriand comme chez Montaigne, par une catastrophe historique. Cette catastrophe historique, chez Montaigne, c'est bien sûr la ruée des conquistadors et la destruction des Indes nouvelles, dont il a pu lire la tragique description dans les écrits du père Bartolomé de Las Casas, et notamment dans la *Brevisima Relacion* de 1552. Cette catastrophe, chez Chateaubriand, revêt un visage différent et à peine moins cruel : c'est la défaite de la France face à l'Angleterre et la perte de la Nouvelle-France sous le règne malheureux du malheureux Louis XV, roi athée et libertin. Le traumatisme, dans le cas de Chateaubriand, est aggravé par celui, subséquent, de la Révolution.

Uchronies

J'appellerai *uchronie* un non-lieu temporel, où se rencontrent et coexistent, par une sorte d'ellipse chronologique ou de torsion du temps, différentes époques de l'histoire. L'uchronie de Montaigne était celle d'une Amérique conquise par les Grecs ou les Romains, Alexandre ou César ; celle de Chateaubriand est l'uchronie d'une Amérique restée française et où eussent vécu fraternellement missionnaires catholiques et Indiens : « La religion est évidemment la loi primitive », écrit Chateaubriand, qui poursuit : « les pères Jogues, Lallemant et Brébeuf étaient des législateurs d'une toute autre espèce que les traiteurs anglais et américains »[19]. Les missionnaires français en Amérique du Nord, en l'occurrence les martyrs jésuites du Canada, sont bien, pour Chateaubriand, ces instituteurs idéaux dont rêvait Montaigne et qui fouettent les Indiens, non de verges, mais d'exemples de justice, de bonté et de magnanimité.

L'élément commun, en définitive, dans les situations historiques respectives de Montaigne et de Chateaubriand, c'est qu'ils écrivent tous les deux au lendemain d'une catastrophe historique dont ils mesurent avec effarement l'ampleur, avec nostalgie le caractère irréversible. Chez l'un comme chez l'autre, la perte au plan du réel est compensée par l'évasion dans le monde des spéculations historiques. Une différence appréciable, toutefois : la conjonction des cultures et des peuples, dans l'hypothèse de Montaigne, se déroule dans un cadre purement laïc. Chateaubriand rechristianise en quelque sorte cette histoire alternative, dans la logique qui est celle du *Génie du christianisme*. La nostalgie du primitivisme est aussi chez lui la recherche du catholicisme perdu, de sorte que ces deux nostalgies se réunissent pour composer une uchronie de l'Église primitive, transportée comme par enchantement en Amérique et ressuscitée au milieu des primitifs. Cette uchronie chrétienne indienne permet de voir en Chateaubriand un lecteur attentif des *Relations* jésuites et de l'*Histoire de la Nouvelle-France* du père Charlevoix.

Mais il convient de ne pas exagérer ni de dramatiser la mélancolie de Chateaubriand, en ce domaine comme en d'autres. La peinture du monde indien en voie de disparition a pour contrepartie l'essor du monde colonial, placé sous le signe de la marchandise et du profit. Nul doute que Chateaubriand hérite pour une part du préjugé nobiliaire de Montaigne touchant les « mechaniques victoires » des conquistadores, victoires non

---

[19] Chateaubriand, *Voyage en Amérique*, *op. cit.*, p. 860.

seulement viles et méprisables par leurs moyens, mais par leurs fins plus encore, car ce sont des victoires qui n'obéissent qu'au désir de s'enrichir et d'accumuler des richesses matérielles. Viles victoires, car victoires mercantiles, et nullement héroïques et désintéressées.

Le triomphe du capitalisme marchand a donc pour témoins successifs Montaigne et Chateaubriand, le premier plus catégorique dans sa condamnation et plus véhément dans son réquisitoire, le second prêt à se réconcilier à demi avec son siècle et envisageant l'avenir sans dégoût et même avec curiosité.

Le « temps de la grande imagination »

Est-ce intuition forte ou irrépressible illusion, partagée plus tard par Claude Lévi-Strauss face aux Nambikwara du Brésil ? Une intuition selon laquelle, au temps de la Découverte, les deux moitiés du monde étaient mieux faites pour se comprendre qu'aujourd'hui, c'est-à-dire à l'époque de Chateaubriand, et à plus forte raison à la nôtre. On lit en effet dans les *Mémoires d'outre-tombe* :

> Les Canadiens ne sont plus tels que les ont peints Cartier, Champlain, Lahontan, Lescarbot, Laffitteau [*sic*], Charlevoix et les *Lettres édifiantes* : le XVIIe siècle et le commencement du XVIIIe étaient encore le temps de la grande imagination et des mœurs naïves ; la merveille de l'une reflétait une nature vierge, et la candeur des autres reproduisait la simplicité du sauvage (MO, 495).

Il y aurait donc eu, au début du processus de colonisation, une proximité entre les sauvages et les civilisés qui s'est ensuite perdue. L'imagination des Européens de la Renaissance répondait au miracle d'Indiens encore préservés des atteintes de la civilisation et de la corruption qu'elle entraîne inévitablement. Les mœurs naïves, autrement dit la rusticité des contemporains de Montaigne et de Champlain, étaient comparables en définitive à la simplicité des naturels du Nouveau Monde.

Le regret de Chateaubriand est moins ici celui d'un Bon Sauvage perdu que celui d'une liaison rompue entre l'homme de la nature et le chrétien venu d'Europe. C'est le regret même de Montaigne déplorant l'impossible conjonction des Grecs et des Cannibales, des Romains et des Aztèques, dans ses deux chapitres « Des Cannibales » et « Des Coches ». Mais ce regret est désormais déplacé, transposé chronologiquement à la Renaissance, qui est devenue elle-même pour Chateaubriand une période rêvée et le lieu d'une uchronie, l'équivalent de ce qu'était pour Montaigne la Grèce d'Alexandre et la Rome de César. Comme si en s'éloignant sur la trame du temps, le regard de l'observateur visait un objet de plus en plus lointain, emporté quant à lui par un mouvement inverse et non moins vertigineux. Il tente alors de se raccrocher à un âge intermédiaire, un âge non moins irréel et non moins idéalisé, qui forme un relais, ou plutôt un cran d'arrêt, un taquet destiné à bloquer la roue inexorable du temps. Montaigne n'offre pas seulement à Chateaubriand une source ou un miroir ; c'est le moyen pour lui de situer ou d'abriter à une distance encore raisonnable et dans une familiarité somme toute rassurante la fiction d'une conjonction réussie entre le même et l'autre, entre l'origine de l'humanité et son déclin actuel.

Le dépassement du mythe de l'Indien chez Montaigne et Chateaubriand

Piero Toffano

Montaigne et Chateaubriand ont, chacun à leur manière, sympathisé avec les Indiens de l'Amérique, ils ont déploré les atrocités et les massacres commis par les conquérants européens, et condamné les abus et la violence des colonisateurs. Entraînés par ce sentiment généreux de solidarité, ils ont donné une image idéalisée de l'Indien, et ils ont ainsi contribué, l'un à la naissance, l'autre à la survivance du mythe du bon sauvage.

Je voudrais ici essayer de montrer la présence, dans la pensée et dans les ouvrages de ces deux auteurs, d'un début de dépassement de l'image idéalisée de l'Indien, dépassement qui ne va pas dans la direction d'un reniement de la sympathie et de la solidarité, mais qui répond à l'exigence de faire adhérer cette image, d'une façon plus souple et plus fine, à la vision du monde la plus personnelle et la plus intime de l'auteur. Ce début de dépassement reste embryonnaire chez Montaigne (et d'autant plus lourde sera la responsabilité du commentaire, qui devra souligner et mettre en valeur des signes assez ténus), tandis que chez Chateaubriand ce même dépassement a l'importance d'un véritable recadrage de la vision idéologique.

Dans les deux chapitres où il parle des Indiens (I, 31, et III, 6), Montaigne veut les défendre de l'accusation de barbarie (provoquée par des pratiques telles que le cannibalisme) et d'infériorité par rapport aux Européens, dans les arts, dans la vie sociale, et surtout dans la valeur militaire (accusation motivée par l'issue des guerres de conquête). La stratégie discursive de Montaigne se résume en deux arguments : les Indiens sont comme nous (variante : ils sont comme nous étions, c'est-à-dire comme les anciens Gaulois, les anciens Grecs et Romains…) ; ils sont mieux que nous. Ces deux arguments ne sont pas d'ailleurs clairement distincts, et l'on passe souvent sans transition de l'un à l'autre.

L'assimilation des Indiens aux peuples de l'Antiquité a été, presque dès leur découverte, le grand et le principal argument de leurs défenseurs (de Bartolomé de Las Casas, par exemple) : c'est une comparaison qui a pour fonction de les anoblir, en leur prêtant les vertus anciennes. Il faudra arriver au XVIIIe siècle, pour que la même comparaison puisse assumer la fonction opposée, c'est-à-dire la dévalorisation des peuples de l'Antiquité (qui seront alors jugés comme des barbares, exactement comme les Indiens), chez Lafitau et chez Volney, par exemple. Montaigne écrit : « Quant à le hardiesse et courage, quant à la fermeté, constance, resolution contre les douleurs et la faim et la mort, je ne craindrois pas d'opposer les exemples que je trouverois parmy eux aux plus fameux exemples anciens » (887)[1] ; il ajoute que les canons et les arquebuses des conquistadors auraient troublé « Cæsar mesme » (888). Dans un autre endroit, le courage et la fermeté des Indiens dans la défaite lui rappellent Léonidas aux Thermopyles. Parfois, avec un effet de surcharge, les vertus du monde nouveau lui semblent plus éclatantes que les vertus du monde ancien : il décrit les sociétés indiennes, et il s'écrie : « Combien [Platon] trouveroit il la republique qu'il a imaginée esloignée de cette perfection » (210) ; et encore : « Quant à la pompe et magnificence [...] ny Græce, ny Romme, ny Ægypte ne peut, soit en utilité, ou difficulté, ou noblesse, comparer aucun de ses ouvrages au chemin qui se voit au Peru » (893), etc.

La raison de la supériorité, que Montaigne semble accorder aux Indiens sur nous, les modernes, tient à l'excellence de la nature par rapport à la civilisation : « Ce n'est pas raison que l'art gaigne le point d'honneur sur nostre grande et puissante mere nature » (203). Nous avons là la définition même du primitivisme qui parcourt toute la pensée occidentale, de l'Antiquité jusqu'à la Renaissance, de la Renaissance jusqu'à Rousseau, et de Rousseau jusqu'aux récents mouvements hippies et parfois écologistes, aujourd'hui.

---

[1] Montaigne, *Essais,* dans *Œuvres complètes*, Paris, Gallimard, Bibliothèque de la Pléiade, 1962, p. 887. Nous donnons dans le texte la pagination de cette édition.

Voyons maintenant les passages où Montaigne compare les Indiens aux modernes. Comme toujours la comparaison est motivée par la volonté de défendre les Indiens. Ils mangent leurs ennemis après les avoir tués ; et Montaigne d'ajouter qu'on a vu des atrocités pareilles lors des Guerres de religion, en France. Encore une fois, il lui semble que les Indiens sont, somme toute, meilleurs que nous : « Je pense qu'il y a plus de barbarie à manger un homme vivant qu'à le manger mort » (203), etc.

Mais, comme l'observe David Quint, la référence aux Guerres de religion risque de faire basculer l'argumentation dans une direction imprévue[2]. Si on laisse de côté la question, finalement assez frivole, du plus ou du moins dans l'atrocité, les Indiens agissant comme les fanatiques des guerres civiles, se montrent de véritables barbares. « Nous les pouvons donq bien appeler barbares, eu esgard aux regles de la raison, mais non pas eu esgard à nous, qui les surpassons en toute sorte de barbarie » (208). Soit, mais barbares quand même. Je crois que David Quint a raison aussi quand il voit une allusion au stoïcisme dans la description admirée que Montaigne donne de la fermeté avec laquelle les Indiens affrontent les tortures. Nous sommes ici dans un terrain très instable, très mouvant : si les Indiens agissent en Stoïques, cela bien sûr les anoblit, mais, rapportée au contexte des Guerres de religion, la vertu stoïque risque de se muer en obstination aveugle et en fanatisme. « Montaigne depicts the cannibals as perfect Stoics, so perfect that they call Stoicism itself into question »[3].

La même remarque est valable pour l'assimilation, implicite dans le texte de Montaigne, entre les vertus militaires des Indiens et celle de la noblesse d'épée de son temps[4]. Dans ce cas aussi, l'assimilation est à double tranchant : elle dévalorise la noblesse autant qu'elle valorise, dans un premier temps, les Indiens (nous

[2] D. Quint, "A Reconsideration of Montaigne's 'Des Cannibales'", in *America in European Consciousness, 1493-1750*, Chapel Hill, University of North Carolina Press, 1995.
[3] *Ibid.*, p. 180.
[4] « The idea of native valor (« naifve vertu ») further links the old European warrior aristocracy to the New World natives », *ibid.*, p. 183.

avons ici des sauvages qui sont nobles, et des nobles qui sont sauvages, avec le résultat que les sauvages qui sont nobles restent bel et bien des sauvages). On connait l'opinion assez nuancée que Montaigne avait des membres de son ordre, « ausquels on ne propose pour toute beatitude que l'honneur, et pour toute perfection que la vaillance » (643). Parmi les louanges que Montaigne décerne à la vaillance des Indiens, se glisse une phrase, qui confirme cette opinion, et la reporte sur les Indiens : « C'est la qualité d'un portefaix, non de la vertu, d'avoir les bras et les jambes plus roides » (209). Pareillement, dans l'essai *Des coches*, au milieu d'une relation sur les mythes cosmogoniques des Indiens, entièrement dépourvue d'ironie et de hauteur méprisante, s'ouvre une parenthèse (« quelles impressions ne souffre la lacheté de l'humaine creance ! » [893]) qui, en plaçant les sauvages de plain-pied avec le reste de l'humanité, les enveloppe dans le même dédain amusé qu'elle réserve à tous les hommes.

Ce va-et-vient de la pensée, qui ne s'arrête jamais sur un jugement, sur un acquis, sans en envisager aussi le côté opposé ou les différentes facettes, est assez typique de la démarche de Montaigne, et l'une des raisons de son charme persistant.

Si Montaigne octroie aux Indiens les vertus (et quelques vices) de la noblesse européenne, chez Chateaubriand aussi la sympathie qu'il ressent pour les Indiens se teinte de solidarité de caste. Il semble que le premier réflexe du jeune cadet breton tout juste débarqué aux États-Unis l'ait porté à identifier les colons avec les roturiers qui étaient en train de faire la révolution dans son pays, et les Indiens, leurs victimes, avec les aristocrates que la révolution persécutait. C'est du moins ce qui ressort des textes écrits en Angleterre, textes qui se ressentent fortement des expériences de la Terreur et de l'exil. La générosité et le désintéressement, poussés jusqu'à l'imprévoyance, la loyauté, le culte de la valeur et de l'honneur, l'attachement inviolable aux traditions, sont les vertus nobles que Chateaubriand prête aux Indiens, en y ajoutant des traits qui appartiennent à son propre caractère ; l'identification avec eux se fait ainsi plus personnelle et plus intime. Chateaubriand les associe à son goût, quelque peu sauvage, pour l'indépendance et pour la solitude : « Ici, plus de chemins à suivre, plus de villes, plus d'étroites maisons, plus de Présidents, de Républiques, de Rois, surtout plus de Lois, et plus d'Hommes. Des Hommes ? si : quelques bons Sauvages, qui ne s'embarrassent de moi, ni moi d'eux : qui, comme moi encore, errent libres où la pensée les mène »[5], etc. À l'image qu'il donne de lui, exilé, séparé de sa famille, « persécuté des hommes de son pays » (448), fait pendant celle des Indiens chassés de leurs terres ; l'analogie est pleinement explicitée dans les dernières lignes d'*Atala* : « Indiens infortunés que j'ai vus errer dans les déserts du Nouveau Monde, avec la cendre de vos aïeux, vous qui m'aviez donné l'hospitalité malgré votre misère, je ne pourrais vous la rendre aujourd'hui, car j'erre, ainsi que vous, à la merci des hommes ; et moins heureux dans mon exil, je n'ai point emportés les os de mes pères » (99). Chateaubriand s'identifie aux Indiens et, ce faisant, il les transforme en personnages préromantiques, comme nous le montre ce portrait du Sauvage, dans l'*Essai sur les révolutions* : « Il porte seulement avec lui cette légère affection de mélancolie qui s'engendre de l'excès du bonheur, et qui n'est peut-être que le pressentiment de son incertitude. Quelquefois, par cet instinct de tristesse particulier à son cœur, vous le surprendrez plongé dans la rêverie, les yeux attachés sur le courant d'une onde, sur une touffe de gazon agitée par le vent, ou sur les nuages qui volent fugitifs par-dessus sa tête, et qu'on a comparés quelque part aux illusions de la vie… » (186).

Dans le roman-épopée *Les Natchez*, René met en pratique la fantaisie dont Chateaubriand dit avoir été tenté : il abandonne la société des Blancs, et il va vivre parmi les Indiens. Chactas et Atala, qui font l'expérience d'une sauvagerie et d'une solitude plus radicales encore (seuls dans la forêt), possèdent plus d'un trait qui les rapproche de leur auteur (le rapport très ambivalent avec les figures parentales, absentes, inefficaces ou franchement hostiles, me semble spécialement important). À travers ces personnages, Chateaubriand met en scène une partie de lui-

---

[5] F.-R. de Chateaubriand, *Essai sur les révolutions*, dans *Essai sur les révolutions. Génie du christianisme*, Paris, Gallimard, Bibliothèque de la Pléiade, 1978, p. 442. Nous citons Chateaubriand suivant la pagination de cette édition.

même, à laquelle il offre les conditions idéales pour se développer (conditions bien sûr impossibles à réaliser hors de la fiction) ; il la laisse pour ainsi dire libre d'aller jusqu'au bout de ses possibilités, et finalement il la juge et il s'en détache, ou du moins il renonce à la faire régner sur sa vie (comme le dit Sainte-Beuve, Chateaubriand « se réconciliera plus tard avec la société, mais [il] ne se réconciliera qu'à demi »[6]). Voilà ce que j'entends concernant le dépassement du mythe de l'Indien chez Chateaubriand.

Il est frappant de constater que les intrigues des *Natchez* et d'*Atala* suivent une ligne tout à fait semblable : aux débuts édéniques s'opposent des développements catastrophiques, et les deux ouvrages se terminent dans une atmosphère de tristesse et de deuil. René se réveille, après la première nuit passée chez les Indiens, dans un monde qui lui apparaît entièrement renouvelé, d'une fraîcheur virginale, comme il était « lorsque les hommes avaient leur innocence, et que le soleil de l'âge d'or se levait aux chants d'un peuple de pasteurs » (*Natchez*, 183). À la fin de l'ouvrage, une guerre d'extermination éclate entre les Indiens et les Blancs, et René est tué ; les dernières pages nous relatent l'exil triste et sans espoir des derniers survivants des Natchez. Le Prologue d'*Atala* contient la description émerveillée et pleine de charme du cours du Mississippi, qu'une allusion à *Genèse* 2, 10 rattache à l'un des quatre fleuves qui prennent naissance dans le Paradis terrestre ; au début de leur fugue dans la forêt, Chactas et Atala retrouvent avec ivresse l'atmosphère et le paysage des premières époques. On lit par exemple : « Souvent, en regardant Atala, je me rappelais cette antique histoire d'Agar, que Lopez m'avait fait lire, et qui est arrivée dans le désert de Bersabée, il y a bien longtemps, alors que les hommes vivaient trois âges de chêne » (*Atala*, 55). Mais ensuite, tout se gâte : Atala s'empoisonne pour respecter le vœu de chasteté que sa mère lui a imposé, le père Aubry est tué et sa mission détruite. L'Épilogue nous montre encore une fois des fuyards (ce sont en effet les mêmes Indiens que ceux de la conclusion des *Natchez*), avec en

[6] Sainte-Beuve, *Chateaubriand et son groupe littéraire sous l'Empire*, Paris, Garnier, 1948, p. 134.

toile de fond la cataracte de Niagara, image de violence aveugle et triomphante. L'explication de ce revirement proposée par tous les commentateurs – l'abandon de la part de Chateaubriand de son engouement juvénile pour Rousseau – reste insuffisante si on n'éclaircit pas la raison de cet abandon.

Tout roule autour du jugement que l'on porte sur la nature : « Je ne crois pas que la *pure nature* soit la plus belle chose du monde » (*Atala*, 19), écrit Chateaubriand dans la Préface de 1801 à *Atala*, en résumant son attitude finale sur le sujet. Les Indiens sont naturels parce qu'ils suivent sans réfléchir leurs impulsions. Chateaubriand a désiré être comme eux (on lira à ce propos le dernier chapitre de l'*Essai sur les révolutions*), et il a chargé René, Chactas et Atala de faire l'expérience fictive de cette liberté. Il découvre alors (c'est le point capital) que se livrer à la nature veut dire laisser libre cours à ses passions, et que les passions déchaînées détruisent. C'est ce que nous disent l'image ou la métaphore (un peu stéréotypées, à vrai dire) de la tempête qui embrase la forêt où Chactas et Atala se sont refugiés. La même image est déjà dans la lettre adressée par René à sa femme indienne Céluta : « il sort de ce cœur des flammes qui manquent d'aliment, qui dévoreraient la création sans être rassasiées » (*Natchez*, 500).

René a dans *Les Natchez* un double, viré au noir, un *Doppelgänger* maléfique, qui s'appelle Ondouré. Ondouré et son amante Akansie sont deux êtres littéralement livrés à leurs désirs, qui ne peuvent en aucune manière se retenir, même au prix de leur vie. Ondouré convoite les biens des colons, et décide de les exterminer ; il veut le pouvoir parmi les Natchez, et il assassine le chef de la tribu. Akansie, mère du successeur désigné, lui livre son fils. Tout en sachant très bien que son succès dépend de l'amour d'Akansie, Ondouré ne peut pas se priver de poursuivre Céluta dont le désir l'obsède. Découvert par Akansie, il ne peut que la tuer. Au milieu de la bataille contre les colons, il ne resiste pas à l'impulsion de rentrer au village pour tuer René et violer Céluta, ce que lui vaut d'être tué à son tour par le frère de celle-ci et ami de René, Outougamiz. René, qui au contraire d'Ondouré sait contenir ses impulsions et est complètement refermé sur lui-même, René cache dans la profondeur de son être une puissance de destruction qui n'est pas moindre que celle d'Ondouré, comme nous a appris sa lettre à Céluta, où l'on lira encore : « Je vous ai tenue sur ma poitrine au milieu du désert, dans les vents de l'orage, lorsque après vous avoir portée de l'autre côté d'un torrent, j'aurais voulu vous poignarder pour fixer le bonheur dans votre sein, et me punir de vous avoir donné ce bonheur » (*Natchez*, 502).

Dans *Atala*, le père Aubry ne cherche pas à imposer la civilisation européenne à ses néophytes ; il voudrait créer quelque chose qui soit à mi-chemin entre nature et civilisation ; dans sa mission les Indiens conservent la plupart de leurs coutumes (« Je ne leur ai donné aucune loi » (*Atala*, 72)). Ce nonobstant, le prêtre sera torturé à mort par d'autres Indiens, et la mission sera reprise par la nature, dans un mouvement qui ne peut apparaître que comme une sorte de revanche contre tout ce qui cherche à l'endiguer. Le début et la fin d'*Atala* sont marqués par deux images aquatiques (le Mississippi, le Niagara) ; dans cet épisode il y en a une troisième : « [Chactas] arriva à l'endroit où était située la Mission, mais il put à peine le reconnaître. Le lac s'était débordé, et la savane était chargée en un marais » (*Atala*, 98). Cette eau, qui sourd de la terre pour submerger toute trace de l'activité civilisatrice, me semble une forte image des profondeurs de l'âme de l'homme, où gît un réservoir de pulsions qu'aucune contrainte extérieure ne peut modifier ni réduire au silence. Au risque, assumé, d'un certain anachronisme, je dirais pour terminer que, au fond de la nature exaltée par Rousseau, Chateaubriand à découvert l'inconscient, et qu'il s'en est retiré avec effroi (« *Mare vidit, et fugit* »). Du même coup, les Indiens, les hommes de la nature, ont perdu à ses yeux une bonne partie de leur pouvoir de fascination.

Qu'allaient-ils faire en Italie ? Remarques sur Montaigne et Chateaubriand

Philippe Desan

Comparer Chateaubriand et Montaigne pourrait paraître anachronique. On connaît pourtant les points communs entre ces deux auteurs : tous deux possédaient une conception forte du service public (maire, ambassadeur, etc.), tous deux ont voyagé en Italie et rédigé un journal de leur périple, et, à de nombreuses reprises dans son *Voyage en Italie*, Chateaubriand s'imagine sur les pas de l'auteur des *Essais* et se fait l'écho de son illustre prédécesseur. Le genre des « mémoires » possède également plusieurs similarités avec la forme de l'« essai ». Nous limiterons ici nos réflexions sur les séjours de Montaigne et de Chateaubriand de l'autre côté des Alpes. Mais avant de voir comment ces deux auteurs peuvent faire l'objet d'une comparaison, offrons d'abord quelques remarques sur le journal de Montaigne.

Le *Journal de voyage* de Montaigne n'est pas un journal de voyage dans le sens premier du terme, ou du moins un tel titre ne s'applique pas, d'après nous, à l'ensemble du texte. Rappelons que le titre de « journal » fut donné au XVIIIe siècle au moment de la publication en 1774 du manuscrit original, peu de temps après sa découverte dans un coffre du château de Montaigne. De plus, la première partie de ce journal fut rédigée par un secrétaire et non pas par Montaigne. On sait que ce secrétaire n'hésitait pas à intervenir de façon personnelle – ceci n'est d'ailleurs pas en contradiction avec la fonction de secrétaire telle qu'elle doit être comprise à la Renaissance. Fausta Garavini a pour cette raison parlé d'un journal « à deux voix »[1]. C'était donc d'abord – dans son projet initial – le journal d'un autre personnage, même si ce secrétaire était sous les ordres de Montaigne ; et ensuite un texte de la main de Montaigne – en italien et en français.

---

[1] F. Garavini, « Montaigne e il suo biografo : doppia esposizione », in *Scritti in onore di G. Macchia*, Milan, Mondadori, 1983, t. I, p. 100-113.

Que représente d'ailleurs ce « journal » en terme de mots et de signes ? La première partie du journal (environ 50 % du texte) relève plus d'« un mémorandum, un répertoire des choses et des événements » pour reprendre l'évaluation de Fausta Garavini[2].

	MOTS	SIGNES	% arrondis
Texte rédigé par le secrétaire	42 460	194 400	49
Texte rédigé par Montaigne en français	22 110	99 500	25
Texte rédigé par Montaigne en italien	21 350	100 500	25
Texte rédigé par Montaigne en français lors de son retour en France	1 705	7 500	0,2
TOTAL	87 625	401 900	

Si l'on tient compte du fait que le premier feuillet ou les deux premiers feuillets ont été égaré, on se rend compte que le premier secrétaire de Montaigne rédigea plus de la moitié du journal de voyage tel que nous le connaissons aujourd'hui. 25 % furent écrit en italien par Montaigne avec la participation de plusieurs autres mains et environ 25 % en français par Montaigne lui-même. On comprend alors pourquoi Montaigne décida de ne pas publier ce journal, puisque seulement 25 % étaient de sa main. Ce journal, pour une très grande partie, n'était tout simplement pas le sien.

Le « journal » de Montaigne correspond en fait à deux projets différents non seulement dans le temps mais aussi par leur intention. La première partie, rédigée par le secrétaire, possède une fonction « professionnelle » et est riche en remarques politiques ; la seconde partie, rédigée par Montaigne (la moitié en italien et à peu près la moitié en français), est à la fois un exercice linguistique pour la partie italienne et un texte qui n'existe que

[2] *Ibid.*, p. 113.

dans la continuité (par une sorte de dilettantisme) d'une entreprise commencée par un autre. La partie rédigée par Montaigne tient du travail d'un « dilettante » qui se fait la main dans une langue qu'il commence à apprécier et se pique au jeu de jouer à son tour les secrétaires. Rappelons aussi que nous ne savons presque rien de l'italien de Montaigne[3] – contrairement a tout ce qui a pu être écrit sur ce sujet – puisque le texte a été déchiffré, transcrit, revu et mis dans un italien correct du XVIIIe siècle par Giuseppe Bartoli, membre étranger de l'Académie Royale des Inscriptions et Belles-Lettres, au moment de la publication du journal.

Faisons encore une autre mise en garde à propos du « journal » de Montaigne. Il est faux d'affirmer avec certitude que le reste du journal (c'est-à-dire la seconde partie) est de la main de Montaigne. Sur ce point Leydet fait une remarque importante, sans pourtant lui accorder une grande importance : « Montaigne continue de sa propre main depuis la page 112, jusques à la [fin ?], quoiqu'il y ait quelques interruptions d'une autre main, mais la majeure partie du reste du volume est de la main de Montaigne »[4]. Que dire en effet de ces « interruptions » ? Peut-on envisager le travail d'un second, voire d'un troisième secrétaire ? Quant à la partie rédigée en italien, Leydet observe : « [manque] en plusieurs [....... ....] sa narration meme en italien escrite d'une autre main, et même de plusieurs mains, mais sans doute sous sa dictée »[5]. Ce passage laisse clairement entrevoir la possibilité d'un nouveau secrétaire probablement embauché en Italie et parlant donc l'italien. La partie italienne du journal serait-elle liée à la présence d'un nouveau secrétaire qui était plus à même de faire son travail en italien ? Montaigne se serait alors adapté à la langue maternelle de son nouvel employé. Il est difficile dans ce cas d'évaluer l'italien de Montaigne qui aurait très bien pu être

---

[3] Voir notamment F. Garavini, « Sull'italiano del *Journal de voyage* », *Itinerari a Montaigne*, Florence, Sansoni, 1983, p. 119-132.
[4] F. Moureau, « La copie Leydet du 'journal de voyage' », in *Autour du journal de voyage de Montaigne 1580-1980*, dir. F. Moureau et R. Bernouli, Genève, Éditions Slatkine, 1982, Leydet, « Extrait des voyages de Montaigne », p. 140.
[5] *Ibid.*, p. 141.

corrigé par le secrétaire lui-même. Il est dans ce cas possible que le nouveau secrétaire, probablement embauché en Italie – à Rome ? –, connaissait suffisamment l'italien pour se permettre de corriger la grammaire et la syntaxe de son nouvel employeur.

Il faut ici insister sur le fait que Montaigne employait un secrétaire pour rendre compte de ses diverses rencontres privées et officielles liées à son séjour à l'étranger. Un tel poste de secrétaire était obligatoirement requis pour le poste officiel que l'auteur des *Essais* comptait bien recevoir à Rome, à savoir une charge d'ambassadeur[6]. Non satisfait de la tournure des événements qui mirent fin à ses aspirations de carrière diplomatique entre 1580 et 1581, et après avoir limogé son secrétaire, Montaigne se retrouva bientôt avec un texte qui avait changé de nature. Montaigne était probablement dans l'attente d'une nomination (pas du tout celle de maire de Bordeaux) qu'il pensait recevoir sur place, c'est-à-dire à Rome, lieu de sa « prochaine carrière » (après celle de parlementaire). Il envisageait en fait de remplacer – par interim – Louis Chasteigner, sieur d'Abain et de La Rochepozay, comme ambassadeur de France à Rome. Chasteigner avait réaffirmé à plusieurs reprises – dès 1579 – son désir de retrouver son pays et les siens.

La partie romaine du « journal » occupe une place importante du journal de voyage de Montaigne. Lors de son premier séjour à Rome, Montaigne n'a pas l'attitude d'un touriste. Il s'installe d'abord à l'auberge de l'*Ours*, hôtel le plus coté de la ville à cette époque. Il était auparavant descendu au *Vase d'Or*, un logis « meublé de drap d'or et de soie, come celui des rois » nous apprend le secrétaire de Montaigne[7]. Montaigne trouva pourtant

---

[6] Voir notre article, « L'appel de Rome ou comment Montaigne ne devint jamais ambassadeur », in *Chemins de l'exil, havres de paix. Migrations d'hommes et d'idées au XVIe siècle*, dir. J. Balsamo et C. Lastraioli, Paris, H. Champion, 2009, p. 229-259.

[7] *Journal de voyage*, éd. F. Rigolot, Paris, PUF, 1992, p. 91. Sur les conditions des auberges pour les voyageurs de l'époque, Voir A. Ceccarelli Pellegrino, « Vitto e alloggio in Italia per i primi "turisti" europei : Montaigne e alcuni suoi contemporanei », in *Montaigne e l'Italia. Atti del Congresso internazionale di studi di Milano-Lecco (26-30 ottobre 1988)*, dir. E. Balmas, Genève, Slatkine, 1991, p. 529-544.

cette « magnificence » inutile et préféra déménager dans un appartement cossu digne d'un gentilhomme de sa condition et de son rang. Son nouveau domicile comprenait « trois belles chambres, salle, garde manger, escurie, cuisine, à vingt escus par mois »[8]. Ce loyer est considérable puisqu'il représente 588 grammes d'argent fin alors qu'une jolie chambre à Rome se louait à cette époque pour deux écus par mois, soit 58 grammes d'argent fin[9].

Montaigne sait que les ambassadeurs doivent souvent puiser dans leurs ressources personnelles pour maintenir un train de vie digne de leur fonction. Il s'est préparé à cette éventualité. N'oublions pas qu'il avait revendu à Florimond de Raemond sa charge au Parlement de Bordeaux le 10 avril 1570 pour la coquette somme de 8 400 livres tournois, alors que le salaire annuel d'un conseiller du Parlement n'excédait pas 400 livres[10]. Montaigne n'était donc pas sans capital pour envisager un long séjour à Rome dans des conditions assez confortables. La taille de cette demeure romaine présageait un séjour de longue durée car un voyageur de passage se serait contenté de louer à la journée ou à la semaine des chambres dans une auberge. Montaigne comptait donc bien demeurer à Rome pendant plusieurs mois. Le secrétaire de Montaigne se faisait la main pour ce qui devait bien être un poste durable au service d'un diplomate représentant les intérêts du royaume de France. Tout ambassadeur potentiel se devait d'être accompagné d'un secrétaire compétent. Montaigne ne faisait pas exception. Les diplomates en place à Rome possèdent d'ailleurs d'illustres

---

[8] *Journal de voyage*, *op. cit.*, p. 91.

[9] Ces comparaisons chiffrées sont données par J. Delumeau, *Vie économique et sociale à Rome dans la seconde moitié du XVIe siècle*, 2 vol., Paris, E. de Boccard, 1957, t. I., p. 139.

[10] Archives départementales de Gironde, 1 B 11, f. 213r-241r, cité par G. Morisse, « Sur les traces de Florimond de Raemond (Agen 1540 – Bordeaux 1601) », *Revue française d'histoire du livre*, vol. 122-25, 2004, p. 136. Nous savons d'autre part que Montaigne toucha 93 livres et 15 sols tournois pour ses gages de janvier à mars 1567, ce qui correspond à un salaire annuel d'environ 375 livres par an. Voir P. Desan, « Combien gagnait Montaigne au Parlement de Bordeaux ? », *Montaigne Studies*, vol. XVI, 2004, p. 41-44.

secrétaires, par exemple Dossat, secrétaire de Paul de Foix[11].

Sur le plan chronologique, le journal fait l'objet d'un premier « abandon » qui dura deux mois. En effet, après le 9 février 1581 (date de la dernière entrée du secrétaire de Montaigne dans le journal), Montaigne n'intervient dans ce journal que quatre fois entre le 16 février et le 13 mars (avec ces deux dates comprises). Rappelons que Montaigne congédia son secrétaire le 8 février 1581. L'auteur des *Essais* ne reprit la rédaction du « journal » qu'une fois qu'il eut abandonné toute illusion sur l'ambassade qu'il anticipait. Il rédigea *ensuite* son voyage en italien à partir de son séjour aux bains de la Villa (fin mai 1581). Dès ce moment on constate un changement important dans la nature des remarques et des commentaires effectués par Montaigne : il y a moins d'allusions politiques et la teneur du journal est bien différente, plus détachée de la réalité politique. Montaigne va faire un vœu à Lorette (marque d'une déception ?) ; il se rend aux bains et fait littéralement du tourisme après avoir quitté la Ville éternelle. En continuant à rédiger le journal, Montaigne entreprend une tâche qu'il n'avait jamais anticipée, car, comme nous l'avons suggéré, il avait bien d'autres priorités durant son premier séjour à Rome.

On peut donc dire que la première partie du journal fut en quelque sorte un apprentissage non concluant. Le rôle du secrétaire est en effet de « tenir un registre » (I, 42, 266)[12] ou encore de « tenir registre des choses passées » (III, 11, 1026) comme le remarque Montaigne dans ses *Essais*. Il s'agit d'enregistrer les faits et gestes de Montaigne, de laisser une trace pour des rapports potentiels au nom de son maître. Il est donc permis de s'interroger sur la finalité du « journal » : loin d'être le récit d'un voyageur, il est plutôt le registre d'un apprentissage pratique de la

---

[11] Voir *La lettre, le secrétaire, le lettré : de Venise à la cour d'Henri III*, dir. P. Mula, Grenoble, Université de Grenoble, *Filigrana*, 2001. On consultera également *Le prothocolle des secretaires / aultres gens desirans scauoir l'art; maniere de dicter en bon francois / toutes lettres missiues et epistres en prose nouuellement Imprime. Auec la maniere de bien traduire dune langue en aultre*, 1550.

[12] Nous citons Montaigne dans l'édition Villey-Saulnier des Presses Universitaires de France.

part d'un secrétaire qui se fait la main en attendant d'occuper auprès de son maître une fonction plus importante à Rome.

Montaigne reprendra à son tour ce travail d'écriture du journal au quotidien (ou du moins donnant l'illusion d'une écriture suivie) et les *Essais* seront incorporés dans une nouvelle forme d'enregistrement que Montaigne n'hésitera pas à qualifier de « registre des essais de ma vie » (III, 13, 1079). C'est en en sens qu'il est possible de considérer la partie du journal rédigée par Montaigne comme préparatoire à l'écriture d'essais à venir. Montaigne se plaît à jouer le rôle de son propre secrétaire après avoir constaté que, d'un point de vue purement professionnel, il n'avait plus besoin d'un tel homme à ses côtés. L'objet abandonné par le secrétaire permettait désormais à Montaigne de se mettre dans la peau de l'autre, une démarche qui, comme on le sait, deviendra essentielle au projet littéraire de l'auteur. Montaigne transformera cet incident de carrière en capital littéraire. En effet, selon Gabriel Chappuys, traducteur du traité *Del Secretario* (1564) de Francesco Sansovino, il existe bien une « maniere d'escrire » française sans « cérémonies et preambules d'honneur »[13]. Montaigne s'identifia à cette manière d'écrire et semble avoir voulu continuer ce style français d'après le modèle laissé par le secrétaire.

Retenons aussi une autre raison pour le licenciement du secrétaire. L'homme choisi pour la charge de secrétaire « presuppose qu'il doive estre secret, & se garder de divulguer les affaires, car se trouvant comme principal membre au corps du Conseil du prince, il doit avoir les aureilles & l'esprit, mais non pas la langue, hors du Conseil »[14]. Sur ce point, on sait que Montaigne eut des rapports assez difficiles avec les divers secrétaires qu'il employa. Il est par exemple malaisé de distinguer les « oreilles » de la « langue » du secrétaire dans la première partie du *Journal de*

---

[13] G. Chappuys, *L'Art des Secretaires*, Paris, Abel L'Angelier, 1588, f. 17v. Voir P. Mula, « De Venise à Paris : *L'Art des Secretaires* de Gabriel Chappuys entre traduction et création », in *La Lettre, le Secrétaire, le Lettré. De Venise à la cour d'Henri III, Francesco Sansovino – Gabriel Chappuys*, Grenoble, HURBI, Filigrana, n° 6, 2000-2001, p. 115-182.

[14] Chappuys, *op. cit.*, f. 1r.

voyage. On sait aussi qu'un valet vola à Montaigne plusieurs chapitres de ses *Essais*. Il en renvoya un autre à Rome et d'autres « mains » apparaissent sur son journal de voyage sans que l'on sache pour autant ce qu'il advint de ces différents secrétaires.

Ce n'est qu'après 1588, après avoir utilisé Marie de Gournay comme secrétaire durant une très brève période (possibilité évoquée par Alain Legros), que Montaigne se résignera à rédiger *seul* ses *Essais*. Le « journal » lui aurait permis d'envisager la possibilité d'écrire par lui-même, en se passant de secrétaire. Tout laisse en effet supposer qu'il dicta ses premiers essais de 1580. À Bordeaux, contrairement à Paris, il était probablement assez difficile de recruter de bons secrétaires. Les secrétaires de la Renaissance sont des érudits à part entière. C'est dans cet esprit que Chappuys recommande au secrétaire d'être savant, une monnaie peu courante à l'époque de Montaigne, surtout en province. Le secrétaire, nous dit Chappuys, doit être pourvu de « la science et cognoissance des lettres, estre loyal, & fidele, d'esprit gentil, & agreable, industrieux & prudent » (f. 4r) et surtout être fidèle, c'est-à-dire posséder cette qualité essentielle que Chappuys appelle le « Loyal silence ». Il faut sur ce point remarquer que le secrétaire qui rédigea la première partie du « journal » n'hésite pas à exprimer ses propres opinions dans ce qui pourrait paraître comme un bavardage déplacé.

Au cours des siècles, la critique a littéralement effacé le secrétaire de Montaigne[15]. Meunier de Querlon a voulu voir des additions marginales de Montaigne dans la première partie du journal de voyage rédigée par le secrétaire, ceci dans une logique des « allongeails » comparable à celle mise en avant par la découverte, à cette même époque, de l'Exemplaire de Bordeaux. On a fait comme si Montaigne avait relu son journal de voyage

[15] Sur l'importance des secrétaires chez Montaigne, nous renvoyons au chapitre de G. Hoffmann, « The Company of Secretaries » dans son livre *Montaigne's Career*, Oxford, Clarendon Press, 1988, p. 39-62. Hoffmann démontre que Montaigne commença par dicter ses *Essais* et qu'il eut en fait plusieurs secrétaires. C'est certainement après la publication des *Essais* de 1588 qu'il abandonna la pratique de dicter ses *Essais* et opta pour la rédaction directe dans les marges.

alors qu'il est clairement établi que la première partie fut rédigée en partie à l'insu de Montaigne, par un secrétaire qui affiche une certaine liberté d'esprit et de jugement, tout en continuant à rapporter ce que fait son « employeur ». Craig Brush a par exemple démontré l'indépendance du secrétaire[16]. Serait-ce la raison pour laquelle il perdit son emploi ? Cette thèse mérite d'être explorée.

La critique s'est efforcée d'attribuer à Montaigne nombre des remarques du secrétaire, ou à la rigueur de voir en lui quelqu'un qui écrivait sous la dictée de son maître. Comment pourrait-il en être autrement ? Fausta Garavini s'est déjà érigée contre cette interprétation qui vise à faire du secrétaire un simple « domestique » : « Ne vaudrait-il pas mieux admettre tout bonnement que ce voyageur exceptionnel était accompagné d'un secrétaire exceptionnel »[17]. Comme si seul Montaigne devait ou pouvait écrire le journal. Garavini perçoit justement une coupure assez franche entre les remarques politiques de la première partie (qui ne sont pas de Montaigne) et l'écriture plus personnelle après le départ de Rome. Elle écrit à ce sujet : « Le journal, ainsi, n'est presque plus un journal de voyage, mais plutôt un dossier médical et un guide des stations thermales, surtout à partir du premier séjour aux Bains de Lucques dans la partie rédigée par Montaigne en italien »[18]. Cette remarque est certes des plus justes mais tombe à son tour dans le piège qui fait du « journal de voyage » un texte homogène et en quelque sorte prisonnier du titre de « journal ». C'est à notre avis l'erreur fondamentale de ceux qui voient là un seul texte issu d'une même logique : un journal de voyage dans le sens moderne du terme.

Mentionnons un autre indice troublant. On sait que les deux premiers feuillets du journal manquent. On a toujours dit qu'ils avaient été dévorés par les rats alors que le journal dormait dans

[16] C. B. Brush, « La composition de la première partie du *Journal de voyage* de Montaigne », *Revue d'histoire littéraire de la France*, vol. 73, n° 3, 1971, p. 369-384 ; « The Secretary, Again », *Montaigne Studies*, vol. V, 1993, p. 113-138.
[17] F. Garavini, *Itinéraire à Montaigne. Jeux de texte*, Paris, H. Champion, 1995, p. 102.
[18] *Ibid.*, p. 106.

un vieux coffre du château. Pourrait-on au contraire avancer que ces deux premiers feuillets furent supprimés par Montaigne lui-même ? Il est même possible d'imaginer que le secrétaire eut seul l'initiative de ces notes et remarques et qu'il put s'identifier dans les deux premiers feuillets ou encore que ces deux feuillets comportaient des informations que Montaigne jugea bon de supprimer à partir du moment où il reprit à son compte la rédaction de ce texte qu'il fit sien. La volonté de supprimer le nom du secrétaire et la présentation initiale du journal par cet homme pourrait expliquer l'absence des deux premiers feuillets. Remarquons que les *Essais* ne font jamais mention de ce « journal ». Après mars 1581 (Montaigne venait de se séparer de son secrétaire et l'ambassade anticipée venait de lui échapper), les premières remarques écrites dans le « journal » ne correspondaient tout simplement plus au projet original du « journal » tenu par le secrétaire. Les premiers paragraphes du journal donnaient peut-être des informations précises sur le but préparatoire du secrétaire devant déboucher sur l'ambassade romaine de son employeur. Toujours est-il, et dans tous les cas, que l'auteur du « journal » changea après avril 1581. La raison d'être du « journal » fut alors profondément modifiée.

***

Notre propos sur le *Journal de voyage* de Montaigne et plus généralement sur son séjour en Italie relève plus d'une mise en garde vis-à-vis d'un « journal » que l'on devrait aborder comme un autre genre de texte. C'est précisément à ce point que le *Voyage en Italie* de Chateaubriand nous permet de considérer un autre genre littéraire, à savoir la lettre et la forme épistolaire.

Dans la première lettre écrite lors de son voyage en Italie à Joubert, Chateaubriand écrit :

> Je quittai Lyon le... [17 juin 1803] à cinq heures du matin. Je ne vous ferai pas l'éloge de cette ville ; ses ruines sont là ; elles parleront à la postérité : tandis que le courage, la loyauté et la religion seront en honneur

> parmi les hommes, Lyon ne sera pas oublié. Nos amis m'ont fait promettre de leur écrire de la route. J'ai marché trop vite et le temps m'a manqué pour tenir parole. J'ai seulement barbouillé au crayon, sur un portefeuille, le petit journal que je vous envoie.

Plusieurs remarques sont à ce point nécessaires. Tout d'abord sur ce qui retient l'attention de Chateaubriand lors de son séjour en Italie : ruines, religion, courage et autres valeurs militaires, mais aussi la dépréciation de sa propre entreprise. Ce ne sont que notes rapidement rédigées pour des amis (messieurs Joubert et Fontanes), on y trouve d'ailleurs un mélange de lettres et d'entrées de journal, également datées. On constate que ce voyage en Italie est, comme pour Montaigne, loin de coller strictement au genre du journal. Dans le cas de Chateaubriand, le *Voyage en Italie* n'est apparemment pas un texte comme les autres, car il possède ses propres règles.

Dans ses commentaires de voyage, Chateaubriand cherche en fait à retrouver des images qu'il a déjà fortement en mémoire, celles de l'Italie antique, et plus précisément Rome, Florence et Naples. Il visite ainsi Herculanum, Pompei, le Vésuve, et pratiquement tous les monuments les plus connus de Rome. Inutile de chercher des informations de type sociologique ou économique. Il offre par exemple le commentaire suivant au sujet des campagnes romaines : « Si vous les voyez en économiste, elles vous désoleront ; si vous les contemplez en artiste, en poète, et même en philosophe, vous ne voudriez peut-être pas qu'elles fussent autrement ». C'est là tout un programme. Première démarcation par rapport au « journal » attribué à Montaigne. Chateaubriand soutient en fait la position inverse qu'avait Montaigne (en fait principalement son secrétaire comme nous l'avons suggéré) qui, lui, était bien plus préoccupé par l'aspect économique (circulation des denrées, accès facile aux villes) et politique des cités italiennes.

Chateaubriand arrive à Rome le 27 juin 1803. Son premier contact mérite d'être rapporté car il reflète un ébahissement et une série d'exclamations qui donnent le ton à son journal. Nous sommes dans l'extase :

> M'y voilà enfin ! toute ma froideur s'est évanouie. Je suis accablé, persécuté par ce que j'ai vu ; j'ai vu, je crois, ce que personne n'a vu, ce qu'aucun voyageur n'a peint : les sots ! les âmes glacées ! les barbares ! Quand ils viennent ici, n'ont-ils pas traversé la Toscane, jardin anglais au milieu duquel il y a un temple, c'est-à-dire Florence ? n'ont-ils pas passé en caravane, avec les aigles et les sangliers, les solitudes de cette seconde Italie appelée l'Etat romain ?

Chateaubriand est reçu par le pape qui lui dit qu'il a lu le *Génie du Christianisme*. On notera le parallèle frappant avec la rencontre de Montaigne avec le pape dès son arrivée dans la ville éternelle. Tous deux purent se vanter d'avoir été reçus par le Pontife en audience privée.

Pour Chateaubriand Rome est l'excuse d'un lien puissant avec la chrétienté. Lieu de religion par excellence, la Rome de l'Antiquité n'a laissé que des vestiges assez rapidement décrits, comme s'il fallait au plus vite se débarrasser des ruines latines pour passer à l'essentiel. Chateaubriand cherche évidemment à démontrer une certaine continuité entre les valeurs antiques et le christianisme :

> Un jeune Mithridate ressemblant à un Alexandre.
> Fastes consulaires antiques et modernes.
> Sarcophage d'Alexandre Sévère et de sa mère.
> Bas-relief de Jupiter enfant dans l'île de Crète : admirable.
> Colonne d'albâtre oriental, la plus belle connue.
> Plan antique de Rome sur un marbre : perpétuité de la ville Eternelle.
> Buste d'Aristote : quelque chose d'intelligent et de fort.
> Buste de Caracalla : œil contracté ; nez et bouche pointus ; l'air féroce et fou.
> Buste de Domitien : lèvres serrées.

> Buste de Néron : visage gros et rond, enfoncé vers les yeux, de manière que le front et le menton avancent : l'air d'un esclave grec débauché.

Le voyage en Italie est bel et bien un pèlerinage : « Mon pèlerinage au tombeau de Scipion l'Africain est un de ceux qui ont le plus satisfait mon cœur, bien que j'aie manqué le but de mon voyage ». Cette unification des civilisations représente une continuité parfaite entre les âges. On est ici assez loin de Montaigne qui semblait beaucoup plus ancré dans son époque et dont la présence à Rome possédait une historicité plus immédiate. Chateaubriand est tourné vers le passé et fait abstraction des âges, passant d'un millénaire à l'autre avec une facilité déconcertante ; Montaigne s'intéressait à sa carrière nouvelle au début de l'année 1581. Chateaubriand préfère voir chez les « Romains modernes » des traces – vagues et imprécises – de la civilisation passée. Eux-mêmes des ruines en quelque sorte :

> Quant aux Romains modernes, mon cher ami, Duclos me semble avoir de l'humeur lorsqu'il les appelle les *Italiens de Rome* ; je crois qu'il y a encore chez eux le fond d'une nation peu commune. On peut découvrir parmi ce peuple, trop sévèrement jugé, un grand sens, du courage, de la patience, du génie, des traces profondes de ses anciennes mœurs.

Pour Chateaubriand Rome est donc plus l'aboutissement d'une pérégrination religieuse qui se situe dans la continuité des grands hommes, y compris Montaigne :

> Solitude de ces grands escaliers, ou plutôt de ces rampes où l'on peut monter avec des mulets ; solitude de ces galeries ornées des chefs-d'œuvre du génie, où les papes d'autrefois passaient avec toutes leurs pompes ; solitude de ces Loges que tant d'artistes célèbres ont étudiées, que tant d'hommes illustres ont admirées : le Tasse, Arioste, Montaigne, Milton, Montesquieu, des reines,

> des rois ou puissants tombés, et tous ces pèlerins de toutes les parties du monde.

Le style coupé, direct et épistolaire du séjour de Chateaubriand à Rome nous permet d'établir une dernière comparaison entre le journal, l'essai et les mémoires. En effet, en 1586 ou 1587, Montaigne offre le commentaire suivant sur la forme épistolaire :

> [B] Sur ce subject de lettres, je veux dire ce mot, que c'est un ouvrage auquel mes amys tiennent que je puis quelque chose. [B] J'ay naturellement un stile comique et privé, mais c'est d'une forme mienne, inepte aux negotiations publiques, comme en toutes façons est mon langage : trop serré, desordonné, couppé, particulier ; et ne m'entens pas en lettres ceremonieuses, qui n'ont autres substance que d'une belle enfileure de paroles courtoises. Je n'ay ny la faculté, ny le goust de ces longues offres d'affections et de services. Je n'en crois pas tant, et me desplaist d'en dire guiere outre ce que j'en crois. (I, XL, 252)

N'oublions pas que les lettres sont un genre que Montaigne apprécie (c'est aussi la forme littéraire privilégiée de l'ambassadeur). Ses amis ne s'y étaient d'ailleurs pas trompé et le trouvaient particulièrement bon dans cet exercice épistolaire. Les œuvres de La Boétie sont part exemple précédées de lettres et le texte sur la mort de La Boétie est aussi présenté par Montaigne comme une lettre à part entière. En fait, ce qui marque profondément le genre des œuvres publiées par Montaigne – du moins dans un premier temps, entre 1570 et 1580 – est bien la forme épistolaire qui alimente en quelque sorte la forme de l'essai en train de naître. La lettre est en effet un genre nécessaire aux ambassadeurs, un genre qui requiert un secrétaire et un lecteur particulier connu d'avance. Montaigne a d'ailleurs collectionné ce genre d'ouvrages : « Ce sont grands imprimeurs de lettres que les

Italiens. J'en ay, ce crois-je, cent divers volumes » (I, 40, 253). Il confesse son goût pour la rédaction de lettres et missives :

> J'escris mes lettres tousjours en poste, et si precipiteusement, que, quoy que je peigne insupportablement mal, j'ayme mieux escrire de ma main que d'y en employer un'autre, car je n'en trouve poinct qui me puisse suyvre, et ne les transcris jamais. J'ay accoustumé les grands qui me connoissent, à y supporter des litures et des trasseures, et un papier sans plieure et sans marge. Celles qui me coustent le plus sont celles qui valent le moins; depuis que je les traine, c'est signe que je n'y suis pas. Je commence volontiers sans projects ; le premier traict produict le second. Les lettres de ce temps sont plus en bordures et prefaces, qu'en matiere. Comme j'ayme mieux composer deux lettres que d'en clorre et plier une, et resigne tousjours cette commission à quelque autre (*ibid.*)

Après 1588, l'auteur des *Essais* intercalera le passage suivant après la première phrase citée plus haut :

> [C] Et eusse prins plus volontiers ceste forme à publier mes verves, si j'eusse eu à qui parler. Il me falloit, comme je l'ay eu autrefois, un certain commerce qui m'attirast, qui me soustinst et souslevast. Car de negocier au vent, comme d'autres, je ne sçauroy que de songes, ny forger des vains noms à entretenir en chose serieuse : ennemy juré de toute falsification. J'eusse esté plus attentif et plus seur, ayant une adresse forte et amie, que je ne suis, regardant les divers visages d'un peuple. Et suis deçeu, s'il ne m'eust mieux succédé (I, 40, 252).

Rappelons finalement que Chateaubriand, remarqué par le Premier Consul, fut choisi en 1803 pour accompagner le cardinal Fesch à Rome comme secrétaire d'ambassade. Si Montaigne n'avait pu être ambassadeur, Chateaubriand devait quant à lui faire une belle carrière dans cette profession au service de son pays. En 1804 il fut chargé de représenter la France près de la république du Valais avant de donner éventuellement sa démission. Le *Génie du christianisme* ne fut possible qu'après l'abandon du service diplomatique. Pour Montaigne, la forme de l'essai fut comme on l'a vu facilitée par son échec dans les offices publics, pour Chateaubriand on peut également faire ce rapprochement entre l'expérience du service public et la réalisation d'un projet plus personnel grâce au genre des mémoires. Dans les deux cas, de Montaigne et Chateaubriand, la lettre et le journal avaient représenté des étapes déterminantes dans le développement de l'essai et des mémoires. Rome était au carrefour de cette rencontre anachronique rendue possible grâce à des parcours où les similitudes sont nombreuses – ce qu'avait d'ailleurs bien compris Chateaubriand qui ne manqua pas de voir en Montaigne un modèle littéraire.

Pour ou contre ? Montaigne dans le panthéon de Chateaubriand

Fabio Vasarri

Fin mai 1807 : au dire de quelques témoins, Chateaubriand, de passage à Bordeaux au retour de son voyage en Orient, aurait voulu visiter le château de Montaigne[1]. Celui-ci aurait donc succédé au Parthénon et au Saint Sépulcre, aux Pyramides et à l'Alhambra. Le pèlerinage de Chateaubriand se serait terminé par un hommage laïc, dans le sillage du culte des grands hommes au XVIIIe siècle, quoique, Jean-Claude Bonnet l'a montré, ce culte garde chez lui son caractère religieux et s'exprime dans le registre de l'oraison funèbre[2].

D'ailleurs, la célébration de Montaigne était alors dans l'air du temps. En 1802 avait paru l'édition Naigeon des *Essais*. Qui plus est, en 1810 l'Académie française mettra au concours l'éloge de Montaigne. Le gagnant sera Abel François Villemain, proche de Louis de Fontanes et non éloigné de Chateaubriand[3].

Actualité à part, l'œuvre de Montaigne constitue pour Chateaubriand une référence constante et toujours renouvelable, au moins à partir des années d'émigration. Bien plus tard, en 1822, Chateaubriand fait des *Essais* son livre de chevet et s'en inspire, à en croire son secrétaire le comte de Marcellus. Un autre secrétaire, Hyacinthe Pilorge, définit les *Mémoires d'outre-tombe* comme « un ouvrage varié à la manière des *Essais* de

---

[1] Cf. Marcel Duchemin, *Chateaubriand. Essais de critique et d'histoire littéraire*, Paris, Vrin, 1938, p. 331-333.

[2] Voir l'étude de Jean-Claude Bonnet, *Naissance du panthéon*, Fayard, 1998 et, du même auteur, « Les formes de célébration », in *Chateaubriand mémorialiste*, colloque du cent cinquantenaire (1848-1998), textes réunis par Jean-Claude Berchet et Philippe Berthier, Genève, Droz, 2000, p. 87-92.

[3] Voir *Dictionnaire de Michel de Montaigne*, dir. Philippe Desan, Champion, 2004 (Ph. Desan-Sarah Hurlburt, art. « Éloges de Montaigne»).

Montaigne », et Sainte-Beuve, comme « un dernier hommage aux *Essais* » [4].

Cette imprégnation est évidente dans les *Mémoires*, où le titre d'une section (« Présomption ») est emprunté à un chapitre des *Essais*, et où le nom de leur auteur est inséré à l'en-tête d'une autre section. Maurice Levaillant en arrive à affirmer que « Chateaubriand semble avoir pour chaque circonstance une citation toute prête »[5] ; c'est peut-être trop dire, mais il est vrai que le syntagme « dit Montaigne » vient scander assez régulièrement le texte comme un refrain, annonçant d'importantes suggestions et des sentences de moraliste.

On a moins été retenu par les réserves qu'exprime çà et là Chateaubriand. Les *Essais* constituent pour les *Mémoires d'outre-tombe* un modèle de liberté d'idées et d'expression, d'imagination capricieuse et d'écriture pré-classiciste voire anticlassique. Mais le mémorialiste se double chez Chateaubriand d'un théoricien politique catholique et d'un historien de la littérature et de la civilisation, deux postures à partir desquelles il esquisse une image plus controversée de Montaigne. La canonisation littéraire et idéologique des *Essais* ne va pas de soi. S'agit-il d'une sorte d'hypocrisie néo-classique chez Chateaubriand ou bien d'une de ces contradictions révélatrices et fécondes qui font pour nous, aujourd'hui, l'intérêt de son œuvre ?

---

[4] Voir Comte de Marcellus, *Chateaubriand et son temps*, Lévy, 1853, p. 97-98 et 272. L'*Avis de l'éditeur* de Hyacinthe Pilorge dans *Lectures des Mémoires de M. de Chateaubriand* (1834) est cité par Pierre Moreau, « Chateaubriand entre Montaigne et Pascal », *CAIEF*, 21, 1969, p. 225-233 (p. 232), le manuscrit du cours de Sainte-Beuve sur Port-Royal (1837-38) par Jean Pommier, *Dialogues avec le passé*, Paris, Nizet, 1967, p. 139-140.

[5] Dans l'article relatif de l'index des noms propres, *Mémoires d'outre-tombe*, 2 vol., éd. Maurice Levaillant-Georges Moulinier, Gallimard, « Bibliothèque de la Pléiade », 1951, t. II, p. 1377. Sur Chateaubriand et Montaigne on retiendra aussi Ian D. McFarlane, « A Note on the Presence of Montaigne in the *Mémoires d'outre-tombe* », in *Balzac and the 19th Century*, éd. Donald G. Charlton *et al.*, Leicester, Leicester University Press, 1972, p. 225-237, et Raymond Lebègue, « Essai sur Chateaubriand lecteur de Montaigne », in *Aspects de Chateaubriand*, Paris, Nizet, 1979, p. 313-331.

Je m'en tiendrai donc, pour l'essentiel, au jugement de valeur porté sur Montaigne, en essayant surtout de montrer une dialectique du pour et du contre, de l'adhésion et du refus. Puisque l'évaluation de Montaigne concerne une pluralité de domaines, de la religion à la politique, de la psychologie à la littérature et aux arts, je distinguerai autant que possible ces différents enjeux.

Les deux premiers domaines sont étroitement liés dans l'horizon culturel de Chateaubriand, où il s'agit de repenser la place de la religion dans une société nouvelle, de l'Empire à la monarchie orléaniste. On ne peut repérer que quelques références à Montaigne, d'ailleurs de signe opposé, qui soient purement religieuses. Dans le *Génie du christianisme*, c'est d'abord le Montaigne chrétien de l'« Apologie de Raymond Sebond » qui est évoqué rapidement, à propos des limites du savoir scientifique face aux mystères de l'univers[6]. Et, dans la « Digression philosophique » des *Mémoires d'outre-tombe* (MO I, 1583), Chateaubriand transcrit la suite du même passage. Enfin, dans la « Défense du *Génie du christianisme* », il cite à nouveau l'« Apologie» (441 ; EG, 1106), où il reconnaît, ainsi que dans la *Théologie naturelle* de Sebond, un antécédent de sa propre somme apologétique. Il s'agirait en effet dans tous ces cas d'orner et d'embellir la religion, en la soutenant par des arguments esthétiques et même rationalistes. Bien entendu, cette vision un peu sommaire de la part de l'apologiste ne rend pas compte de la complexité du discours de Montaigne.

[6] *Essais*, II, 12, éd. Pierre Villey, Paris, PUF, 1988, p. 536, et *Génie*, III, II, 1, in *Essai sur les révolutions-Génie du christianisme*, éd. Maurice Regard, Paris, Gallimard, « Bibliothèque de la Pléiade », 1978, p. 804 (sigle : EG). Sauf indication contraire, les citations de textes des deux auteurs seront tirées de ces éditions, dorénavant indiquées directement dans le texte. Il en ira de même des textes suivants : Montaigne, *Journal de voyage*, éd. Fausta Garavini, Gallimard, 1983 ; Chateaubriand, *Mémoires d'outre-tombe*, éd. Jean-Claude Berchet, Le Livre de Poche-Classiques Garnier, « La Pochothèque », 2003-2004, 2 tomes (MO); *Œuvres complètes*, Garnier, s.d. [1861], 12 vol. (OC); *Analyse raisonnée de l'histoire de France*, La Table Ronde, 1998.

Mais Chateaubriand esquisse aussi une critique au nom d'un *éthos* littéraire, dans le chapitre du *Génie* consacré à l'éloquence des pères de l'église (III, IV, 2 ; EG, 853). Il compare alors les *Confessions* de Saint Augustin à leurs homologues français, à savoir celles de Montaigne et de Rousseau. Ce dernier est la cible d'une attaque bien connue, fondée sur sa sincérité impudique. Quant à Montaigne, « [il] s'est moqué de la bonne foi de son lecteur », écrit sèchement Chateaubriand, en sous-entendant sans doute que sa prétendue franchise à l'égard de soi-même cache en réalité des réticences graves. S'il en est ainsi, la critique de Chateaubriand est singulièrement ambiguë, puisqu'elle évoque le jugement de Rousseau lui-même à ce sujet, au livre X des *Confessions*[7]. L'apologiste énonce donc une attaque paradoxale, puisqu'il exploite les arguments de son accusé principal et qu'il partage la même opinion que celui-ci sur l'évaluation d'un autre accusé. C'est d'autant plus remarquable que le XVIIIe siècle finissant avait plutôt tendance à voir en Montaigne un modèle éthique de bon époux et de bon père, opposé justement au cas Rousseau[8].

Quant à la réflexion politique à l'état pur, distincte de la religion, considérons un exemple tiré de l'*Essai historique sur les révolutions*, donc du document principal de l'idéologie rousseauiste et sceptique du jeune Chateaubriand d'avant le retour à la foi. Dans le deuxième chapitre de la première partie (EG, 59), il est question de l'ancienneté de la république et de la monarchie. Le « contrat primitif » était-il monarchique ou républicain ? L'auteur ne tranche pas, mais il conclut que tous les systèmes de gouvernement sont néfastes. C'est à ce moment que prend la parole l'autre Chateaubriand, le restaurateur du christianisme,

---

7 Rousseau, *Œuvres complètes*, éd. Bernard Gagnebin – Marcel Raymond, Gallimard, « Bibliothèque de la Pléiade », 1959, I, p. 516-517. Chateaubriand ne pouvait connaître le préambule du manuscrit de Neuchâtel des *Confessions*, diffusé à partir de 1850. Il y aurait trouvé un développement de cette argumentation (*ibid.*, p. 1150).

8 Voir sur ce point François Moureau, article « Réception de Montaigne (XVIIIe siècle) », dans *Dictionnaire*..., art. cit.

dans une des nombreuses notes en bas de page visant à rectifier ses erreurs de jeunesse pour la nouvelle édition du texte, de 1826. L'auteur ravisé définit donc le passage en question de « boutade empruntée au doute de Montaigne, ou à l'humeur de Rousseau ». Cette rétractation n'a rien de surprenant en soi ; mais elle confirme la place des *Essais* dans l'horizon culturel du texte original, attestée d'une manière plus indirecte dans la suite de celui-ci, où Chateaubriand affirme : « je n'écris que des essais » [...]. Autrement dit, la note de 1826 explicite une référence importante qui était pourtant déjà inscrite un peu partout dans le texte sous une forme plus allusive, et qui constitue, avec Rousseau, un point de repère essentiel dans la formation du jeune auteur.

Par ailleurs, on l'a rappelé, il est malaisé de séparer nettement le discours religieux, d'avant ou après le *Génie*, de l'évolution de la pensée politique de Chateaubriand. Cela est évident même dans la semi-réfutation du chapitre « Des cannibales ». La citation de Montaigne apparaît à deux reprises, dans des contextes assez différents : un article de 1820 sur le récit du voyage d'Alexander von Humboldt en Amérique du Sud, recueilli dans les *Mélanges littéraires*, et le récit du voyage en Amérique des *Mémoires*, texte rédigé d'abord à Londres en 1822.

Dans le premier cas, Chateaubriand critique ouvertement l'éloge des indigènes qu'il décèle chez Tacite (*Germanie*), Montaigne et Rousseau (*Discours sur l'origine de l'inégalité*), dont le but serait invariablement de « *satiriser* l'état social ». Le chapitre « Des cannibales » est donc l'étape médiane d'un parcours de l'apologie du bon sauvage, comme le montre une longue citation du développement final sur la visite à Rouen des indigènes du Brésil (que Chateaubriand appelle des Iroquois). L'« éloquent sophiste de Genève » est à nouveau rapproché du « malin seigneur gascon », pour reprendre les épithètes de Chateaubriand (OC VI, 563-564). Cette citation permet à Chateaubriand d'opposer à Rousseau et au Montaigne libre penseur tel qu'il a été envisagé à l'âge des Lumières, une défense du contrat social qui s'appuie encore une fois sur la caution chrétienne, puisque « l'état de société [...] nous rapproche le plus de la Divinité ».

Dans les *Mémoires*, l'argumentation est plus nuancée. À propos des mœurs des indiens d'Amérique, Chateaubriand évoque une chanson indigène transcrite dans « Des cannibales » et, aussitôt après, la pointe finale du texte ; ce qui motive, comme je l'ai rappelé, l'inscription à l'en-tête du chapitre de ces mots : « Montaigne. Chant de la couleuvre ». Or, cette pointe sur les indigènes qui « ne portent point de hauts-de-chausses ! » (VII, 9 ; I, 382), séparée de son contexte, en est réduite à une boutade pittoresque. Chateaubriand ridiculise la nudité des « Iroquois » et passe à côté du sarcasme à double entente de la notation de Montaigne, pour qui la nudité est une valeur symbolique très prisé[9]. C'est donc à nouveau l'apologiste qui réagit au Montaigne « philosophe ». Mais la réfutation est loin d'être totale, puisque, nous le verrons, la résistance idéologique se double d'une fascination poétique et stylistique.

Par ailleurs, le nom de Montaigne revient sous la plume de Chateaubriand chaque fois qu'il évoque la situation du clergé au XVIe siècle et la Réforme. Puisque cela arrive d'abord dans l'*Essai historique* et dans le *Génie*, on peut s'attendre à un partage net des opinions de l'essayiste de 1797 et de l'apologiste de 1802. Or, ce n'est pas toujours le cas. Qu'on en juge :

— dans l'*Essai historique*, Montaigne est mentionné avec Rabelais et le jésuite espagnol Mariana, théoricien du tyrannicide. Cette triade incarne « la nouveauté et la hardiesse [des] opinions politiques et religieuses » (II, 41 ; EG, 396), annonçant par là l'âge des Lumières. La position de Chateaubriand est ici très sceptique. Mais son agnosticisme le tient d'ores et déjà à l'abri de la tentation protestante (EG, 395)[10].

— dans un chapitre du *Génie* (III, III, 5 ; EG, 841), Rabelais, Montaigne et Mariana reviennent à l'intérieur d'une liste plus ample, pour prouver qu'en France il y a toujours eu liberté d'expression et pas seulement à l'âge des Lumières. En outre,

[9] Sur ce point précis, outre les nombreuses lectures de « Des cannibales », voir Fausta Garavini, *Monstres et chimères* Paris, H. Champion, 1993, p. 121-123.

[10] Cf. à ce sujet Pierre Glaudes, « Chateaubriand et le protestantisme », *Société Chateaubriand. Bulletin*, n° 51, 2009, p. 81-94.

l'apologiste justifie la censure et les freins imposés par l'autorité politique, sans pour autant attaquer la liberté d'expression. C'est une position de compromis typique de l'âge napoléonien, où il est difficile de faire la part de l'authenticité et du calcul.

Après cette thèse et cette antithèse bien ambiguës vient enfin, beaucoup plus loin, une sorte de synthèse. Dans l'*Analyse raisonnée de l'histoire de France* de 1831 (364 et 472), Chateaubriand montre une opinion plus équilibrée. Les « imaginations audacieuses » de Rabelais d'abord, mais aussi *Les Essais* et les traités de Mariana et de La Boétie exemplifient encore une fois la liberté d'expression. L'auteur condamne la corruption du clergé, le fanatisme religieux et le despotisme absolu. C'est désormais le partisan de la Charte et de la liberté de la presse qui prend la parole, avec sa vision ouverte et rationaliste du christianisme.

D'une manière plus générale, la mention, dans l'histoire de France et ailleurs, de La Boétie et d'autres auteurs liés à Montaigne tels que Raymond Sebond et George Buchanan, signale la tradition de la libre pensée. Nous avons vu que Chateaubriand s'appuie sur la théologie naturelle de Sebond dans une page de la « Défense du *Génie* ». Ce qui est plus surprenant, à la page suivante du même texte (EG, 1108), Buchanan est inclus parmi les maîtres de ce que Chateaubriand appelle l'« apologie poétique de la religion » de la Renaissance européenne, grâce à ses tragédies sacrées en latin. Or, n'y a-t-il pas ambiguïté de la part de Chateaubriand dans l'évocation de ce précepteur, érasmien puis calviniste, de Montaigne ? On se souvient que la mention de Buchanan dans les *Essais* a été l'objet de la censure du Vatican. Nous aurions donc là une preuve supplémentaire du caractère de compromis napoléonien du *Génie*. En effet, à la chute de l'Empire, Chateaubriand se montre plus sévère à l'égard des théoriciens du régicide, y compris le précepteur écossais, dans le cadre d'une défense de l'institution monarchique[11]. Et l'*Essai sur la littérature anglaise* de 1836 rectifie en quelque sorte la

[11] *Réflexions politiques* (1814), chap. 3, in *Grands écrits politiques*, éd. Jean-Paul Clément, Imprimerie Nationale, 1993, t. I, p. 156-158.

mention du *Génie* par une allusion probable aux poèmes satiriques de Buchanan contre les franciscains (OC XI, 570). D'autre part, dans une optique antiprotestante, l'auteur répète que la libre pensée n'est pas l'apanage exclusif de la Réforme, puisque même dans la France catholique « on osa tout examiner » (*Analyse raisonnée*, 472).

La libre pensée du XVIe siècle finit donc par être envisagée dans une perspective historique, tendancieuse et très militante mais finalement pas négatrice, perspective qui dépasse la réprobation de circonstance et l'attitude opportuniste du *Génie*. Ce n'est pas un hasard si Chateaubriand rejoint Lamennais dans l'appréciation de Montaigne, alors que d'autres penseurs monarchistes de l'époque, Bonald et Joseph de Maistre, s'en tiennent à une condamnation sommaire du « philosophe » cynique et sceptique[12]. Pour Chateaubriand, au contraire, Montaigne en vient progressivement à occuper la place de Rousseau en tant que modèle philosophique et idéologique.

L'affinité problématique qui perce dans ces domaines est renforcée par un mouvement d'identification à Montaigne sur le plan social et professionnel. C'est d'abord par l'appartenance à la noblesse d'épée que cette attitude de solidarité peut s'exprimer[13]. Et surtout, Chateaubriand accorde à Montaigne un rôle d'initiateur dans le panthéon des aristocrates écrivains[14].

L'identification se fonde donc sur l'activité littéraire et, d'autre part, sur la place dans la société du gentilhomme de province. Comme Montaigne, Chateaubriand se partage entre le privé et le public, l'écriture et les charges politiques. Ainsi, les *Essais* offrent souvent des suggestions à l'argumentation politique des *Mémoires d'outre-tombe*, comme le montre l'équation implicite

---

[12] Voir sur ce point P. Moreau, « Vues sur Montaigne et les romantiques français », *Bulletin de la Société des amis de Montaigne*, n° 9, jan.-mars 1967, p. 3-12.

[13] Voir le précis généalogique des *Mémoires* (éd. M. Levaillant-G. Moulinier, citée, II, p. 947-48), où Chateaubriand cite le chapitre « Des noms » (I, 46, 77).

[14] Tout en insistant sur les risques auxquels s'expose l'homme de lettres aristocratique en cas d'échec ; voir l'article « Des lettres et des gens de lettres », de 1806 (*Mélanges littéraires*, OC VI, p. 502-503).

et boiteuse selon laquelle César serait à Montaigne ce que Napoléon est à Chateaubriand (MO, XXXVI, 7, II, 674 ; II, 33, 732).

La coexistence de l'écrivain et de l'homme politique favorise de fait une projection de soi apparemment totale. L'ambassadeur et le ministre des années 1820 et le mémorialiste des années 1830 iront jusqu'à théoriser la cohabitation tout à fait possible du littéraire et du politique, à condition de respecter la supériorité du premier. C'est tout le sujet du chapitre « Présomption », qui, on l'a rappelé, se situe sous la caution du texte homonyme des *Essais*. Et, dans le *Congrès de Vérone*, la rencontre de trois ministres écrivains, Castlereagh, Martinez de la Rosa et Chateaubriand lui-même, suscite le souvenir rassurant et suggestif de quelqu'un qui avait exalté la lecture vis-à-vis de deux autres « commerces », l'amitié et l'amour[15].

Cependant, le rapport à l'homme Montaigne, à son tempérament et à son expérience s'exprime le plus souvent sur le mode de la distance et même du manque, d'où découle un désir d'émulation. Combourg n'est pas le château de Montaigne, la musique et l'éducation éclairée en sont bannies. Le mémorialiste le souligne au passage dans l'évocation de son enfance (MO III, 1, I, 201 ; cf. I, 26, « De l'institution des enfants », 174). Tout se passe comme si les deux hommes s'opposaient sans mélange possible dans le schéma classique des humeurs : à l'un la jovialité robuste et sanguine, à l'autre la maussaderie saturnienne. Un bon vivant du beau temps révolu face au martyr d'une époque invivable et sérieuse. Par exemple, le jeune Chateaubriand « s'étonnai[t] que Montaigne écrivît si gaillardement dans un château dont il ne pouvait faire le tour sans courir le risque d'être enlevé par des bandes de ligueurs ou de protestants » (MO V, 14 ; I, 302). Un entrain analogue imprègne l'évocation de ce « cher Michel » dans l'épisode de l'Occitanienne, ou, d'une manière plus indirecte, des citations un peu libres sur les

---

[15] *Congrès de Vérone*, chap. XI, Paris-Genève, Slatkine, 1979, p. 29 (montage de citations tirées de II, 8, 402, et de III, 3, « De trois commerces », 823).

prostituées vénitiennes ou sur les singes dont parle le chancelier Olivier. Dans tous ces cas, Chateaubriand affecte de s'offusquer de « [l]a langue du seizième siècle, laquelle bravait l'honnêteté », et de ces « siècles grossiers et barbares ». Par conséquent, il prend du recul (« Montaigne [...] ne cache jamais rien ») ou atténue pudiquement sa source[16].

Quoi qu'il en soit, insister sur la gaillardise et la bonne humeur c'est tout de même s'en tenir à la surface du texte et négliger un côté atrabilaire qui, au contraire, pourrait constituer un facteur d'affinité profonde[17]. Cette aporie partielle s'éclaire un peu si l'on passe au plan de la critique littéraire. Dans la vision historico-littéraire, romantique et nationale, de Chateaubriand, l'essayiste, fondateur de la littérature aristocratique, perd son rôle inaugural. Il descend en effet, tout comme La Fontaine et Molière, de celui que Chateaubriand appelle le « génie-mère » français, c'est-à-dire Rabelais (MO XII, 2, I, 566 et *Essai sur la littérature anglaise*, OC XI, 614). Dans cette perspective un peu abstraite et forcée, Montaigne en viendrait donc à constituer un exemplaire du type jovial et bon vivant, opposé à Chateaubriand.

En réalité, la filiation Rabelais/Montaigne, que Chateaubriand donne pour sûre, est non seulement problématique, mais ambiguë. D'une part, elle est à l'origine d'un jugement favorable, comme dans l'*Analyse raisonnée* (475), où « l'école naïve, simple, originale d'Amyot, de Rabelais, de Marot, de Montaigne», dépasse de loin celle de la Pléiade, que Chateaubriand trouve « artificielle et boursouflée », sans doute en réaction à la vogue promue par Sainte-Beuve dès 1828.

---

[16] Voir respectivement MO, livre sur Venise, 10, II, 1374 et *Journal de voyage*, p. 163 ; MO, XXX, 11, II, 324-325 et II, 17, 646 ; la lettre à Madame de Staël du 16 juin 1801, dans Chateaubriand, *Correspondance générale*, éd. Pierre Riberette, I, Paris, Gallimard, 1977 p. 138 et I, 20, 87.

[17] Cf. « De la présomption », p. 641 et la note correspondante dans l'édition « Pléiade » de Jean Balsamo, Michel Magnien et Catherine Magnien-Simonin, Gallimard, 2007, p. 679 et n. 5. Voir aussi Jean Starobinski, *Montaigne en mouvement,* Gallimard, 1982, p. 33-41 ; et Michael A. Screech, *Montaigne et la mélancolie* (1983), Paris, PUF, 1992.

Mais, à l'opposé, ce classement littéraire peut aussi correspondre à un abaissement assez surprenant. Dans la section de la *Littérature anglaise* relative aux contemporains de Shakespeare, on peut lire un jugement dont la tiédeur varie un peu au gré de la ponctuation :

> La France, la moins bien partagée alors dans les lettres, ne nous offre qu'Amyot, de Thou, Ronsard et Montaigne ; esprits d'un moindre vol : Hardy et Garnier balbutiaient à peine les premiers accents de notre Melpomène.
>
> La France, la moins bien partagée alors dans les lettres, ne nous offre qu'Amyot, de Thou, Ronsard et Montaigne, esprits d'un moindre vol ; Hardy et Garnier balbutiaient à peine les premiers accents de notre Melpomène.
>
> La France, la moins bien partagée alors dans les lettres, ne nous offre qu'Amyot, de Thou, Ronsard et Montaigne ; esprits d'un moindre vol, Hardy et Garnier balbutiaient à peine les premiers accents de notre Melpomène[18].

Si la leçon de l'édition originale est ambiguë, dans la deuxième version le syntagme « esprits d'un moindre vol » ne se réfère pas à Hardy et à Garnier, mais bien à la liste précédente, qui comprend Montaigne. Le jugement en devient plus sévère, mais il peut bien s'agir d'une coquille. Le troisième état du texte est

---

[18] *Essai sur la littérature anglaise*, 2e partie, « Poètes et écrivains contemporains de Shakespeare ». Je cite respectivement de l'édition originale, Gosselin-Furne, 1836, I, p. 289, des *Œuvres de Chateaubriand*, réimpression de l'édition Pourrat, XVI, Gennequin, 1858, p. 161 (l'édition Pourrat de la *Littérature anglaise* avait paru en deux volumes en 1837) et de OC XI, 606. Il est à noter que la critique de Ronsard et l'idée de l'infériorité de la littérature française au XVIe siècle se retrouvent chez Jean-François de La Harpe, *Lycée, ou Cours de Littérature ancienne et moderne* (1799-1805), Lefèvre, 1816, IV, p. 30-45 ; cf. Carlos Lynes jr., « Chateaubriand Critic of the French Renaissance », *PMLA*, LXII, 2, juin 1947, p. 422-435 (p. 425 et note 14).

sans doute le plus correct, dans la mesure où il rectifie et éclaircit le premier. Quoi qu'il en soit, Ronsard côtoie ici Montaigne parmi les écrivains mineurs du XVIe siècle, tandis que le seul Français comparable à Shakespeare est le curé de Meudon.

Il est sûr qu'en tant qu'historien de la littérature et comparatiste, Chateaubriand se montre souvent schématique. On dirait que pour mieux exalter le « génie-mère », il faille à tout prix abaisser son prétendu descendant. Et c'est d'autant plus surprenant que le jugement exprimé ici est en rapport de proportion inverse avec l'influence réelle des deux auteurs. La canonisation de Rabelais, favorisée ou même déterminée par le statut clérical de celui-ci, reste largement théorique et ne correspond pas à une véritable assimilation de sa leçon. À l'inverse, dans le cas de Montaigne c'est la réserve littéraire qui paraît théorique. D'ailleurs, si a priori Montaigne n'existe pas sans l'antécédent rabelaisien, il est bien, quoi qu'on en dise ailleurs, le confrère de Shakespeare lui-même dans le domaine du doute[19].

Il y a certainement des réserves esthétiques, stylistiques et même morales qui pointent çà et là chez Chateaubriand à l'égard de Montaigne, mais il faut s'interroger sur leur portée effective. Au livre XXIX des *Mémoires*, sur l'ambassade de Rome, trois divergences, et non des moindres, sont signalées : Montaigne paraît indifférent à l'architecture de Saint-Pierre, il n'aime pas la campagne romaine et pas assez le Tasse. L'évocation plus rapide de Rabelais dans ces pages, pour rappeler que, contrairement à Montaigne, il parle des cloches de Rome, peut confirmer la hiérarchie historico-littéraire et religieuse et renforcer la critique.

Arrêtons-nous sur le premier point. Le voyageur de 1580 était donc plus sensible à la Rome antique qu'aux chefs-d'œuvre récents de la Renaissance et il s'en tenait à l'art médiéval de son pays, à la « vastité sombre de nos cathédrales gothiques » (« cette vastité sombre de nos Eglises », « Apologie », 593). Or, cette divergence esthétique se réduit considérablement si l'on tient

[19] Voir OC XI, 614. Dans « Vues sur Montaigne... », art. cité, p. 9, Pierre Moreau signale une mise en parallèle analogue chez Hugo.

compte d'autres passages des *Mémoires*. D'abord, dans la suite du même texte, Chateaubriand reconnaît que Montaigne était trop proche chronologiquement de Raphaël et de Michel-Ange pour être en mesure de les apprécier à leur juste valeur (MO XXIX, 7 ; II, 206-207). On notera ensuite que la même référence aux cathédrales avait été exploitée avec une fonction valorisante dans le récit de la nuit passée à Westminster, où le mémorialiste se peint « dominé par le sentiment de la *vastité sombre des églises chrestiennes* » (X, 5 ; I, 510). En outre, dans l'évocation du séjour précédent à Rome (en 1803), Montaigne est inclus parmi les admirateurs illustres des Loges du Vatican (MO XIV, 7, I, 683). Enfin, la *Vie de Rancé* apporte une réparation supplémentaire au sujet de Rome, puisque Chateaubriand y condense un passage de « De la vanité » (997) qui exalte justement la valeur chrétienne de la « seule ville commune et universelle »[20]. C'est bien ce qu'il fallait démontrer : qu'il s'agisse d'opinions politiques ou esthétiques, c'est la religion des pères qui fonde l'identité culturelle et favorise par là la convergence.

On le voit, les réserves mêmes ne sont pas dépourvues de nuances controversées qui peuvent atténuer le dissentiment de Chateaubriand. Lorsque celui-ci se montré choqué par la franchise de Montaigne au sujet des prostituées vénitiennes dans un passage déjà évoqué, il finit par dresser un parallèle entre les courtisanes du XVIe siècle et leurs descendantes modernes, évoquées par Rousseau et Byron, qui sous-entend une comparaison avantageuse pour le voyageur plus ancien.

Ce mouvement valorisant devient d'autant plus manifeste si on passe aux commentaires stylistiques car, à ce niveau-là, c'est l'éloge qui domine, et pour cause. Le mémorialiste novateur qu'est Chateaubriand ne peut pas être indifférent aux charmes de cette prose divagatrice et fantaisiste, ni à la liberté générique du journal de voyage et surtout de l'essai. Le romantisme mettra en valeur une dimension autobiographique, littéraire et même

---

20 *Vie de Rancé*, dans *Œuvres romanesques et voyages*, éd. Maurice Regard, Paris, Gallimard, « Bibliothèque de la Pléiade », 1969, I, p. 1057 et note 1.

« poéticienne » de Montaigne qui n'est pas diminuée par son côté moraliste et philosophe et qui, aux yeux de Chateaubriand, constitue à nouveau une alternative précieuse au modèle rousseauiste.

Les *Mémoires* soulignent à deux reprises la « vivacité d'imagination » de Montaigne (MO XXIX, 9 ; II, 219 et XLI, 1, II, 913 ; cf. *Journal de voyage*, p. 155-156 et 188). Ce trait était souvent mis en valeur dans la réception de Montaigne au XVIIIe siècle. Mais, là où Voltaire ou Marmontel louaient son imagination mais méprisaient son style, qu'ils jugeaient bas et confus[21], Chateaubriand est plus nuancé et englobe, à juste titre d'ailleurs, les deux aspects dans son admiration.

La Harpe affirmait dès la fin du XVIIIe siècle que Montaigne a insufflé à la langue française une « énergie familière » inconnue avant lui[22]. Pour Chateaubriand, le « flux de caquet » ou les « tours imprévus » de Montaigne correspondent justement à des stylèmes familiers et pittoresques qui ne peuvent que fasciner un auteur dont l'œuvre reflète un dépassement progressif du classicisme attardé du tournant des Lumières, et qui affectionne manifestement, dans son orthographe archaïque et savoureuse, la prose du XVIe siècle, cultivée avec un goût presque « artiste »[23].

Cette adhésion est attestée par un article « Sur les *Annales littéraires* de M. Dussault », de 1819, repris dans les *Mélanges littéraires*. Chateaubriand s'y range contre une critique littéraire trop sévère, qui finirait à son avis par décourager et inhiber les vrais talents. Il défend donc ce qu'on pourrait appeler des licences stylistiques anticlassiques :

> Il y a des défauts qui sont inhérents à des beautés, et qui forment, pour ainsi dire, la nature et la constitution de

[21] Voir entre autres l'anthologie critique d'Alexandre Tarrête dans son profil des *Essais*, Gallimard, « Foliothèque », 2007, p. 214-215.

[22] J.-F. de La Harpe, *Lycée*, t. IV, cité, p. 44-45.

[23] Voir *Cinq jours à Clermont (Auvergne)*, éd. Philippe Antoine, in *Œuvres complètes*, dir. Béatrice Didier, VI-VII, Champion, 2008, p. 790, et « Sur des vers de Virgile », III, 5, 897 ; OC VI, 564.

> certains esprits. [...] dans les talents du premier ordre l'incorrection, la familiarité, ou tout autre défaut, peuvent tenir, par des combinaisons inexplicables, à des qualités éminentes. « Quand je vois, dit Montaigne, ces braves formes de s'expliquer, si vives, si profondes, je ne dis pas que c'est bien dire, je dis que c'est bien penser. (OC VI, 532).

L'extrait de « Sur des vers de Virgile » (III, 5, 873) fait partie d'une analyse stylistique de l'invocation à Vénus qui ouvre le poème de Lucrèce. La forme et le fond, l'éloquence vigoureuse et le sujet érotique (étreinte de Mars et de Vénus) se répondent d'une manière exemplaire. « C'est la gaillardise de l'imagination qui élève et enfle les paroles », poursuit le texte des *Essais*, en résumant plusieurs traits marquants du Montaigne de Chateaubriand.

En définitive, il est intéressant et certainement correct de nuancer l'admiration inconditionnelle de Chateaubriand, mais on ne saurait composer un *Contre Montaigne* à partir des réserves que l'on a montrées. Le « pour » prédomine, que ce soit en politique, en religion ou en littérature. Pour mieux dire, la dialectique du pour et du contre est inscrite dans un mouvement oscillant ou « ondoyant » qui correspond moins à une évolution linéaire de la pensée de Chateaubriand qu'à une attitude dubitative qui n'est pas étrangère à celle de Montaigne lui-même.

Même lorsqu'on surprend Chateaubriand en train de mal interpréter les *Essais*, il y a souvent une récupération implicite de leur leçon. Quand il prend un peu à la légère le mythe du bon sauvage, il cite aussi le « couplet de la couleuvre », qui rappelle les poèmes en prose indiens d'*Atala* et des *Natchez*. Et il parle en même temps de « stromates » et, aussitôt après, d' « incidences », ailleurs d' « arabesques », toutes notions susceptibles de renvoyer aux « crotesques » ou aux « fantasies » et autres « bigarrures » de

Montaigne[24]. Autant de manières de nommer un idéal littéraire commun et authentique : une écriture libre, novatrice, ironique et auto-ironique, ancrée dans le passé et projetée vers l'avenir. Mais c'est là une nouvelle perspective qui s'ouvre, et qui demanderait une mise à l'essai bien autrement complexe.

---

[24] Ce dernier mot est employé dans l'édition originale des *Mémoires* (MO, I, 382, var. *g*).

Chateaubriand, Montaigne et l'Occitanienne

Patrizio Tucci

Lors de la première journée de ce colloque itinérant, j'ai essayé de rendre compte, sous un intitulé parlant – « *Essais* d'outre-tombe » –, de certaines convergences entre les *Essais* et les *Mémoires*, comportant notamment un discours de soi fondé sur une pratique constante de la non-linéarité et de l'hétéroclite, et la reconstitution, *dans* et *par* le livre, d'une identité vécue et conçue comme fragmentaire, polymorphe, erratique dans le temps. Un autre phénomène aurait mérité d'être pris en considération, si le temps l'avait permis. C'est la transformation incessante que les textes des *Essais* et des *Mémoires* ont subie au fil du temps, tant à l'échelle menue et locale qu'à celle de l'architecture des chapitres, des livres, des ouvrages mêmes, quoique selon des tendances inverses : « allongeail » dans les uns, abrégement dans les autres. Cette mobilité textuelle ressortit aux impulsions mouvantes de la réalité extratextuelle, aux convenances et aux intérêts du moment, mais aussi et surtout aux esthétiques respectives des deux écrivains, elles-mêmes susceptibles d'évolution. Chez Montaigne, la conscience de « l'alleure si vagabonde […] de nostre esprit » conduit au dessein d'un livre aussi labile que le sujet qui l'écrit, aussi morcelé que l'expérience, et néanmoins tenant ensemble[1]. S'il annonce qu'il « adjouste », mais qu'il « ne corrige pas » (en réalité, l'essayiste corrige lui aussi), le labeur de révision présente au contraire chez Chateaubriand une apparence douloureuse, non seulement parce qu'il dut parfois se résigner à des excisions auxquelles il répugnait, mais parce que sa perpétuelle insatisfaction le condamnait à « lire et relire le manuscrit, passer et repasser la lime sur l'ouvrage » (par ironie du sort, cette citation est prise dans un passage supprimé

[1] Cf. M. Jeanneret, *Montaigne et l'œuvre mobile*, in *Carrefour Montaigne*, dir. F. Garavini, Pise, ETS – Slatkine, 1994, p. 37-62 ; *id.*, *Perpetuum mobile. Métamorphoses des corps et des œuvres de Vinci à Montaigne*, Paris, Macula, 1997.

de l'*Avant-propos*)[2]. Il n'y a pas lieu de s'appesantir sur un tel sujet. Aujourd'hui je voudrais passer d'une perspective comparatiste générale à l'analyse d'une page où le mémorialiste reprend à son compte quelques mots de Montaigne, et qui est très intéressante à bien des égards.

Au chapitre 2 du livre XXXI des *Mémoires*, Chateaubriand raconte en 1830 son séjour de 1829 aux eaux de Cauterets. Il avait alors soixante-et-un ans et était ambassadeur de Charles X auprès du Saint-Siège. Selon une méthode de composition qu'il observe constamment dans ses récits d'itinéraire, et qui tient moins à la vanité d'étaler ses connaissances multiples qu'à la volonté de remédier à l'insignifiance du réel, l'évocation du voyage jusqu'aux Pyrénées aligne, à la faveur de chaque chose vue, des digressions historiques, des notules érudites, des références littéraires et bien sûr des citations, y compris l'auto-citation d'une ode qui lui fut inspirée par le spectacle des montagnes. En l'espace de deux pages sont ainsi convoqués coup sur coup Virgile, George Sand, Richard Cœur-de-Lion, Molière, Aristote, Cyrano de Bergerac, le cardinal d'Ossat (« mon devancier à la cour du Saint-Père »), Froissart, les *Mémoires* de Mme de Motteville, *Amadis de Gaule*, Molière et Clémence Isaure, fondatrice légendaire des Jeux Floraux vers la fin du XIVe siècle. Notons que, suivant une autre habitude invétérée, Chateaubriand ne se contente pas de mobiliser l'arrière-pays de la lecture, mais qu'il se met en peine de références personnelles. La vue des Pyrénées ravive en effet des souvenirs enfouis dans les lointains du temps et de la géographie, dont le défilé aboutit à cette belle comparaison : « Le passé ressemble à un musée d'antiques ; on y visite les heures écoulées ; chacun peut y reconnaître les siennes »[3]. Arrivé à Cauterets, nouveau transfert géographique et mémoriel : durant ses longues courses solitaires au-delà de la ville

[2] Pour les soucis majeurs ayant commandé ce labeur, je me permettrai ici de renvoyer à mon article, « Les corrections autographes de la Quatrième partie des *Mémoires d'outre-tombe* dans le manuscrit de 1845 », in *Chateaubriand réviseur et annotateur de ses œuvres*, dir. P. Tucci, Paris, H. Champion, 2010, p. 155-178.

[3] *Mémoires d'outre-tombe*, éd. J.-C. Berchet, Paris, Bordas, 1989-1998, « Classiques Garnier », t. III, p. 353 (XXXI, 1). Je me réfèrerai à cette édition par le sigle MO, suivi de l'indication du tome, de la page, du livre et du chapitre.

et de ses « fontaines minérales », Chateaubriand se croyait « dans les escarpements de la Sabine ». Au dédoublement du lieu correspond la double poétisation à laquelle il raconte s'être livré, l'une au sens technique du terme – composer des vers, nous l'avons vu –, l'autre au sens figuré, et onirique. Cette seconde poétisation est elle aussi d'une nature double, puisqu'à l'exhumation des rêves « de ses nuits passées » – comprenons : au retour de la Terre Sainte, en 1807 – toujours se mêlaient quelques songes du moment, « dont la mine heureuse déjouait l'air consterné de leurs vieux confrères » (III, 354). Une rédaction antérieure du chapitre, conservée par le manuscrit de Sainte-Geneviève, informe que Chateaubriand était monté en calèche à Paris « le cœur tout palpitant », on ne sait sous l'effet de quel pressentiment. À Cauterets, il avoue avoir dépensé « tous ses efforts pour être triste », mais en vain. C'est sur ces entrefaites, et dans un tel état émotionnel, qu'eut lieu l'entrevue avec la « mystérieuse anonyme » qui depuis quelque temps lui écrivait.

Je reproduis l'épisode in extenso :

> Voilà qu'en poétisant je rencontrai une jeune femme assise au bord du gave ; elle se leva et vint droit à moi : elle savait, par la rumeur du hameau, que j'étais à Cauterets. Il se trouva que l'inconnue était une Occitanienne, qui m'écrivait depuis deux ans sans que je l'eusse jamais vue : la mystérieuse anonyme se dévoila : *patuit Dea.*
>
> J'allais rendre ma visite respectueuse à la naïade du torrent. Un soir qu'elle m'accompagnait lorsque je me retirais, elle me voulut suivre ; je fus obligé de la reporter chez elle dans mes bras. Jamais je n'ai été si honteux : inspirer une sorte d'attachement à mon âge me semblait une véritable dérision ; plus je pouvais être flatté de cette bizarrerie, plus j'en étais humilié, la prenant avec raison pour une moquerie. Je me serais volontiers caché de vergogne parmi les ours, nos voisins. J'étais loin de me dire ce que se disait Montaigne : « L'amour me rendroit la vigilance, la sobriété, la grâce, le soin de ma

> personne... ». Mon pauvre Michel, tu dis des choses charmantes, mais à notre âge, vois-tu, l'amour ne nous rend pas ce que tu supposes ici. Nous n'avons qu'une chose à faire : c'est de nous mettre franchement de côté. Au lieu donc de me remettre aux *estudes sains et sages* par où *je pusse me rendre plus aimé*, j'ai laissé s'effacer l'impression fugitive de ma Clémence Isaure ; la brise de la montagne a bientôt emporté ce caprice d'une fleur ; la spirituelle, déterminée et charmante étrangère de seize ans m'a su gré de m'être rendu justice : elle est mariée (MO, III, 355).

Loin d'être accessoires, les citations que Chateaubriand emprunte aux *Essais* et la conversation qu'il lie avec leur auteur, l'interpellant par son prénom (cas unique dans les *Mémoires*), ménagent un jeu de miroirs, ou pour mieux dire un trompe-l'œil, utilisé à des fins argumentatives. En fait, l'attitude de Montaigne à l'égard des appétits séniles, telle qu'elle se manifeste au chapitre « Sur des vers de Virgile » (III, 5), n'est pas celle que Chateaubriand dépeint : ses mots sont détournés de leur sens véritable, afin que l'emprunteur puisse définir, et valoriser par contraste, sa propre attitude. Il est vrai que les *Mémoires* ont une notoire tendance à infléchir, parfois à manipuler et même à réécrire les fragments discursifs qu'ils incorporent, si bien que telle ou telle page, tout en se configurant comme une mosaïque de pièces rapportées, n'en demeure pas moins à part entière une page de Chateaubriand[4]. Une dénaturation, si peu volontaire qu'elle soit, constitue du reste le résultat propre de toute citation, même *verbatim*. Mais dans le cas présent le transvasement textuel donne lieu à une dynamique de réactions qui se situent au-delà de celles produites par le contact entre des discours de paternités différentes, dont l'un mutilé pour les besoins de la cause : le

[4] D'autant plus que, selon une observation perspicace de Jean-Christophe Cavallin, l'*ars poetica* mise au point par le mémorialiste est un *art de la compilation* : « quand bien même il n'aurait pas à proprement parler *écrit* cette page, il l'aurait encore *composée* » (*Chateaubriand mosaïste : « Ulysse, Hermione, une Truie »*, Verone, Fiorini, 2000, p. 105).

« pauvre Michel » en vient finalement à servir de repoussoir au mémorialiste, alors même que l'apostrophe par laquelle celui-ci l'interpelle donnerait l'illusion d'un rapport empathique.

Chateaubriand apparaît au début du récit sous les traits du grand homme en vacances, sensible au zèle d'une jeune admiratrice déterminée à le rencontrer. Dans le second paragraphe, clausule d'un chapitre que suivront sans transition des pages évoquant le ministère Polignac et le contrecoup subi par ses destinées politiques, il envisage l'intérêt que l'Occitanienne lui témoignait comme « une sorte d'attachement » (la modalisation est notable), assez vif néanmoins pour qu'il fût un soir *obligé* de la ramener chez elle dans ses bras. Une succession de termes chargés de faire ressortir avec une négativité hyperbolique et symétrique les deux perspectives en jeu, active (« dérision », « bizarrerie », « moquerie », « caprice ») et passive (« honteux », « humilié », « vergogne »), signale la détresse de René vieilli, sachant trop qu'il ne peut plus être un objet de désir. Pourtant, un désir d'être désiré transparaît tout au long du passage sous le voile du désenchantement. Nous aurons à revenir sur cette ambiguïté, ainsi que sur les implications de l'épisode, tant au plan local que dans une perspective plus large. On relèvera, pour l'instant, qu'il ne porte pas, comme la scène des *Mémoires* où Chateaubriand ambassadeur à Londres reçoit la visite de Charlotte Ives, devenue lady Sutton, la marque apparente d'une occasion manquée, et donc une aura de regret. L'information sur laquelle il se termine – l'Occitanienne s'est mariée entre-temps – a un ton neutre, presque détaché, encore que, par suite de l'allusion à la « justice » que Chateaubriand s'est rendue, cette phrase se prête à être lue d'une autre manière, pour ne pas dire qu'elle demande à l'être : si le mariage a pu se faire, c'est que, malgré une volonté évidemment adverse, « ce caprice d'une fleur » ne fut pas exaucé.

« La vie n'est pas toute en plaine, on monte quelquefois, on descend souvent ». Telle est la proposition sentencieuse servant de préambule à une anecdote beaucoup moins honorable insérée au livre XX, chapitre 2, en pleine épopée napoléonienne, qu'il est à propos de rappeler ici : « Napoléon avait reçu dans son lit à Milan une Italienne de seize années, belle comme le jour ; au milieu de la nuit il la renvoya, de même qu'il aurait fait jeter par la fenêtre un bouquet de fleurs » (MO, II, 364). Le « suffisant lecteur » que Chateaubriand souhaite pour les *Mémoires*, comme Montaigne pour les *Essais*, ne manquera pas d'apprécier la distance sidérale qui sépare les deux épisodes, de même que ne saurait lui échapper la dissemblance, face à des femmes de Venise, entre l'attitude du mémorialiste et celles de ses deux augustes « devanciers » dans la ville des lagunes, Rousseau et Byron. Point n'est besoin, toutefois, d'avoir recours à d'autres passages des *Mémoires* pour trouver des comparants à la hauteur de la situation : Montaigne, *ce* Montaigne, s'acquitte très dignement de la tâche

Pour mener à bien son dessein démonstratif – la vieillesse et l'amour sont incompatibles –, Chateaubriand enrôle l'auteur des *Essais* sous la bannière d'un *nous* désignant les « vétérans expérimentés » (ce syntagme figure au livre XXXIV, chapitre 1, des *Mémoires*, dans un contexte mémoriel), qui savent, ou devraient savoir, que le moment est venu de déposer les armes : mais le pauvre Michel est censé, justement, se refuser à l'évidence. Il n'est pas indifférent de noter à ce sujet que, dans le chapitre des *Essais* d'où le mémorialiste tire ses citations, le *nous*, à une exception près (si je ne m'abuse), renvoie aux hommes et s'oppose au *elles* des femmes. L'exception est par ailleurs notable : un *nous* désignant les vieillards s'oppose en effet au *eux* (implicite) des jeunes à l'endroit où cet axiome est formulé, axiome qui va nettement à l'encontre de la logique de l'épisode étudié ici : « C'est à nous, à resver et baguenauder, et à la jeunesse à se tenir sur la reputation et sur le bon bout. Elle va vers le monde, vers le credit : nous en venons »[5].

On laissera de côté dans ces pages la réflexion continue et mouvante dont la vieillesse, « cette calamité d'aage », fait l'objet dans les *Essais*, et qu'accompagne une observation presque

[5] *Les Essais*, éd. J. Balsamo, M. Magnien et C. Magnien-Simonin, Paris, Gallimard, « Bibliothèque de la Pléiade », 2007, p. 884 (III, 5). Les références aux *Essais* seront prises dans cette édition, mentionnées entre parenthèses dans le texte, avec la simple indication de la page et, à l'occasion, du livre et du chapitre.

maniaque de ses effets. On n'envisagera que les formes sous lesquelles elle se présente dans le chapitre « Sur des vers de Virgile », et on rendra compte sommairement de l'anthropologie sur laquelle elle repose et de l'éthique amoureuse qui en est le terme. Ce chapitre est en fait d'une texture très complexe et il aborde plusieurs matières d'importance, du rapport entre les mots et les choses aux discordances entre le dire et le faire, de l'éloge de Plutarque au procès de la poésie contemporaine, bien que l'amour en soit le thème central. Montaigne propose au début la mise en scène douloureuse de son déclin physique, dont l'une des marques est la déperdition de la « chaleur » si nécessaire aux plaisirs de la chair. L'âge ne lui permet désormais que de s'amuser « en la recordation des jeunesses passées », ou de courir après « des pensements folastres et jeunes » (883). Mais ces évasions « en fantasie et en songe » ne sont qu'un pis-aller : pour détourner « le chagrin de la vieillesse », il faudrait « autre remede, qu'en songe ». Il est remarquable que ce discours qui déplore « la faible lucte, de l'art contre la nature » (*ibid.*), et qui se poursuit, quoique à sauts et à gambades, comme une apologie des « mutuels offices » érotiques, situe le meilleur de l'amour, non dans le plaisir en acte, mais dans sa représentation verbale par Virgile et Lucrèce.

À la fin du chapitre, le propos se recentre sur le thème biologique et sa répercussion dans la sphère amoureuse. La citation d'une *Élégie* de Jean Second avait projeté l'idée d'une flamme revigorée dans l'hiver de la vie : *Nec mihi deficiat calor hic, hyemantibus annis* (890). Ce rêve de rajeunissement, de recommencement, se déploie dans l'énumération des bénéfices à la fois pour le corps et l'âme que Montaigne pourrait tirer de quelque nouvel amour : il redonnerait de la fermeté à son comportement, faisant en sorte que les grimaces « difformes et pitoyables » de la vieillesse ne puissent le « corrompre » ; il le détournerait des mille soucis et chagrins dont l'oisiveté et sa santé chancelante le chargent ; il réchaufferait « au moins en songe » ce sang que la nature abandonne ; il « allongeroit un peu les nerfs, et la vigueur et allegresse de la vie, à ce pauvre homme, qui s'en va le grand train vers sa ruine » (937). C'est le passage auquel Chateaubriand renvoie, sélectionnant les éléments qui lui conviennent.

Se fiant pour une fois à la médecine galénique, selon les préceptes de laquelle les dyscrasies froides doivent être combattues par la chaleur[6], Montaigne déclare par la suite que, s'il était lui-même médecin, il ordonnerait l'amour à un homme de sa « forme » et « condition », pour le stimuler et retarder sur lui l'emprise de la vieillesse (935). Le vrai remède serait dispensé par un jeune corps, comme le montre l'exemple de Socrate (« plus vieil que je ne suis »), qui ressentit pour plus de cinq jours l'émotion brûlante d'une lecture à deux : « appuyé contre son espaule, de la mienne, et approché ma teste à la sienne » (935-936). Ces rêves amoureux sont destinés, cependant, à rester songe et fantaisie. À la fin du chapitre l'arrêt sera prononcé : le « pauvre Michel » se résigne à prendre « l'extreme congé des jeux du monde » (847). Contrairement à ce que Chateaubriand lui fait dire, il est loin de songer aux moyens qui pourraient le rendre « plus aimé », et de cultiver une chimère de palingénésie, ou du moins de thérapeutique, par l'amour : il confesse même avoir *honte* de se trouver « parmy cette verte et bouillante jeunesse » (937). Du reste, aucune symétrie ne peut subsister pour un « vieillard » dans la relation érotique, d'autant que Montaigne rejette la seule possibilité qui eût restitué l'égalité : la fréquentation des femmes de son âge. Il mesure ainsi toute la distance le séparant, irréparablement, de l'amour, et l'amour ne lui semble « proprement et naturellement en sa saison qu'en l'aage voisin de l'enfance » (939).

Comme on voit, la double allégation de fragments d'un discours amoureux dont Chateaubriand pervertit le sens dans son ensemble, et l'apostrophe compatissante qu'il y intercale, lui permettent de conférer à sa chaste aventure une valeur exemplaire, précisément par opposition à un Montaigne qui s'égarerait, lui, dans un mirage de régénération. Il serait difficile d'admettre que ce n'est pas là un effet voulu. Le mouvement explicite de la page suit néanmoins une direction telle que deux ordres de motivations se superposent, l'un ayant rapport au

---

[6] Je suis ici une indication de J. Starobinski, *Montaigne en mouvement*, Paris, Gallimard, 1982, p. 251.

respect que René devait à la jeune femme et se devait, l'autre à la conduite convenable à son âge qu'il se targue d'avoir observée. Le premier, par suite de l'accumulation des marques qui le désignent, finit par l'emporter sur le deuxième dans la perception du lecteur. En fait, si Chateaubriand affirme avoir pris « avec raison » pour une moquerie et un caprice l'attachement qui lui était voué, toujours est-il qu'il n'aurait tenu qu'à *son* caprice de cueillir cette « fleur » offerte avec tant de transport et d'innocence. Et c'est la volonté de se rendre justice qui l'a empêché de laisser son désir excéder sa conduite, plutôt que le sentiment d'avoir dépassé l'âge des amours. Les mots de Montaigne qu'il n'a pas repris auraient fait de cette abstention, non pas un geste auréolé de vertu et de noblesse de cœur, mais un acte littéralement dû.

On se souvient que d'autres mots des *Essais*, figurant dans un chapitre précédent, mais ayant trait aussi aux défaillances et aux renoncements imposés par l'âge – « les inconvenients que nature *l*'ordonne à souffrir » (885) –, sont cités au livre XXXVIII, chapitre 6 (MO, IV, 342), cette fois avec une fidélité totale à leur sens, même s'ils servent en réalité à dire le contraire de ce qu'on veut faire entendre. L'occasion en est fournie par cette servante avertie qui, dans une auberge de Hohlfeld, en juin 1833, regarde Chateaubriand de travers, et qu'il remercie par antiphrase de ses « avances » : « Qu'il est doux d'être aimé au moment même où l'on n'avait plus d'espérance de l'être ! Mais, Javotte, vous venez trop tard à mes *tentations cassées et mortifiées* comme parlait un ancien Français[7] ; mon arrêt est prononcé : "Vieillard harmonieux, repose-toi" m'a dit M. Lherminier. Vous le voyez, bienveillante étrangère, il m'est défendu d'entendre votre chanson : 'Vivandière du régiment / *Javotte* l'on me nomme…' ». (Relevons que, par un mouvement de pudeur qui a été qualifié de

[7] Au chapitre « Du repentir » (III, 2), p. 856-857 : « Mes tentations sont si cassées et mortifiées, qu'elles ne valent pas qu'elle [la raison] s'y oppose : tendant seulement les mains au devant, je les conjure. Qu'on luy remette en presence, cette ancienne concupiscence, je crains qu'elle auroit moins de force à la soustenir, qu'elle n'avoit autrefois ».

« surprenant »[8], le mémorialiste a changé le nom de l'héroïne de la chanson de Béranger dont il cite le premier couplet, et qui était – sans équivoque – « Catin »[9]).

Ce constat de déchéance corporelle et charnelle fait écho à celui qu'il avait dressé lors de la remémoration de la rencontre de Cauterets. Mais aucun conflit ne se déclare, ni ne pourrait se déclarer en l'occurrence entre mauvais et nobles instincts, entre « concupiscence » et « raison », pour reprendre les propres termes de Montaigne, parce que le contexte est ironique, et que, tout de même, il y a une grande différence de la « naïade du torrent » à la « bienveillante » Allemande ayant l'air de dire au vicomte : « J'ai vu d'autres godelureaux que vous dans les armées de Napoléon ! » À vrai dire, une nuance d'ironie pourrait se déceler dans la citation de l'*Énéide* (I, v. 405) qui clôt le premier paragraphe de l'épisode de la naïade. Le mot *Dea* y désigne en effet Vénus ayant pris l'apparence d'une jeune fille, et manifestant sa « véritable » (*vera*) identité à Énée « rien que pour sa démarche » (*incessu*). Mais le retranchement d'une partie du vers annule, ou du moins estompe, l'effet qu'aurait produit une reprise intégrale.

Or, l'Occitanienne elle-même, comme on sait, emprunta une voix d'outre-tombe pour révéler son identité et opposer sa propre version à celle de Chateaubriand, répliquant aussi au comte de Marcellus, qui, dans son exégèse des *Mémoires*, avait fait ces remarques perfides sur le passage :

> Quelle étrange aventure ! La capricieuse Occitanienne de seize ans avait mérité sans doute la discrétion du sexagénaire. Mais peut-être aussi (tant nos nymphes méridionales sont vaniteuses et coquettes !) espérait-elle que son nom serait immortalisé par l'illustre objet de son choix. Elle devait être ainsi trompée dans tous ses vœux de jeune fille. Faut-il dire que, malgré les réticences de

---

[8] Par Maurice Levaillant, dans l'Édition du Centenaire des *Mémoires d'outre-tombe*, Paris, Flammarion, 1982 [1948], t. IV, p. 294.

[9] *La Vivandière* (1817), dans Béranger, *Chansons*, Paris, Perrotin, 1859, t. I, p. 239-242.

> l'auteur, il me semble que je pourrais nommer l'héroïne de l'aventure ?[10]

L'héroïne de l'aventure s'appelait Léontine de Villeneuve, future comtesse de Castelbajac, et en 1829, elle n'avait pas seize, mais vingt-six ans. Mue par « le soin de sa réputation », elle afficha, en une sorte de mémoire justificatif, la pureté adamantine de ses sentiments, protestant contre les inexactitudes et les travestissements de l'« inconcevable » page qui, de propos délibéré, transforme « le *vrai* en *faux* », et qui fait d'elle « la seule femme compromise » par les *Mémoires* : c'est une « nièce d'adoption » qu'elle rêvait de devenir pour Chateaubriand (on aurait évidemment préféré qu'elle dît : « fille d'alliance », légitimant ainsi un parallèle auquel la situation invite). On apprend de ce mémoire et d'autres notes écrites à diverses reprises qu'elle l'avait vénéré à travers ses livres, et qu'en novembre 1827 elle lui avait écrit sans lui révéler son nom. Il répondit, et une correspondance s'engagea entre eux, qui dura près de deux années. Les *Confidences* de Léontine, morte en 1897, cinq années avant d'être centenaire, servent en effet de préface à une collection de soixante-huit lettres autographes de Chateaubriand, dont la plupart d'un lyrisme éperdu[11]. Dans son texte, l'Occitanienne pratique le talion, renchérissant sur la vieillesse de Chateaubriand, de même qu'il avait renchéri sur sa jeunesse dans les *Mémoires*: « Les lettres de ce vieillard et, plus tard, ses paroles… », « l'aimable coquetterie d'un vieillard souriant aux avances gracieuses d'une jeune femme », « la gloire semblait se plaire […] à faire de ses rayons une auréole à sa vieillesse », « quelle impression me fit ce noble vieillard ! ». Elle va jusqu'à deviner dans les derniers mots d'un récit qui « déshonore » Chateaubriand (« Elle s'est mariée ») le

[10] Comte de Marcellus, *Chateaubriand et son temps*, Paris, Michel Lévy, 1859, p. 373-374.

[11] *Le Roman de l'Occitanienne et de Chateaubriand*, publié par la comtesse de Saint-Roman, avec 70 lettres inédites de Chateaubriand, Préface de R. de Flers, Paris, Plon-Nourrit et Cie, 1925, p. 193, 5, 191. Tout aussi soucieuse de sa renommée posthume, Léontine désigna sa petite-fille, la comtesse de Saint-Roman, pour publier ses confidences et les lettres de Chateaubriand si la véritable identité de l'« Occitanienne » venait à être dévoilée (ce qui arriva en 1923).

« ressentiment jaloux de l'amour-propre d'un vieillard »[12].

On a supposé que c'est pour dérouter les curiosités trop perspicaces que le mémorialiste a déformé quelques traits de la vérité. Il aurait voulu à la fois que Mme de Castelbajac se reconnût dans l'Occitanienne et que ses familiers ne fussent jamais sûrs de l'y reconnaître[13]. On peut être en désaccord avec cette explication : elle entend disculper Chateaubriand de l'altération qu'il a opérée, en l'attribuant à un scrupule de galant homme, alors que Léontine lui faisait grief exactement du contraire, en soulignant avec une insistance éloquente les trois mots qu'elle tenait surtout pour offensants : *dans mes bras*. Mais l'une et l'autre attitude souffrent du même préjugé : elles exigent un accord entre vérité factuelle et écriture. Si Léontine vise expressément dans ses aveux à « détruire par *l'histoire* la fiction du passage des *Mémoires* »[14], c'est qu'elle s'attend à ce qu'un récit autobiographique soit un récit véridique. Mais Chateaubriand a séparé d'une manière nette le *moi* de son « existence extérieure et pratique » (MO, I, 582 ; XI, 1) et celui de l'écriture, se contentant bien rarement d'une mise en mots « objective » des circonstances de son vécu. L'opposition réel-fictif n'est pas pertinente : au fil de l'ouvrage, prend forme un *moi*-personnage, un Chateaubriand de papier, selon la belle expression de Roland Barthes[15], ne coïncidant pas avec l'homme de chair et d'os et ses faits et gestes. Encore convient-il d'ajouter que, pour composer cette effigie de soi, le mémorialiste a été souvent amené à façonner des personnages *ad hoc* jouant les seconds rôles, différents de leurs modèles extratextuels. Le « vrai » des *Mémoires d'outre-tombe* est ainsi d'un autre ordre que la vérité contingente, il a partie liée avec une poétique qui transcende les données brutes de l'expérience réelle pour engendrer un sens supérieur. D'où la tendance de Chateaubriand, que des lapsus (parfois volontaires)

---

[12] *Ibid.*, p. 7, 17, 21, 23, 191.

[13] *Mémoires d'outre-tombe*, éd. M. Levaillant, *op. cit.*, t. IV, p. 763 (Appendice XXI).

[14] *Le Roman de l'Occitanienne et de Chateaubriand*, *op. cit.*, p. 199.

[15] « Un Chateaubriand de papier », in R. Barthes, *Œuvres complètes*, Paris, Seuil, 2002, t. V, p. 770.

découvrent[16], à assimiler sa vie à la relation qu'il en fait, sinon même sa « prétention » (qui serait aussi son « désespoir ») de substituer celle-ci à celle-là[17]. Pour reprendre la formule paradoxale de Gérard Genette, dans les *Mémoires* « c'est le récit qui fait l'histoire »[18].

Du strict point de vue de la vraisemblance, on aurait lieu de s'étonner de l'événement constituant la pointe à laquelle est accroché l'épisode narré – Chateaubriand qui ramène la jeune femme dans ses bras –, si justement le mémorialiste ne nous révélait par là une intention. Il ne s'agit aucunement d'une question de crédibilité ou d'incrédibilité objective (« la scène », telle qu'elle est exposée, ne semble pas possible à Léontine, quand bien même elle concernerait « une autre personne »), mais de vraisemblance interne au système textuel. On pourrait ainsi appliquer à cet événement ce que Barthes écrivait de la décollation de la maîtresse de Rancé : il n'est possible qu'en littérature ; « il n'est ni vrai ni faux », « il fait partie » – justement – « d'un système »[19]. Si l'on s'en tenait d'ailleurs à la *vérité* et à la *véridiction* au sens où les entend et les revendique Léontine, il faudrait signaler dans le chapitre relatant l'aventure de Cauterets quelques omissions significatives. Chateaubriand s'est gardé en effet de noter non seulement que, dans les mêmes mois où il écrivait des lettres ardentes à l'inconnue de Toulouse, il correspondait sur le même ton avec une autre inconnue – la marquise de Vichet, qu'il ignorait être quinquagénaire –[20], mais également que son voyage de Paris aux Pyrénées avait comporté une halte à Étampes : c'est là que l'attendait Hortense Allart, la

---

[16] J'en donne un exemple typique dans mon article « Zanze, de Pellico à Chateaubriand », *Rivista di Letterature moderne e comparate*, LX-2, 2007, p. 131.

[17] Voir Y. Vadé, *L'enchantement littéraire. Écriture et magie de Chateaubriand à Rimbaud*, Paris, Gallimard, 1990, p. 110.

[18] « Chateaubriand et rien », in *Figures V*, Paris, Seuil, 2002, p. 287.

[19] « Chateaubriand : *Vie de Rancé* », in *Nouveaux essais critiques*, *Œuvres complètes*, *op. cit.*, t. IV, p. 62.

[20] Cette correspondance a été révélée par Teodor de Wyzewa : *Un dernier amour de Chateaubriand*, avec un portrait de la marquise de V…, Paris, Perrin, 1903. La première lettre de Chateaubriand à Mlle de Villeneuve est datée du même jour – 24 novembre –, que sa première lettre à Mme de Vichet.

jeune femme de lettres qui s'était présentée à lui le jour de Pâques à Rome, et qui avait manifesté un vif désir de lui être agréable.

Reste que le fait de pouvoir donner une titulaire à l'Occitanienne, et plus encore d'avoir accès à ses antimémoires et aux lettres que lui adressa Chateaubriand, n'est pas sans conséquence. On s'est réjoui de disposer ainsi de « tous les renseignements nécessaires à l'intelligence de ce morceau »[21]. On aurait dû écrire plutôt : « nécessaires à l'intelligence de son référent existentiel », ce « morceau » possédant en lui-même son propre vouloir-dire. Ce qui fait l'intérêt des deux témoignages externes, c'est qu'ils offrent à la fois les motifs et les moyens de réfléchir aux procédés de littérarisation du réel mis en œuvre par le mémorialiste, ainsi qu'à leurs enjeux.

En effet, si le modèle extratextuel de celle que le vieux Chactas eût appelé la vierge des dernières amours n'était plus une toute jeune fille, l'Occitanienne de papier, pour sa part, vient se ranger au nombre de « ces femmes du printemps » (MO, III, XXX, 8), de ces « femmes à peine adolescentes » (I, 556) qui constellent les *Mémoires d'outre-tombe* : en commençant par leur archétype, la Sylphide, à laquelle Chateaubriand attribue précisément l'âge de seize ans, ainsi qu'il le fera pour un autre songe éveillé, Cynthie. Dans la galerie des autres figures possédant en dehors de l'espace construit par le mémorialiste une existence historique (ou du moins données pour telle), on rencontre Charlotte Ives, la fille du pasteur anglais, elle aussi de seize ans, qui consola son exil et qu'il retrouva en 1822, comme on l'a vu, sous sa nouvelle identité de lady Sutton. C'est dans cette même année qu'il narre avoir rencontré, à Londres encore, lors de la nuit passée dans l'abbaye de Westminster vingt-neuf ans auparavant, une « petite sonneuse de cloches », « léger fantôme » portant une lumière, ô combien symbolique (I, 556 ; X, 5). Autre exemple – extrême –, « l'adolescente vendangeuse » de Hohlfeld pour laquelle Chateaubriand tire un « horoscope » en juin 1833, et qui lui inspire un rêve d'amour par ravisseur imaginaire

[21] *Mémoires d'outre-tombe*, éd. M. Levaillant, *op. cit.*, t. IV, p. 563.

interposé, dans un palais de marbre sur le détroit de Messine (IV, 341) ; le même rêve, on s'en souvient, avait été consommé en compagnie de la Sylphide (I, 223). On rappellerait aussi la scène de la dame lyonnaise qui, s'étant représentée l'auteur du *Génie du Christianisme* comme un vieil abbé, hésite, effrayée par son visage « trop jeune », à lui confier sa fille pour un voyage nocturne en diligence – et c'est bien évidemment une « divinité de seize ans » (IV, 348 ; XXXVIII, 8)[22]. Au cours de tous ces épisodes, des allusions, des réticences, des incidents étranges (comme le bruit d'un baiser dans le « labyrinthe de tombeaux » de Westminster, avant l'apparition de la petite sonneuse) trahissent une vibration, une palpitation de l'âme, de même que, dans la Quatrième partie des *Mémoires*, certaines corrections opérées sur le manuscrit de 1845 s'expliquent par la volonté de gommer des pulsions secrètes, que les formulations antérieures laissaient percer, et parfois mettaient à découvert.

Qu'on touche bien là à un paradigme cher au cœur de Chateaubriand, ses œuvres de fiction le certifient : Mila est « à peine âgée de quatorze ans », Céluta a dix-sept « neiges », et c'est sur un front « de dix-huit printemps » que Chactas dit avoir répandu « la terre du sommeil » ; Cymodocée, elle, est dans sa seizième année au début des *Martyrs*[23]. On soulignera au passage que Mila a été transplantée telle quelle dans les *Mémoires* (I, 414 ; VII, 9), et que les deux Floridiennes entre lesquelles il dit s'être réveillé dans l'île de Jouvence sont, de son aveu, les modèles d'Atala et de Céluta (I, 438 ; VIII, 3) : signe des croisements se multipliant sous sa plume entre la catégorie du « réel » et celle du « fictif », et de la parenté qui en résulte entre ses œuvres de fiction et ses œuvres de diction.

En adoptant une perspective romantique, on pourrait tenir cet âge fatidique et ses alentours immédiats pour la métaphore

---

[22] Dans le chapitre inaugural de l'ancien livre Dixième de la Quatrième partie, daté de septembre 1836, et supprimé par la suite, le mémorialiste attribue seize ans à une « habitante de la Bretagne » qui lui avait envoyé ses vers (*Mot*, t. IV, p. 811).

[23] Chateaubriand, *Œuvres romanesques et Voyages*, éd. M. Regard, Paris, Gallimard, « Bibliothèque de la Pléiade », 1969, t. I, p. 186 et 203 (*Les Natchez*), 90 (*Atala*) ; t. II, p. 108.

d'une inaccessibilité, pour l'emblème d'un amour, sinon impossible, du moins astreint à flotter dans les limbes (heureux ?) de l'immatérialité. Cette impossibilité trouve du reste son équivalent inversé dans les images de René adolescent ne pouvant regarder une femme sans rougir, et que des présences féminines confondent par trois fois jusqu'à l'aphasie et à la paralysie. À mesure que Chateaubriand vieillit, d'autres instances s'ajoutent ou succèdent à celles qui ont pu présider à l'enfantement, dans les solitudes de Combourg, de l'être qu'il appelle son « fantôme » féminin (MO, I, 228 ; III, 11), et que nous nommerons son fantasme : « le passage de l'autre côté féminin du miroir », comme l'a bien dit Marc Fumaroli[24] ; le ravissement par une beauté féminine qui en vertu de sa fraîcheur ne se distingue pas essentiellement de la beauté naturelle ; la réalisation d'une « relation parfaitement narcissique », laquelle confirmerait que « la dimension du *toi* est bien celle qui manque le plus cruellement dans l'œuvre de Chateaubriand »[25]. De toute manière, il ne faut pas oublier que c'est un Chateaubriand sur le retour (et encore) qui élabore la seconde version du récit de sa vie de la naissance à la trentaine, projetant rétroactivement sur le Chateaubriand qu'il fut les désirs et les craintes de celui qu'il est. Détail symptomatique : la Sylphide ne prendra son nom qu'après mars 1832[26].

Quant à ces désirs et à ces craintes, dans bien des passages de la Quatrième partie, qu'il rédige simultanément, le mémorialiste évoque les œillades furtives des jeunes filles rencontrées au gré des situations ou au tournant de son chemin. Ainsi, lorsqu'il narre sa détention, en juin 1832, au domicile particulier du préfet de police, il note que la très jeune et « très jolie » fille de son

[24] M. Fumaroli, *Chateaubriand. Poésie et terreur*, Paris, Gallimard, 2003, p. 552.

[25] J.-P. Richard, *Paysage de Chateaubriand*, Paris, Seuil, 1967, p. 179 et 181. Toutes ces instances sont énoncées l'une après l'autre – et dans cet ordre – dans une phrase du chapitre qui remémore les courses en compagnie de la Sylphide : « Je me dépouillais de ma nature pour me fondre avec la fille de mes désirs, pour me transformer en elle, pour toucher plus intimement la beauté, pour être à la fois la passion reçue et donnée, l'amour et l'objet de l'amour » (MO, I, 228 ; III, 11).

[26] Voir sur ce point J.-M. Roulin, « La Sylphide, rêve romantique », *Romantisme*, XVII, 1987, p. 30-32.

« geôlier » avait l'habitude de se promener seule dans le jardin un livre à la main, et jetait parfois « à la dérobée » un regard vers la fenêtre du prisonnier (MO, IV, 119 ; XXXV, 7). Qu'il suffise de mentionner encore la petite hotteuse à la « jolie tête échevelée » et aux yeux noirs qui est supposée avoir jeté « un dernier regard » à l'étranger ayant monté en silence avec elle un chemin escarpé (IV, 341), ou la jeune paysanne de Waldmünchen « à figure de vierge de la première manière de Raphael », qui s'empourprait en le regardant par-dessus l'épaule de son père. Voici la réaction de Chateaubriand : « Je voulais croire en sa pensée à je ne sais quels vagues regrets » (IV, 251). On a considéré de tels incidents comme des « scènes un peu trop codées sur le thème du vieillard et de la jeune fille »[27], portant en transparence l'empreinte du refoulement. Je proposerais un point de vue différent, que la dernière phrase citée me semble entériner : les coups d'œil détournés dont Chateaubriand tient si soigneusement registre ne sont pas tant le substitut spéculaire de son propre désir, que la métonymie d'une interrogation muette et inquiète qu'il s'adresse à soi-même.

Sans doute est-il licite d'aller plus loin dans le cas qui nous retient ici, et qui est le seul où se profile une possibilité effective d'accomplissement. On pourrait envisager le rajeunissement dont l'Occitanienne est l'objet dans le passage de la vie à son écriture comme une mise en relief, elle aussi métonymique, de la résonance de deux destins, mais aussi de leur distance, de leur non-coïncidence essentielle. Entre l'Occitanienne et Chateaubriand il y a identité de lieu (Cauterets) et de temps (juillet-août 1829), mais différence d'état sur l'axe du temps individuel. Le recouvrement local et chronologique semblerait imposer la réalisation d'une rencontre : celle-ci pourtant n'a pas lieu, en dépit des désirs partagés. Les motifs ressortent à l'ordre des évidences, existent par eux-mêmes. L'intérêt se trouve ainsi concentré sur la situation plus que sur les acteurs : la différence d'âge de ceux-ci frappe d'inanité la jonction qui aurait pu se réaliser. Le rendez-vous est manqué, la jonction ne s'effectue pas.

[27] J.-C. Berchet, *Notice des livres XXXIV-XLII*, in MO, IV, 15.

On peut mettre tout l'épisode sur le compte de l'affection de Chateaubriand pour la « figure » du *rapprochement*, dont Jean-Pierre Richard a dégagé les types principaux, et qui soutient une « rêverie du contact et de l'écart, du contact par l'écart, de l'écart dans le contact »[28]. Ici, l'arrière-fond biographique est converti en une forme correspondant très exactement à la logique de cette figure. Car lieu et temps s'y recouvrant, il *faut* que les identités s'écartent, donc se manquent, tout en se touchant de quelque façon. Je n'entends, en m'exprimant en ces termes, que souligner, sur ce plan encore, les modalités et l'aboutissement d'un processus de transposition du réel vécu – ou de littérarisation, pour reprendre l'image déjà utilisée –, que le mémorialiste n'a peut-être jamais poussé aussi loin. En surface, le récit élusif d'un mirage d'amour à la fois accessible et inaccessible ; en profondeur, celui d'une rencontre manquée, réussie dans ce manque même.

Je terminerai ces notes par un bref retour à Montaigne. Permettez-moi de rappeler d'abord ce plaisir qu'a Chateaubriand à se poser en écrivain célèbre, adoré à chaque coin de rue par des lecteurs et des lectrices enthousiastes, et dont il donne tout au long de son œuvre des preuves si nombreuses, aventure de Cauterets comprise : la jeune femme est alertée de sa présence « par la rumeur du hameau ». C'est par là, me semble-t-il, que pourrait se nouer une communication, une solidarité secrète avec le Montaigne du chapitre « Sur des vers de Virgile ». Faute de pouvoir, à cause de son âge, « fournir des Essays, en cher et en os » à une « compagnie » qui lui convînt et à laquelle il convînt, soit sédentaire soit voyageuse (885), le « pauvre Michel » forme le souhait d'être représenté auprès des dames par ses *Essais* en papier (889). D'autre part, il ne peut pas se contenter que son livre « serv[e] les dames de meuble commun seulement, et de meuble de sale ». Il aimerait être lu par elles dans un lieu « privé », correspondant au genre de commerce qu'il préfère. Commentant ce passage, Jean Starobinski a observé que « l'offre de lecture est une séduction symbolique ; c'est le commerce le

[28] J.-P. Richard, *Paysage de Chateaubriand*, *op. cit.*, p. 137.

plus approchant du commerce amoureux »[29]. Dans certaines circonstances, l'acte de lecture ne l'est pas moins. L'Occitanienne de chair et d'os, à l'âge de dix-sept ans, courait la campagne, l'*Itinéraire de Paris à Jérusalem* à la main ; les ruines d'un vieux château lui tenaient lieu de débris de Sparte, et elle criait *Léonidas !* « à s'enrouer »[30]. Lors de sa première rencontre avec le « demi-dieu », elle lui raconta que la lecture de ce livre qui le révélait tel qu'en « *lui-même* » (en italique dans le texte) avait éveillé l'« admiration pour le génie », l'« attrait du cœur pour l'homme »[31]. Certes, il n'en va pas du passage des *Mémoires* comme de celui des *Essais*, où la représentation en miroir du *moi* dans le livre et du livre dans le *moi* forme le succédané narcissique de toutes les relations de réciprocité inaccomplies ou désormais irréalisables[32]. Mais, sans lever le voile de la vérité biographique sous-jacente, qu'il a choisi de transférer sur un plan supérieur de significations, Chateaubriand fait entendre que c'est en lectrice de ses œuvres, et en lectrice passionnée, comme le montre sa persévérance biennale, que la mystérieuse anonyme lui avait adressé des lettres et s'était présentée à lui, avant de rentrer dans l'ombre d'où elle était sortie.

---

[29] J. Starobinski, *Montaigne en mouvement*, *op. cit.*, p. 227.

[30] *Le Roman de l'Occitanienne et de Chateaubriand*, *op. cit.*, p. XVI. Tel est le passage de l'*Itinéraire* qu'elle imitait : « Le silence était profond autour de moi : je voulus du moins faire parler l'écho dans ces lieux où la voix humaine ne se faisait plus entendre, et je criai de toute ma force : Léonidas ! Aucune ruine ne répéta ce grand nom, et Sparte même sembla l'avoir oublié. » (éd. J.-C. Berchet, Paris, Gallimard, 2005, p. 130)

[31] *Le Roman de l'Occitanienne et de Chateaubriand*, *op. cit.*, p. XVI, 11, 23.

[32] « Est-ce pas ainsi que je parle par tout ? me representé-je pas vivement ? suffit ! J'ay faict ce qu'ay voulu : tout le monde me recognoist en mon livre, et mon livre en moy. » (p. 918) Cf. J. Starobinski, *Montaigne en mouvement*, *op. cit.*, p. 251.

Citations en abyme : les *Essais* de Montaigne dans les *Mémoires d'outre-tombe*

Marika Piva

ainsi que disoit cet ancien
Montaigne[1]

comme parlait un ancien Français
Chateaubriand[2]

« Presque toutes les œuvres de Chateaubriand contiennent un hommage et un reflet des *Essais* », c'est ainsi que Raymond Lebègue conclut son *Essai sur Chateaubriand lecteur de Montaigne* ; il l'avait commencé en déclarant qu'il ne suffit pas de relever le nom de Montaigne et ses citations chez Chateaubriand « car sa mémoire est imprégnée de cet ouvrage »[3]. Pierre Moreau, quant à lui, passe en revue les romantiques français et affirme qu'« il n'est pas d'écrivain, depuis Pascal, que l'ombre de Montaigne obsède autant que Chateaubriand »[4], tandis que McFarlane, qui se livre à un examen de la présence de Montaigne dans les *Mémoires d'outre-tombe*, avance l'hypothèse que le style de l'autobiographie de l'enchanteur doit beaucoup au *décousu* des *Essais*, texte où Chateaubriand peut avoir appris quelque chose sur l'usage des citations[5]. Les trois critiques renvoient aux déclarations bien

---

[1] Montaigne, *Les Essais*, éd. P. Villey, Paris, Quadrige/PUF, 1992, I, 9, 35. Sauf indication contraire, toutes les références aux *Essais* – livre, chapitre et page – renvoient à cette édition.

[2] Chateaubriand, *Mémoires d'Outre-tombe*, éd. J.-C. Berchet, « La Pochothèque », Paris, Garnier, 2003-2004, 2 vol., II, XXXVIII, 6, 786. Je donne les références – tome, livre, chapitre et page – après l'abréviation MO dans le texte.

[3] R. Lebègue, « Essai sur Chateaubriand lecteur de Montaigne », *Bulletin de la Société Chateaubriand*, 16, 1973, p. 54-63.

[4] P. Moreau, « Vues sur Montaigne et les romantiques français », *Bulletin de la Société des amis de Montaigne*, IV, 9, janv.-mars 1967, p. 6.

[5] I.D. Mcfarlane, « A Note on the presence of Montaigne in the *Mémoires d'outre-*

connues du secrétaire Pilorge[6] et du comte de Marcellus[7] lesquels attestent, avec leurs témoignages directs, l'importance des *Essais* pour Chateaubriand qui en était un lecteur assidu. En ce qui me concerne, j'ai ébauché ailleurs[8] un tableau de l'utilisation textuelle de l'œuvre de Montaigne et de l'insertion de son nom dans les *Mémoires*. Je vais proposer ici un raccourci de ces occurrences, en les insérant dans le cadre des œuvres complètes de Chateaubriand, pour me consacrer essentiellement aux emprunts répétés et aux citations en abyme, à leur présence, mais aussi et surtout, à leur absence.

Les citations des *Essais* dans les œuvres de Chateaubriand

Les citations de Montaigne chez Chateaubriand se concentrent surtout dans les *Mémoires*, où on dénombre vingt-trois emprunts dont seize tirés des *Essais*. Dans les ouvrages précédents, recueillis dans l'édition Ladvocat des *Œuvres complètes*[9], on repère seulement huit reprises : une du *Journal de voyage en Italie* de

---

tombe », *Balzac and the Nieneteenth Century. Studies in French literature presented to Herbert J. Hunt*, Leicester, Leicester University Press, 1972, p. 225-237.

6 « Avis de l'éditeur », *Lectures des Mémoires de M. de Chateaubriand, ou Recueil d'articles publiés sur ces Mémoires, avec des fragments originaux*, Paris, Lefèvre, 1834, p. i (note).

7 Les renvois à Montaigne dans *Chateaubriand et son temps* (Paris, Michel Lévy frères, 1858) sont en réalité plus nombreux que ceux canoniquement cités. Plusieurs fois, en effet, le comte de Marcellus cite lui-même des extraits des *Essais* – par exemple aux pages 16, 21, 22 et 298 –, il reproduit aussi une référence à leur auteur que Chateaubriand fait en parlant de Zéa (p. 173). En outre, Marcellus commente la citation du chapitre « Des cannibales » lors de l'apparition de Mila (p. 61-62) ; il parle des « lectures à *bâtons rompus* » que les *Mémoires* réfléchissent (p. 71-72) et dit que Montaigne « était alors la lecture favorite de M. de Chateaubriand ; et [que] les *Essais* venaient de passer de ma petite bibliothèque dans les mains de l'écrivain » (p. 97-98) ; enfin, il cite longuement un passage du « Montaigne que je lui avais prêté et qu'il lisait dans son lit », texte que Chateaubriand faisait « réciter tout haut » à Marcellus lui-même (p. 272-273).

8 M. Piva, *Memorie di seconda mano. La citazione nei* Mémoires d'outre-tombe *di Chateaubriand*, Perugia, Morlacchi Editore, 2008, p. 113-119.

9 Chateaubriand, *Œuvres complètes*, Paris, Ladvocat, 1826-1831, 31 tomes. À partir de maintenant, « Ladvocat » suivi de l'indication du tome et de la page.

Montaigne, qui se place dans une note du *Voyage en Italie* et qui reviendra dans les *Mémoires*, et sept des *Essais*. Un bref renvoi au chapitre « Sur des vers de Virgile » se trouve dans le *Voyage à Clermont*, tandis que l'« Apologie de Raimond Sebond » est citée dans le *Génie du Christianisme*[10] et dans sa *Défense*[11]. Quant aux articles réunis dans les *Mélanges littéraires*, les *Essais* y apparaissent trois fois : si dans l'article *Sur les Annales littéraires* Chateaubriand cite brièvement Montaigne, l'extrait du chapitre « De la vanité » qui est contenu dans le *Panorama de Jérusalem* est beaucoup plus long, tout comme la citation insérée dans *Sur un Voyage de M. de Humboldt*, tirée du chapitre « Des cannibales » et dont une phrase sera reprise dans les *Mémoires*. Du même chapitre des *Essais* provient aussi le renvoi glissé dans le tome *Polémique*. Il y a trois autres emprunts aux *Essais* dans les ouvrages que Chateaubriand publie postérieurement aux *Œuvres complètes* : à l'intérieur du *Congrès de Vérone*, on retrouve une citation composée de deux extraits tirés de deux chapitres différents des *Essais* : « De l'affection des pères aux enfans » et « Des trois commerces ». Par contre, dans un paragraphe de l'*Essai sur la littérature anglaise* – qui sera partiellement repris dans les *Mémoires* – et dans la *Vie de Rancé*, Chateaubriand cite deux passages différents du même chapitre : « De la vanité ».

Ce qu'il faut souligner avant tout est la provenance de ces citations : le chapitre des *Essais* le plus cité, six fois, est « De la vanité » (III, 9) – il revient trois fois dans les *Mémoires* et trois

---

[10] « *Que ne plaît-il un jour à la nature*, s'écrie Montaigne, *de nous ouvrir son sein ? Ô Dieu ! quel abus, quels mécomptes nous trouverions en notre pauvre science** [**Essais*, liv. II, chap. 12] ! » (Ladvocat, XII, 330 ; *Essais*, II, 12, 536). Il s'agit du seul cas, avec la citation insérée dans la *Défense*, où Chateaubriand donne en note la référence précise de son emprunt à Montaigne. L'auteur du *Génie* a en effet tiré les passages de l'édition en 10 vol. avec les notes de M. Coste, imprimée à Londres en 1771 par Jean Nourse & Vaillant ; elle est la seule édition des *Essais* présente dans « Le Catalogue de la bibliothèque de M. de Chateaubriand – Notice de bons livres provenants de la bibliothèque de M. de Ch*** » (*Bulletin du bibliophile et du bibliothécaire*, XI, 1932, p. 6). La citation dont il est question se trouve au t. V, p. 125. Chateaubriand rapproche deux phrases du même paragraphe.

[11] Ici les références à l'édition Coste sont : « **Essais* de Montaigne, tom. IV, liv. II, chap. XII, p. 172 » et « **Id.*, *ib.*, pag. 174 » (Ladvocat, XIV, 262 ; *Essais*, II, 12, 440-441).

dans les autres ouvrages de Chateaubriand[12] –, suivi par « L'Apologie de Raimond Sebond » (II, 12) citée cinq fois – trois occurrences dans les *Mémoires* et deux dans le *Génie du christianisme*[13]. « Des cannibales » (I, 31) et « Sur des vers de Virgile » (III, 5) comptent trois attestations chacun[14], tandis que « De l'affection des pères aux enfans » (II, 8) revient deux fois dans l'ensemble[15]. Dans tous ces cas où plusieurs extraits sont tirés du même chapitre, ces citations se partagent entre les *Mémoires* et les autres ouvrages de Chateaubriand. Il y a aussi huit citations provenant de chapitres qui reviennent une fois seulement sous la plume de Chateaubriand ; sept se placent dans les *Mémoires*[16] et une seulement dans le *Congrès de Vérone* : il s'agit de l'emprunt tiré du chapitre « De trois commerces » (III, 3) qui, dans le chapitre XI du texte de Chateaubriand, est précédé, comme j'ai déjà dit, d'un renvoi à « De l'affection des pères aux enfans » (II, 8)[17]. Ce cas excepté, tous les chapitres cités par Chateaubriand dans ses autres ouvrages reviennent aussi dans les *Mémoires d'outre-tombe* qui donc non seulement présentent la concentration majeure

---

12 MO, I, XII, 2, 569 (*Essais*, 946) ; MO, I, XIV, 2, 667 (*Essais*, 957-958) ; MO, I, XVIII, 3, 816 (*Essais*, 946) ; *Mélanges littéraires*, Ladvocat, XXI, 370 (*Essais*, 972) ; *Essai sur la littérature anglaise*, Paris, Furne et Gosselin, 1836, 2 vol., II, 311 (*Essais*, 946) ; *Vie de Rancé*, Paris, Delloye, 1844, I éd., 118 (*Essais*, 997).

13 MO, I, X, 5, 510 (*Essais*, 593) ; MO, II, XXIX, 7, 207 (*Essais*, 593) et 208 (*Essais*, 492) ; Ladvocat, XII, 329 (*Essais*, 536) et Ladvocat, XIV, 262 (*Essais*, 440).

14 « Des Cannibales » : MO, I, VII, 9, 382 (*Essais*, 213-214) ; *Mélanges littéraires*, Ladvocat, XXI, 407 (*Essais*, 213-214) et *Polémique*, Ladvocat, XXVI, 50 (*Essais*, 211). « Sur des vers de Virgile » : MO, II, XXXI, 1, 349 (*Essais*, 893) ; *Voyage à Clermont*, Ladvocat, VII, 278 (*Essais*, 897) et *Mélanges littéraires*, Ladvocat, XXI, 345 (*Essais*, 873).

15 MO, I, IV, 6, 239 (*Essais*, 395) et *Congrès de Vérone*, Paris, Delloye, 1838, 2 vol., I, 55 (*Essais*, 402).

16 « Des menteurs » (I, 9, 35) dans MO, I, II, 3, 170 ; « L'histoire de Spurina » (II, 33, 732) dans MO, II, XXXVI, 7, 674 ; « Des plus excellens hommes » (II, 36, 754-755) dans MO, I, XIX, 14, 908 ; « Du repentir » (III, 2, 815) dans MO, II, XXXVIII, 6, 786 ; « De la diversion » (III, 4, 839) dans MO, I, II, 9, 191 ; « De l'art de conférer » (III, 8, 934) dans MO, I, XXII, 13, 1062 ; « De la phisionomie » (III, 12, 1044) dans MO, I, IX, 5, 454.

17 Chateaubriand, *Congrès de Vérone*, éd. cit., I, p. 55 (*Essais*, III, 823 – Chateaubriand rapproche deux phrases du même paragraphe – et *Essais*, II, 402).

d'emprunts aux *Essais*, mais qui en offrent aussi un aperçu plus varié en tirant les extraits de plusieurs parties de l'ouvrage de Montaigne.

Une preuve supplémentaire de l'omniprésence de Montaigne dans les *Mémoires* est donnée par les citations qui se trouvent dans des parties se plaçant aujourd'hui au dehors de l'autobiographie. Un passage du chapitre « Des noms » est inséré dans la *Généalogie de ma famille* à l'intérieur du *Supplément à mes Mémoires* au douzième volume de la première édition des *Mémoires*[18]. Quant aux parties retranchées de l'édition définitive, on lit un bref renvoi à l'« Apologie de Raimond Sebond » dans la *Digression philosophique* qui faisait partie du onzième livre de la première partie[19] ; le chapitre 1 du livre sur Madame Récamier – le dixième livre de l'ancienne troisième partie[20] – contient une reprise – sans guillemets ni italiques mais introduite par « Montaigne dit que » – du chapitre « Nos affections s'emportent au-delà de nous » ; et enfin, dans le chapitre 10 du livre sur Venise[21], il y a une citation tirée du *Journal de voyage en Italie*.

Les citations répétées

Quant à l'utilisation que Chateaubriand fait des extraits de Montaigne, on relève une certaine continuité soulignée par le fait que trois citations passent d'un ouvrage publié du vivant de Chateaubriand aux *Mémoires*.

---

[18] Chateaubriand, *Mémoires d'outre-tombe*, Paris, Penaud, 1850, XII, p. 243 (*Essais*, II, 46, 277).

[19] MO, I, Appendice III, 1583 (*Essais*, II, 12, 537).

[20] MO, II, Appendice II, 1287 (*Essais*, I, 3, 15) : « Montaigne dit que les hommes vont béant aux choses futures : j'ai la manie de béer aux choses passées ». Il s'agit d'une allusion plus que d'une citation, on pourrait la rapprocher de celle au chapitre « De l'institution des enfans » (*Essais*, I, 26, 174) où Chateaubriand pose un autre parallèle entre une situation décrite dans les *Essais* et la sienne : « A quatre heures du matin, la voix du maître du château, appelant le valet de chambre à l'entrée des voûtes séculaires, se faisait entendre comme la voix du dernier fantôme de la nuit. Cette voix remplaçait pour moi la douce harmonie au son de laquelle le père de Montaigne éveillait son fils » (MO, I, III, 2, 201).

[21] MO, II, Appendice II, 1374.

D'une note du *Voyage en Italie*, relative à la lettre à M. de Fontanes du 10 janvier 1804,

> Montaigne décrit ainsi la campagne de Rome, telle qu'elle était il y a environ deux cents ans : « Nous avions loin, sur notre main gauche, l'Apennin, le prospect du pays mal plaisant, bossé, plein de profondes fandasses, incapable d'y recevoir nulle conduite de gens de guerre en ordonnance : le terroir nu, sans arbres, une bonne partie stérile, le pays fort ouvert tout autour, et plus de dix milles à la ronde ; et quasi tout de cette sorte, fort peu peuplé de maisons[22],

la citation, exacte, du *Journal de voyage en Italie*[23] revient, raccourcie, dans le livre des *Mémoires* voué à l'« Ambassade de Rome » :

> Presque tous les voyageurs anciens et modernes n'ont vu dans la campagne romaine que ce qu'ils appellent *son horreur et sa nudité.* Montaigne lui-même, à qui certes l'imagination ne manquait pas, dit : « Nous avions loin sur notre main gauche l'Apennin, le prospect du pays malplaisant, bossé, plein de profondes fendasses... le territoire nud, sans arbres, une bonne partie stérile » (MO, II, XXIX, 9, 218-219).

Le célèbre chapitre « Des cannibales » est cité longuement, mais d'une façon presque anthologique – toutes les coupures sont signalées par les points de suspension –, dans le compte rendu *Sur un Voyage de M. de Humboldt.* Même dans ce cas, la reprise de cette citation dans les *Mémoires*, lors du récit du voyage en Amérique, est plus brève – elle se réduit en effet à la phrase qui conclut le chapitre de Montaigne –, mais elle est précédée ici par des vers d'une chanson tirée du même chapitre des *Essais* et qui

---

[22] Ladvocat, VII, 237.

[23] Montaigne, *Journal de Voyage*, éd. M. de Querlon, Le Jay, 1774, 3 vol., texte numérisé et établi par C. Cavallini, http://humanities.uchicago.edu/orgs/montaigne/h/lib/JV1.shtml, consulté le 23/03/09, p. 60.

précède le passage inséré dans l'article[24].

Enfin, la citation des *Essais* qui est contenue dans l'*Essai sur la littérature anglaise* revient aussi dans les *Mémoires* ; dans le texte de 1836, elle se place dans un chapitre, « Nouveaux romans », qui ne copie pas explicitement un passage des *Mémoires* encore inédits, expédient que Chateaubriand utilise assez souvent dans la dernière partie de son *Essai* :

> Les ouvrages d'Anne Radcliffe font une espèce à part. Ceux de mistriss Barbauld, de miss Edgeworth, de miss Burnett, etc., ont, dit-on, beaucoup de chances de vivre. « Il y devroit, dit Montaigne, avoir coertion des loix contre les *escrivains* ineptes et inutiles, comme il y a contre les vagabonds et fainéants. On banniroit des mains de notre peuple, et moy et cent autres. L'*escrivaillerie* semble estre quelque symptosme d'un siècle desbordé. Quand écrivismes-nous tant que depuis que nous sommes en trouble ? Quand les Romains tant que lors de leur ruine ? »[25].

Dans les *Mémoires*, ce même emprunt, encore une fois un peu abrégé, se situe dans le chapitre « Incidences. Romans anciens. – Romans nouveaux. – Richardson. – Walter Scott » :

> Les ouvrages d'Anne Radcliffe font une espèce à part. Ceux de mistress Barbauld, de miss Edgeworth, de miss Burnet, etc., ont, dit-on, des chances de vivre. « Il y devroit, dit Montaigne, avoir coertion des lois contre les *escrivains* ineptes et inutiles, comme il y a contre les vagabonds et fainéants. On banniroit des mains de notre peuple et moy et cent autres. L'escrivaillerie semble être quelque symptosme d'un siècle desbordé » (*MO*, I, XII, 2, 568-569).

---

[24] Ladvocat, XXI, 407-409 ; MO, I, VII, 9, 382 (*Essais*, I, 31, 213-214). Cf. dans ce volume l'article de P. Toffano.

[25] Chateaubriand, *Essai sur la littérature anglaise*, éd. cit., II, p. 310-311.

La citation est tirée du chapitre « De la vanité », Chateaubriand a éliminé seulement la phrase « Ce n'est pas moquerie » (*Essais*, III, 9, 946) qui se place après la proposition de mise au ban des écrivains.

Les citations reprises dans les *Mémoires*, on le voit, sont plus brèves que celles introduites dans les autres textes ; Chateaubriand choisit plus attentivement les passages à insérer dans son texte en soupesant chaque mot : Montaigne n'offre plus de longs paragraphes au mémorialiste, mais plutôt des maximes qui concentrent une idée en quelques phrases. C'est en général une attitude qui règle tous les emprunts à Montaigne insérés dans les *Mémoires*, citations qui dépassent rarement quelques lignes[26] et que Chateaubriand adopte à l'occasion d'associations d'idées, de coïncidences entre époques éloignées, d'insertion d'anecdotes et de création de parallèles. L'essayiste apparaît souvent en tant que pierre de touche du mémorialiste, un exemple, mais aussi et surtout comme une âme sœur avec laquelle dialoguer.

Les citations entre les citations

Dans tous les passages de Montaigne que Chateaubriand reprend dans ses œuvres, il ne choisit jamais des parties qui contiennent elles-mêmes des citations. Plusieurs extraits transcrits par Chateaubriand se placent dans les *Essais* parmi des emprunts, ce qui n'est pas particulièrement étonnant. Par exemple la phrase « pour finir *ce notable commentaire, qui m'est eschappé d'un flux de caquet* »[27] se trouve dans les *Essais* entre une citation de Virgile (*Géorgiques*, III, 98) et une de Catulle (LXV, 19). Ou bien, dans la *Vie de Rancé*, Chateaubriand ferme sa citation arrangée de « De la vanité » juste avant le vers de Sidoine Apollinaire (*Poèmes*, XXIII, 62) : « Sa ruyne mesme est glorieuse et enflée, *Laudandis preciosior ruinis* » (*Essais*, III, 9, 997).

Rome, dit Montaigne, seule ville commune et univer-

---

[26] La citation la plus longue, celle relative à Montluc, n'est pas attribuée à Montaigne. J'y reviendrai.

[27] Ladvocat, VII, 278 (*Essais*, III, 5, 897).

> selle ! Pour être des princes de cet état, il ne faut qu'être de chrestienté. Il n'est lieu ici-bas que le ciel ait embrassé avec telle influence de faveur et telle constance : sa ruine même est glorieuse et enflée.[28]

Dans un cas, Chateaubriand arrive à couper une citation qui se trouve dans le passage qu'il est en train de copier. Il s'agit du long emprunt aux *Essais* contenu dans le « Panorama de Jérusalem » ; là où le chapitre « De la vanité » (III, 9) insère un vers de Virgile (*Géorgiques*, I, 506)

> Je respons ordinairement à ceux qui me demandent raison de mes voyages : que je sçay bien ce que je fuis, mais non pas ce que je cerche. Si on me dict que parmy les estrangers il y peut avoir aussi peu de santé, et que leurs meurs ne valent pas mieux que les nostres, je respons : premierement, qu'il est mal-aysé,
> *Tam multae scelerum facies !*
> secondement, que c'est tousjours gain de changer un mauvais estat à un estat incertain, et que les maux d'autruy ne nous doivent pas poindre comme les nostres (*Essais*, 972).

Chateaubriand élimine les mots latins et rajuste le texte :

> quand on a vu toutes les villes du monde, on trouve encore que celles de son pays sont les plus belles : c'était l'opinion de Montaigne.
> « Je responds, dit-il, ordinairement à ceux qui me demandent raison de mes voyages : Je sais bien ce que je fuis, mais non pas ce que je cherche. Si on me dit que, parmy les estrangers, il y peut avoir aussi peu de santé, et que leurs mœurs ne sont pas mieux nettes que les nostres, je responds que c'est tousjours gain de changer un mauvais estat à un estat incertain, et que les maux

[28] Chateaubriand, *Vie de Rancé*, éd. cit., p. 118.

> d'autruy ne nous doivent pas poindre comme les nostres »[29].

Il en va de même pour certains extraits des *Essais* contenus dans les *Mémoires d'outre-tombe*. Le bref emprunt de « De la phisionomie » que Chateaubriand insère en parlant de l'émigration des nobles français lors de la Révolution,

> Et cependant, mon zèle surpassait ma foi ; je sentais que l'émigration était une sottise et une folie : « Pelaudé à toutes mains, dit Montaigne, aux Gibelins j'estois Guelfe, aux Guelfes Gibelin » (MO, I, I, IX, 5, 454),

est tiré d'un passage sur la monstruosité des guerres civiles françaises de l'époque de Montaigne. Dans les paragraphes précédents, ce dernier dit être platonicien en ce qu'il n'accepte pas de troubler le pays par une guerre même si celle-ci est un moyen pour améliorer la situation – c'est justement la position de Chateaubriand lui-même – et il continue avec ces phrases où on repère trois citations respectivement de Virgile (*Bucoliques*, I, II, 11-12), d'Ovide (*Tristes*, III, X, 65-66, le second vers a été modifié) et de Claudien (*Contre Eutrope*, I, 244) :

> Le peuple y souffrit bien largement lors, non les dommages presens seulement,
>
> *undique totis*
> *Usque adeo turbatur agris*,
>
> mais les futurs aussi. Les vivans y eurent à patir ; si eurent ceux qui n'estoient encore nays. On le pilla, et à moy par consequent, jusques à l'esperance, luy ravissant tout ce qu'il avoit à s'aprester à vivre pour longues années.
>
> *Quæ nequeunt secum ferre aut abducere perdunt,*
> *Et cremat insontes turba scelesta casas.*
> *Muris nulla fides, squallent populatibus agri.*

[29] Ladvocat, XXI, 369-370.

> Outre cette secousse, j'en souffris d'autres. J'encorus les inconveniens que la moderation aporte en telles maladies. Je fus peladué à toutes mains : au Gibelin j'estois Guelphe, au Guelphe Gibelin ; quelqu'un de mes poëtes dict bien cela, mais je ne sçay où c'est (*Essais*, III, 12, 1044).

De ce passage si riche en *auctoritates*, l'enchanteur choisit justement une phrase que Montaigne dit ne pas savoir attribuer et qui devient donc « du pur Montaigne », une citation véritablement assimilée.

Ailleurs les coupures sont moins révélatrices. L'arrangement que Chateaubriand fait du passage extrait du chapitre « De la vanité » à propos de Pibrac est précédé, dans les *Essais*, d'un quatrain (*Quatrains*, 106) de ce magistrat et poète qui n'est pas copié dans les *Mémoires*[30] mais qui, en effet, ne changerait rien au passage. Et encore, le premier extrait du montage de citations de Montaigne sur Alexandre le Grand, tirées du chapitre « Des plus excellens hommes », est précédé dans son contexte initial par un emprunt à Lucain (*Pharsale*, I, 149-150) que Chateaubriand omet, ainsi que la citation de Virgile (*Énéide*, VIII, 589-591) insérée par Montaigne un peu avant le deuxième passage copié dans les *Mémoires*[31]. Dans les deux cas, les citations fournissent la conclusion de phrases coordonnées à celles citées par Chateaubriand, il ne s'agit donc pas d'une omission particulièrement significative.

Plus intéressant le cas de l'emprunt tiré du chapitre « De l'art de conferer » lors de la description de l'entrée des alliés dans Paris en 1814. Chateaubriand omet la citation de Plaute (*Pseudolus*, II, III, 679-680), cité par Juste Lipse (*Politiques*, IV, 9), qui précède la phrase de Montaigne qu'il copie, mais il fait suivre cette dernière d'une citation du *Psaume* 137, verset 7. Puisque le contexte est complètement différent, et que la phrase des *Essais* est utilisée seulement parce qu'elle offre le mot juste, la citation de Plaute sur la fortune serait impropre – l'invasion de la capitale

[30] MO, I, XIV, 2, 667 (*Essais*, III, 9, 957-958).
[31] MO, I, XIX, 14, 907-908 (*Essais*, II, 36, 754-755).

française est le résultat des choix impérialistes de Napoléon – ; il est néanmoins curieux de remarquer la persistance d'un emprunt latin près des mots de Montaigne : Chateaubriand enlève d'une part et rajoute de l'autre.

> Nous attribuons les effects de leur bonne fortune à leur prudence.
>
> *Ut quisque fortuna utitur*
> *Ita præcellet, atque exinde sapere illum omnes dicimus.*
>
> Parquoy je dis bien, en toutes façons, que les evenements sont maigres tesmoigns de nostre pris et capacité (*Essais*, III, 8, 934) ;

> Dans ces événements de l'histoire qui, selon Montaigne « sont maigres témoins de notre prix et capacité », ma langue s'attache à mon palais :
>
> *Adhæret lingua mea faucibus meis*
>
> (MO, I, XXII, 13, 1062).

Les citations en abyme

Il y a pourtant des citations que l'on retrouve dans les *Essais* ainsi que dans les *Mémoires*. On ne peut pas exclure que Chateaubriand ait tiré certains extraits de Montaigne, la citation de seconde main étant une pratique assez répandue dans l'autobiographie de cet auteur, mais le plus souvent il s'agit de passages si connus, qu'une transition à travers les *Essais* semble peu probable. Je me limite à donner trois cas exemplaires.

Le propos que Montaigne prête à Posidonius dans son chapitre « Que le goust des biens et des maux depend en bonne partie de l'opinion que nous en avons » – « A quoy il s'escrioit : Tu as beau faire, douleur, si ne diray-je pas que tu sois mal » (*Essais*, I, 14, 55) –, ainsi que dans l'« Apologie de Raimond Sebond » – « Posidonius, estant pressé d'une si douloreuse maladie qu'elle lui faisoit tordre les bras et grincer les dents, pensoit bien faire la figue à la douleur, pour s'escrier contre elle : Tu as beau faire, si ne diray-je pas que tu sois mal » (*Essais*, II, 12,

490) –, est une devise célèbre que Chateaubriand réfère plus génériquement et avec de légers changements lexicaux au stoïcien : Bonaparte « ne fléchit point la tête et reste debout ; il s'écrie comme le stoïcien : "Douleur, je n'avouerai jamais que tu sois un mal !" » (MO, I, XVI, 8, 755).

Dans le même chapitre 14 du livre I des *Essais*, on repère aussi l'aphorisme de Publius Syrus cité par Juste Lipse (*Politiques*, V, 18) : « Car, outre ce que le sort a dequoy ouvrir cent breches à la pauvreté au travers de nos richesses, n'y ayant souvent nul moyen entre la supreme et infime fortune : *Fortuna vitrea est ; tunc cum splendet frangitur* » (*Essais*, 63-64). Dans ce cas, Chateaubriand cite littéralement la maxime, mais il la tronque : « M. de Polignac arriva au ministère ; je fis aux libertés de mon pays le sacrifice d'une place qui me charmait ; retombé dans mon indigence, adieu ma serre : *fortuna vitrea est* » (MO, II, XXXVI, 1, 656-657).

En ce qui concerne la reprise de Virgile, *Agnosco veteris vestigia flammæ* (*Énéide*, IV, 23), le vers est si fameux que la supposition d'un lien entre *Essais* et *Mémoires* semble compliquer l'explication la plus vraisemblable : Virgile était bien connu et aimé par les deux auteurs, et en général par les hommes de culture, il est l'auteur le plus cité par Chateaubriand et le troisième pour le nombre d'occurrences chez Montaigne[32]. En effet, des vingt-quatre citations de Virgile qui se trouvent dans les *Mémoires*

---

[32] Cf. le tableau de fréquence des citations latines dans F. Gray, *Montaigne bilingue : le latin des* Essais, Paris, Champion, 1991, p. 30. Les deux poètes latins les plus cités par Montaigne sont Lucrèce et Horace. Aucune des neuf brèves reprises du premier insérées dans les *Mémoires d'outre-tombe* n'est utilisée dans les *Essais*. Sur les cinq citations du *De natura rerum* contenues dans les *Mémoires*, on retrouve trois vers (*De natura rerum*, II, 578-580) cités par Montaigne (*Essais*, I, 20, 98) et par Chateaubriand (MO, I, VIII, 2, 401) ; dans deux cas Chateaubriand cite seulement une partie de l'extrait choisi par Montaigne (*Essais*, II, 12, 456 et MO, I, III, 6, 205 ; *Essais*, II, 12, 602 et MO, I, IX, 7, 462). Dans un cas, enfin, la citation de quatre vers de Lucrèce présente dans les *Essais* (II, 12, 459) se ferme sur le mot qui commence celle de Chateaubriand (MO, II, XXVI, 6, 61). Je passe sur les dettes des deux écrivains envers les Ecritures ; la Bible est le livre le plus cité par Chateaubriand, tandis que Montaigne y a puisé moins que les moralistes contemporains (cf. P. Villey, *Les Sources et l'Evolution des* Essais *de Montaigne*, 2 vol., réimpression de la deuxième édition de 1933, Osnabrück, Otto Zeller, 1976, t. I, p. 82-83).

d'outre-tombe, il y en a seulement une autre qui se trouve aussi dans les *Essais* : *Fata viam invenient* (*Énéide*, III, 395)[33]. Dans le cas dont il est question, Montaigne place le célèbre vers 23 du livre IV de l'*Énéide* dans le chapitre « Sur des vers de Virgile » lorsqu'il parle d'Amour : « Je ne suis pas de si long temps cassé de l'estat et suitte de ce Dieu que je n'aye la memoire informée de ses forces et valeurs, *agnosco veteris vestigia flammæ* » (*Essais*, III, 5, 848). Chateaubriand, par contre, l'insère en parlant de Rome : « La nostalgie est le regret du pays natal : aux rives du Tibre on a aussi le *mal du pays*, mais il produit un effet opposé à son effet accoutumé : on est saisi de l'amour des solitudes et du dégoût de la patrie. J'avais déjà éprouvé ce *mal* lors de mon premier séjour, et j'ai pu dire : *Agnosco veteris vestigia flammæ* » (MO, II, XXIX, 1, 186).

Il y a pourtant deux citations qui proviennent certainement des *Essais*. Dans le premier cas, Chateaubriand utilise le livre de Montaigne comme source sans le dire et en tire le discours du maréchal de Montluc sur son fils[34]. L'autre emprunt que l'auteur des *Mémoires* tire, cette fois ouvertement, de Montaigne est la chanson contenue dans le chapitre « Des cannibales ». Mais, même dans ce cas, Chateaubriand ne mêle pas les mots de Montaigne à ceux de la citation, il se limite à copier cette dernière en excluant le contexte des *Essais* : démarche opposée mais complémentaire à celle qui coupe l'insertion du déjà dit des morceaux tirés du texte de Montaigne.

« Et, qui ne peut prester, qu'il se defende d'emprunter » (*Essais*, I, 39, 242)

Enfin, Chateaubriand peut-il être considéré un « suffisant lecteur » (*Essais*, I, 24, 127) des emprunts de Montaigne ? S'il a lu les citations insérées dans les *Essais*, il n'aime pas trop les inclure dans ses propres reprises de cet ouvrage. Du « nous » de Montaigne il préfère conserver la voix propre à Michel, en

[33] *Essais*, III, 8, 933 et MO, I, XII, 3, 550. Dans ce cas comme dans l'autre, Montaigne et Chateaubriand citent exactement les mêmes mots.
[34] MO, I, IV, 6, 239 (*Essais*, II, 8, 395).

suivant la démarche des copies expurgées et amendées dont parle Christine Brousseau-Beuermann : « les *Esprits*, les *Extraits* des *Essais* qui, de la fin du XVIIe à la fin du XIXe siècle, ont systématiquement exclu les citations tenues pour une interférence évidente avec le véritable contenu des *Essais* : la pensée ou les idées de Montaigne »[35]. Chateaubriand ne trahit pourtant pas l'esprit des *Essais*, au contraire il semble en avoir bien appris la leçon :

> Les abeilles pillotent deçà delà les fleurs, mais elles en font apres le miel, qui est tout leur ; ce n'est plus thin ny marjolaine : ainsi les pieces empruntées d'autruy, il les transformera et confondra, pour en faire un ouvrage tout sien : à savoir son jugement. Son institution, son travail et estude ne vise qu'à le former. Qu'il cele tout ce dequoy il a esté secouru, et ne produise que ce qu'il en a fait (*Essais*, I, 26, 152).

Si c'est de Montaigne que Chateaubriand a appris l'art des citations, c'est seulement l'art qu'il produit dans ses *Mémoires* en celant justement les secours utilisés par l'essayiste : ses citations.

---

[35] C. Brousseau-Beuermann, *La Copia de Montaigne. Étude sur les citations dans les* « Essais », Paris-Genève, Champion-Slatkine, 1989, p. 11.

La fin de la démocratie ?

Un cycle de débats conçu et animé par Gérald Garutti
organisé par la Fabrique des Idées du Théâtre National
Populaire
en résonance à *Coriolan* de Shakespeare mis en scène par
Christian Schiaretti

avec
Alexandre **Adler**
Jean-Marie **Apostolidès**
Alain **Badiou**
Étienne **Balibar**
Alexandre **Escudier**
Geneviève **Fraisse**
Gérald **Garutti**
Jean **Gillibert**
Marc **Goldberg**
Jean-Louis **Hourdin**
Blandine **Kriegel**
Dominique **Reynié**
Christian **Schiaretti**
Jean-Pierre **Siméon**
Jean-Pierre **Vincent**

Cinq tables rondes réalisées du 8 au 13 décembre 2008
en partenariat avec l'Université de Chicago à Paris,
la Cité Internationale (Collège Franco-Britannique)
et le Théâtre Nanterre-Amandiers

autour du spectacle *Coriolan* de Shakespeare
présenté au TNP puis au Théâtre Nanterre-Amandiers du 21 novembre au 19 décembre 2008
Prix du Syndicat de la Critique du meilleur spectacle
Molière du meilleur spectacle du théâtre public
Molière de la meilleure mise en scène
Molière du meilleur comédien dans un second rôle

Sommaire

Jean-Marie Apostolidès, Geneviève Fraisse, Dominique Reynié, Jean-Pierre Siméon. Animé par Gérald Garutti.

III. Le héros et la masse

4. **Qu'est-ce qu'un héros ?**
Jean Gillibert, Marc Goldberg, Christian Schiaretti. Animé par Gérald Garutti.

5. **La dégénérescence du héros.**
Alain Badiou. Dialogue par Gérald Garutti.

Préambule

Argument

Comment vivre ensemble malgré les différences et les différents ? La démocratie est-elle le pire des régimes à l'exception de tous les autres ? N'avons-nous le choix qu'entre la démagogie des tribuns et la tyrannie des hommes forts ? Faut-il préférer la sécurité à la liberté, et l'ordre à la justice ? Autant de problèmes abordés par Shakespeare dans son ultime tragédie, *Coriolan*. Située dans la Rome républicaine balbutiante (-488), écrite dans l'Angleterre moderne naissante (1607), cette pièce expose des enjeux d'une déchirante actualité pour nos démocraties en souffrance. Elle en exprime les conflits inexpiables, les déséquilibres perpétuels et les contradictions vertigineuses. À partir de *Coriolan*, sont ainsi interrogés ici les fondements et les fins, les failles et les crises de la démocratie actuelle, en cinq tables rondes et en trois moments : le pire régime, le règne de la représentation, le héros et la masse.

Dans *Coriolan*, Rome oscille entre trois régimes décadents : une démocratie rêvée qui vire à la démagogie, une aristocratie effective mâtinée d'oligarchie militaire, une pente tyrannique qui rappelle la monarchie exécrée. Dans sa démesure élitiste et son refus de jouer la comédie du pouvoir démocratique, le héros éponyme s'avère incapable de convertir son triomphe militaire en suprématie politique – ignorant que la politique est la continuation de la guerre par d'autres moyens. Cette crise ouvre béantes toutes les failles et plaies du régime démocratique : guerre civile latente, lutte des classes exacerbée, crise perpétuelle, instabilité permanente, bestiaire fratricide, dissension infinie, impossible concorde civile, corruption fatale, dissension infinie, salut par l'impérialisme, expulsion du héros, bureaucratie désenchantée, et règne ultime de la représentation.

Autant d'enjeux abordés au fil de ces débats sur « La fin de la démocratie ? » conçus par La Fabrique des Idées du TNP, et retranscrits ici le plus fidèlement possible et presque toujours *verbatim*, en préservant au maximum la forme originelle de l'oral, dans le strict respect des propos tenus sur le moment et sans aucune forme de réécriture autre que celle exigée par le passage à l'écrit.

Programme

1. Le pire régime

Lundi 8 décembre de 14h à 19h30 à la Cité Internationale Universitaire de Paris (Collège Franco-Britannique)

• 14h00-14h45 : **Coriolan ou la démocratie en question**
par **Gérald Garutti**, dramaturge

• 14h45-15h15 : **Une brève histoire de la démocratie**
par **Pierre Manent**, politologue

• 15h15-17h15 : **Pourquoi la démocratie ?**
avec **Blandine Kriegel**, philosophe, **Pierre Manent**, politologue, et **Jean-Pierre Vincent**, metteur en scène. Animé par Alexandre Escudier.

• 17h30-19h30 : **Le régime des crises**
avec **Alexandre Adler**, historien, **Étienne Balibar**, philosophe, et **Jean-Louis Hourdin**, metteur en scène. Animé par Gérald Garutti.

2. Le règne de la représentation

Mercredi 10 décembre de 14h à 17h, à la Cité Internationale Universitaire de Paris (Collège Franco-Britannique)

• 14h00-15h00 : **Représentation politique et représentation théâtrale**
par **Jean-Marie Apostolidès**, historien de la littérature.

• 15h00-17h00 : **Le pouvoir en représentation**
avec **Jean-Marie Apostolidès**, historien de la littérature, **Geneviève Fraisse,** philosophe**, Dominique Reynié**, politologue, et **Jean-Pierre Siméon**, poète. Animé par Gérald Garutti.

3. Le héros et la masse
Samedi 13 décembre de 13h à 18h au Théâtre Nanterre-Amandiers

• 13h00-13h30 : **Le héros impossible**

• 13h30-15h30 : **Qu'est-ce qu'un héros ?**
avec **Jean Gillibert**, écrivain et homme de théâtre, **Marc Goldberg**, auteur et metteur en scène, et **Christian Schiaretti**, metteur en scène. Animé par Gérald Garutti.

• 16h00-18h00 : **La dégénérescence du héros**
par **Alain Badiou**, philosophe. Animé par Gérald Garutti.

Contexte

Le cadre : la Fabrique des Idées du Théâtre National Populaire

Au coeur du texte palpite un sens. Au creuset de la scène se réalise un monde. À la croisée du spectacle se forge une assemblée. Mettre en scène ? C'est mettre au jour, en voix et en corps. C'est mettre en question. Et mettre en commun. Quoi ? Une oeuvre, fruit du « *travail du poète* », cet « *ouvrage d'un regard* » qui consiste à « *veiller* » et à « *appeler* », comme l'évoque le poète Philippe Jaccottet. Éveiller, évoquer, expliquer, questionner : **la Fabrique des idées** propose ainsi d'explorer les enjeux d'oeuvres crées au Théâtre National Populaire (TNP-Villeurbanne) afin d'éclairer leurs sens et d'interroger les problèmes qu'elles soulèvent. « *Fabrique* » : artisanat autant qu'art, le théâtre se conçoit et se construit. « *Idées* » : la parole théâtrale vibre d'une pensée en débats où s'expriment notions et tensions essentielles. Croisant théâtre, arts, histoire, politique et philosophie, **la Fabrique des idées** vise l'intelligibilité pour tous alliée à l'acuité de la réflexion. Passeur de sens, foyer d'un gai savoir, esprit en partage : telle se voudrait la Fabrique de idées, dirigée et animée par Gérald Garutti, dramaturge du TNP, directeur du département Théâtre et Politique à Sciences Po Paris et du département Arts et Humanités à l'Ecole Nationale Supérieure des Arts et Techniques du Théâtre.

L'événement : une Résonance

La Fabrique des idées organise chaque année des « Résonances » autour des spectacles créés au TNP. À partir d'une œuvre, une Résonance déploie une question cruciale pour ouvrir un espace de débat. À son propos se rencontrent des intellectuels et artistes, universitaires et gens de théâtre, acteurs de la pensée et artisans de la scène. Ces invités dialoguent autour d'un enjeu commun, d'intérêt général, manifestement essentiel, et à l'évidente actualité – enjeu qui résonne depuis le texte jusqu'au plateau, jusqu'au cœur de la Cité, jusqu'à nous. Conférer à une pièce toute sa résonance pour donner à penser, à dialoguer et à critiquer, à s'interroger et à s'étonner, voilà ce que visent ces moments de rencontre. Chaque Résonance se compose de trois à quatre séances, et, selon les cas, de conférences, d'entretiens, de tables rondes, de lectures, ou de toute autre forme dialectique ou dramatique, à même de favoriser la réflexion et l'échange.

L'historique : deux autres Résonances

Outre *Coriolan,* ont déjà fait l'objet de Résonances deux autres pièces et spectacles du TNP (mise en scène de Christian Schiaretti, dramaturgie de Gérald Garutti).

- **Quels héros l'Histoire se choisit-elle ?**

Quatre débats en résonance à *Philoctète* de Jean-Pierre Siméon d'après Sophocle.

Animés par Gérald Garutti.

1. Les héros font-ils l'Histoire ? Laure Adler, Jean Bollack.
2. Des héros trop humains. Régis Debray, Jean-Pierre Siméon, Laurent Terzieff.
3. Fin des héros ou métamorphoses de l'héroïsme. Jean-Marie Apostolidès, Myriam Revault d'Allonnes, Tzvetan Todorov.
4. Le héros imaginaire. Alain Finkielkraut, Thomas Pavel, Christian Schiaretti.

Du 10 au 20 octobre 2009. TNP, Odéon-Théâtre de l'Europe, University of Chicago Center in Paris, Sciences Po, Université Paris VII.

- **Le capitalisme en révolution**.

Trois débats en résonance à *Par-dessus bord* de Michel Vinaver.

Animés par Gérald Garutti.

1. L'art est-il soluble dans le capitalisme ? Arnaud Catrine, Nicolas Klotz, Michel Vinaver.
2. Le capitalisme, une révolution culturelle. Luc Boltanski, Bruno Karsenti, Michel Vinaver.

3. Le capitalisme, une économie-monde. Anousheh Karvar, Philippe Chevenière, Christian Schiaretti

Juin 2008. TNP, Théâtre National de la Colline, Sciences Po.

Ouverture de la Résonance

SYLVAINE TARSOT-GILLERY : Nous avons plaisir à vous accueillir au Collège Franco-Britannique, au Club des Chercheurs. La Cité internationale est souvent perçue comme un lieu d'hébergement d'étudiants et de chercheurs. Or elle est bien plus que cela. À destination des gens de théâtre présents aujourd'hui, la Cité internationale est aussi associée à son théâtre, qui a su depuis de nombreuses années trouver une place tout à fait originale et singulière dans le paysage théâtral parisien. Nous avons aujourd'hui le plaisir d'accueillir cette manifestation organisée avec des théâtres : le Théâtre National Populaire et le Théâtre des Amandiers, ainsi qu'avec des institutions universitaires : Sciences Po et l'Université de Chicago à Paris, avec laquelle nous avons un partenariat qui nous vaut le plaisir de pouvoir être associés à cette manifestation.

FRANÇOISE MELTZER : Il est intéressant, pour nous qui vivons aux États-Unis, de participer à un colloque intitulé « La fin de la démocratie ? » alors que nous pensons que ce n'est que le début. Notre centre parisien de l'Université de Chicago, que je dirige, a quatre raisons d'être. Nous accueillons d'abord des étudiants que nous appelons les « sous-gradués », qui viennent pendant un trimestre ou éventuellement toute l'année, pour suivre des cours au centre avec des professeurs de Chicago. Deuxièmement, nous avons des bureaux pour nos étudiants doctorants qui font leurs recherches ici, suivent des cours, et enseignent. Troisièmement, nous sommes un lieu accueillant des colloques, souvent inspirés par nos propres professeurs mais aussi par des personnes extérieures. Quatrièmement, nous avons un lieu de rencontre destiné à nos anciens étudiants. Merci encore à la Cité universitaire, et bon colloque.

GÉRALD GARUTTI : Merci, Françoise Meltzer et Sylvaine Tarsot-Gillery. Merci à nos partenaires, la Cité internationale universitaire de Paris, le Collège Franco-Britannique, l'Université de Chicago, le Théâtre des Amandiers, Sciences Po, et merci à beaucoup de monde, l'idée même de cette manifestation étant de croiser, au-delà de l'université et des institutions, un regard théâtral et un regard politique à partir de ce texte essentiel qu'est le *Coriolan* de Shakespeare. Toute l'idée de cette Résonance, organisée par la Fabrique des idées du TNP, est de réfléchir à partir d'une pièce aux résonances politiques posées aujourd'hui. Son titre : « La fin de la démocratie ? » comporte un point d'interrogation parce qu'il s'agit encore d'une question. Comme me le disait Étienne Balibar, quand le point d'interrogation aura disparu, il sera question d'une autre forme de colloque.

Ce cycle va se dérouler sur trois journées autour de trois axes posés par *Coriolan*, à partir desquels nous réfléchirons aux problématiques contemporaines. La première journée portera sur la question du pire régime. Vous connaissez le fameux mot de Churchill à propos de la démocratie : « La démocratie est le pire régime à l'exception de tous les autres ». Doit-on vraiment garder dans cette formulation « tous les autres » ? Que reste-t-il de cette démocratie ? Cette première journée va s'organiser en deux temps : un premier temps positif, « Pourquoi la démocratie ? » et un deuxième temps qui portera sur « le régime des crises » au double sens du terme : en quoi la crise est-elle consubstantielle à la démocratie et en quoi cette démocratie se trouve aujourd'hui en crise.

La deuxième journée interrogera le « règne de la représentation », là encore au double sens du terme : représentation politique et représentation théâtrale. Elle comportera deux moments, sur le « pouvoir en représentation » et les « exclus de la représentation ».

Enfin, nous réfléchirons au cours de la troisième journée, qui se déroulera au Théâtre Nanterre-Amandiers, à la possibilité de l'héroïsme à l'ère des masses : que devient un héros en contexte démocratique ? Qu'est-ce qu'un héros et en quoi existe-t-il une dégénérescence du héros ? Ces tables rondes seront chaque fois précédées de la projection d'une scène de *Coriolan* posant un certain nombre d'enjeux, dans le but de lier constamment l'enjeu théâtral et l'enjeu politique. Chaque après-midi sera également ouverte par une introduction.

Introduction : les enjeux de *Coriolan*[1]

1. Tragique démocratie
par Gérald Garutti

Comment vivre ensemble malgré les différences et les différents ? La démocratie est-elle le pire des régimes à l'exception de tous les autres ? N'avons-nous le choix qu'entre la démagogie des tribuns et la tyrannie des hommes forts ? Faut-il préférer la sécurité à la liberté, et l'ordre à la justice ? Autant de problèmes abordés par Shakespeare dans *Coriolan*. Située dans la Rome républicaine balbutiante (-488), écrite dans l'Angleterre moderne naissante (1607), cette tragédie politique brasse des enjeux d'une déchirante actualité pour nos démocraties en souffrance.

1. La lutte des classes. Un spectre hante Rome : le spectre de la guerre civile. À l'arrogance des patriciens tout puissants s'oppose le ressentiment des plébéiens sans droits. Contre cette noblesse qui l'opprime, le peuple finit par s'insurger. Le conflit se cristallise entre les tribuns, tout juste institués pour défendre la plèbe, et Coriolan, patricien extrémiste, général héroïque et, bientôt, consul élu.

2. La crise perpétuelle. Ballottée par des forces centrifuges, écartelée entre des options politiques concurrentes, la république souffre d'une instabilité permanente : révolte populaire, révolution sociale, compromis réformiste, paternalisme

---

[1] Afin d'éclairer le texte et le spectacle qui seront la référence constante des débats, ce moment d'introduction propose une analyse dramaturgique de la pièce *Coriolan* sous trois formes différentes développant un même point de vue mais ne se recoupant que partiellement : notice de programme, article de revue, présentation orale qui ouvrit les débats. Chacun pourra ainsi se référer au format de son choix.

conservateur, répression militaire, délégation tribunicienne, union sacrée vite évanouie… Tout est possible – surtout le pire.

3. Le pire régime. Rome oscille entre trois régimes décadents : une démocratie rêvée (souveraineté du peuple) qui vire à la démagogie (domination des tribuns); une aristocratie effective (primat du sénat) mâtinée d'oligarchie militaire (suprématie des généraux); une pente tyrannique (ascension de Coriolan) qui rappelle la monarchie exécrée (expulsion des rois vingt ans auparavant).

4. Un bestiaire fratricide. « Rome et ses rats vont se livrer bataille ». De Rome, mère affligée, les monstres déchirent le sein : hydre démocratique aux mille têtes, loups aristocratiques chassant en meute disparate, et tigre tyrannique dont les blessures aiguisent la fureur. Tous descendent en droite ligne du couple originel fratricide – Romulus et Rémus, fils de la Louve.

5. La dissension infinie. Une Cité, deux classes, trois régimes… et mille factions. Contradictions et divergences travaillent chaque clan, et même chaque groupe : généraux (factieux *vs* légitimistes), sénateurs (modérés *vs* radicaux), citoyens (révolutionnaires *vs* réformistes), familles (mère abusive *vs* fils indigne).

6. La corruption fatale. Sénateur « ami du peuple » s'évertuant à concilier les contraires, le médiateur Ménénius vise une impossible concorde civile. Par ses ondoiements et revirements incessants, il exprime les inévitables compromis et compromissions de la démocratie, par essence toujours frustrante, défaillante, imparfaite – introuvable.

7. Le salut par l'impérialisme. Là comme ailleurs, « *la guerre* [extérieure], *c'est la paix* [intérieure]. » (Orwell) Seule la menace étrangère impose l'unité nationale : face à l'invasion volsque, la survie romaine exige la mobilisation générale. Matrice cannibale de l'empire à venir, peuple en fusion dès l'origine, Rome écrase son ennemi avant de l'absorber.

8. L'expulsion du héros. Cette république qui se nourrit de conquêtes pousse l'ingratitude à bannir ses *conquistadors*. Le sauveur de la Cité déchoit, de l'élection à l'éviction. Bien que héros consacré par la patrie et consul légitimé par l'élection, Coriolan est chassé par le peuple, dans le silence complice d'une noblesse peut-être également soulagée d'évincer ce tyran militaire en puissance. Ce sacrifice du bouc émissaire favorise une réconciliation de façade entre factions.

9. Une bureaucratie désenchantée. Rescapée de la monarchisation, Rome vire en démocratie parlementaire routinière. La mystique dégénère en politique, le mouvement militant en parti de gouvernement, l'aspiration révolutionnaire en exercice gestionnaire. Avec les tribuns pour maîtres, la machine politique tourne à vide, dans l'illusion d'une paix sociale.

10. Le règne de la représentation. Coriolan refuse de jouer la comédie du pouvoir démocratique. Il rejette toute représentation, simulacres politiques (les tribuns) et simagrées théâtrales (les rites). Lors de l'élection, sa mère Volumnia lui avait pourtant prêché les vertus du masque en politique — en vain. Par son triomphe, cette reine-mère *et* vierge avatar d'Élisabeth Ier marque la victoire d'une conception machiavélienne d'un pouvoir tenté par l'absolutisme sous des dehors conciliateurs. La politique est la continuation de la guerre par d'autres moyens.

2. Au cœur de *Coriolan :* la démocratie en questions[2]

Gérald GARUTTI

Vertige politique

Comment vivre ensemble quand on est différents ? La démocratie est-elle le pire des régimes à l'exception de tous les autres ? N'avons-nous le choix qu'entre la démagogie des tribuns et la tyrannie des « hommes forts » ? Faut-il préférer la sécurité à la liberté, et à la révolution sociale, l'ordre autoritaire, fût-il présenté comme « juste » ? Autant de problèmes brillamment abordés par Shakespeare dans son ultime tragédie, la plus complexe et la plus éminemment politique, *Coriolan.* Située dans la Rome républicaine balbutiante (-488), écrite dans l'Angleterre moderne naissante (1607), elle expose des enjeux d'une déchirante actualité pour nos républiques et démocraties en souffrance. À cet égard, trois problématiques sous-tendent la pièce : le meilleur régime, la lutte des classes et l'impérialisme colonial. Chaque étape articule ces tensions sans prétendre les résoudre.

D'emblée, un spectre hante Rome : le spectre de la guerre civile. La Ville est plus qu'en ébullition, elle est en guerre(s). Non seulement contre son ennemi et voisin, le peuple volsque, mais surtout contre elle-même. Dès la première scène, tout est possible. En équilibre instable, la jeune république romaine vacille sur ses fondements encore mal assurés. Le monde va peut-être changer de base — mais pour quel destin ? Défilent ainsi de nombreuses options politiques concurrentes, en une dialectique de l'ordre et du chaos : révolte populaire, révolution sociale, compromis réformiste, paternalisme conservateur, répression militaire, représentation démocratique, union sacrée face à l'invasion volsque…

Deux classes

Ce vertige politique exprime d'abord la radicalité de la lutte des classes à Rome. Le monde s'y divise en deux grandes

[2] Cet article reprend et développe la démarche et l'analyse de la notice précédente, « Tragique démocratie ».

catégories sociales, la classe dominante des patriciens tout puissants, et la classe dominée des plébéiens sans droits, ni richesses, ni pouvoirs. Parfois, par son urgence, la guerre extérieure occulte un temps cette ligne de fractures intestines. Mais, pendant deux siècles et demi (-509/-264), c'est-à-dire au moins jusqu'aux Guerres Puniques livrées contre cette grande rivale méditerranéenne qu'est la civilisation carthaginoise, s'impose comme combat structurel l'émancipation des classes populaires à travers l'accès des plébéiens aux droits fondamentaux, l'avènement d'une représentation politique populaire, le rééquilibrage démocratique des institutions et la conquête d'une moindre injustice sociale. À cette poussée démocratique relative, l'aristocratie résiste en dénonçant les dangers de cette hydre aux mille têtes.

Auscultant une République d'à peine vingt ans encore à la croisée des chemins, la tragédie de Shakespeare croise la question ontologique du meilleur régime, question classique déployée de Platon à Montesquieu, avec la double interrogation moderne, pragmatique, formulée sans ambages par Machiavel : 1. Comment prendre le pouvoir ? 2. Comment le conserver ? Problème de la prise du pouvoir que se pose tout prince potentiellement tyrannique, mais également tout révolutionnaire, comme s'y attellera Lénine dans *Que faire ?*

Trois voies

En ce sens, dans *Coriolan* se profilent fondamentalement trois devenirs politiques potentiels, correspondant respectivement aux trois régimes archétypaux. Un devenir démocratique, pourvu que le peuple, assemblé en armes et mobilisé sous la houlette des tribuns, résiste à l'emprise du Sénat et parvienne à expulser Coriolan l'Arrogant — comme fut chassé vingt ans plus tôt le dernier roi de Rome, Tarquin le Superbe. Un devenir aristocratique, pour peu que les sénateurs patriciens, après avoir subjugué la turbulente canaille, évincent le meilleur d'entre eux pour en briser les prétentions tyranniques. Un devenir monarchique, si Coriolan, appuyé sur des troupes fidèles par allégeance personnelle, parvient à en découdre avec la tourbe populaire et, selon les vœux de sa mère, à ranger les sénateurs sous sa coupe grâce à son mérite éclatant.

Historiquement, la République romaine pensa résoudre le conflit inexpiable entre ces trois formes de régime en octroyant à chacune d'elle une expression constitutionnelle dans la Cité, sur la base d'une répartition des pouvoirs. Au consul le pouvoir exécutif d'inspiration monarchique — certes scindé en deux, borné dans le temps et amputé des prérogatives trop absolues. Au sénat le pouvoir législatif, d'essence aristocratique, concentré entre les mains des patriciens. Au peuple, s'exprimant lors des comices et désormais représenté par des tribuns, le pouvoir démocratique, notamment celui d'élire leurs magistrats et au premier chef le premier d'entre eux, le consul. Mais ce volet démocratique était faussé par le classement inégalitaire en tribus, dont le vote pesait en fonction de la richesse.

Outre le conflit entre régimes, à lui seul chaque type de régime a tendance à dégénérer en sa forme maladive : la monarchie (pouvoir assumé par un seul homme) dégénère en tyrannie (pouvoir abusif d'un usurpateur), l'aristocratie (pouvoir confié aux meilleurs) en oligarchie (hégémonie ravie par une minorité illégitime), la démocratie (souveraineté effective du peuple citoyen) en démagogie (souveraineté fictive d'un peuple flatté et manipulé).

L'impossible concordia

Pour contrebalancer de tels risques, le régime mixte romain s'efforça d'instaurer une *concordia* : une harmonie entre les différentes composantes de la cité obtenue par la recherche du point médian entre ses aspirations contradictoires. Quatre siècles après la bataille de Corioles, cette quête éternelle d'un équilibre impossible sera encore celle d'un Cicéron se posant en dernier républicain et en homme de la synthèse, dans une République à l'agonie et une Rome écartelée par les guerres civiles (Ier siècle avant J.C.).

À cet égard, l'illustre orateur des derniers jours de la République se voit préfiguré, dans la République originelle de *Coriolan*, par le personnage de Ménénius, sénateur patricien modéré « ami du peuple », médiateur entre les factions populaire et aristocratique, et surtout politicien rompu aux inévitables louvoiements, compromis et compromissions inhérents à la dynamique perpétuellement instable de la machine démocratique — puisque toute démocratie est, par nature, inachevée et inachevable, imparfaite et frustrante. Dès lors, l'enjeu est de savoir comment gérer, maîtriser, canaliser, détourner, sublimer cette irréductible et universelle frustration, afin que, même si nul dans la Cité n'est jamais pleinement satisfait, personne du moins n'en vienne au point d'exaspération qui le fera sortir du cadre démocratique pour se jeter dans la violence révolutionnaire.

Entre deux maux

Cette dialectique entre rage et tempérance court à travers toute la pièce, qui esquisse successivement les multiples configurations politiques envisageables. Au départ, une jacquerie spontanée se mue en mouvement plébéien révolutionnaire. Celui-ci tourne court sous le double effet d'une victoire démocratique effective (la concession par le Sénat à la plèbe d'une représentation populaire, avec la création du tribunat) et d'une défaite extérieure en perspective (l'anéantissement imminent de Rome par l'envahisseur volsque).

Pour sauver la patrie en danger, la Cité sonne la mobilisation générale et range tous ses citoyens, civils et militaires, sous la bannière de son meilleur soldat, Caius Martius. En renversant à la surprise collective le désastre annoncé en victoire héroïque et en prenant seul la ville de Corioles, le général Martius y gagne, avec la gloire, un surnom : Coriolan.

Mais le triomphe du général providentiel entraîne aussi un risque de césarisme (voire de bonapartisme) avant la lettre — soit l'exploitation de la faveur populaire pour capter le pouvoir à son profit exclusif, vider les institutions républicaines de leur substance et, finalement, se faire sacrer empereur. Qu'une telle conquête du pouvoir s'opère par un coup d'État militaire (menace qui pointe dès l'orée de la pièce), ou, pire, légalement, par les urnes, avec l'élection de Coriolan au consulat, elle s'annonce insupportable au parti populaire. Aussi, après débats, celui-ci décide-t-il d'invalider l'élection et de pousser à la faute le consul désigné.

La cause du peuple

Sous les provocations des tribuns du peuple, excédé, l'intransigeant patricien se compromet en une incitation véhémente à l'écrasement de la plèbe voire en un appel à la guerre civile. Si bien que, contre toute attente, au nom de la Constitution violée, le parti populaire arrache le bannissement du grand homme auquel la patrie venait pourtant d'exprimer toute sa reconnaissance. Face au déchaînement des factions patriciennes et plébéiennes radicales, les tentatives de médiation politique, aussi bien militaire (le général et consul sortant Cominius) que civile (le sénateur Ménénius), n'ont pu qu'échouer.

Ayant échappé à la monarchisation tant redoutée, Rome glisse alors vers une démocratie parlementaire qui ploie sous le poids de sa bureaucratisation et de sa routinisation. Ici comme ailleurs, tout ce qui a commencé en mystique finit en politique (Péguy). La faction populaire a déchu de mouvement militant en parti de gouvernement. Et l'aspiration à la révolution s'est réduite à l'exercice de la gestion. Avec le sénat pour siège du pouvoir, les tribuns de la plèbe comme maîtres à bord, et le petit peuple assagi réduit à manier l'encensoir, la machine politique tourne à vide, dans l'illusion d'une paix sociale.

Celle-ci a pourtant été achetée au prix fort par l'éviction du sauveur de la Cité, sacrifié sur l'autel de la *concordia* comme bouc émissaire. Sur son dos lacéré s'est opérée une réconciliation de façade entre les mouvances démocratiques et aristocratiques modérées, peut-être également soulagées d'avoir conjuré le danger monarchique. Seule n'a pas désarmé la branche aristocratique extrémiste conduite par la mère de Coriolan, Volumnia.

Les chiens de guerre

De ce ciel parlementaire sans nuages surgit la guerre éclair, lancée par un Coriolan vengeur et furieux. Passé tout entier à l'ennemi volsque avec armes et bagages, ou plutôt avec rage et drame, le héros patriote s'est changé en traître à la patrie, le général de la Louve en chien de guerre, le Romain exemplaire en ennemi à mort de Rome. Dans le camp d'en face, Coriolan a rejoint Aufidius, qu'il n'avait jusqu'alors de cesse de défier et de défaire en combat singulier, tel un frère ennemi ou un amant-rival. Combattant furieux et général impétueux tenu en suspicion par les sénateurs de son pays, à l'instar de Coriolan chez lui, Aufidius en est l'*alter ego* avorté, le double secondaire, le négatif à valeur de contrepoint — tel un reflet ondoyant dans l'eau sur lequel l'original aux traits incarnés aura toujours le dessus.

Après s'être affrontés comme d'autres s'aiment, sans répit et sans vergogne, ces deux êtres dits contraires révèlent leur complémentarité, leur symétrie, voire leur gémellité : ils entrent en fusion. À tour de rôle, chacun cannibalise l'autre. Aufidius cannibalise Coriolan en le faisant généralissime volsque objet de consommation de ses soldats, qui « le mettent dans leur bénédicité[3] ». Coriolan cannibalise Audifius en usurpant sa place, en lui volant sa victoire et sa vengeance, et, par sa palinodie finale qui signera son retour chez les Romains, en trahissant sa trahison initiale. Et ainsi de suite. Envers centripète de la guerre civile centrifuge, cette fusion cannibale des généraux prépare celle des deux peuples volsque et romain, qui seront *in fine* confondus en un seul et même *populus romanus*. Mais pour l'heure, tout à leur étreinte barbare, Aufidius et Coriolan ont franchi les bornes de la civilisation. Ils célèbrent leurs noces de sang par la guerre totale et la terreur — raids, massacres, razzias et terre brûlée —, tournant inlassablement autour de Rome en une voluptueuse danse de mort.

La mère de toutes les batailles

Rome mesure alors ce qu'elle a perdu : en bannissant son défenseur, elle s'est perdue elle-même. La menace de Coriolan résonne ici avec toute sa violence : « C'est moi qui vous bannis[4] ! ». Retour de boomerang, Martius éconduit sans ménagement les deux médiateurs jadis incapables d'empêcher son expulsion, Ménénius et Cominius, qui furent pourtant ses

---

[3] William Shakespeare, *Coriolan*, IV.vii.3, Pléiade, *Tragédies*, tome II, trad. de J.-M. Déprats, p. 1291.
[4] *Ibid.*, III.iii.127, p. 1233.

pères symboliques à la ville et à la guerre. Le temps des modérés et des modérateurs est passé.

Seule la rhétorique universelle de sa mère (politique, affective, religieuse…) parvient à faire « fondre[5] » Coriolan, qui sur les injonctions maternelles renonce à la destruction de Rome pour se rallier au projet d'union des deux peuples. Lors de l'élection, Volumnia prêchait à son fils, rebelle à tout déguisement hormis comme ruse de guerre, les vertus du masque et de la comédie en politique — en vain. Par son triomphe, elle marque la victoire d'une conception machiavélienne, centralisatrice et impérialiste d'un pouvoir tenté par l'absolutisme sous des dehors conciliateurs. De fait, elle signifie que « la politique est la continuation de la guerre par d'autres moyens », selon la proposition de Foucault[6] renversant l'assertion classique de Clausewitz[7]. Principe qu'à force de mépris le trop absolu Coriolan paie de sa vie, tandis que dans son sang se conjuguent les premières peuplades romaines, matrice d'où jaillira un empire millénaire.

Gérald GARUTTI
Théâtre National Populaire
École Nationale Supérieure des Arts et Techniques du Théâtre
Institut d'Etudes Politiques de Paris

[5] *Ibid.*, v.iii.28, p. 1313.
[6] Michel Foucault, « La politique est la continuation de la guerre par d'autres moyens », in *Dits et Écrits*, Paris, Gallimard, tome II, p. 702-704.
[7] Carl von Clausewitz, *De la guerre* (1832).

Coriolan ou la démocratie en question[8]
Ouverture de la Résonance

GÉRALD GARUTTI : Je vais commencer par évoquer rapidement en quoi la question démocratique est au cœur de *Coriolan*. La première chose qui frappe lorsqu'on lit ou lorsqu'on voit *Coriolan*, c'est que la démocratie est le règne de la division. La question de la communauté politique et du rapport entre l'un et le multiple, est au centre de la pensée politique depuis au moins Platon. Mais le mérite de *Coriolan* est de montrer que tout système politique est confronté à l'impossible défi de tenter une forme d'unité ou de conciliation et que la démocratie, régime qui précisément tente d'exprimer la diversité des points de vue, présente une instabilité particulière. Quelles sont les formes de dissension à l'œuvre dans *Coriolan* ? À l'évidence, il règne à Rome une lutte des classes, pouvant même dégénérer en guerre civile. Comme vous le savez, la République romaine est un régime composé de deux classes : les plébéiens et les patriciens. Les patriciens constituent une classe dominante et les plébéiens une classe dominée.

Cette lutte des classes aboutit donc à un risque de guerre civile, le peuple étant au bord de l'insurrection. Cette guerre civile peut entraîner la fin de Rome, d'autant que les patriciens sont menés par un général arrogant, Coriolan, qui déclare vouloir faire un charnier de ces milliers de plébéiens. Il s'agit là d'une haine de classe, viscérale, absolument affichée, exprimée dès le début du texte : le premier mot de Coriolan à l'égard du peuple est « racaille ». Cette lutte des classes – *Coriolan* est à cet égard exact en termes historiques puisque, pendant deux siècles et demi, la question du conflit entre plébéiens et patriciens domine

[8] Transcription de l'ouverture de la Résonance, ce texte reprend sous une forme orale les perspectives dramaturgiques développées dans les deux textes précédents, « Tragique démocratie » et « Au cœur de Coriolan : la démocratie en question », en approfondissant certains points au détriment d'autres.

la politique romaine, cette histoire du début de la République romaine étant celle de l'accès progressif de la plèbe au droit – recoupe évidemment la question d'un régime. La deuxième problématique, outre celle de la lutte des classes, est celle du meilleur régime. Shakespeare s'intéresse au début et à la fin de la République. *Coriolan* se passe en 488 avant J.-C., vingt ans après l'établissement de la République en 509. Les deux autres pièces romaines, historiques, de Shakespeare, *Jules César* et *Antoine et Cléopâtre*, examinent la fin de la République de -44 à -30, à la bataille d'Actium, qui marque l'écrasement d'Antoine. Shakespeare s'intéresse donc à la première et à la dernière génération républicaine, c'est-à-dire au moment critique de la transition d'un régime à un autre, de la royauté à la république, puis de la république à l'empire. C'est ce moment de déséquilibre, balbutiant, originel, ce moment de l'agonie de la République qui retient son attention.

Vous connaissez les trois formes de régimes canoniques que sont la monarchie, l'aristocratie et la démocratie. Dans *Coriolan*, on a véritablement un conflit, une valse-hésitation, entre ces différentes formes de pouvoir, la monarchie ayant été renversée. Puisqu'on a considéré que les rois étaient des tyrans, que Tarquin le Superbe avait usurpé le pouvoir en tant qu'Étrusque et qu'il était despotique, on vise désormais un équilibre entre les différentes formes de pouvoir. La solution romaine est celle d'une constitution mixte. Ceci est au cœur de *Coriolan*, où chacun des différents pouvoirs tente de conquérir non seulement une légitimité mais même une surface par rapport aux deux autres. Comment cela s'exprime-t-il ? Il y a les deux consuls, qui expriment un pouvoir monarchique, rois diminués puisqu'ils sont élus pour un an et non reconductibles – en comparaison, les deux mandats d'Obama et de Nicolas Sarkozy constituent un long règne. Mais si le consul est un roi diminué, il y a tout de même une sorte d'image monarchique qui demeure. Il y a le Sénat, pouvoir évidemment aristocratique émanant des patriciens. Il y a enfin le peuple, dont tout l'enjeu est d'accéder à une représentation. La pièce commence d'ailleurs sur le fait qu'il conquiert une forme de représentation à travers deux tribuns du peuple, alors qu'auparavant les plébéiens ne pouvaient pas accéder aux fonctions politiques, ni même voter. Désormais, le peuple vote, élit les magistrats, notamment le consul, et tout l'enjeu est de savoir quelle est sa marge de manœuvre. L'un des citoyens demande d'ailleurs : a-t-on le droit de ne pas élire ? Un autre citoyen répond : c'est un pouvoir que nous n'avons pas le pouvoir d'exercer. Comme si l'élection était formelle, qu'il fallait nécessairement voter comme on vous le demande, comme si un référendum vous proposait le choix entre oui et oui. C'est alors que le peuple apprend à dire non, en invalidant l'élection de Coriolan, alors que son vote était censé être purement formel.

Ces trois types de régime, monarchique, aristocratique et démocratique, en tension à l'intérieur de cette république naissante, sont également présents sous leur forme décadente. Le rêve de démocratie aboutit assez rapidement dans la pièce à une démagogie, à une manipulation de la part des tribuns vis-à-vis du peuple. Le statut des tribuns est problématique, ils représentent le peuple mais on peut se demander s'ils défendent les intérêts d'une classe ou leur propre pouvoir. Tout le génie de Shakespeare est de ne pas trancher entre ces deux options : les tribuns défendent un pouvoir personnel et en même temps expriment les intérêts d'une classe. À côté de cette démocratie virant en démagogie, l'aristocratie risque de virer à une confiscation du pouvoir, à l'oligarchie. Enfin, la dérive tyrannique est le principal danger pointé par la pièce : on soupçonne Coriolan de vouloir abattre la République, de vouloir restaurer une tyrannie. On l'accuse d'être révolutionnaire, et vous savez que pour un Romain la révolution est le crime absolu puisque seuls valent la tradition, les mœurs des anciens.

Le paysage est celui d'une cité en guerre, guerre qui ne se fait pas seulement contre un ennemi extérieur, en l'occurrence un autre peuple : les Volsques, mais aussi à l'intérieur de la cité. Cette guerre dévore en son sein la République, tout entière placée sous l'ombre du crime originel, du fratricide premier, celui de Rémus par Romulus. Cet horizon de la guerre civile est omniprésent dans la pièce. Il faut savoir que Shakespeare écrit *Coriolan* en ayant en tête la manière dont la République finira. Cette pièce doit se lire en quelque sorte à quatre étages : 1. la naissance de la République, le moment dont parle *Coriolan* ; 2. la fin de la République, dont Shakespeare parle dans *Jules César* et *Antoine et Cléopâtre*, celle des guerres civiles des proscriptions ; 3. le moment où Shakespeare écrit, le passage d'Élisabeth aux Stuart, et 4. notre époque présente, avec les résonances que cela implique.

Cette dimension fratricide omniprésente dans la pièce, cette contradiction perpétuelle, prend même une forme assez monstrueuse, et si la République est un corps avec des organes, des fonctions, le registre de la maladie est omniprésent. Ce discours sur la cité comme corps aboutit à une idéologie conservatrice : chacun est censé rester à sa place, on va le voir dans l'extrait. Si vous êtes un pied, vous n'allez pas remplacer le cerveau. Si vous prétendez changer de place et de fonction, vous créez un monstre et le corps déstructuré ne peut plus vivre. On a donc un corps présenté comme malade et vous allez voir, dans le décor, que nous avons pris à la lettre cette idée que la cité est un corps avec ses organes, ses tuyaux. Le décor est apparemment constitué par rien, une sorte de cirque avec un trou central, comme une bouche d'égout, dont sortent les eaux sales de la démocratie, tout ce qui est censé être refoulé, tous les dessous, toute la violence politique. Lorsque la République est en dysfonctionnement, tout reflue, la circulation ne fonctionne plus normalement. Tout ce qui était en dessous, qui appartient au monde de l'égout, refoule, ressort et inonde. C'est également le sang de la guerre qui sort de cet égout central. On se trouve donc face à un corps en dysfonctionnement, avec des monstres : l'hydre à multiples têtes de la foule – le peuple est systématiquement présenté comme ce monstre ayant plusieurs têtes, se contredisant et s'entredévorant –, la meute des loups que sont les aristocrates, et enfin Coriolan qu'on soupçonne d'être un tigre, c'est-à-dire un tyran en puissance. Il s'agit donc d'un bestiaire, en dévoration perpétuelle, en conflit perpétuel. Comment parvenir à instaurer un équilibre au milieu de cette dissension universelle ?

Au-delà même des deux classes et des trois régimes, il y a une contradiction omniprésente au sein même des groupes, ce qui a constitué pour nous l'un des enjeux dans la mise en scène de *Coriolan* : montrer la contradiction à tous les niveaux. Il y a deux citoyens qui dialoguent, deux tribuns qui ne sont pas toujours d'accord, plusieurs généraux au sein de l'armée, des avis divergents dans le camp des patriciens… Cette contradiction à tous les niveaux rend à peu près impossible la tâche de la démocratie qui consiste à tenter d'unifier ces contraires et d'aboutir à une synthèse. Cette synthèse est représentée dans la pièce par un personnage de médiateur, de passeur, une sorte de pivot de la république, un homme politique qui s'appelle Ménénius. Ce sénateur est décrit comme un ami du peuple, donc déjà double : du côté des nobles, des patriciens, mais faisant en même temps le lien avec le peuple. Il est en quelque sorte l'homme sur lequel la démocratie repose, puisqu'il tente d'unifier ces contraires pour que tout ne vole pas en éclats. Lorsque la guerre civile menace, on voit systématiquement Ménénius tenter, même physiquement, d'unir ces contraires. La figure sous-jacente de Ménénius est évidemment celle de Cicéron, l'homme qui, lorsque la République est à l'agonie, tente désespérément de trouver des conciliations, l'homme de la concorde, de la *concordia* : la tentative de discussion entre des instances différentes, voire contradictoires.

Après la question de la division, de la lutte des classes et des régimes, et cette deuxième question de la dissension infinie, une troisième question se pose : le fait qu'il y ait négociation pour essayer d'unir les contraires aboutit à une corruption au sens non seulement médical mais également par rapport à l'idée d'intégrité. Il faut nécessairement des compromis, une forme de souplesse voire d'opportunisme, et l'on voit Ménénius capable de caresser la plèbe dans le sens du poil pour peu après la menacer de l'écraser militairement si elle se révolte. On se trouve dans cette situation de versatilité et d'instabilité. C'est évidemment l'un des aspects de la démocratie qui est pointé par les citoyens eux-mêmes quand ils disent : nous changeons tout le temps d'avis. Ces mêmes citoyens chassent Coriolan de bon cœur et affirment juste après qu'ils ne voulaient pas le faire. Le peuple n'a donc ni mémoire ni cohérence. Alors, s'agit-il exactement du peuple ? Qu'est-ce qui est présent sinon représenté : des classes, des groupes, un peuple ? Je pense qu'on pourra évoquer cette question, notamment en examinant la différence entre république et démocratie.

J'en arrive à mon troisième point : la question du héros et du rapport entre la guerre et la politique. *Coriolan*, si on devait résumer la pièce en une phrase, nous présente l'histoire d'un héros militaire incapable de devenir un chef politique. Mais ce qui nous intéresse ici, c'est qu'il semble bien que dans ce contexte le héros n'ait pas sa place. Le héros a sa place pour sauver la patrie en danger, mais que faire d'un héros en temps de paix ? Un héros est toujours dangereux et c'est d'ailleurs sans doute l'une des raisons pour lesquelles Hannibal n'a pas pu prendre Rome. Hannibal, lors de la deuxième guerre punique de Carthage contre Rome, arrive aux portes de la Cité mais ne la prend pas. Il semble que l'une des raisons était qu'il attendait des renforts de Carthage qui n'arrivaient pas, le pouvoir politique carthaginois se méfiant de ce général devenu trop puissant. On observe donc bien une méfiance vis-à-vis du héros, du général. La question s'articule donc entre pouvoir politique et pouvoir militaire. Seule la menace extérieure a permis une union intérieure. Lorsque cette menace tombe, le héros est expulsé comme s'il y avait une forme de connivence entre les forces démocratiques et les forces aristocratiques pour exclure le tyran potentiel, les deux camps étant finalement en accord sur ce point, bien que Coriolan soit un patricien.

Il ne me semble pas inutile, avant de voir le premier extrait de la pièce, d'examiner les forces en présence. Caius Martius, Coriolan a trois caractéristiques : c'est un patricien arrogant, un héros militaire qui à lui seul peut prendre une ville, et enfin le fils de sa mère. Vous me direz que cela arrive à beaucoup d'entre nous mais en l'occurrence Coriolan a une mère un peu particulière, pour le moins abusive, dévorante, qui s'appelle Volumnia et est le véritable chef du parti patricien, de la noblesse. Ne pouvant accéder au pouvoir – puisqu'à Rome, il n'y a pas possibilité pour une femme de devenir reine – elle a façonné ce fils pour qu'il devienne le chef de l'État. Elle va réussir la moitié de son programme : en faire un héros militaire, mais va en revanche échouer à en faire un chef politique. On trouve chez Coriolan une résistance au fait d'accéder au pouvoir, une résistance à toute compromission – puisque la politique, le fait de quémander des voix, constitue pour lui une compromission – et il y a donc conflit entre ces deux figures. Toujours du côté des patriciens, de la noblesse, vous trouvez l'homme politique dont je viens de vous parler, Ménénius, ce sénateur qui sert d'intermédiaire, de passeur entre les différents groupes, et derrière Ménénius, de manière également divisée, le Sénat, pouvoir aristocratique peuplé de patriciens. Voilà pour la ville. L'armée est représentée par deux généraux qui passent leur temps à être en désaccord sur la stratégie militaire: le général Cominius, qui est encore consul, et le général Titus Lartius. De même qu'il y a dissension au sein de la cité, il y a dissension au sein de l'armée et la victoire sera d'ailleurs presque une victoire par surprise, puisque les Romains n'étaient pas censés attaquer à ce moment-là. Voilà pour les patriciens. La plèbe est représentée par deux tribuns du peuple, ce qui là encore exprime une dualité voire une divergence. Au sein des citoyens, un citoyen semble vouloir renverser le pouvoir, tandis qu'un autre s'avère plus apte au compromis, et tente systématiquement de trouver des solutions par la négociation. Ces deux citoyens émergent de la plèbe. Celle-ci aspire à un pouvoir de démocratie représentative. La noblesse, elle, vit dans un mépris à peu près général du peuple – Volumnia et Coriolan le méprisent évidemment mais Ménénius n'est pas en reste. Elle pense que le véritable pouvoir n'est autre que celui du Sénat. Il y a donc ici une tension aristocratique. On pense que Coriolan, héros militaire à même de devenir consul, qui va être élu, peut devenir un tyran. Ce n'est pas seulement un jeu à deux termes entre la noblesse et la plèbe mais bien un jeu à trois termes avec une possibilité aristocratique, une possibilité démocratique et une potentialité, pense-t-on, tyrannique. Tout le monde va tomber d'accord pour expulser Coriolan. Le tyran, expulsé, se trouve comme crucifié, liquidé par ces différentes instances, même si la noblesse est censée le soutenir.

Enfin, pour terminer, il y a hors de la cité un autre peuple, un peuple voisin qui représente une version atténuée, un reflet de ce qui se passe à Rome, avec un général, Aufidius, en dialogue avec un Sénat qui se défie également de lui. Aufidius constitue comme un double inversé, une sorte de reflet, en mineur, de Coriolan. Les deux généraux finissent d'ailleurs par entrer en fusion dans la deuxième partie de la pièce.

Je vais, pour finir, retracer rapidement les cinq étapes de la pièce et conclure en évoquant les problèmes qui se posent à nous, notamment pour aujourd'hui. Cinq étapes, cinq actes me direz-vous, certes, mais plutôt cinq moments logiques. J'ai déjà parlé du premier moment, celui des guerres : guerre civile potentielle et guerre contre les Volsques, qui aboutissent au triomphe de Coriolan. Le deuxième moment est donc celui de l'élection : le pouvoir politique doit échoir à celui qui a remporté la victoire, Coriolan. Le Sénat l'investit du pouvoir. Il lui reste alors à être élu par le peuple. Mais cette élection ne se passe pas totalement dans les règles : Coriolan n'en joue pas le jeu – on va voir que la question du jeu à jouer est un des fondements, en contexte démocratique – si bien que l'élection est invalidée par les tribuns qui prennent prétexte d'une erreur formelle. Ils mobilisent un peuple passablement agacé par l'arrogance de Coriolan, pour provoquer le bannissement du héros, qui quitte la cité en disant : c'est moi qui vous bannis. Il y a ici un renversement : le héros bannit la cité, ce qui peut sembler absolument arrogant, démesuré, mais on s'aperçoit vite que cet acte représente un véritable danger puisque Rome, bannissant son propre défenseur, en a provoqué la fusion avec l'ennemi. Le héros passe chez les Volsques et les deux meilleurs généraux, romain et volsque, Coriolan et Aufidius, s'unissent pour former une sorte d'armée non réglementaire qui procède par terreur, en une manière de noces de sang. Ces chiens de guerre sont sur le point d'écraser Rome, et on en arrive à l'épisode relaté par Plutarque : la mère de Coriolan intervient et par ses pleurs, fait plier Coriolan qui ne détruit pas Rome. Outre ses pleurs, Volumnia déploie toute une rhétorique universelle, passant par le pathétique, la menace, l'injonction… mais également porteuse d'un véritable projet politique. La question sexuelle – et Geneviève Fraisse nous en parlera au cours de la deuxième journée – intervient sur le plan du pouvoir et ce projet de Volumnia n'est autre que le projet de la fusion entre les peuples. Les peuples procédant par conquête ou par mariage – c'est du moins ainsi que Rome s'est constituée – on assiste là à la première conquête et au premier mariage d'un futur empire à l'échelle méditerranéenne. Coriolan est donc arrêté devant Rome et c'est le triomphe de Volumnia, qui rappelle véritablement celui d'Élisabeth. Le héros perd alors toute place. Il ne reste désormais à Rome qu'une Volumnia honorée par la cité.

PREMIERE JOURNEE
I. Le pire régime

1. Pourquoi la démocratie ?

Table ronde animée par ***Alexandre Escudier,*** *avec* ***Blandine Kriegel*** *(philosophe),* ***Pierre Manent*** *(politologue),* ***et Jean-Pierre Vincent*** *(metteur en scène).*

GÉRALD GARUTTI : Après cette entrée en matière sur *Coriolan*, nous allons maintenant nous intéresser à la question du régime ainsi qu'aux fondements et aux fins de la démocratie. Mais je vous propose en préambule de voir le début de *Coriolan* qui porte sur ces guerres menaçant Rome.

***Projection de la scène d'ouverture de* Coriolan.**

GÉRALD GARUTTI : Nous allons pouvoir maintenant entrer dans le vif des débats avec nos invités : Pierre Manent, Blandine Kriegel, Jean-Pierre Vincent, dans une table ronde animée par Alexandre Escudier, chercheur à Sciences Po, à qui j'ai proposé d'animer cette première table-ronde. En introduction, Pierre Manent va nous faire le plaisir de nous dresser une très brève histoire de la démocratie, en une demi-heure, ce qui pour un sujet si vaste relève de la gageure.

ALEXANDRE ESCUDIER : Merci Gérald pour cette introduction complète qui nous remet en mémoire la trame de l'action et va nous permettre de passer maintenant à la réflexion thématique. Pierre Manent va ouvrir la discussion avec une brève introduction d'une demi-heure sur l'histoire générale de la démocratie, rien moins que cela. Je dirais simplement quelques mots en guise d'introduction à la conférence de Mr. Manent, en indiquant qu'il est directeur de recherche à l'École des hautes études en sciences sociales, spécialiste de philosophie politique et d'histoire des idées politiques. Il a développé une œuvre considérable, depuis la fin des années soixante-dix, sur la naissance de la politique moderne. Il a poursuivi depuis un travail de philosophie politique à part entière, au-delà de ses aspects historiques, l'ayant conduit à opérer une distinction fondamentale entre forme politique et régime politique, qui sont la plupart du temps confondus dans les débats, et en particulier autour du thème de la démocratie. Pierre Manent s'achemine à travers ses séminaires à l'École des hautes études vers une histoire raisonnée des formes et des régimes politiques.

Une brève histoire de la démocratie, par Pierre Manent.

PIERRE MANENT : Merci beaucoup. Gérald Garutti m'a demandé de dresser une histoire de la démocratie en une demi-heure, j'ai imprudemment accepté et il faut que je m'exécute. Je vais le faire sans mentionner *Coriolan*, parce qu'il y a beaucoup de grands spécialistes de *Coriolan* dans cette salle. Je vais donc essayer de prendre la vue la plus large possible sur une histoire qui commence en Grèce. Le mot est grec, l'origine est grecque. Mais la démocratie moderne se développe presque sans aucun rapport explicite à la démocratie grecque. L'expert le plus accompli de la démocratie moderne, Alexis de Tocqueville, fait commencer l'histoire de la démocratie sept siècles avant l'époque où il écrit *La Démocratie en Amérique*, c'est-à-dire à peu près au XIIe siècle, à un moment où les rois qui sont, dit-il, les plus actifs, les plus constants des niveleurs, domestiquent l'aristocratie. Si la démocratie moderne commence avec l'action des rois, Tocqueville considère d'autre part que la démocratie grecque, la démocratie ancienne, la République romaine, ne sont pas vraiment des démocraties mais des espèces d'aristocratie : à Rome ou en Grèce, dit-il, la lutte des classes est simplement la dispute entre les aînés et les cadets d'une même famille. Je partirai de ce point, de cette difficulté que nous avons à tenir ensemble l'expérience démocratique ancienne et l'expérience démocratique moderne. Mon propos sera très simple et parfaitement scolaire. J'exposerai successivement les deux grands mouvements démocratiques, ou deux grands cycles de démocratisation : la démocratie ou plutôt la démocratisation grecque dans un premier temps et le cycle démocratique moderne dans un deuxième temps. Dans un troisième temps, je me risquerai à quelques conjectures sur l'état présent, sur la fin et l'avenir de la démocratie, avec encore davantage de points d'interrogation que vous n'en avez mis dans votre affiche.

La démocratisation grecque

Je ne vais rien dire sur le cycle grec qui ne soit bien connu. Je vais simplement concentrer au maximum le propos, et peut-être que cette concentration du propos produira quelques petites étincelles. Dans l'histoire de la démocratie grecque, la démocratisation est inséparablement politisation. Vous savez que *polis* est le nom de cette forme politique inventée ou produite en Grèce, mais l'activité politique, l'activité propre à cette communauté, surgit dans le développement vers la démocratie, dans la démocratisation de la cité. La cité aristocratique qui précède la démocratie n'est pas vraiment une cité achevée. C'est l'ordre familial, l'ordre tribal, l'ordre *gentilis*, l'ordre des familles, l'ordre patricien, c'est l'ordre des pères. Les sénateurs sont les *patres conscripti* ; les patriciens sont originellement les familles fondatrices de Rome : les tribus, la *phulè* à Athènes. D'une certaine façon, l'ordre pré-politique est partout le même : c'est l'ordre familial que les Grecs, avec leur capacité à exprimer le plus complètement possible et de la façon la plus expressive les réalités humaines, appellent « l'ordre des Cyclopes ». L'ordre des Cyclopes, c'est l'ordre des pères qui donnent la loi à leurs femmes et à leurs enfants, comme le dit Homère, et que Vico appellera au XVIIIe siècle « l'ordre des Polyphèmes » – qui est, vous vous en souvenez, le nom du cyclope dans *L'Odyssée.* C'est à partir de cet ordre que la cité va naître, par un processus de condensation, de fusion, lorsque les pères deviennent des patriciens, et que les patriciens fondent une cité qui ne deviendra complètement une cité qu'à partir du moment où elle sera engagée sur la voie d'une démocratisation.

Dans le cas d'Athènes, Clisthène, auquel Pierre Vidal-Naquet et Pierre Lévêque ont consacré un livre classique, est une figure centrale dans ce processus. Clisthène, disons en 508-507, transforme la cité aristocratique, la cité des tribus, en une cité politique. L'ordre familial est déplacé, sans être détruit, pour faire place à un ordre proprement civique. C'est dans ce passage de l'ordre aristocratique à l'ordre démocratique que la démocratie apparaît. Qu'est-ce que cela veut dire, en l'occurrence, la démocratie ? C'est le commun, la chose commune. J'insiste sur ce point. Dire que la démocratie correspond à l'apparition du commun semble être une considération banale, évidente ou tautologique, mais ce n'est pas le cas : nous allons voir que cette définition de la démocratie est en réalité propre à la démocratie ancienne, grecque. Dans le cas de la démocratie moderne, cette définition de la démocratie par le commun va faire place à une définition par l'égalité, ce qui est tout autre chose. Je voudrais dire encore un mot sur la démocratie athénienne, qui est le type classique, si j'ose dire à tous égards, de la démocratie : c'est par rapport à elle que les démocraties ultérieures peuvent être en quelque sorte le mieux prises en vue, y compris ou spécialement la démocratie ou République romaine. Aristote fait ressortir en particulier dans son *Histoire* – qui est en somme son histoire politique d'Athènes et nous est restée comme la Constitution d'Athènes – quelque chose de propre à la démocratie athénienne. Il nous dit que l'axe de l'histoire d'Athènes est donné par la succession des chefs du peuple, qui va de Solon à Périclès en passant par Pisistrate, Clisthène, Thémistocle… Qu'étaient ces chefs du peuple ? Pour la plupart, ce qui était propre à Athènes, des aristocrates, et le propre de l'histoire politique athénienne, le propre de la première démocratie, réside en quelque sorte dans cette articulation entre la lutte des classes et la production du commun, par l'intermédiaire du chef aristocratique ou d'origine aristocratique. Le chef aristocratique du peuple assure à la fois la direction démocratique de la cité et, si vous voulez, la victoire de la démocratie sur l'aristocratie, tout en permettant à la démocratie de conserver son lien avec un certain ordre traditionnel athénien et une certaine composante aristocratique.

Après Périclès, explique Aristote, vient le temps des démagogues et de la victoire du peuple extrême. La modalité première de la démocratie, c'est la constitution d'une chose commune qui apparaît lorsque l'ordre collectif s'émancipe des familles, du pouvoir ou des pouvoirs patriciens, pour se réaliser dans une chose qui mérite le nom de commun, que personne ne peut s'approprier mais au gouvernement de laquelle tout le monde doit essayer de participer. Il y a un lien absolument essentiel entre la différence des classes, si vous voulez la lutte des classes, et la production de la chose commune. La lutte des classes n'est pas la négation de la chose commune, elle appartient à son processus de production. Encore faut-il naturellement qu'elle soit convenablement gouvernée.

Le cycle moderne

Venons en maintenant à mon second point, au cycle moderne. Il est frappant que la démocratie moderne ne soit pas née dans la cité ou dans les cités. Il a existé un grand nombre de cités dans l'histoire européenne : les cités italiennes, les cités d'Europe du Nord, les cités de la Hanse… La démocratie n'est pas née de l'intérieur des cités. La démocratie est née de l'intérieur de régimes ou de nations que l'on peut qualifier, au sens large, de monarchiques ou aristocratiques. Le passage de l'aristocratie à la démocratie est commun à toutes les démocraties. La démocratie vient toujours comme un développement, une transformation, et si l'on veut une destruction, une négation de l'aristocratie. Mais une des différences fondamentales entre la démocratie moderne – qu'on peut dire moderne même si Tocqueville en fait commencer le processus au XIIe siècle – et la démocratie ancienne, est la suivante : en Grèce et dans une certaine mesure à Rome, c'est le *demos*, le peuple, qui vient participer directement et comme tel au corps civique aristocratique. En Europe, cette participation va connaître des médiations qui changent considérablement la nature de la démocratie. En Europe, Tocqueville le souligne, c'est le roi qui domestique l'aristocratie et institue progressivement l'égalité des conditions. C'est la grande différence entre la démocratie moderne et la démocratie ancienne. Tandis que la démocratie ancienne est immédiatement politique en Europe, la démocratie moderne vient indirectement à travers ce que Tocqueville va appeler l'égalité des conditions, qui est d'abord imposée par un pouvoir apparemment aussi peu démocratique que celui du roi absolu. C'est par la société – par ce phénomène propre à l'Europe, qui lui est exclusif : ce qu'on appelle la bourgeoisie, qui en quelque sorte incorpore la notion d'égalité des conditions – que la démocratie va progressivement venir en Europe, non pas comme participation directe du peuple au pouvoir mais comme égalité des conditions, d'abord instituée par l'État monarchique. Le processus démocratique athénien est inséparable de la politisation : démocratisation implique politisation. En Europe, la constitution de l'égalité des conditions est le résultat d'un processus de dépolitisation par la monarchie qui, comme le dit Tocqueville, sépare les classes, sépare les individus, et pose chacun l'un à côté de l'autre, en imposant le plan de l'égalité. Mais ce plan de l'égalité concerne les individus et ne leur donne pas accès à un espace politique. L'État garantit les droits égaux ou une condition égale, telle est la définition moderne de la démocratie. La démocratie n'est plus primordialement participation à la chose commune, elle est essentiellement égalité, et égalité des droits.

Bien entendu, la logique politique de la démocratie n'allait pas tarder à s'imposer y compris dans le contexte de la politique européenne. La lutte des classes allait bien entendu s'exercer, se déployer, lutte des classes sans laquelle il n'y aurait pas eu véritablement de démocratie, ou bien sans laquelle la démocratie se serait arrêtée à l'ordre monarchique éclairé assurant une relative égalité des conditions. Mais encore une fois, alors que la cité ancienne voyait le petit nombre et le grand nombre se mêler directement dans le conflit et dans la collaboration, en Europe, leur conflit et leur collaboration sont médiatisés par un État, qui est curieusement à la fois protecteur de l'égalité, de l'égalité des droits et de l'inégalité, ou du moins de la possibilité d'être inégal, puisqu'il est protecteur de l'inégalité des propriétés. L'État assure à chacun la liberté d'entreprendre, la liberté d'acquérir. Le droit de propriété est un des droits fondamentaux de l'ordre démocratique moderne. En même temps que l'État de la démocratie moderne impose le plan de l'égalité des droits, il ouvre l'espace de l'inégalité sociale, jusqu'à autoriser autant d'inégalités que la liberté d'entreprendre est susceptible de produire.

Voilà très brièvement – mais je crois qu'on attendait de moi la brièveté – la manière dont je décrirais ces deux processus : celui de la démocratisation ancienne et celui de la démocratisation moderne. Les différences que j'ai évoquées n'empêchent pas que le dynamisme moderne n'ait été très comparable au dynamisme grec. En dépit de cette médiation originelle de l'État, la lutte des classes au sens le plus direct – la confrontation des groupes sociaux et l'effort du grand nombre pour participer à la chose publique – a constitué l'axe du développement démocratique moderne. De ce point de vue, il y a évidemment un parfait parallélisme entre les deux mouvements. J'ajoute qu'un autre des parallélismes entre le développement ancien et le développement moderne est la simultanéité et l'action réciproque entre le dynamisme de la lutte des classes à l'intérieur des cités, des républiques ou des États modernes, et la guerre ou la lutte entre les nations et entre les cités. Il est clair que dans l'histoire européenne moderne comme dans l'histoire de la Grèce ancienne, le dynamisme social, politique, a été largement fourni par l'interaction entre les guerres intérieures et les guerres extérieures, jusqu'aux grandes guerres du XXe siècle, ce que l'on a pu appeler : la guerre civile européenne.

Qu'en est-il aujourd'hui ?

J'en viens à mon troisième point. Est-ce que ces remarques, si sommaires soient-elles, nous aident éventuellement à proposer quelques conjectures sur la situation présente ? Quel sens pourrions-nous mettre derrière cette perspective d'une fin de la démocratie ? Je vais essayer de dire quelles obscures pensées cette formule fait surgir en moi, car il y a dans cette notion quelque chose qui à coup sûr nous touche tous, ou qui fait retentir quelque chose en nous. L'État moderne est à la fois le protecteur efficace de l'égalité des conditions et le protecteur efficace de l'inégalité des propriétés. Il a si bien accompli sa tâche dans la dernière période que d'une certaine façon la lutte des classes a perdu une large partie de ses conditions de possibilités. « Classe contre classe », comme on le disait à une époque. Comment pourrait-on tenir ce langage aujourd'hui, quand la médiation de l'État est omniprésente, quand l'égalité et l'inégalité sont de même garanties par l'État, quand le grand nombre comme le petit nombre sont à ce point dépendants de l'État ? A mesure que progressait cette médiation de l'État, qu'elle s'étendait encore, on a de plus en plus déploré ses effets. La protection de l'État paraissait de plus en plus constituer un empêchement. Il était, disait-on dans les années soixante-dix et quatre-vingt, à la fois tout-puissant et impuissant. Fin des années soixante-dix, début des années quatre-vingt, ce fut la révolution néo-libérale, que tout le monde a en mémoire, du moins ceux qui ont plus de trente ans aujourd'hui. De cette révolution libérale, que résument les noms du président Reagan ou de Margaret Thatcher, on peut donner une interprétation de classe en disant que par les voies du néo-libéralisme, le petit nombre reprend la main contre l'État providence exagérément ou excessivement protecteur du grand nombre. On peut en donner une interprétation neutre et y voir simplement une nécessité de recapitalisation de l'économie, et le besoin de remettre en mouvement un appareil productif en voie de pétrification. En tous cas, les conséquences de la révolution libérale furent certainement des conséquences de classe, et plus précisément à l'avantage du petit nombre. Warren Buffet, comme chacun sait « homme le plus riche du monde » – je ne sais pas ce que cette formule veut dire aujourd'hui – a dit récemment, fameusement : « il y a une lutte des classes et nous sommes en train de la gagner. »

Je ne sais pas si le petit nombre est en train de gagner la lutte des classes, comme le dit Warren Buffet, mais ce qui est très frappant aujourd'hui – ce qui était très frappant avant la crise et l'est encore davantage maintenant que la crise est, semble-t-il, avérée, actualisée, à l'action, que sais-je… – c'est que ceux qui en principe représente le grand nombre, disons la gauche, semble aphasique. Je ne le déplore pas nécessairement mais on est obligé de le noter. Quelle en est l'explication la plus pertinente, laquelle nous renvoie au cœur même de notre problème : qu'est-ce que la démocratie ? Je crois que la gauche, aujourd'hui et depuis quelques années déjà, est victime d'une transformation du sens de la démocratie à laquelle elle a largement contribué elle-même. La démocratie, je l'ai suggéré, n'est plus la participation égale à la chose commune, mais dans le langage de Tocqueville : la ressemblance ou le sentiment du semblable. Il me semble – et la gauche a été le porteur de cette transformation, on pourrait même dire : de cette révolution morale – que pour ceux qui se trouvent à la pointe du mouvement démocratique, il ne s'est plus agi de faire progresser l'égalité dans la chose commune mais, et c'est la nouvelle définition de la démocratie, de faire reconnaître la ressemblance humaine partout où il y a des hommes. Il n'y a pas à s'étonner que la différence de classe s'estompe jusqu'à disparaître dans un monde où il n'y a que des semblables et où l'on ne veut voir que des semblables. La gauche s'est abrogée elle-même si j'ose dire lorsqu'elle a remplacé un projet gouverné par une revendication, à la fois sociale et politique, de la participation du plus grand nombre à une chose commune, par un projet d'effacement des différences ou un projet d'extension, d'actualisation, de la ressemblance humaine ; pour le dire en termes immédiatement politiques : lorsqu'elle a remplacé le projet socialiste par le projet européen, substitué à la participation du peuple à la nation l'effacement de la nation et la construction d'une démocratie sans peuple.

Quoiqu'il en soit de l'accroissement des inégalités, les oppositions de classes et le cadre national, la classe et la nation, ont été semblablement affaiblis par l'extension d'une démocratie de la ressemblance, par la réduction de la démocratie à la généralisation du sentiment du semblable. En même temps, la crise actuelle redonne sens au cadre national, du moins peut-être redonnera-t-elle sens à la différence de classe, ce dont je ne jurerais pas. En tous cas, et je terminerai sur ce point, pour reprendre les deux termes qui ont organisé l'ensemble de mon propos : le commun d'un côté, et l'égalité ou le semblable de l'autre, il me semble que si la démocratie, au sens de l'expérience européenne, l'expérience grecque, l'expérience romaine, l'expérience de l'Europe moderne, doit avoir un avenir – ce qui n'est pas garanti –, il me semble se trouver dans la reconstitution du commun, d'une chose commune, plutôt que dans l'extension indéfinie de la reconnaissance du semblable. C'est sur cette maxime que je me permets de conclure.

Pourquoi la démocratie ?

ALEXANDRE ESCUDIER : Merci monsieur Manent pour cette distinction fondamentale à partir du passage antique à une forme du lien social susceptible de produire le commun. Avant de rebondir sur ce point et d'ouvrir la discussion, j'aimerais introduire les deux autres intervenants de cette après-midi.

Blandine Kriegel travaille, depuis la fin des années soixante-dix, à la généalogie du droit politique républicain à travers l'histoire de l'État et de ses sources juridiques. Madame Kriegel a été l'une des premières à s'intéresser aux historiens de la monarchie dans un ouvrage important en quatre volumes sur les historiens et la monarchie. Madame Kriegel, outre ce travail d'historienne de la pensée politique et de l'État, s'est impliquée pratiquement dans la politique de notre République à différents niveaux : elle a été à partir de 2002 conseillère du président Chirac et présidente du Haut Conseil à l'intégration, mais elle avait déjà auparavant eu en charge différents rapports, en 1985 ou 1986 sur la modernisation de l'État et depuis, sur l'influence de la violence télévisuelle sur les jeunes.

Jean-Pierre Vincent est metteur en scène et a occupé, entre autres fonctions, celle d'administrateur de la Comédie-Française au milieu des années quatre-vingt, puis celle de directeur du Théâtre des Amandiers de 1990 à 2001. Jean-Pierre Vincent a mis en scène Shakespeare : *Macbeth* en 1985 et *Tout est bien qui finit bien* en 1996. Il s'est affronté à plusieurs reprises lui-même à la représentation de questions politiques notamment il y a peu avec une pièce intitulée *Le Silence des communistes*.

Je vais ouvrir la discussion en posant une question à nos deux spécialistes de la pensée politique moderne. On confond souvent, sous le chef de la démocratie, ce qui relève de la république, de la chose publique, commune, et ses conditions de production, Pierre Manent l'a indiqué, avec un type de gouvernement qu'est la démocratie. Est-ce que je peux vous demander de revenir sur cette distinction, en commençant par donner la parole à Blandine Kriegel ?

BLANDINE KRIEGEL. Je vous remercie beaucoup, monsieur. Je voudrais commencer par une remarque liminaire qui, je l'espère, ne vous choquera pas. Cela fait trente ans que cela dure : je n'ai jamais eu que des engagements, je n'ai pas d'état. Quand j'ai commencé ma carrière universitaire, que je suis devenue professeur – j'étais très fière – je me rappelle qu'au premier colloque où je me suis rendue, à Rome, au milieu d'un grand nombre de collègues masculins, je me suis retrouvée avec une dame qui avait à peu près mon âge, qui était à la veille de sa retraite. Lorsqu'on a présenté les participants de ce colloque, on a expliqué quel était l'état de tous excepté celui des deux dames que nous étions. Alors j'ai ri, et elle m'a dit : « Cela vous amuse mais quand on vous aura fait le coup pendant trente ans, vous ne serez peut-être pas dans les mêmes dispositions d'humeur. » Je constate, trente ans après, ayant consacré ma vie, pour l'essentiel, à ma vie universitaire, je n'ai toujours pas d'état mais que des engagements. Cela ne me gênerait pas si on faisait la même chose pour mes collègues masculins. J'ai un collègue metteur en scène, un autre qui est directeur de recherche à l'École des hautes études, mais moi, je n'ai pas d'état. Eh bien tant pis, je vais néanmoins, sans état donc, répondre à votre question.

Je voudrais commencer par dire que je suis très heureuse d'être ici, et remercier Christian Schiaretti et Gérald Garutti non seulement d'avoir monté *Coriolan* mais d'avoir finalement fait de cette question de la démocratie un objet d'échange. Ce ne sont pas des remerciements formels parce que personnellement, je suis convaincue que les artistes sont toujours des visionnaires : ils voient les choses quand elles sont déjà là mais finalement mieux que ceux qui croient exercer un magistère de la parole. J'ai toujours été frappée par exemple que David a peint la civilité révolutionnaire dans *Le Serment des Horaces* en 1784 ou qu'Agatha Christie, qui n'était pourtant pas une femme très politisée, a écrit *Dix petits nègres*, roman où il n'y a plus que des meurtriers, en 1939, alors même que des philosophes, des penseurs, des intellectuels de profession erraient encore pour comprendre ce qui se passait. Je remercie donc nos organisateurs de rouvrir la question de la démocratie, d'abord parce qu'elle est critiquée aussi bien par le courant néo-conservateur – je pense à un livre comme *L'Âme désarmée* d'Allan Bloom – que par ceux qui la suspectent d'être un masque trompeur de l'oppression, même si l'on confond quelquefois, alors même que l'on tend à les opposer la république et la démocratie. C'est pourquoi je m'inscrirai dans la remarquable introduction de Gérald Garutti à propos de *Coriolan*, puisqu'il nous propose de réfléchir sur cette question de la démocratie à partir de trois problèmes : le problème du meilleur régime, le problème de la lutte des classes et celui de l'impérialisme. Je voudrais donc – et vous allez voir que je ne vais pas éluder votre interrogation – essayer de répondre à ces questions, mais peut-être en les décalant légèrement.

Premièrement, la question du meilleur régime est à la fois, je dirais, le cœur et la croix de la philosophie politique des Anciens, étant liée à l'expérience historique des cités grecques et romaines. Cette question revient en force à la Renaissance et au début des Temps modernes. Comme on le voit dans *Coriolan*, la démocratie

– notre ami Pierre Manent l'a parfaitement introduite – est tout simplement, comme sa signification étymologique nous l'apprend, le pouvoir du peuple. Dans *Coriolan*, nous avons donc le pouvoir du peuple, ou la démocratie, le pouvoir du sénat ou l'aristocratie, et le pouvoir du grand homme, ou la monarchie. Cette typologie : démocratie, aristocratie, monarchie, a été dressée par Aristote dans *La Politique*. Elle est devenu canonique parce qu'elle a été reprise par toute la philosophie politique des Temps modernes, et par la philosophie politique contemporaine, même si cette dernière pivote par rapport aux Anciens puisqu'elle exalte davantage la démocratie.

Ce qui me semble particulièrement important pour notre discussion à propos de la démocratie, c'est-à-dire la typologie des régimes de gouvernement, c'est d'abord d'indiquer que la question des régimes de gouvernement n'épuise pas celle du meilleur des régimes. Je me reporte là encore à Aristote, qui dit que celle-ci est sous-tendue par une question préjudicielle – omise le plus généralement dans les discussions que nous avons aujourd'hui et qui est pourtant fondamentale – qui concerne non pas le régime de gouvernement, qui est une chose, mais le régime de société, qui en est une autre, c'est-à-dire l'organisation du lien civil. Pour Aristote, et d'ailleurs après lui pour toute la philosophie politique moderne jusqu'à Kant, il n'y a dans la diversité pourtant très apparente des cités, des politiques, que deux types essentiels de régime de lien civil : la république ou l'empire. Grande audace d'Aristote. Il le définit de la façon suivante : la république est le régime où l'on a en vue l'intérêt général ou le bien commun, et où l'autorité s'exerce par la loi sur des hommes libres et égaux, *eleutheroi kai isoi*, tandis que l'empire ou le régime despotique est le lien de cité où l'on a en vue l'intérêt privé, et où l'autorité s'exerce par la force sur des individus assujettis. Il est très important de noter que la typologie sur laquelle nous raisonnons ne concerne que la typologie des gouvernements. Au fond, la question de la démocratie, de l'aristocratie ou de la monarchie, n'est pas la question du régime de société mais celle de savoir à qui on remet l'autorité. Si l'on veut trancher la question du meilleur régime, il faut déjà savoir préjudiciellement si l'on raisonne dans le cadre d'une république ou dans le cadre d'un empire. Aristote, qui estimait que la république était un régime bien meilleur et conforme à la nature humaine que le régime insupportable du despotisme ou de l'empire, montre d'ailleurs que dans les régimes impériaux, qu'il s'agisse de la monarchie, de l'aristocratie ou de la démocratie, il y a une forme de dérive : la monarchie devient tyrannie et l'aristocratie devient oligarchie. De toute façon, la question préjudicielle est celle du régime de lien de cité. À partir de là, l'essentiel de la réflexion des Anciens – je parle de ceux qui étaient républicains – a tourné autour du fait de savoir quels étaient les régimes de gouvernement qui perduraient ou qui périmaient la république, et quels étaient ceux qui facilitaient l'irruption de l'empire. Trouver les causes de la dérive tragique de la république vers l'empire constitue le problème non réglé de la philosophie politique antique, celui qui les a occupés mais auquel ils n'ont pas trouvé de réponse définitive. Pourquoi les républiques dérivent-elles vers l'empire et comment cela se fait-il ? Cette précision me paraît fondamentale pour comprendre le discrédit de la démocratie qui s'est prolongé dans la pensée républicaine, et en particulier dans celle de la Renaissance.

La question du contexte historique est le deuxième point que je souhaite aborder pour essayer de comprendre ce rejet de la démocratie. Je voudrais dire à Gérald Garutti que je le rejoins tout à fait dans l'inscription historique qu'il nous propose de *Coriolan* : 1607-1608, c'est à-dire le début du règne de Jacques Ier Stuart après la mort d'Élisabeth en 1603, qui suit de près l'exécution du comte d'Essex, général vainqueur insurgé contre son pays. Il me semble d'ailleurs une illustration aussi vraisemblable de Coriolan qu'Élisabeth – dont personnellement je pense qu'elle était certainement moins son amante que sa mère – l'est de Volumnia. Les années précédant cette période de rédaction de *Coriolan*, non pas dernière pièce mais dernière tragédie de Shakespeare, sont extrêmement intéressantes parce que, comme vous l'avez remarqué, nos voisins anglais sont aujourd'hui absolument aimantés par un retour à cette période élisabéthaine. Les années précédant cette période élisabéthaine correspondent à une poussée tout à fait remarquable de la pensée du mouvement républicain en Europe. C'est d'abord la constitution en 1566 des Provinces-Unies, la première grande république européenne à l'échelle d'un petit mais néanmoins État-nation qui s'arrache à la tutelle de l'empire espagnol. C'est ensuite la campagne d'Henri de Navarre, qui devient l'héritier de la couronne en 1576. C'est le développement du parti des politiques, c'est-à-dire d'un parti républicain à l'échelle européenne. En même temps – et c'est la raison pour laquelle cette date de *Coriolan* est très intéressante – nous sommes à la veille de l'assassinat d'Henri IV en 1610, à la veille de l'exécution du grand chancelier hollandais républicain, Oldenbarnevelt, partisan de la paix, de la concorde entre les États européens, par Maurice de Nassau, c'est-à-dire à la veille de la guerre de Trente ans et de la victoire du parti impérialiste. C'est un moment extrêmement important et c'est pourquoi je trouve très intéressant que les artistes aient monté *Coriolan* aujourd'hui. Après un remarquable essor de la pensée républicaine – on pourrait décrire aussi bien l'illuminisme érasmien en Espagne, le parti des politiques en France, l'humanisme civique en Angleterre – la question posée dans le développement de la civilisation moderne est la suivante : pourquoi aussi bien dans *Le Prince* de Machiavel au début du XVIe siècle, que dans *Les Six livres de la République* de Bodin en 1576, la question du gouvernement démocratique est-elle évacuée. Machiavel est pour la formation de la république par l'État fort, par le prince, et Bodin pour la mise en place d'un gouvernement monarchique de la république. Cela nous reconduit à la tragédie de *Coriolan* et à l'anticipation de la dérive impériale. Comme le dit très bien Gérald Garutti dans son introduction, la victoire de Volumnia / Élisabeth est au fond la victoire d'une conception machiavélienne, centralisatrice et impérialiste, je le cite : « d'un pouvoir tenté par l'absolutisme sous des dehors conciliateurs. » Pour Shakespeare, la monarchie élisabéthaine elle-même finit tragiquement et j'en reviens donc à la question : qu'est-ce qui a rendu dans cette période de poussée républicaine la démocratie impossible et entrainé dans le même temps la première fin de la république des Temps modernes ?

Tous les historiens des républiques italiennes, je cite dans le désordre : Baron, Yves Renouard, Quentin Skinner, Alberto Tenenti… s'accordent pour dire que les villes italiennes, qui ont constitué le lieu de la première grande renaissance républicaine à partir du Xe siècle, aussi bien les grandes villes italiennes que tout le monde connaît : Venise, Florence, Milan et Gênes que Parme, Lucques, Pavie, Bologne… ont parcouru le cycle en quatre étapes des régimes de gouvernement décrit dans l'Antiquité. Elles commencent par une république aristocratique consulaire, qui s'autonomise et devient une république monarchique aristocratique : les villes font venir un podestat étranger pour diriger cette république autonome sous une forme monarchique, dans un troisième temps le *Popolo minuto*, le petit peuple, prend le pouvoir et oblige les aristocrates à lui faire place, mais malheureusement, dans une quatrième étape, cette république démocratique, comme on le voit parfaitement à Florence avec l'accession de Cosme de Médicis, dérive vers le prince et se retrouve prise dans les rênes des grandes puissances impériales. Dans ces républiques italiennes, on a une fin, sans point d'interrogation, de la démocratie, avec d'ailleurs la création d'une société aristocratique. La question est finalement de savoir ce qui a empêché cette poussée démocratique extraordinaire dans les républiques italiennes de parvenir à maturité. Je crois qu'on peut donner deux réponses à cette question. On peut emprunter la première réponse à Kant, parce qu'on s'est aussi beaucoup posé cette question au XVIIIe siècle. Tant que la république n'est pas universelle, dit Kant, tant que le régime républicain n'est pas à une échelle assez vaste, dans la mesure où les petites républiques indépendantes sont contraintes de se lier à des empires et que les rapports entre républiques et empires sont des rapports de force, la république est fragile, incertaine et est reprise dans des rapports impériaux, des rapports de force. C'est exactement ce qui est arrivé aux républiques italiennes. Prises dans la querelle des Investitures puis dans la querelle du sacerdoce et de l'Empire, elles ont joué, on le voit pour Florence et pour Milan, tantôt le pape, le parti guelfe, tantôt les gibelins, l'Empire, ensuite le royaume de France et elles ont été perdues. Quand il y a une suprématie de la politique étrangère sur la politique intérieure, quand la *concordia*, l'état de paix, est impossible, c'est fatal à la république.

Il y a une deuxième raison qui concerne l'impossibilité du gouvernement démocratique. Pour que la république dure, il faut mettre un terme à la lutte des classes. Aristote l'avait d'ailleurs déjà pressenti en disant : si la république n'a pas de classes moyennes suffisamment nombreuses, c'est-à-dire une part de démocratie dans son gouvernement mixte, si la démocratie n'est pas principale par rapport à un peu d'aristocratie, un peu de monarchie, la république ne peut pas durer. Il faut que la loi prévale sur la force, ce qui n'est possible que s'il y a de l'égalité. Je crois que ce qui est intéressant dans ce magnifique texte de *Coriolan*, c'est que Shakespeare, en montrant cette rotation des régimes de gouvernement, résume toute l'expérience politique de la Renaissance, expérience qui d'ailleurs se termine mal en matière de république. Cela aussi, la grande historienne de la Renaissance, Frances Yates, l'a montré, quand elle s'est intéressée aux dernières pièces de Shakespeare. Cette fin du règne élisabéthain, c'est la fin de John Dee, c'est la fin de tout l'esprit de la Renaissance. Qu'est-ce qui nous attend avec cette défaite de l'humanisme civique, avec surtout l'impasse du gouvernement monarchique pour un mouvement républicain ? On est en fait reconduit à l'empire et à la guerre de Trente ans.

Si vous me permettez à mon tour de conclure sur la question de la démocratie aujourd'hui, je dirais que la république ne pouvait pas durer parce qu'elle n'était pas suffisamment démocratique, parce que l'expérience démocratique était impossible. Pourquoi était-elle impossible ? Tout simplement parce que le programme d'instauration de la démocratie, c'est-à-dire d'instauration d'un droit politique nouveau qui puisse permettre d'instaurer l'égalité des conditions, supposait des choses qui ne se sont faites effectivement que dans les États-nations français, anglais ou hollandais : la mise en cause de la culture médiévale chrétienne, la mise en cause du droit politique de l'Europe chrétienne, autrement dit du droit romain, et au fond la création du droit politique républicain, des droits de l'homme, et d'un droit politique, comme le dira Rousseau, adapté à la démocratie. L'unité de la perspective géométrique est à la portée des hommes de la Renaissance, de la peinture du Quattrocento, mais pas la création d'un droit politique nouveau. Il a fallu effectivement un développement beaucoup plus long pour permettre la mise en place des droits de l'homme, c'est-à-dire penser l'égalité, et la construction de la possibilité d'un gouvernement du peuple. Si vous me permettez de lancer la discussion avec mon ami Pierre Manent, je dirais que je le suis parfaitement lorsqu'il dit que c'est par le roi fort, comme l'avait imaginé Machiavel, par le prince, par un État beaucoup plus étendu, que l'égalité a pu progresser mais je ne dirais pas que c'est seulement dans le cadre des États-nations monarchiques.

Si vous regardez les premières expériences où l'égalité a très fortement progressé, il s'agit de la Hollande, un État républicain, ensuite de la Suisse. C'est même l'expérience de la république anglaise et si l'on prend le cas de la France, c'est l'idée républicaine, l'organisation républicaine, qui a progressé selon moi pendant tout l'âge classique, mais pas la démocratie : il a quand même fallu la nuit du quatre août, la Révolution, pour établir l'égalité en droit des conditions. Je terminerai en disant qu'hier il n'y avait pas de république sans démocratie et qu'il me semble que notre problème est aujourd'hui un peu inverse : la démocratie ne peut pas se poursuivre sans la république, parce que notre lien de cité, notre régime de lien civil, a été construit bien plus tôt que nous ne le pensons, à savoir dans les Temps modernes, par l'État administratif. Cette construction par l'État administratif, à travers l'État fort qu'avait imaginé Machiavel, nous a donné l'indépendance, le gouvernement par la loi, la paix à terme… Mais étant donné que notre État s'est construit à travers un État administratif et non un État de justice, comme cela s'est fait dans d'autres républiques comme la République hollandaise, ceci nous manque encore et ce n'est pas tout à fait adéquat au *requisit* démocratique. Pour le dire un peu en vrac et de façon peut-être un peu trop précipitée, tout le monde voit bien qu'en France nous avons un problème avec le développement des droits, du droit, que nous avons une division du droit et il me semble que c'est à ces questions que nous sommes reconduits aujourd'hui. Je termine en disant que je crois que le détour auquel nous contraignent les metteurs en scène, les hommes de théâtre, est extrêmement fructueux – c'est ce que Platon, vous savez, appelait la nécessité du détour essentiel – parce que nous avons aujourd'hui un besoin de changer notre attention et de revenir à ces questions d'institution, de république et de démocratie.

ALEXANDRE ESCUDIER : Merci. Vous reviendrez, Pierre Manent, si vous le souhaitez, sur ce que l'on gagne analytiquement en distinguant forme politique et régime politique. Mais je voudrais vous demander, Jean-Pierre Vincent, à partir de l'extrait de *Coriolan* que nous avons vu, votre sentiment vis-à-vis de Ménénius, qui apparaît comme la figure du gouvernement mixte, jointure de l'équilibre instable de la République, avec la bonhomie qui le caractérise et que je trouve merveilleusement jouée par Roland Bertin, et à travers la fable qui raconte l'estomac : ces élites patriciennes sont peut-être des élites mais permettent finalement à tout le reste du corps politique de vivre. Est-on déjà dans la bonhomie de l'homme politique de toutes les compromissions ou est-ce une figure constitutive de l'instabilité démocratique ?

JEAN-PIERRE VINCENT : On peut jouer Ménénius de plusieurs façons. Roland Bertin le fait extraordinairement mais je me souviens du Ménénius de l'adaptation de Brecht au *Berliner Ensemble*, qui était aussi dans la bonhomie parce que cette bonhomie, qui est celle de tout affabulateur politique ou de tout escroc politique, est inscrite dans l'écriture. Regarder la vidéo m'intéressait beaucoup parce que j'ai vu Roland en gros plan, et on voit un peu les choses différemment quand on voit l'acteur au théâtre, c'est-à-dire dans un champ d'action extrêmement large, avec un pays, une république, une démocratie ou une non-démocratie qui s'agite, du moins une cité romaine élisabéthaine, dans son ensemble, avec un point qui tout d'un coup se détache, un personnage exceptionnel. La chose intéressante par rapport à votre question c'est que, quand vous le voyez en gros plan, il y a la voix de Roland Bertin, il y a l'œil de Roland Bertin, et il y a le fond de l'œil de Roland Bertin qui raconte tout à fait autre chose que ce qu'il raconte avec l'intonation. Cela, c'est un grand acteur. Il y a des hommes politiques qui sont de grands acteurs. Ou disons : « qui ont été ». Nous manquons en ce moment cruellement de grands acteurs politiques y compris à droite. Nous n'avons qu'un mauvais acteur.

ALEXANDRE ESCUDIER : Parce que nous avons un désaccord avec Gérald Garutti sur ce point : Ménénius peut être aussi bien celui qui incarne la voie de la modération, essayant de concilier les forces en tension qui menacent la cité de dégénérer dans la voie de la guerre civile, que cette figure de bonhomie politique franchement roublarde. Cette figure est en équilibre, sur le fil du rasoir, entre ces deux fonctions.

JEAN-PIERRE VINCENT : Je crois que Shakespeare a eu besoin de trouver, entre ceux qui « représentent » la république, c'est-à-dire le secteur populaire et ceux qui représentent l'empire, c'est-à-dire Coriolanus, une sorte de truchement, un électron libre, un joker, quelqu'un qui, comme cela existe d'ailleurs dans beaucoup de sociétés, essaye de créer un chemin, qu'on appelle parfois une troisième voie, de saisir l'énergie quand une société *a priori* traversée par de multiples et quotidiennes tendances à la séparation, au centrifuge, est dans un moment où le commun, la mise en commun, le fait de rejoindre le commun, est possible. Peut-être que cela serait possible aujourd'hui. Peut-être qu'Obama pourrait en être le leader. Peut-être. Mais je ne me fais pas non plus trop d'illusions sur la façon dont les forces obscures du capitalisme financier laisseront à de grands hommes politiques la possibilité de faire revenir la société occidentale moderne, et donc la société mondiale, aujourd'hui globalisée, à des formes de démocratie. Comme il est dit dans le texte que je promène partout en France en ce moment : nous avons le choix entre un monde des possibles et un monde de l'échec. Et nous avons à civiliser la globalisation. C'est une tâche énorme, un défi immense. Chacun de nous ignore par où commencer parce que les outils de pratique démocratique qui étaient utiles et possibles pour résoudre des problèmes rencontrés il y a trente, quarante, cinquante, soixante ans, ne sont plus actifs devant les nouveaux problèmes. Il nous faut nous reconstruire, non seulement en tant que collectif mais en tant qu'individu devant ces choses-là. La démocratie est une adjonction pratique d'individus. J'ai été très sensible à ce que vous avez dit, Pierre Manent, sur le fait que la démocratie était liée dans l'ordre grec à la politisation, au fait que chacun était capable de s'engager sur les affaires des autres, au moins autant voire davantage que sur les siennes propres. Nous ne savons plus trop comment prendre le problème parce qu'il a existé aussi un travail actif des grands appareils, désormais mondiaux, qui contrôlent la connaissance, qui produisent et contrôlent la vision du monde des individus séparés, qu'on a séparé : on a organisé la solitude généralisée, avec des petits instruments comme les portables. Le processus d'individuation qui a commencé en 500 avant J.-C. à Athènes atteint maintenant une situation aggravée. Je ne crois pas que cela soit fatal, j'ai été évidemment un peu frappé, presque choqué, par le titre de ce cycle : « La fin de la démocratie ? ». Parce que l'on parle quand même depuis un moment de la fin de tout, et même des haricots : la fin de l'art, la fin de la philosophie… Comme si on était fatigué, comme si on n'en pouvait plus avec tout cela, et puis c'est vrai que cela n'a pas arrêté Auschwitz, cela n'a pas empêché Hiroshima… non. Je crois que le modèle grec, celui des Lumières, sont des outils encore extrêmement utilisables si nous voulons opérer notre *strip-tease* conceptuel en nous débarrassant des vieux concepts qui ne sont plus opérants aujourd'hui, sans renoncer à notre patrimoine génétique d'engagement. Ces modèles, en tant que modèles, sont très importants. Il faut saisir ce qu'il y a de plus exemplaire et de meilleur dans ces histoires, parce que nous ne pouvons pas entrer dans le XXIe siècle, dans les nouveaux problèmes et dans la globalisation, tout nus. La chanson disait : « Du passé faisons table rase », mais surtout s'il vous plaît : pas table vide. Je n'ai pas répondu à la question mais tant pis.

ALEXANDRE ESCUDIER : Je voudrais en venir maintenant à la question des élites. Il y a d'un côté les principes, ce par quoi le pouvoir constituant institue les pouvoirs constitués, et de l'autre le fonctionnement normal, routinier, une fois que tout cela est en place. Une des critiques récurrentes de la démocratie consiste à dire que ceux qui exercent leur fonction à la tête des pouvoirs constitués ne seraient finalement qu'une oligarchie, reconstituée dans le cadre de la démocratie. Est-on condamné à ce genre de dénonciation permanente du fonctionnement normal de la démocratie ? Sommes-nous là encore dans quelque chose de cyclique, et comment sortir de cet aspect cyclique qui produit la démagogie, qui met en péril le cadre général, et comment en sortir honorablement, non par la bonhomie ou la rhétorique de l'estomac ?

JEAN-PIERRE VINCENT : Il est vrai qu'on a une sourde impression en ce moment et je pense que toutes les luttes à l'intérieur de l'Education nationale parlent de cela : la reconstitution d'une société qui serait plus une société de castes qu'une société de classes, de la non-pénétrabilité des élites dont je suis l'image flamboyante, puisque je suis issu d'une classe de tout petits employés. Mais c'est un vrai problème. Il y a ce fameux concept de Milner : la bourgeoisie salariée héréditaire qui s'est transmise en France les choses de hauts fonctionnaires et la vie intellectuelle de la République. Cette classe a été instituée dans les années 1870-1880 parce que la République n'était pas politiquement majoritaire en France et qu'il fallait une classe pour la défendre. Ce concept de bourgeoisie salariée héréditaire me plaît beaucoup. Mon fils, par exemple, ne fera pas partie de cette classe, je n'en ai donc pas modifié l'assiette générale, mais j'ai très peur de cette transformation de cette société de classes, société où il y a du catch, où cela travaille – cela s'appelle la République, cela travaille – en une société de castes où cela ne travaillera plus.

BLANDINE KRIEGEL : Je vous remercie d'avoir posé cette question que je trouve tout à fait fondamentale en particulier pour la démocratie. À la première partie de votre interpellation, les élites sont-elles oligarchiques en France, ma réponse est très simple : oui, nous avons des élites oligarchiques, surtout en politique, et scandaleusement, d'une façon qui nous différencie des autres démocraties, non seulement parce que nous avons une seule grande école qui recrute ceux qui vont participer au grand corps de l'État c'est-à-dire aux décisions de l'administration, mais aussi dans la mesure où les anciens énarques sont aussi des chefs de file des partis politiques connus – on en a une démonstration dans la récente querelle pour le secrétariat du parti socialiste où deux énarques étaient en compétition. Nous avons donc une toute petite fraction de la population qui joue un rôle de décision politique, et les universitaires, les artistes, les ingénieurs, les médecins, les avocats… tout le monde du travail en est exclu. En France, les élites sont donc oligarchiques. Est-ce que pour autant la solution consiste à répudier toute forme d'élite dans une démocratie ? Cette solution est proposée par certains, je pense en particulier à notre collègue François Dubet qui a eu ce mot, qui personnellement m'a véritablement accroché : « tout mérite est suspect. » Il l'a écrit. Tout mérite est suspect, il ne faut donc pas d'élites dans une démocratie. Je pense qu'il y a là une dérive absolue. Si vous me le permettez, je vais revenir à une discussion très ancienne ayant déjà cours en Grèce et qu'Aristote en particulier conduit d'une façon très intéressante pour nous aujourd'hui. Aristote dit que sans égalité devant la loi, non seulement il n'y a pas de démocratie mais il n'y a pas de république. Mais, ajoute Aristote, il y a nécessairement une sélection, un choix : la construction par exemple de la fusée Ariane ne peut pas se faire sans ingénieurs, sans physiciens, sans les personnes possédant une certaine compétence dans ce domaine. D'où la deuxième partie de la réponse : l'égalité des conditions dans la démocratie n'est pas nécessairement incompatible avec l'existence d'élites. Aristote dit que la démocratie repose sur une égalité arithmétique, mais qu'il faut aussi qu'une égalité géométrique existe, autrement dit qu'il faut choisir pour certaines actions politiques les personnes ayant certaines compétences. Il y a donc sélection de ceux qui vont prendre une décision à un moment donné. Ce qui est valable, légitime, dans une démocratie, n'est pas le fait que tout le monde peut faire tout à tout moment mais le fait que les inégalités de fonction – c'est d'ailleurs assez bien dit dans la Déclaration des Droits de l'Homme et du Citoyen – les dignités, les distinctions sociales ne sont fondées que sur l'intérêt général, l'utilité publique, et sur les vertus et les talents. C'est une réponse de principe. Je dirais en conclusion que nous avons aujourd'hui – et c'est ce qui explique cette poussée égalitariste contre le mérite – le sentiment, à mon sens tout à fait justifié, que les élites ne sont pas suffisamment ouvertes et suffisamment fondées sur le mérite. D'autant plus qu'être ainsi déterminé à vingt-quatre ans, une fois pour toutes, alors que la vie humaine s'est considérablement allongée et que la moyenne tourne autour de quatre-vingt ans, est une injustice et une folie. Je répondrais à cela que le choix des élites doit aujourd'hui être renouvelé, élargi, se faire d'une manière différente, mais que ce n'est pas en disant qu'il n'y a aucun mérite et aucune performance, que tout le monde doit être égal à tout le monde, qu'on résoudra cette question.

PIERRE MANENT : Je suis en accord avec beaucoup des choses qui ont été dites sur ce sujet. Simplement, je ne vois pas ce que serait une pure démocratie, qui ne serait que démocratie, l'expérience des démocraties étant précisément celle d'une tension entre la part oligarchique et la part démocratique d'un régime. Une des plaies de la démocratie française est de ne pas pouvoir reconnaître sa propre part oligarchique ou aristocratique qui en tant que telle, en principe, n'est pas illégitime. Un ordre civique comporte toutes sortes de compétences, toutes sortes de vertus… Il y a donc une tension dans un corps politique entre un petit nombre – dont une petite part est purement conventionnelle puisqu'elle a hérité de son rang, et dont une autre part est en effet liée à des compétences, capacités, vertus singulières – et le grand nombre. Les grandes périodes de civilisation ou les périodes les plus créatrices de la civilisation, qu'il s'agisse de Florence, de l'Angleterre élisabéthaine ou de la cité grecque, n'ont pas été des périodes de triomphe de l'égalité mais des périodes où des inégalités éclatantes et des ambitions éclatantes ont rencontré des protestations ou des révoltes en quelque sorte de force égale. Je ne plaiderai pas pour que dans l'espoir d'une plus grande créativité de nos sociétés, nous aiguisions pour le plaisir les distances sociales mais je ne pense pas qu'aucun avenir ne soit construit dans le désir d'ensevelir les différences dans une sorte d'homogénéité que tout le monde appellerait égalité, sans le penser et sans agir selon cette égalité supposée.

ALEXANDRE ESCUDIER : Revenons-en à *Coriolan*. Jean-Pierre Vincent parlait de la voix de Ménénius, la voix de Roland Bertin, de son œil et de son fond de l'œil… Coriolan apparaît en comparaison comme assez transparent et finalement assez pauvre. Coriolan dispose d'une légitimité militaire énorme, d'un pouvoir charismatique énorme, mais est incapable, écrit Shakespeare, de passer du casque à la toge, incapable de jouer la comédie du pouvoir. Cela n'en fait-il pas un personnage assez transparent dans son authenticité même de chef charismatique ?

JEAN-PIERRE VINCENT : Oui, j'ai un peu eu cette impression. Mais j'avais eu la même impression en voyant Bertrand Bonvoisin le jouer dans une mise en scène de Bernard Sobel où il avait même une sorte de pratique de l'absence, encore plus que Wladimir Yordanoff, quelque chose comme un trouble de l'esprit, une aphasie, une ataxie. Alors que quand j'étais tout petit, dans mes années de formation, et que j'avais vu la fameuse mise en scène de Brecht, le rôle était joué par le gendre de

Brecht, Ekkehard Schall, acteur monstrueusement physique, aussi fort qu'un catcheur, aussi remuant que Claude François, qui en tous cas jouait cela comme un taureau, il grattait d'ailleurs le sol sans arrêt et poussait des mugissements contre le peuple. Brecht en avait fait une adaptation qui portait en fait sur Staline. La question de Brecht était : celui qui a gagné la guerre a-t-il pour autant le droit d'être le chef suprême de la patrie en temps de paix ? Il y avait aussi un aspect sportif et distrayant dans cette mise en scène dû à la présence de Schall et à celle de son antagoniste, un très grand acteur qui jouait Aufidius : Hilmar Thate. Là, il est vrai qu'au milieu des tensions Coriolan a l'air d'être une sorte de commutateur – mais c'est très intéressant, très productif… C'est comme s'il y avait dans un jeu d'échecs un pion dont la fonction était de mettre en mouvement les autres – je ne joue pas assez aux échecs, peut-être que ce pion existe – j'ai ressenti quelque chose de cet ordre dans le spectacle.

ALEXANDRE ESCUDIER : Alors que sa mère est beaucoup plus complexe comme personnage : elle sait jouer la bête et puis le renard en temps de paix, pour reprendre l'expression de Machiavel.

JEAN-PIERRE VINCENT : C'est un personnage d'une grande complexité. Ces personnages de mère sont rares chez Shakespeare. Peut-être certains d'entre vous ont-ils vu cet été au Festival d'Avignon un spectacle du metteur en scène Ivo Van Hove intitulé *Tragédies romaines*. Le spectacle se déroulait dans une sorte de *lounge*, un immense espace qui tenait un peu du salon d'aéroport : on pouvait consulter ses messages sur internet dans un coin, il y avait un bar… et de très nombreux postes de télé et de canapés modernes. Le spectateur pouvait être soit sur le gradin soit dans le *lounge*. Ce spectacle comportait une grande partie de *Coriolan* puisque qu'ils montaient, en quatre heures et demi environ, les trois « tragédies romaines » : *Jules César*, *Coriolan* et *Antoine et Cléopâtre*. Ils ne montaient évidemment pas tout et ont montré ce qui avait le plus d'écho avec aujourd'hui. On pouvait reconnaître sur scène la famille Bush. C'est la mère, la femme de Bush senior, qui pilotait. Comme on voyait la plupart des choses à la télévision, en gros plan, on avait l'impression de surprendre des scènes dans une famille de la haute aristocratie américaine, pour parler clair, avec la mère qui porte la culotte. Les grandes engueulades avec les plébéiens se faisaient dans les journaux télévisés : Coriolan était invité au journal télévisé avec les plébéiens et finissait par renverser le bureau de la speakerine, par vouloir casser la gueule des plébéiens qui étaient évidemment très violents aussi… Quant à la femme de Coriolan, un tout petit rôle, elle était à l'autre bout du *lounge*, dans un coin à côté des spectateurs, et elle pleurait toute la soirée avec des plans de coupe sur elle de temps en temps. C'était très intéressant. C'était entre le *Berliner Ensemble* et ce qu'on a vu chez Christian Schiaretti ou même chez Bernard Sobel : un Coriolan purement taureau, purement agi par son corps, par son désir d'agir, en deçà de toute réflexion, un anti-intellectuel grandiose.

ALEXANDRE ESCUDIER : Paradoxalement, il l'est consciemment puisqu'on trouve dans la bouche de Coriolan lui-même toute une réflexion sur les mots bâtards, dit-il, de la comédie du pouvoir, sous le sourire du fourbe, autant de choses qu'il refuse, consciemment, de jouer. Coriolan n'est pas dans l'affect pur de l'animal, guerrier, mais il estime avoir déjà conquis ses titres de légitimité et ne pas avoir à les reconquérir dans une langue moisie, qui n'est pas la sienne mais celle de la paix civile et finalement de la médiocrité démocratique.

BLANDINE KRIEGEL : L'empire n'aime pas la politique de même que le rapport de force. C'est cela que nous dit Shakespeare. L'empire ne supporte pas le compromis. Passer d'ailleurs immédiatement du compromis à la corruption est aller trop vite : le compromis n'est pas nécessairement la corruption mais la négociation. C'est un autre mode de lien de cité. Coriolan est un homme de guerre, un seigneur de la guerre, ayant sa vertu puisque les États rentrent effectivement en guerre et qu'il faut se défendre, c'est ce qui est dit. Je suis d'ailleurs très intéressée par ce que dit Jean-Pierre Vincent de la façon dont Brecht a monté

Coriolan : il y a une mise en cause des seigneurs de la guerre et même du grand général vainqueur.

JEAN-PIERRE VINCENT : Mais avec le recul du temps, cinquante ans après l'adaptation de Brecht, qui avait touché au texte, il est évident que le *Coriolan* de Shakespeare est beaucoup plus intéressant aujourd'hui que le *Coriolan* de Brecht, qui est daté pour une valeur d'usage assez rapprochée. Au fond, Shakespeare n'est pas plus égalitariste ou charitable que la démocratie elle-même. Shakespeare, j'ai toujours l'impression que c'est un peu comme si Dieu racontait leur histoire aux hommes. Étant quelqu'un qui pensait sûrement qu'il n'existait pas, Shakespeare a une capacité extraordinaire à s'identifier : il posait un personnage et était capable de s'identifier à lui dans toutes ses profondeurs et dans toutes ses dimensions, tout en s'identifiant à l'autre personnage. Je ne résiste pas au plaisir de vous raconter un magnifique, merveilleux texte de Borges, qui s'appelle « Everybody and nobody ». Un petit garçon avait pensé très tôt dans sa vie qu'il n'était personne. Il s'en était un jour ouvert à la récréation à un copain qui lui avait cassé la gueule pour avoir esquissé l'idée que peut-être il ne serait personne. Plus tard, il s'était fait faire un enfant par une femme et était parti à Londres, où il avait trouvé un travail très intéressant pour quelqu'un qui pensait n'être personne : le métier d'acteur. Le soir, il devenait un personnage. Par la suite, il a trouvé un métier encore mieux pour quelqu'un qui pensait n'être personne : celui d'auteur dramatique. Il est donc devenu Juliette, Jules César, Macbeth, Roméo… Au bout d'un moment, il en a eu assez de faire semblant d'être quelqu'un et est reparti dans sa campagne. De temps en temps, quelques amis poètes venaient lui rendre visite et pendant quelques heures, ce n'était pas trop fatiguant, il faisait semblant d'être quelqu'un. Quelque temps avant ou après sa mort, on ne le sait pas, il a rencontré Dieu et lui a dit : j'ai depuis toujours le sentiment très particulier et désagréable de n'être personne, et Dieu lui a répondu : mais c'est comme moi, William, je ne suis que ce que je fais. Je me suis reconnu dans ce portrait et je pense vraiment profondément que Shakespeare n'était tellement personne qu'il a été le monde, mais aussi les vers de terre, mais aussi les étoiles très lointaines, mais aussi ce que les hommes ne connaissaient pas encore, tout dans la même seconde. C'est probablement une forme de cerveau tout à fait unique dans l'histoire.

PIERRE MANENT : Je voudrais faire une remarque sur le personnage même de Coriolan. Jean-Pierre Vincent a donné une évocation très frappante de l'acteur qui jouait Coriolan au *Berliner Ensemble* mais Coriolan n'est pas simplement un homme emporté par sa colère. Il réalise d'une certaine façon le type de l'homme politique, et plus précisément du grand homme politique qui veut à la fois et avec la même passion deux choses contradictoires : persuader le corps politique, être reconnu comme le guide, le prince, et se révolter contre la dépendance dans lequel son désir le met ; être choisi par le peuple et être en même temps radicalement indépendant du peuple. La manière dont chaque homme d'État module cette double exigence contradictoire le définit. Nous en avons un bel exemple dans l'histoire récente, je ne sais pas si cette référence politique agréera à tout le monde mais le général de Gaulle a présenté une solution très maîtrisée de ce problème : il a accordé l'essentiel à la reconnaissance démocratique – il n'a jamais acquis le pouvoir sinon par ou avec l'agrément du peuple – tout en affirmant que sa légitimité principielle était indépendante de l'agrément du peuple et tenait à sa personne, aux liens essentiels existant entre sa personne et le corps politique. Coriolan n'est donc pas simplement une force qui va mais rencontre le problème du grand homme, de tout homme d'État.

ALEXANDRE ESCUDIER : Je me demande ce que *Coriolan* nous apprend vraiment sur la démocratie contemporaine, étant donnée la généalogie que vous avez indiquée les uns et les autres, de nos démocraties, qui ne peuvent être disjointes de ces corps politiques complexes, présupposant finalement l'État administratif. Avec *Coriolan*, on est dans une politique du face à face au sein de la cité, où les rapports politiques sont réduits à des expressions assez simples, assez pures. Que peut-on en tirer, dans un cas comme le nôtre où la question de la légitimité militaire, directement monnayable en légitimité politique, ne se pose plus aussi abruptement ?

JEAN-PIERRE VINCENT : Jusqu'à quand ? Qu'en savez-vous ? Peut-être le problème va-t-il se poser dans dix ans. Je crois qu'un de nos gros problèmes sur l'analyse politique profonde en France, c'est que nous sommes bouffés par le journalisme, c'est-à-dire par l'actualité. Nous sommes tous guettés par cela, dans nos conversations : être piégé par le fait de ne pas voir plus loin que le bout de notre nez, d'analyser, vite fait, souvent bien fait, une situation qui va changer inéluctablement dans six mois. Il faut donc essayer d'élargir. J'essaye toujours d'élargir quand je me dis une chose telle que vous venez de la formuler, ce n'est pas un reproche mais je me dis : non, essaie de réfléchir autrement. À propos de ce que vous disiez tout à l'heure sur la place des artistes dans la société, je pense plutôt que les artistes sont des personnes capables, un peu plus capables que d'autres, de monter sur la colline pour voir de loin un certain nombre de problèmes que les autres ne voient pas. Ils éprouvent le besoin et ils ont les moyens de monter sur la colline à cause de leur manque, non pas à cause de leur plus mais de leur moins, d'un sentiment de blessure, de privation, qui fait se dire : il n'est pas possible que cela continue comme cela. Il y a d'autres personnes dans la société qui le font – je pense que la vocation de l'engagement politique vient aussi en partie de là, mais l'artiste va aller regarder avec ses yeux d'aveugle et il se trouve qu'il voit.

BLANDINE KRIEGEL : Si on continue de raisonner sur la comparaison avec le début des Temps modernes, sur la manière dont les Temps modernes sont sortis de cette Contre-Renaissance impériale, parce qu'il y a eu un grand mouvement avec la guerre de Trente ans qui a dévasté toute l'Allemagne, on voit qu'au fond les idéaux républicains démocratiques ont continué d'être défendus d'abord par la guerre – il y a tout de même eu un parti de la guerre – et par une autre voie, celle des académies ésotériques : l'académie des *Lincei*, la Rose-Croix, l'Invisible Société, la *Royal Society*… tout cela s'est crée exactement à ce moment-là pour essayer de maintenir un espoir républicain et même démocratique. Voilà une autre voie qui pourrait être esquissée, mais je ne crois pas à cela non plus. Je suis plutôt du parti de Michelet : si la situation n'est pas très bonne, comme c'est le cas, comment échapper à ce destin qui a été celui de l'Europe au début des Temps modernes ? Michelet dit avec Gustave Adolphe, c'est à dire avec des gens qui se battent, avec le *Dialogue* de Galilée, avec aussi l'*Aeropagitica* de Milton : il y a une vitalité de la démocratie, elle doit se défendre. C'est ainsi que je vois un chemin et c'est pour cela qu'encore une fois merci aux artistes qui montent sur la colline pour voir un peu plus loin que nous. Vous avez raison de nous tirer un peu par la manche parce que la situation est plus sérieuse que la majorité ne le pense.

JEAN-PIERRE VINCENT : C'est même possiblement une crise de civilisation, mais une vraie.

PIERRE MANENT : Le contraste entre *Coriolan* et notre situation, si on le prend par la surface, c'est l'extraordinaire diversité du langage de *Coriolan* : chaque position sociale, chaque tempérament, chaque place dans la société et dans la diversité des êtres, ouvre un langage distinct et *Coriolan* nous offre une sorte d'articulation de tous les langages possibles. Par contraste, ce qui est frappant aujourd'hui, c'est à quel point tout le monde parle le même langage. Puisque personne n'a prononcé son nom aujourd'hui, même si Jean-Pierre y a fait allusion, je vais le faire : la grande supériorité de Nicolas Sarkozy a consisté à être capable de prendre la parole de chacun, ou de parler le langage de chaque acteur de l'espace social et politique. Il n'y a plus aujourd'hui qu'une seule parole maîtrisée par une seule personne. La société a clairement perdu des sources de langage indépendantes et une seule parole, qui n'a plus vraiment beaucoup de sens, est aujourd'hui partagée et parlée partout.

Échange avec le public.

UN SPECTATEUR : Je voulais revenir sur le personnage de Coriolan. Une idée m'est venue : Coriolan n'est-il pas dans le domaine des passions politiques ce qu'est le misanthrope dans le domaine des passions de l'amour ? Si le misanthrope de Molière est l'atrabilaire amoureux, Coriolan n'est-il pas un atrabilaire politique ? Ne retrouve-t-on pas la relation entre les passions de l'amour chez le misanthrope de Molière dans la relation entre les passions politiques chez Coriolan ? Qu'en pense l'homme de théâtre ?

JEAN-PIERRE VINCENT : Je trouve cela très intéressant. L'idée pourrait aboutir à une psychologisation de la pièce et donc à une réduction de son champs, mais on peut faire une analyse de la pièce à partir de ce slogan – j'appelle cela slogan parce que j'ai personnellement toujours besoin d'une telle phrase, si je n'arrive pas à brancher sur une pièce une telle phrase, je ne démarre pas. C'est aussi une image des contradictions entre la puissance et la non-puissance, entre la minorité et la majorité, au milieu de cela, il pourrait il y avoir ce que vous dites, oui.

GÉRALD GARUTTI : Il y a des points communs évidents entre Alceste et Coriolan : le désir d'une intégrité absolue, le refus de tout compromis, l'exigence de transparence, le refus de la flatterie, et l'archaïsme des deux personnages : Alceste parle de la chanson du bon roi Henri – c'est un homme de Louis XIII à l'époque de Louis XIV – et Coriolan en est resté à l'époque des rois ou du moins d'une aristocratie dominante, refusant les innovations démocratiques. On a également chez chacun d'eux une contradiction inhérente : Alceste, atrabilaire amoureux, se trouve dans le salon d'une coquette, et Coriolan se voit offert le consulat et en même temps le refuse. Il y a beaucoup d'analogies entre les deux figures. Simplement, il s'agit dans un cas d'un espace privé et dans l'autre d'un espace politique.

UN SPECTATEUR : Je suis professeur mais surtout ancien directeur d'une grande compagnie en France. Je voudrais revenir sur le point suivant : pourquoi la démocratie dérive-t-elle vers l'impérialisme ? Je me demande si ce n'est pas de toute façon un phénomène relevant de la faiblesse humaine, de la faiblesse de comportement des groupes humains. On le vit tous les jours dans les entreprises. Dans les entreprises, nous tolérons nos sous-traitants mais il est extrêmement simple, si on le souhaite, de les dominer. J'ai passé une partie de ma vie à le faire : on leur donne de plus en plus de commandes, pour peu qu'ils aient peu de moyens on devient leur seul client, et à partir de ce moment on les fait chanter, on les achète pour pas cher. Ne se passe-t-il pas la même chose sur le plan politique ? Sur le plan politique, vous avez un groupe, vous avez un autoritaire, qui d'ailleurs a pu être démocrate, quelqu'un qui devient autoritaire et peut passer de l'un à l'autre parce qu'il est entouré d'une équipe. N'est-ce pas une faiblesse humaine que de ne pas vouloir lâcher le manche une fois qu'on l'a en main et de vouloir aller toujours plus loin, parfois jusqu'à une certaine folie ?

BLANDINE KRIEGEL : Je vous remercie beaucoup d'avoir posé cette question tout à fait fondamentale. Je dirais que cette interrogation – je précise que ce n'est pas la démocratie mais la république qui risque cette dérive vers l'empire – est celle des Anciens : elle est déjà présente chez Aristote, chez Tacite, et est reprise au XVIIIe siècle. Je trouve très intéressante la réponse que vous donnez, la réponse par la nature humaine. C'est un peu la réponse augustinienne, parce qu'on trouve aussi une réflexion sur la république chez saint Augustin, sur la république chrétienne qui devrait justement échapper à cette république terrestre. C'est une réponse qui a effectivement été donnée : la nature humaine est telle qu'on ne peut pas échapper à cette corruption de la république, à cette dérive vers l'empire. Mais reprise au siècle des Lumières aussi bien par Kant, que j'ai évoqué, que par Gibbon, qui s'est intéressé au déclin et à la chute de l'empire romain, cette même question trouve une autre réponse, qui est d'autant plus intéressante qu'elle a été fondamentale dans la constitution des démocraties modernes. Comme le dit Kant, il faut imaginer les institutions de la république, les prévoir, comme si l'on avait affaire à un peuple de démons. Kant prend l'argument qui est le vôtre, l'argument augustinien, constatant le caractère assez mauvais, démoniaque, de la nature humaine, pour dire qu'il faut faire des institutions prenant en compte cette nature humaine pour l'empêcher de dériver. Je crois donc que dans toute la réflexion sur la nécessité de limiter le pouvoir, d'établir un équilibre des pouvoirs, pour empêcher la corruption et la dérive, il y a véritablement la prise en compte de ce que vous avez dit. Mais nous sommes au XXIe siècle et non plus au XVIIIe siècle. La question qui ressurgit aujourd'hui est la suivante : cela a-t-il été suffisant ? Dans la grande saga hollywoodienne, *La Guerre des étoiles* – le cinéma américain est intéressant, comme le cinéma anglais, parce qu'ils s'intéressent beaucoup à ce qui leur arrive, c'est comme le fait de monter *Coriolan* aujourd'hui – vous trouvez une réflexion très profonde sur la lutte entre la république et l'empire, et sur la dérive, la manière dont la république redevient un empire, réflexion qui n'a pas l'air de se satisfaire tout à fait des réponses élaborées par les Lumières, qui ne considère pas que ces dernières font aujourd'hui le compte. Je crois qu'elles ne font pas le compte et qu'en vérité nous en sommes à reprendre la question des gouvernements mixtes – c'est ce que Pierre Manent, si je l'ai bien compris, a esquissé : même quand on est fondamentalement pour un régime démocratique, peut-on avoir simplement une démocratie pure ? Il y a surtout une autre question, mais je crois que sur ce point nous sommes encore dans la problématique du XVIIIe siècle et non pas, contrairement à ce qu'avait dit Fukuyama au lendemain de la chute du communisme en pensant qu'il n'existait plus qu'un seul modèle politique, dans la fin de l'histoire : on ne peut pas dire que le modèle républicain et démocratique soir installé à l'échelle universelle. De ce point de vue, on est encore dans la situation du XVIIIe siècle. D'un côté, les équilibres imaginés à l'intérieur ne sont pas suffisants et de l'autre côté, il n'existe pas de république universelle.

LE SPECTATEUR : C'est ce qui se passe aujourd'hui dans les entreprises : il y a une gouvernance, une éthique. Je sais qu'il s'agit quelquefois d'une façade mais je peux vous dire qu'il y a aujourd'hui des gouvernements, comme on est obligé du fait de la spécialisation de gouverner à partir du niveau le plus bas. Je crois qu'il y a aujourd'hui une certaine limite à ne vouloir raisonner que sur le plan historique. Nous sommes tout de même dans le monde de l'internet, où il est presque possible d'avoir accès à la comptabilité au jour le jour d'une entreprise externe. On sait voir ce qui se passe à l'instant même au Congrès à Washington, on a le rapport des interventions dans les trois heures… C'est quand même un élément nouveau.

JEAN-PIERRE VINCENT : Oui, il faut savoir cela. Mais il faudrait savoir autant que possible ce qui est arrivé aux Égyptiens, à un moment où s'est produit en quelques décennies, l'écroulement total d'un monde. De même que les Romains, au Ve siècle, se demandaient ce qui se passait, alors que ce qu'ils se racontaient qu'ils étaient disparaissait, dans l'impossibilité qu'ils étaient de réfléchir sur les Égyptiens, qui avait déjà eu la même expérience. Comme il y a déjà eu les Égyptiens, et les Romains, et les Incas, et quelques autres, nous avons aussi de quoi réfléchir. Il me semble que l'actualité de *Coriolan*, c'est son historicité. C'est ce qui m'aide à vivre. Si je voyage continuellement entre des textes contemporains et des textes du passé, ce n'est pas pour le plaisir de monter des textes du passé ou parce que ce sont des classiques, mais parce que je peux ressentir et faire ressentir notre historicité. Le théâtre, dans la pluralité instantanée de ses dimensions, peut le faire : ce sont bien des acteurs d'aujourd'hui qui vous racontent, aujourd'hui, une histoire, pas tout à fait d'aujourd'hui mais d'avant-hier. Et les similitudes et les différences entre aujourd'hui et avant-hier sont la nourriture profonde du théâtre et des spectateurs de théâtre.

GÉRALD GARUTTI : C'est la raison pour laquelle nous avons représenté ce *Coriolan* en costumes élisabéthains et romains, surtout pas en blue jeans. La dimension historique nous paraissait importante et paradoxalement, la mise en scène aurait été bien plus datée si nous avions représenté la pièce en costumes contemporains, l'histoire étant justement relativiste, c'est-à-dire avec des retournements que l'on ne suppose pas.

2. Le régime des crises

Table ronde animée par ***Gérald Garutti****, avec* ***Alexandre Adler*** *(historien),* ***Étienne Balibar*** *(philosophe), et* ***Jean-Louis Hourdin*** *(metteur en scène).*

GÉRALD GARUTTI : Après ce temps sur le pourquoi de la démocratie, qui nous a également permis d'évoquer la question du héros et de la représentation, nous allons maintenant réfléchir au concept de crise, et dans quelle mesure démocratie et crise ont partie liée. Je vous propose tout de suite de voir un deuxième extrait de *Coriolan* qui va mettre en exergue ce caractère critique du régime politique. Nous allons voir le moment où Coriolan, qui a triomphé militairement contre les Volsques, se retrouve sur le point d'être élu Consul. Le Sénat l'a investit et demande donc l'aval du peuple. Coriolan s'est prêté au rite démocratique, il a été techniquement élu, mais le peuple revient sur sa décision et décide d'invalider l'élection de Coriolan sous prétexte qu'il n'aurait pas joué totalement le jeu.

Projection d'un extrait de Coriolan.

GÉRALD GARUTTI : Vous voyez que le centre de ce monde, de cette orbite est désormais inondée d'un sang qui est devenu une eau d'égouts, et que la cité est manifestement divisée au moins en deux et plus qu'en deux. Ici, le peuple est en train d'écrire au mur la devise du Globe « *Le monde entier est une farce, tout le monde joue la comédie* ». Cette devise recoupe trois idées. 1. Le monde est un théâtre et le théâtre est un monde lui-même, idée vertigineuse qu'on retrouve dans tout le théâtre baroque. 2. Le monde est une comédie. D'ailleurs, Coriolan déclare : « *les dieux rient de cette comédie* ». 3. Le monde pousse l'acteur, le monde met l'acteur en mouvement. Je souhaiterais faire deux commentaires concernant la division de la cité, d'un point de vue scénique. Au sein même des patriciens, il y a un groupe de sénateurs, l'armée, la noblesse (habillée en costume Louis XIII), donc il y a également des dissensions. Coriolan tient à une frange de la noblesse un discours anti-démocratique, il excite le parti aristocratique, au point de vouloir arracher la langue de la multitude, la langue de l'hydre, ici représentée par les tribuns. Ensuite, au point d'éclatement, de guerre civile, les tensions sont portées à leur paroxysme. Puisque le théâtre est un monde et le monde est un théâtre, nous l'avons montré par le fait qu'on coupe la lumière du théâtre. Ce que vous voyez c'est que le théâtre s'arrête, ça ne peut plus fonctionner, il y a un coup de feu et on se retrouve avec les voix qui sont jetées dans les eaux salles, qui n'ont plus de valeur.

Passons au débat avec Étienne Balibar, Jean-Louis Hourdin et Alexandre Adler. J'ai le très grand plaisir d'accueillir pour cette deuxième table-ronde Étienne Balibar, philosophe politique éminemment traduit, qui a longtemps enseigné à Paris X, et qui enseigne désormais à l'Université de Californie à Irvine. Ses ouvrages questionnent notamment la citoyenneté avec *Nous, citoyens d'Europe ?*, la notion de frontière, les frontières de la démocratie, l'immigration… On parlera peut-être du concept d'*égaliberté*, mot-valise qu'il a lui-même forgé.

Alexandre Adler, figure bien connue non seulement du journalisme mais également de l'histoire, de la géopolitique, dont les collaborations sont nombreuses, le *Courrier international* qu'il a longtemps dirigé, le *Figaro* aujourd'hui, *Les mercredis de l'histoire* sur Arte et France Culture tous les matins. Parmi ses derniers ouvrages, on peut citer : *J'ai vu finir le monde ancien*, prix du livre politique et *L'Odyssée américaine*. Il travaille actuellement à un livre sur l'islam.

Et puis, puisque le principe de ces rencontres est de croiser systématiquement un regard théâtral et un regard théorique, Jean-Louis Hourdin, homme de théâtre, comédien, metteur en scène, chef de troupe, comme il aime à se définir, et dont le travail a pour enjeu le rire contestataire. Jean-Louis Hourdin a travaillé avec Jean-Pierre Vincent, Peter Brook, Jean Jourdheuil.

Il a longtemps enseigné à Strasbourg et au Théâtre National de Bretagne. Il s'intéresse au théâtre classique ou contemporain que ce soit Büchner, Shakespeare, Fassbinder mais aussi à des textes engagés. Son dernier spectacle, *Veillons et armons-nous en pensée*, a été représenté à Chaillot et à la Comédie-Française. Le spectacle porte notamment sur des textes militants de Büchner sur l'appel à l'insurrection et à s'armer en pensée.

Cette table mêlée va donc nous permettre de réfléchir à la question de la crise de la démocratie à partir de deux axes. D'une part, dans quelle mesure la démocratie actuelle est-elle en crise ? Et quelles sont les manifestations de cette crise ? Puis, plus profondément, est-ce que l'idée même de crise n'est pas consubstantielle à la démocratie, est-ce que ce n'est pas le régime des crises ? On peut demander à Étienne Balibar son point de vue.

ÉTIENNE BALIBAR : Je voudrais vous remercier très vivement pour votre invitation qui me fait un grand plaisir. J'ai assisté à cette très belle représentation de *Coriolan* et j'en suis sorti la tête pleine de questions, et sur l'actualité et sur la pièce. C'est un texte prodigieux, dont je finis par penser qu'il excède nécessairement toute mise en scène. Celle à laquelle nous avons eu le plaisir d'assister est très belle, elle met admirablement en valeur certains des aspects fondamentaux de la pièce. Le texte, qu'on entend remarquablement, recèle des énigmes auxquelles nous sommes tous sensibles. Parmi les questions que je me suis posées en voyant la pièce, dont j'ai essayé d'instruire la formulation en effectuant quelques lectures ou un bref parcours dans la littérature critique sur *Coriolan*, il y a évidemment la question, non pas du rapport homme-femme, mais de la façon dont on doit interpréter ce qui est le couple central de la pièce. Alors peut-être qu'il y a très peu de femmes. À la limite on pourrait même dire qu'il n'y en a qu'une. La femme, l'épouse est muette. La mise en scène a été assez cruelle de ce point de vue. La femme est traitée comme quantité négligeable.

GÉRALD GARUTTI : Coriolan lui-même le dit : « mon divin silence ».

ÉTIENNE BALIBAR : Il y a la servante d'Aufidius, la mère et Valeria. Je serai tenté de dire que le fait que Volumnia soit le seul personnage féminin d'une certaine importance, bien loin de diminuer l'intérêt et la signification, lui confère au contraire un poids décisif. Ceci ajoute, pose un problème d'interprétation. J'ai pensé à deux pistes : l'une plus politique, l'autre qui renvoie à la dimension mythique de cette pièce. Je suis très influencé par ce qui me semble être un des textes les plus détaillés, les plus développés et les plus intéressants qui ait été écrit sur Coriolan, c'est-à-dire le texte de Stanley Cavell dans son livre *Le Déni de savoir dans six pièces de Shakespeare*, qui porte le titre *Coriolan et les interprétations du politique*. Sous-titré : *Qui le loup aime-t-il, qui aime le loup ?*, dont le fil conducteur est entièrement, non pas simplement, la relation de Coriolan à sa mère – chose qui a été abondamment commentée – mais la façon dont elle structure l'ensemble de la pièce.

Commençons par l'aspect plus immédiatement politique. Je me fonde sur les commentaires de mise en scène de Brecht, qui ont été publiés ensuite dans le recueil dialectique sur le théâtre et qui consistent dans une longue conversation entre Brecht et ses assistants ou ses acteurs. Brecht insiste sur un point que je vais articuler avec la question du couple masculin/féminin, qui me semble très fort et très juste. Nous sommes dans une situation de guerre civile qui est aussi une situation de lutte des classes. Or, dans cette situation les actions passent par des discours. Le premier discours est celui de Ménénius, très célèbre apologue sur la complémentarité des partis. Et le dernier c'est la supplique de Volumnia, qui est une pièce de rhétorique latine dont je ne sais pas quels sont les modèles, c'est probablement une inspiration libre, tout à fait extraordinaire. C'est le plus long des discours de la pièce et naturellement c'est celui qui est décisif. Et entre les deux, qu'est-ce qu'il se passe ? Brecht a tout à fait raison de dire que ce qu'il faut retenir du discours de Ménénius – il appelle ça le réalisme de Shakespeare – c'est qu'il s'agit d'un discours idéologique, c'est l'archétype d'une certaine façon qui, elle aussi, traverse l'histoire de penser l'harmonie du corps social au profit de la classe dominante. Ménénius est le plus intelligent des porte-paroles des positions du patricien, c'est-à-dire de la classe dominante, et son discours est un chef-d'œuvre, y compris dans sa forme fabulatrice de rhétorique au service de l'idée que l'intérêt des puissants, non pas prime, mais contient, subsume celui des exploités ou des dominés. De sorte que les exploités doivent savoir reconnaître dans le pouvoir des dominants leur propre intérêt. Ce qui se passe c'est que ce discours échoue. Et Brecht dit : « le réalisme extraordinaire de Shakespeare, c'est de nous montrer au cours de la première séquence de la pièce l'impuissance de ce discours idéologique à refaire l'unité du peuple et donc de la cité, par delà le conflit qui la divise, pour passer aussitôt à ce qui est capable de résoudre le problème au moins momentanément, c'est-à-dire la guerre ». Donc là où l'idéologie est impuissante, un seul recours est possible : la guerre, en particulier la guerre extérieure. Brecht, le premier dans le discours marxiste de cette époque qui date de 1950, va chercher le fameux texte de Mao Tsé-toung sur la contradiction. Bien avant Althusser et les maoïstes, il développe une analyse de la situation, en termes de difficulté pour le peuple à réaliser sa propre unité, en face de son adversaire de classe.

Mais qu'est-ce qui se passe ensuite ? Il y a toutes les vicissitudes de la pièce. Et puis les changements de camp de Coriolan. Et pour finir il y a le discours de Volumnia. C'est une nouvelle pièce de rhétorique. Cette fois un discours, au lieu de s'avérer inégal et impuissant en face de la logique de la guerre, se montre au contraire capable de l'emporter sur elle. Une des démonstrations de la pièce, c'est qu'il y a une rhétorique qui est plus faible que la guerre et une autre qui est plus forte qu'elle. Cette autre, c'est la rhétorique de la femme. Cela nous renvoie à toutes sortes de questions. Je ne crois pas que Shakespeare ait voulu montrer que la fonction pacifiante des femmes aurait le dernier mot dans l'histoire des conflits qui font l'histoire. Je crois qu'il a voulu comme Cavell sortir du champ proprement historique et ouvrir à une dimension tragique, et au-delà même du tragique à une dimension mythique, dans laquelle ce qui fonctionne comme figure centrale n'est pas Coriolan seul, mais le couple Coriolan/Volumnia. Et ce couple, Cavell l'étudie au titre du narcissisme et au titre du cannibalisme, ce qui est beaucoup plus intéressant et troublant. Ce n'est pas Macbeth et Lady Macbeth, c'est encore au-delà dans la dimension du fantasme. Ce qui ouvre la question de la pièce à une dimension ultra-politique, je serai tenté de dire impolitique, constitue peut-être la seule façon d'arriver à comprendre quelle drôle de figure est ce Coriolan, indissociable de sa mère, qui est comparée tantôt à un animal, le loup, tantôt à un dieu. Finalement, toute la question est de savoir s'il résoud, au moins momentanément, le conflit des factions politiques parce qu'il ne lui appartient pas et qu'il vient de l'extérieur, ce qui est toujours la fonction du grand homme. En voyant la pièce on pense constamment à De Gaulle. On se demande même si le scénario du départ du pouvoir de De Gaulle en 1947 n'était pas une façon de rejouer cette pièce que tous les acteurs avaient en tête. Mais ça va encore au-delà parce que c'est un personnage monstrueux et de ce point de vue c'est tout à fait autre chose qu'un chef politique ou qu'un grand homme.

GÉRALD GARUTTI : Merci pour cette réponse à une question que je ne vous avais pas posée sur Volumnia et Coriolan, mais qui est néanmoins absolument passionnante, puisqu'effectivement le lien entre ces deux figures constitue un véritable problème qui dépasse la question de la filiation. L'enjeu est politique, et pose la question de la fondation d'un ordre et de ce qu'est un grand homme. Si Volumnia parvient à avoir un discours qui porte, c'est parce qu'elle porte un projet politique. Pour servir son projet d'union des peuples, elle effectue une réintégration de Coriolan. Comme si elle dévorait son propre placenta. On est dans la monstruosité, dans l'ingestion de l'enfant.

ÉTIENNE BALIBAR : C'est une matière prodigieuse pour le politologue.

GÉRALD GARUTTI : Je reposerai la même question en espérant une réponse sur le rapport entre crise et démocratie. Alexandre Adler, est-ce que vous souhaitez d'abord répondre sur le rapport entre ces deux figures du pouvoir, ou est-ce que vous souhaitez parler de démocratie et crise ?

ALEXANDRE ADLER : Je vais faire un petit contour, puis je vais revenir à la démocratie et à la crise. Contourner, c'est essayer de réfléchir. Ernest Renan dans un de ses mauvais moments dit que l'évhémérisme – c'est-à-dire les théories d'Evhémère selon lesquelles toutes les légendes sont une trame historique à peine travestie et qu'il faut rétablir – est une pensée très faible et que c'est tout ce à quoi l'esprit sémitique a pu s'élever. Dans cette mesure, en me réclamant de ce jugement impitoyable de Renan, je vais faire de l'évhémérisme. Dans la pièce, il y a ce moment particulier qui est la fin du règne d'Élisabeth, qui est d'ailleurs traité de façon réaliste. La reine vierge avait des enfants de plusieurs amants. Sa volonté d'être femme sans mari est certainement psychanalytiquement liée à son père Henri VIII et aux persécutions que sa mère a subies d'Henri VIII. Elle a reproduit comme tous les enfants battus ce qu'elle avait subi quand elle était enfant. Et Essex, c'est son fils. La passion qu'elle éprouve pour Essex malgré cette différence d'âge n'est pas d'ordre sexuel mais maternel. Essex, se pensant comme le fils de la reine Élisabeth, va essayer de prendre le pouvoir à sa mère. Donc effectivement, Essex a été condamné pour avoir tenté d'abattre Élisabeth. Au même moment le règne d'Élisabeth se termine, je ne dirai pas en queue de poisson, c'est beaucoup dire, mais c'est là la crise. Crise par rapport aux grandes espérances, à l'Union des peuples qui est le résultat d'une conversation entre Élisabeth Ier et le roi Henri IV, d'après les mémoires de Sully. C'est-à-dire d'opposer à l'idée impériale des Habsbourg, l'union des monarchies républicaines, de ces trois grands forces qui ensemble ont tenu tête à la barbarie habsbourgeoise et jésuite : l'Angleterre d'Élisabeth, la France d'Henri IV et la Hollande de Guillaume d'Orange. Ces trois forces sont associées avec la Turquie, qui est à son apogée à cette époque, qui est un grand état européen civilisateur. Ces quatre forces ensemble plus une cinquième, les communautés juives et marranes dispersées à la surface de cette Europe et qui de toutes leurs forces appuient aussi bien la Turquie que la Hollande et bientôt qu'Élisabeth et Henri IV. Ces cinq forces ont mis en échec un des projets les plus barbares et sauvages, les plus dangereux qui menaçait l'Europe, c'est-à-dire celle d'une unification par le fer et par le sang avec le triomphe de la Contre-Réforme. Or, ce que les dernières années de la période élisabéthaine nous montrent, c'est que cette victoire n'était qu'éphémère. Poussin a évoqué de façon cryptée ce moment particulier dans son tableau *Les funérailles de Phocion*. Ce tableau montre les funérailles d'un héros. Phocion a sauvé Athènes et il meurt oublié de tous. C'est l'hommage à la génération des combattants d'Henri IV, de ceux qui ont sauvé la France de la Sainte Ligue et qui peu à peu après la mort du roi se retrouvent marginalisés. Mais ce qui est vrai de la France l'est superlativement de l'Angleterre. Puisque l'arrivée des Stuart engage l'Angleterre dans une régression, régression qui avait commencé par les dernières années du règne d'Élisabeth avec cette fuite vers l'empire, vers le pouvoir.

Donc la crise et la démocratie ont-elles partie liée ? Marx pensait qu'il y avait un rapport direct de cause à effet entre la crise et la démocratie. En effet la grande période politique qu'il a connue brièvement, la révolution de 1848 écrasée comme révolution républicaine en 1849 dans la vallée du Rhin, répond à une crise totale de cette société européenne de la Sainte-Alliance par un progrès bouleversant de la démocratie en France, en Allemagne, en Hongrie, en Pologne et donne à voir par le Printemps des peuples la possibilité de transformer une crise politique et sociale majeure en une transcroissance démocratique. Cette idée est très présente chez les bolchevicks en 1917. Le dernier Marx – on met tout sur le compte d'Engels – va se déprendre de cette idée d'une connexion directe entre crise et démocratie et va nous accoucher d'une théorie considérée comme la plus faible de tout le marxisme. C'est la théorie de l'effondrement, que Rosa Luxembourg défendra à sa manière dans les années 1910, et qui peut se résumer ainsi : l'impossible valorisation du capitalisme, qui est largement engagée dans la baisse tendancielle du taux de profit, fait qu'un beau jour tout ce système va tomber à terre. Et dans cette situation qui est inscrite dans la dialectique du capitalisme, il faut simplement que les forces du prolétariat et celles qui lui sont associées (les forces démocratiques, les forces socialistes) se préparent comme des syndics de faillite à prendre des mains tremblantes de ce capitalisme effondré, la direction de la société sous une forme électorale, dit Engels. La théorie de l'effondrement du capitalisme contre-investit le culte de la révolution. La crise provoque de manière superlative le changement de régime. Évidemment on a beaucoup ri de cette théorie, et puis on l'a récusée, Lénine en premier. Ce primat du politique rétabli semblait à toute notre génération l'expression ramassée de ce que le grand malheur du XXe siècle, la Première Guerre Mondiale, les révolutions avait rétabli.

À la fin du XXe siècle et au début de ce XXIe, nous avons affaire à deux effondrements dans lesquels la participation populaire n'est pas très grande. Nous avons assisté avec Gorbatchev à un effondrement sans révolution, sans grande mobilisation avec le pouvoir qui tombe dans les mains mûres d'un brave alcoolique courageux et d'une théorie de jeunes gommeux qui ont appris l'économie brièvement dans des manuels américains qu'on venait de traduire. Voilà un premier exemple. Aujourd'hui quel est le pays capitaliste qui a le plus important secteur public ? La réponse est simple, ce sont les États-Unis. Avec les sept cent milliards de dollars qui ont été épongés pour terminer la crise des banques, nous avons aujourd'hui l'ensemble du système financier américain qui est entre les mains de Monsieur Hank Paulson qui est en train de faire du chantage non pas au nom du prolétariat, mais au nom du capital financier en déroute pour dire aux banques « investissez ! », parce qu'elles ne veulent plus le faire, et on aura mis sept cent milliards de dollars qui vont se transformer en participation d'État à pratiquement toutes les banques américaines, notamment les banques d'affaires. Alors ça c'est une crise, c'est une crise qui ressemble à la crise du système soviétique. Tout d'un coup une classe dirigeante perd les pédales ; ça passe en Union Soviétique par la folie militaire. On envoie des jeunes appelés se faire couper le cou en Afghanistan et puis l'Europe de l'Est tout entière subit le contrecoup des premières sanctions. À Gdansk, un bel été, ça éclate : une grève générale. Les fous qui sont à la tête de l'Union soviétique se disent que tout ça vient du Pape et qu'il faudra le liquider contre Andropov. C'est là que commence l'histoire shakespearienne de la fin de l'Union Soviétique.

Donc les crises et la démocratie oui jusqu'à un certain point. Les crises sont une opportunité démocratique. S'il existe des forces démocratiques, elles jouent en leur faveur, mais elles peuvent aussi être ce qu'Althusser avait appelé « des processus sans sujet ni fin », c'est-à-dire une accumulation de contradictions dont aucune force sociale n'est vraiment consciente et qui font venir à la surface des choses qui étaient refoulées jusqu'alors. L'effondrement de l'Union Soviétique a fait venir à la surface des forces démocratiques mais elles étaient superficielles. Elles n'ont pas tardé à être absorbées par l'oligarchie. On a d'abord vu des jeunes professeurs universitaires et des intellectuels gorbatchéviens, et bientôt on a vu une révolution populaire capitaliste, c'est-à-dire les laissés pour compte du système brejnévien qui s'emparaient avec un appétit extraordinaire des dépouilles de l'économie russe. Finalement peu de démocratie est sortie de cette crise. Et aujourd'hui l'intuition américaine, car l'Amérique est la plus grande des démocraties, la plus puissante pas seulement sur le plan matériel mais sur le plan spirituel, c'est l'anticipation qu'a représentée l'élection d'Obama. Obama, face à deux *establishments*, celui du parti démocrate Clintonien, puis celui du parti républicain, déjà à la ramasse, a gagné en expliquant simplement qu'il fallait changer, que le système n'allait pas marcher. Il y a une capacité prophétique qui ne porte pas sur les mécanismes économiques, Obama ne connaît pas bien l'économie. En revanche il a bien senti que ce système était parvenu à la fin. C'est sur ce discours et sur la symbolique que représentait son élection qu'il a finit par créer une majorité très conséquente. Là où les démocrates jugés plus acceptables comme John Kerry n'y étaient pas parvenus.

Alors ce sont donc des crises qui sont dues à des forces sociales dont à un moment donné l'aveuglement est tel qu'elles ne peuvent pas ne pas aller jusqu'au bout de la faillite. C'est un ressort tragique intéressant, on voit comment des hommes essayent d'obvier à cette impossibilité. Ce sont les réformateurs de la dernière heure, par exemple dans l'Allemagne de Weimar, juste avant que n'arrive le basculement vers Hitler, un homme exceptionnel émerge, qui est le général von Schleicher, le chef de la Reichswehr clandestine, l'homme des négociations politiques, qui dans son dernier effort essaie de sauver quelque chose de Weimar. Pendant quelques semaines, quelques mois, il négocie de tous les côtés. Il négocie avec Staline, et obtient que le groupe parlementaire communiste ne vote pas contre le gouvernement, ce qui aurait entraîné une dissolution immédiate et de nouvelles élections. Il négocie avec les syndicats, en essayant de les faire rentrer dans son gouvernement. Il développe, influencé par Yall Marshart qui se ralliera ensuite à Hitler, l'idée d'une reflation et c'est comme cela qu'Hitler engrangera les premiers bénéfices d'une nouvelle politique économique. Deux ans plus tard au moment de la nuit des Longs Couteaux il sera assassiné par les SS dans son jardin. C'est un personnage pathétique et tragique qui contient déjà en lui toutes les erreurs et toutes les contradictions du complot contre Hitler de 1944, qui viendra douze ans plus tard au moment où l'Allemagne est déjà à genoux.

Andropov c'est la même chose. Cet homme qui était d'une lucidité remarquable avait été un précoce. Il avait été à l'âge de vingt ans, au moment de la guerre d'Espagne, ici en France, un peu avant en mission en Allemagne, c'était le dernier qui reliait cette Union Soviétique à la ramasse et le grand espoir léniniste bolchévique des années 30 antifasciste aussi, on le voit nager contre les flots, d'autant plus qu'il se sait mourir (les médecins ne lui ont pas caché sa situation), et se dit « dans ces conditions j'y vais », et il y va, puis arrête pendant un temps les choses. Jamais Gorbatchev n'aurait pu faire ce qu'il a fait en matière de démocratisation, si son parrain n'avait pas fait place nette avant, c'est-à-dire n'avait pas monté la scène en éliminant, y compris physiquement, 80 % du personnel brejnévien, surtout après l'attentat contre le pape. C'est une histoire qu'il faudra écrire, mais elle est intéressante parce que la volonté d'Andropov, cet homme qui meurt et qui se sait porteur d'une histoire qui a été grande, est très insuffisante par rapport au flot d'entropie qui traverse l'Union soviétique et ses péchés. J'espère qu'Obama ne sera pas le Gorbatchev américain, mais on retrouve chez lui à la fois une très grande bonne volonté démocratique, et pas nécessairement les instruments pour sortir rapidement l'Amérique de la crise. Il reste que la société américaine est beaucoup plus saine, elle l'a montré en ces élections, que ne l'était la société soviétique traversée par la fièvre nationaliste.

Si vous me permettez cette conclusion inutile : la crise ça dépend. La crise par exemple, et c'est cela qu'il y a dans *Coriolan*, de l'alliance anti-Habsbourg, au tournant du XVIe siècle et au début du XVIIe siècle, n'a pas été surmontée. C'est ce que dit le tableau de Poussin, c'est ce que disent les écrivains, c'est ce que dis la naissance de ces sociétés secrètes qui cherchent à obvier à la défaite, c'est-à-dire qu'une victoire héroïque à l'arrachée, celle du parti des politiques à l'échelle européenne, retombe lourdement devant la force du capital financier, la force des galions espagnols, la force de l'Inquisition, la force de l'église tridentine, des jésuites, des complots payés richement par l'Espagne. Les Howard, qui sont les chefs des partis catholiques anglais vont s'emparer de l'entourage de Jacques Ier et l'Angleterre va laisser détruire la Prague des protestants et le parti protestant allemand. Il faudra plus tard, après une série d'accumulation de terribles défaites, un cardinal français gallican, Richelieu, pour donner au protestantisme incarné par la Suède les chances d'une revanche. Shakespeare, comme l'a dit Jean-Pierre Vincent, ce Dieu qui se répond à lui-même, le voit à ce moment-là. Il y a une crise massive de ce parti protestant catholique modéré qui a pourtant gagné militairement. Cette crise va aboutir à Jacques Ier d'un côté, à Louis XIII de l'autre, à l'abandon du calvinisme allemand dans un troisième cas. C'est ce que pressentent les auteurs.

GÉRALD GARUTTI : Donc la crise, opportunité démocratique.

ÉTIENNE BALIBAR : Je me pose aussi la question de savoir si Obama sera le Gorbatchev de l'effondrement de l'empire américain. Ce n'est pas exclut, et la confrontation avec les problèmes que nous pose la pièce est pleine d'intérêt. Je voudrais dire d'abord que je trouve très intéressantes les clés événementielles pour l'interprétation de la pièce proposées par Alexandre Adler et Blandine Kriegel qui mettent en rapport les personnages, l'intrigue, le schéma, le problème lui-même tel qu'il est porté sur le théâtre, avec les questions politiques du temps et les personnages politiques du temps. Mais je crois que ça ne sert à rien, c'est plus nuisible qu'utile, parce qu'on ne parle plus de la pièce, on ne lit plus son texte, ou on le lit à travers une grille interprétative et pour ma part ce n'est pas comme ça que je suis tenté d'établir le rapport entre l'urgence politique de certaines questions d'aujourd'hui et l'extraordinaire instrument d'analyse, et d'abord parce qu'il est énigmatique, que représente le texte de Shakespeare.

Il me semble que le texte de *Coriolan* peut être interprété, en particulier en raison de son étonnante façon de citer et de retravailler la tradition républicaine, comme une tentative de réflexion sur les apories, les contradictions sans solution qui sont au cœur du rapport entre ces différents termes que nous appelons démocratie. La démocratie se présente toujours comme succédant soit à une oligarchie, à une aristocratie, de façon générale à un régime d'inégalités institutionnelles qui sont à la fois des inégalités sociales et des inégalités de rang, de statut ; soit à une tyrannie, au sens étymologique du terme à savoir à un pouvoir monarchique. Il me semble que la façon dont Shakespeare traite les choses, premièrement confirme une thèse sur la démocratie, au détriment d'une autre et qui a rapport avec la crise ; deuxièmement, introduit au cœur du débat la question des rapports non pas entre démocratie et impérialisme ou dictature, mais entre démocratie et populisme, entre la question de la démocratie et la question de l'amour du peuple, dans les deux sens du terme ; troisièmement, soulève de façon très profonde, et c'est pourquoi je crois que Schiaretti a eu raison d'inscrire cette formule énigmatique sur le théâtre, la question de savoir comment une dimension théâtrale intervient là-dedans, qui est liée aux deux, à la démocratie et au populisme. Sur le premier point, il me semble que Shakespeare confirme l'idée que la démocratie n'est pas un régime politique comme les autres. Et justement en raison du rapport qu'elle entretien avec la crise. J'irai plus loin qu'Alexandre, mais je pense dans le même sens que certains exemples qu'il a pris et en particulier ses références à Marx. Je pense au Marx de 1843, qui se continue dans celui de 1848 – en amont il y a un certain Spinoza, et aujourd'hui quelqu'un comme Jacques Rancière, tous des gens qui nous expliquent que la démocratie ne peut pas se limiter à la République. Ce n'est pas un régime politique qu'on pourrait définir par sa constitution. Pour être rigoureux, il ne faudrait pas parler de démocratie mais de démocratisation. La démocratisation est toujours réponse à une crise, c'est une question qui surgit au premier plan de l'histoire dans des circonstances critiques lorsque certains rapports sociaux ou certains rapports de pouvoir sont devenus à la fois intenables pour ceux qui en bénéficient et insupportables pour ceux qui en sont les victimes. C'est alors que se pose le problème de la démocratisation, mais la conséquence de cette thèse c'est que la démocratie, comme moment, est nécessairement le conflit. Il y a toujours une crise ouverte ou une crise plus ou moins maîtrisée, déplacée ou détournée dans les expériences démocratiques. Le degré de démocratie est extrêmement bas dans la France d'aujourd'hui, mais il a été plus haut dans des périodes antérieures, avec toutes leurs limitations et ceci était dû au fait qu'il y avait une dimension de crise – c'était les guerres coloniales, certains types de mouvements sociaux mal organisés, personne n'était content – qui faisait au fond non pas que le parlementarisme n'avait pas de raison d'être ou que la représentation était inutile, mais qu'elle représentait quelque chose.

En ce qui concerne les rapports entre la démocratie et le populisme, la pièce de Shakespeare jette une lumière très étrange. Tout comme Alexandre, j'avais l'intention de citer Althusser. En raison de l'extrême intérêt de quelques phrases à la fin de son essai posthume sur Machiavel, dans lequel il essaie d'interpréter la leçon politique que Machiavel tire à la fois des succès et des échecs des tentatives de constituer un pouvoir de type nouveau qui s'appuie sur une force populaire. Suivant le texte de Machiavel à la lettre mais sélectionnant les formules qui lui importent, Althusser dit que ce que Machiavel entrevoit comme solution susceptible de permettre à un prince, c'est-à-dire à un pouvoir politique représentatif, dans tous les sens du terme, qui s'incarne dans une figure qui permet à des masses de se représenter à elles-mêmes leurs objectifs, de fonder un État nouveau et capable de durer, est la solitude. Coriolan cherche, d'une certaine façon, cette solitude. En quoi il n'est pas un Obama, soit plutôt de gauche, soit plutôt de droite qui suscite la haine. La question de savoir pourquoi il suscite la haine est au cœur de la pièce et on ne cesse de nous en donner de nouvelles raisons. Et il suscite la haine non seulement chez ceux qu'il s'est choisi lui-même comme ennemis politiques, mais également chez ceux dont il est censé être le porte-parole. C'est pourquoi il est un OVNI, c'est pourquoi il se présente comme un dieu. Donc l'interprétation de Cavell quasi-psychanalytique, ou post-psychanalytique, tourne autour de la question du désir de

Coriolan. Les questions que se pose Althusser après Machiavel à propos du rapport entre le prince et la foule sont les questions du populisme – ici je ne prends pas le terme de populisme dans un sens systématiquement péjoratif. L'interprétation de Cavell est que le désir de Coriolan non seulement n'est pas le désir d'être aimé, mais est le désir d'être vomi ou rejeté.

Le dernier point porte sur la question du théâtre. Si la démocratie n'est pas un régime politique, mais si elle travaille efficacement tout régime politique, s'il y une dimension tragique dans la démocratie et dans les expériences démocratiques, est-ce que ça ne tient pas aussi secrètement au rapport que la démocratie entretient avec le théâtre ? Tout pouvoir politique est théâtral, tout pouvoir politique est fait de symboles, d'emblèmes, est fait de mises en scène, fabrique des scènes diverses, mais la démocratie entretient avec cette question du théâtre, ou du théâtre dans le théâtre, une relation particulière dans la mesure où il ne lui suffit pas de chef ou de porte-paroles, où il faut que ça soit la puissance du peuple ou l'agir du peuple qui soit de cette façon au départ et à la fin du processus, c'est-à-dire qui soit représentée sur la scène du politique. Et il y a là une contradiction dans les termes, dont je ne sais pas si aucune expérience démocratique qu'elle se réclame de la république, de la nation, ou du socialisme n'a jamais pu se sortir, dont il est certain qu'elle doit l'affronter.

ALEXANDRE ADLER : Il y a une ressemblance de nature entre le jeu démocratique et le jeu théâtral. Mais les Athéniens l'ont pensé de manière encore plus radicale, puisque, au moment même où Démosthène s'évertue contre les progrès de Philippe II, il écrit un grand discours, *Du théorique*. Dans ce texte, c'est essentiellement cela que dit Démosthène, que la démocratie athénienne ne peut pas vivre sans théâtre et qu'il faut consacrer au théâtre les ressources nécessaires, parce qu'il est une composante indépassable de la démocratie. Et sans aller jusqu'à exagérer la portée des propos de Démosthène, on remarquera que le théâtre ne survit guère à la démocratie. Plus exactement quand il réapparait il est absolument une revendication démocratique parfois étouffée. Donc le théâtre est lié à la démocratie et à la liberté. Je vais dans le sens d'Étienne pour dire qu'il ne s'agit pas tant du régime démocratique que de l'aspiration à la liberté et à l'égalité. Et pourquoi ? Parce que la mise en scène, la purgation des forces extrêmement violentes qu'une telle ambition suscite, passe aussi par leur symbolisation. Les Grecs ont trouvé une forme de symbolisation exceptionnellement productive qui est ce théâtre. La mise en scène que fait Shakespeare, c'est la mise en scène du caractère indépassé des contradictions que provoque une victoire qui est une fausse victoire.

ÉTIENNE BALIBAR : Il y a quelque chose de très étrange dans le cas de Shakespeare qui me trouble beaucoup : quand les Grecs essayent de penser par le biais d'une théorie des passions, des passions politiques, le rapport intrinsèque entre la question démocratique et la forme théâtrale, et notamment tragique, on peut dire qu'ils sont contemporains de leurs problèmes. Tandis que lorsque Shakespeare se demande si c'est bien de cette question là qu'il s'agit, il s'agit plutôt d'une espèce de souvenir, il n'y a pas de problème démocratique.

ALEXANDRE ADLER : Mais si. D'abord il y a la Révolution hollandaise… je préfère que Blandine réponde à ma place, elle sera plus efficace.

BLANDINE KRIEGEL : Je voudrais dire un mot sur la place de l'Histoire. Étienne a raison en un sens c'est que l'historicisme en lui-même, s'il s'agit simplement de rappeler l'événementiel, c'est-à-dire des événements qui se sont passés hier et qui n'ont plus aucune actualité intéressante aujourd'hui, n'a pas d'intérêt. Au fond la seule chose intéressante c'est d'aborder la question ontologique de la définition de la démocratie. Qu'est-ce qui est intéressant et incontournable dans l'Histoire ? C'est que cette question est posée par Shakespeare, et en particulier dans le texte de *Coriolan* à travers des injures, une façon effroyable de terrasser la revendication démocratique, mais la revendication démocratique s'exprime, elle est déclarée caduque, nulle et non advenue, mais elle est présente. La question qui est intéressante, c'est savoir ce qui, dans le cadre de ce mouvement républicain démocratique qui a traversé l'Europe, a invalidé la revendication démocratique. Deux constats sont tirés par Coriolan lui-même. À partir du moment où il n'y pas de place pour la démocratie, assez rapidement une vision purement monarchique du gouvernement, de la république s'impose et l'emporte. La république voit ses jours comptés et ce commentaire-là, qui a intéressé les historiens anglais de première grandeur comme Franz Heziez, ce constat-là est très intéressant pour nous.

GÉRALD GARUTTI : Je retiens entre autres de ces échanges cinq enjeux. 1. La notion d'opportunité : la crise est une opportunité éventuelle pour la démocratie, éventuellement une condition nécessaire mais non suffisante.

ALEXANDRE ADLER : Aléatoire.

GÉRALD GARUTTI : 2. L'idée de démocratie comme tendance, donc l'idée de processus de démocratisation comme force plutôt que comme régime défini, avec une distinction entre république et démocratie. 3. La démocratie comme basculement possible d'une république en empire. 4. La démocratie comme forme des conflits insolubles. 5. Le théâtre comme manière de mettre en exergue cette dimension conflictuelle essentielle et insoluble. C'est ce que Shakespeare nous montre : il n'y a pas de conclusion. Shakespeare a beau être aristocrate et manifestement non-démocrate, il n'en reste pas moins que les choses sont indécidables à l'issue de *Coriolan*. Je sature ainsi le discours pour être sûr que vous n'allez pas rebondir et pouvoir ainsi donner la parole à Jean-Louis Hourdin. Dans quelle mesure démocratie et crise ont partie liée, et notamment dans ton travail?

JEAN-LOUIS HOURDIN : Mettez-vous à ma place ! Ce n'est pas facile... Il y a eu un grand tableau fait sur toutes ces questions, et moi je suis la petite miniature, le petit homme dans la crise, entre deux géants. Comme j'avais un peu peur j'ai écrit un petit texte, comme ça on pourra en parler après - si vous voulez.

Le monde est foutu. La vie est intacte. Et je crois que le théâtre est une des parties de l'intact du monde. C'est un rassemblement commun sur la chose commune où, dans le temps même de la représentation, les hommes se rassemblent pour étudier la blessure. Pas forcément pour la calmer mais pour amicalement la revisiter ensemble, et essayer, en sortant du temps de la représentation, que dans la vie on soit communs, d'être comme un. Le monde change, radicalement ; comme jamais dans l'histoire. Nous le savions, mais nous n'y croyions pas. C'est là. Nous sommes entourés d'assassins. L'OMC et le FMI sont patrons du monde. Le Medef avoue ouvertement que les politiques que nous élisons n'ont plus de pouvoir. L'A.G.C.S. a cassé le monde, l'utopie. L'Ouest règne sur l'Est et le Nord sur le Sud sous prétexte d'une fatalité de l'Histoire, enfin de l'argent. Non, il n'y a pas de fatalité de l'histoire, il y a, rebelle, la fatalité de la révolte, celle que nous livre mots en mains, en cœur, en intelligence, les poètes. Nous ne pouvons plus continuer le geste théâtral comme nous l'avons fait jusqu'ici. Il nous faut inventer ; et inventer, « c'est penser à côté » comme disait Einstein. Mais pourquoi avoir peur de l'inconnu puisque c'est nous qui allons le créer ? Aucun travailleur quelque soit son métier, ne peut plus ignorer la violence que certains imposent à tous, et de ce fait, il doit changer obligatoirement sa façon de travailler et de vivre. « La salle appelle au secours autant que la scène » disait Monsieur Grüber, qui malheureusement est mort. Il ne nous faut plus seulement une belle actrice ou un bel acteur jouant des beaux personnages dans de belles pièces et de belles mises en scène. Il nous faut des femmes et des hommes dressés dans la catastrophe, dignes et porteurs de pensées, porteurs de sensualité de la pensée, dans «d'énergie du sens», en garde rapprochée du poétique et du politique et du partage. Il faut absolument essayer de trouver des pratiques nouvelles, avec la rage et la joie au ventre d'amorcer, peut-être, le chemin de nouvelles fraternités pour tuer le malheur, sans savoir si nous réussirons.

Ça a un côté petit tract. De désespoir. Vous savez je suis chef de troupe, acteur, et il me semble bien qu'il n'y a pas de pièce sur le bonheur, notre fond de commerce à nous les acteurs c'est la crise, c'est le malheur. C'est de danser sur le malheur. Et c'est d'une contradiction terrible. Et c'est pour ça que certains d'entre nous boivent beaucoup, pour continuer à danser. C'est vrai que le temps allant à une vitesse terrible, que des choses sont vraies maintenant alors qu'elles ne l'étaient pas il y a cinq mois, l'État n'est aujourd'hui plus qu'un comité de gestion des intérêts multiples de la bourgeoisie. Brusquement, l'État donne de l'argent, on a l'impression qu'il devient actionnaire des grandes entreprises ou des grandes banques. Les choses deviennent surréalistes dans la rapidité. Depuis quelques années, dans nos métiers, nous tentons de répondre à cette crise de la démocratie. On essaye de répondre par un travail sur la pensée, plus que l'innocence d'aller jouer la comédie on se remet dans les catacombes, au point que quand Grüber dit « la salle appelle au secours autant que la scène », moi je suis sur le plateau et j'ai peur du plateau maintenant parce que rendre compte du monde sur un plateau c'est tellement dur que depuis quelques années j'enlève la scène. Parce que je trouve qu'il n'y a aucune raison que brusquement quelqu'un d'une façon péremptoire nous impose son point de vue. Mais personnellement, je suis tellement inquiet, cette crise amène à se poser la question du citoyen. Moi j'étais sûr que j'étais un citoyen et que je faisais du théâtre, que j'étais chef de troupe. Depuis quelques années je me suis dit « tu n'es plus assez citoyen dans ton métier, face à la crise ». Mon prochain spectacle va s'appeler *Hurle Monde*. C'est les catacombes qui viennent doucement. C'est surtout dans des stages ou dans des écoles que je peux continuer ce travail, car on ne peut accueillir que 100 spectateurs, si on supprime la scène. Je mets une servante au milieu et il y a un rassemblement du public. Les acteurs sont dans le public, ils se dressent pour raconter le drame, ou parlent à leurs voisins-spectateurs, ou chantent ensemble doucement, comme si chaque spectateur pouvait aussi se lever pour raconter son point de vue face à ce que nous traversons tous en ce moment, qui est du domaine de la suppression de la pensée. Une salle de répétition, une salle de spectacle, c'est un établi de la pensée. La beauté de nos métiers, c'est de créer une communauté avec tous les artisanats poétiques du théâtre, c'est-à-dire avec l'éclairagiste, qui éclaire l'histoire et ne fait pas d'effets, le décorateur, qui fait pousser des accessoires poétiques indispensables et ne fait pas du décorum, le peintre, le régisseur, les menuisiers… Tous les artisanats poétiques doivent être unis dans un travail en commun sur la pensée poétique, et la grammaire poétique du poète. Puisque nous avons deux patrons qui sont les poètes et le public. Nous nous ne sommes que les transparents du verbe, nous sommes des interprètes dans le vrai sens du mot, puisque les langues poétiques sont des langues inconnues. On ne parle pas le Shakespeare dans les bistrots, malheureusement. Nous sommes simplement des passeurs. Moi si j'arrive à ne pas me tuer c'est grâce aux poètes. Je me souviens à 18 ans quand j'avais été voir le Prado et que j'avais vu les *Peintures noires* de Goya, j'avais eu envie de me tuer devant la beauté des toiles, et dans le même temps j'avais eu envie de vivre et brusquement j'étais plus riche. Parce que l'un d'entre nous se lève et dit la beauté, la terreur du monde, et on est sauvé. Il y en a quelques uns comme ça, Shakespeare, les peintres, les musiciens qui heureusement sont la meilleure part de nous-mêmes et qui nous permettent d'être ce que nous sommes. Albert Cohen dit une chose très belle : « Il faut essayer de quitter ce que nous sommes, c'est-à-dire des bêtes, pour aller vers ce que nous ne sommes pas, c'est-à-dire des humains. » Et c'est vrai que la route est longue encore vers l'humaine nature, sans quitter la part animale. On essaie de tuer l'homme tous les jours de plus en plus. Je crois que le poème et le fait de se dresser dans la catastrophe, est une chose magnifique. Il faut que le poète soit le bien de tous et pas seulement d'une classe.

GÉRALD GARUTTI : Dressé dans la catastrophe. Debout dans la catastrophe.

Échange avec le public.

UN SPECTATEUR : Pour faire un lien entre politique et théâtre, je voudrais revenir sur ce qu'à dit monsieur Balibar, sur le désir de Coriolan. Il ne voulait pas être aimé ? La troisième intervention a ravivé les cœurs. Quand on va au théâtre on arrive à se soigner des blessures du monde, on porte tous les blessures du monde. Les poètes, les acteurs et à travers eux les metteurs en scène ont vocation quelque part à être acclamés, à être applaudis, à la fin d'une pièce. Un politique qui a vocation à être la parole du peuple si on parle de démocratie, a-t-il vocation à être acclamé ?

ALEXANDRE ADLER : Il y a des discours qui ont été acclamés, depuis les grands orateurs révolutionnaires jusqu'au discours de Lincoln à Gettysburg, jusqu'à des discours récents. Ils ont le caractère d'une œuvre littéraire et d'un cri qui demande l'acclamation. Il existe dans la littérature politique, dans la rhétorique politique, des choses qui encore aujourd'hui nous tiennent aux tripes autant que certaines œuvres théâtrales. La différence c'est que l'homme politique est d'un seul côté et qu'il cherche à convaincre, à entraîner, à se faire un avec son public, alors que la grandeur du théâtre c'est qu'il refuse cette unité et qu'il laisse la contradiction ouverte. Comme dit Aristote, « le plaisir est un plus ». Si cette contradiction nous touche tellement que nous en avons un plaisir ou une libération, c'est en effet que le théâtre a parfaitement rempli son rôle. Il l'a cependant rempli en oubliant la beauté, alors que la grande rhétorique est peut-être plus immédiate dans la beauté. Bien entendu toute la rhétorique biblique qui a inspiré le grand art oratoire anglo-saxon est portée par cet enthousiasme. Mais je pense, pour vous répondre, que le théâtre lui est supérieur parce qu'il ne renvoie pas les gens à l'unanimité, mais à eux-mêmes. C'est en ça qu'il purge les passions, selon les classiques.

ÉTIENNE BALIBAR : Je retraduis ça dans un langage plus brechtien. Il y a dans le théâtre un effet de distanciation ou de mise en distance qui permet de compliquer les choses par rapport à la situation de tout ou rien que crée l'art oratoire dans le champ immédiatement politique : c'est-à-dire le rejet ou bien l'enthousiasme, la mobilisation des masses, l'identification au grand homme. C'est peut-être ce qui est en train de se passer aux États-Unis. Et c'est pourquoi la situation est tellement intéressante. J'enseigne une partie de l'année dans une université américaine, et mes étudiants américains se sont investis à cent pour cent dans la campagne électorale. Ils ont mis à certains égards leur vie en jeu, en tout cas leur vision du monde, de telle sorte que si ça se casse la figure, c'est une partie de leur monde qui va s'écrouler. Il y a un véritable enjeu de ce point de vue.

Pour dire un dernier mot sur le désir de Coriolan, ce qui ne cesse de me frapper dans cette pièce, c'est l'effet de distanciation. Le mot de distanciation est courant chez Brecht, mais quand il traite de Coriolan il s'en sert d'une façon très intéressante, qui lui ajoute un élément supplémentaire : il parle de distanciation intérieure à la pièce. Cette distanciation est en particulier liée au caractère monstrueux du personnage de Coriolan, c'est ça qui nous trouble. Nous ne tirons pas simplement de la pièce l'idée que la démocratie ne va pas sans le conflit ou qu'elle côtoie la guerre civile, ou qu'elle est constamment voisine de phénomènes de populisme, parce que Coriolan n'est pas un démagogue, c'est tout le contraire. Dans la scène qu'on a vu, il ne cherche pas à se faire aimer.

Ce n'est pas intéressant de critiquer le travail des artistes. Mais on peut aussi exprimer des jugements. Je trouve que cette dimension manque dans la mise en scène de Schiaretti. On ne le sent pas tout à fait. On a le sentiment d'une très belle présentation du théâtre politique dans laquelle le personnage de Coriolan joue son rôle, comme s'il était au même niveau, comme s'il en faisait lui-même partie, comme un aventurier, un personnage dont d'ailleurs on découvre peu à peu qu'il est très difficilement situable, il se balade entre deux pays, il ne joue pas le jeu du conflit de classes sous la forme qui est en train de s'institutionnaliser, il a des côtés exceptionnels et en plus, il a des côtés monstrueux. De ce point de vue il est aux antipodes de ce que vous décriviez. Son discours n'est pas destiné à provoquer l'adhésion, ou l'enthousiasme de personne. Ce qui oblige à se poser la question de savoir ce qu'il cherche. Ce qu'il cherche n'est pas surhumain, au sens du grand homme hégélien, ce qu'il cherche est d'une certaine façon inhumain, il cherche à se diviniser lui-même, et par là même il renoue avec une certaine figure de la bête féroce. Il ne faut pas non plus pousser la chose au point d'oublier tout ce qui dans la présentation de Shakespeare, et conformément à une certaine tradition historiographique et mythique, lui confère des qualités extraordinaires, fait de lui un homme admirable. Mais ces qualités sont employées à des fins profondément énigmatiques, ce qui fait qu'à la fin de la pièce nous ne concluons ni qu'il faut relancer la lutte des classes pour que la démocratie ait sa chance, ni que la démocratie est une saloperie. Les démagogues c'est les tribuns du peuple ; Shakespeare ne les a pas beaucoup flattés.

GÉRALD GARUTTI : Et encore on aurait pu en faire un portrait beaucoup plus violent, alors que là on voit qu'il participe des intérêts du peuple, mais il est certain que Coriolan a cette part de monstruosité et de démesure. Il dit d'ailleurs : « Je suis comme un homme qui serait l'auteur de lui-même ».

ÉTIENNE BALIBAR : Ce n'est pas la soif du pouvoir.

GÉRALD GARUTTI : Non, au contraire.

ÉTIENNE BALIBAR : Sa mère fait un autre grand discours, dans lequel elle lui dit : mon vieux, il faut que tu exerces le pouvoir et pour cela il faut employer les méthodes que tu connais parfaitement. Elles relèvent d'une stratégie, et tu es un grand stratège. Et c'est ça qui détruit.

GÉRALD GARUTTI: Oui, cette notion de machiavélisme, Coriolan refuse de l'appliquer totalement, mais effectivement on ne saura pas quel est son désir, à part celui d'être un héros dont on tait la gloire, puisqu'il ne supporte pas la moindre évocation de son triomphe. Il y a quelque chose d'assez paradoxal chez cette figure. On peut se demander dans quelle mesure Coriolan pointe les problèmes, la crise de la démocratie. Que nous dit Coriolan à cet égard ?

ALEXANDRE ADLER : C'est toute la théorie du principat du XVIe siècle, c'est-à-dire comment faire pour que le prince soit peuple, pour le dire dans les termes mêmes du début du *Prince*. Machiavel dit : « On voit mal une montagne d'une plaine, alors que si on monte sur une montagne on voit la plaine ». Le prince ne peut pas se détacher du peuple, du moins Machiavel le croit-il, lui qui a par ailleurs écrit un très grand ouvrage sur les guerres civiles de l'Italie en prenant le point de vue républicain et en condamnant les princes. Mais ce prince doit dépasser les princes, cette réflexion qui est celle de cette charnière où se prépare déjà la guerre de Trente Ans, où se finisse la première phase des guerres de religion. Et on s'aperçoit avec amertume que le camp de la liberté lui-même accouche de monstres, c'est pour ça évidemment que Brecht a pensé à Staline, la bouche de monstres, de reitres, ou de dictateurs...

BLANDINE KRIEGEL : Coriolan n'est pourtant pas le camp de la liberté ?

ALEXANDRE ADLER : Tels qu'ils sont présentés, les Volsques sont l'ennemi de la civilisation. Ils représentent à cet égard ce qui est extérieur. Ce qui est grand dans *Coriolan,* c'est de montrer que la violence est à l'intérieur de la société, que les contradictions ne sont pas battues par la victoire militaire, mais qu'il existe au sein même de la société que l'on a voulu défendre quelque chose qui la ronge et qui est des deux côtés. C'est pour ça que Shakespeare conclut, avec Ménénius et avec la Reine, dans le sens d'un régime mixte, d'un régime moyen. Ce qui est beaucoup plus important et c'est en cela que c'est une œuvre d'art et pas un traité politique, c'est de montrer l'extrême violence qui peut sourdre d'une société en apparence unie dans la lutte contre un adversaire extérieur. On pense dès lors à deux choses. D'une part, dans le discours de Coriolan, on pense à l'immense violence conservatrice d'un Burke, à cette peur de la Révolution Française, cette peur du peuple déchaîné qui s'est exprimé chez Burke par un Wig, par un libéral au départ modéré, rendu fou par la Révolution Ffrançaise. Burke a d'ailleurs pratiquement emprunté son expression « *swinish multitude* », « la multitude porcine » à ce discours. Puis on pense à l'apostrophe terrible de Spinoza à la mort des frères de Witt, qui tombent sous les coups non pas des adversaires de la Hollande mais d'un parti protestant autoritaire : « *ultimi barbarorum* », « les derniers des barbares ». C'est le caractère impossible à combler de la cassure de ce front à l'intérieur de la société anglaise, c'est quand même la dernière pièce de Shakespeare, c'est une inquiétude de l'avenir. C'est pourquoi cela nous parle si fort, parce que nous n'en sommes plus aux solutions faciles des années cinquante, portées par les espoirs de la résistance : il y a un bon camp, et puis il va en encaissant les coups, et en relevant la tête, il va petit à petit remonter et s'emparer de la société. Puis on sait que ce bon camp n'en est pas tout à fait capable.

J'ai été très impressionné par votre discours qui était un poème et qui a capturé des choses de notre temps qui sont absolument incontestables. Mais ce qui me frappe le plus en ce moment c'est l'inanité du bien, regardez par exemple ce parti que j'ai aimé de tout mon cœur et de toute mon âme, le parti communiste italien, il finit dans la publicité, la fusion avec les démocrates chrétiens, l'envie de faire des numéros de claquettes plus ambitieux que ceux de Berlusconi, tous ces gens là prenaient la vie très au sérieux vingt ans plus tôt, cette tombée dans l'inutile, dans le dérisoire me touche personnellement. C'est l'inanité du bien que nous vivons aujourd'hui que certainement la génération de la fin des guerres de religions a connue. Oui Henri

IV l'a emporté, oui la Sainte-Ligue est partie, Oui l'Angleterre est restée indépendante, oui la Hollande est une vraie République. C'est comme ça que j'entends la pièce, bien sûr de façon trop historiciste, mais il ne fait pas de doutes que le combat pour la liberté a eu des ancêtres et que Shakespeare l'a vécu avec passion.

BLANDINE KRIEGEL : J'ai été extrêmement touchée par les paroles que vous avez prononcées, je les ai trouvées belles et surtout profondes. Il m'est revenu en mémoire une association qui n'a pas toujours été si heureuse, entre la démocratie et le théâtre : je veux parler de la querelle du théâtre qui a eu lieu au XVIIIe siècle et des positions prises par le seul défenseur de la démocratie, Rousseau. Je voulais le signaler parce qu'aujourd'hui le théâtre, pour beaucoup d'entre nous, est un refuge de la pensée, de l'expression, d'une demande démocratique. Pour Rousseau, le théâtre, qui avait eu ses heures de gloire si fastueuses avec le théâtre élisabéthain, le théâtre sous Louis XIII et Louis XIV, était un instrument d'oppression. Dans la mesure où le théâtre est le lieu de la représentation, il pouvait, selon Rousseau, servir à l'éloignement de la nature et de la vérité. Aujourd'hui nous avons trop de rousseauistes. Les philosophes en France, quand ils sont d'opinions différentes, comme le soulignait Étienne, se rencontrent peu sur une tribune, débattent peu entre eux. Or le théâtre reste ce lieu de débat. Et c'est pour ça que je voulais vous remercier.

GÉRALD GARUTTI : On va tenter de faire en sorte que le théâtre reste ce lieu de débat. Il l'est essentiellement mais il l'est également grâce à vous. Merci aux intervenants et au public.

DEUXIEME JOURNEE
Le règne de la représentation

3. Le pouvoir en représentation

Table ronde animée par **Gérald Garutti,** avec **Jean-Marie Apostolidès** (historien de la littérature), **Geneviève Fraisse** (philosophe), **Dominique Reynié** (politologue), et **Jean-Pierre Siméon** (poète).

Ouverture

GÉRALD GARUTTI : Nous allons, pour ceux qui n'étaient pas présents lundi, faire un résumé des épisodes précédents, puisqu'il s'agit d'une petite saga en trois temps. L'idée de cette Résonance à *Coriolan* est d'examiner l'idée de fin de la démocratie avec, encore, un point d'interrogation. Après avoir examiné la question du régime, le pourquoi de la démocratie et la notion de crise, nous allons aujourd'hui examiner la question de la représentation dans le double sens du terme, à la fois comme représentation politique et représentation théâtrale, avec l'enjeu suivant : dans quelle mesure le fait qu'il y ait représentation politique, et donc délégation de pouvoir, implique-t-il une forme de détournement, de simulacre de souveraineté ? Sera d'abord exploré le pouvoir en représentation, qui dépasse d'ailleurs le cadre de la démocratie – je pense que nous entendrons, notamment avec Jean-Marie Apostolidès, l'idée que tout pouvoir est en représentation. Cette première table ronde réunira Jean-Marie Apostolidès, Geneviève Fraisse, philosophe et historienne, Jean-Pierre Siméon, écrivain, et Dominique Reynié, chercheur en sciences politiques. Nous allons commencer par présenter un moment clé de *Coriolan*, un moment de représentation du pouvoir. Vous vous souvenez que cette pièce raconte dans quelle mesure un héros militaire ne parvient pas à devenir chef politique. Ce héros, Coriolan, doit en passer par une élection par le peuple, se soumettre à un rite appelé « la toge d'humilité » qui pourrait lui permettre d'accéder au Consulat. Cette forme ritualisée de l'élection est, comme on va le voir, absolument balisée, et montre comment le pouvoir est à la fois représentation et simulacre.

Projection d'un extrait de **Coriolan** *: Acte II, scène 3.*

GÉRALD GARUTTI : Cet extrait présente le peuple dans sa diversité et sa contradiction. On voit d'emblée des opposants à Coriolan, soupçonné de vouloir devenir un tyran, et d'autres qui considèrent au contraire que l'héroïsme de Coriolan justifie son accès au pouvoir. Le deuxième citoyen définit d'ailleurs ainsi le peuple : nous sommes comme une hydre, nous avons autant d'avis que de têtes, nous sommes comme des cheveux qui partent dans tous les sens. Cette hydre, dénoncée par l'aristocratie, se sait être le règne de la diversité et de la contradiction. Les citoyens n'ont d'ailleurs aucune peine à se contredire en permanence. Aussitôt après avoir expulsé Coriolan, ils affirment qu'ils ne voulaient pas du tout l'expulser. On trouve ici une contradiction consciente d'elle-même, qui provoque en même temps un débat, et comme le dit un citoyen, c'est la majorité qui l'emporte. Le paradoxe de cette élection, c'est qu'il s'agit d'une élection forcée, comme s'il y avait le choix entre oui et oui. Comme le citoyen le dit : « Nous n'avons pas le pouvoir d'exercer le pouvoir de dire non ». Dans *Corolian*, tout l'enjeu pour le peuple sera d'apprendre à dire non, d'apprendre à outrepasser un droit qui est un droit formel, en proposant une alternative. C'est ce que les tribuns du peuple proposeront au peuple à la toute fin de la scène en disant : il faut maintenant que vous imposiez à Coriolan votre voix et votre loi. L'élection proprement dite vient ensuite, sous la forme d'un rite assez énigmatique qui, à Rome, est le rite de « la toge d'humilité » : qui a commis des batailles pour son pays doit montrer ses blessures. Son corps porte en quelque sorte la marque des sacrifices faits pour la patrie, et rend légitime l'élection et l'avènement au pouvoir. Coriolan est ici dans la lucarne et la mise en scène de

Christian Schiaretti joue à cet égard sur trois aspects avec ce cadre. Premièrement, il s'agit effectivement d'une « toge d'humilité » : on voit un personnage qui est censé s'humilier. Dans *Médée*, film de Pasolini, par exemple, on voit que les rois sont stigmatisés : le peuple crache sur les souverains et c'est une manière de faire passer le fait qu'ils détiendront du pouvoir. Il y a donc une humiliation. Deuxièmement, il y a l'icône religieuse. On voit clairement qu'il s'agit d'un contexte de mystification. Ce pouvoir se pare d'un mythe, d'une aura spirituelle, représentés par la présence des flamines, les prêtres romains. Troisièmement la lucarne, dans l'idée de Christian Schiaretti, représente évidemment la télévision, lieu de la représentation actuelle du pouvoir donnant l'illusion d'une intimité. La dimension paradoxale de cela, c'est que Coriolan ne joue pas le jeu. On accède notamment au sous-discours que l'on n'entendrait pas à la télévision – vous n'imaginez pas Sarkozy disant : « voilà deux abrutis qui me regardent », ou en tous cas on l'entendrait en off. Dans le cas de Coriolan, on entend en quelque sorte la voix off, tout le sous-texte de celui qui refuse de jouer le jeu de la représentation. Représentation donc, et en même temps refus de jouer ce jeu de la représentation qui sera finalement la pierre de touche pour invalider l'élection. Voilà ce que je voulais dire très rapidement sur cette scène pour poser un point de départ qui va nous permettre d'entrer dans le vif du sujet avec nos invités, que je vais présenter brièvement.

Dominique Reynié est professeur à Sciences Po où il a dirigé pendant quatre ans l'Observatoire interrégional du politique. Ces travaux bien connus portent sur l'opinion publique, les transformations du pouvoir, l'élection. Il est depuis deux mois directeur de la Fondation pour l'innovation politique, un *think tank* progressiste, libéral et européen. On peut retenir notamment ses articles dans le *Figaro* consacrés à la vie politique française et européenne.

Geneviève Fraisse est connue pour ces travaux de philosophe et d'historienne sur la question sexuelle, la question de l'émancipation des femmes. Elle est directeur de recherche au CNRS. Elle produit également une émission pour France Culture. Son travail, dont on peut dire qu'il s'inscrit en partie dans la ligne foucaldienne, vise à déplacer les lignes sur la question sexuelle, sur le mélange et la différence des sexes. Ce travail théorique s'est prolongé par une action politique que ce soit au Parlement européen ou comme déléguée interministérielle aux Droits des Femmes.

Jean-Marie Apostolidès, professeur à Standford, est un universitaire polymorphe, c'est-à-dire partagé entre la sociologie, la psychologie, la littérature, le théâtre. Il a réalisé des travaux notoires sur la question de la théâtralité du pouvoir, je pense évidemment au *Roi-machine* et au *Prince sacrifié* sur la théâtralité au XVIIe siècle. Mais le spectre est large de Guy Debord, aux situationnistes, jusqu'à actuellement Orson Welles. Il s'intéresse à tout ce qui articule la question politique et la question spectaculaire ou théâtrale.

Jean-Pierre Siméon est poète, écrivain, dramaturge, directeur du Printemps des Poètes, ainsi que poète associé au Théâtre National Populaire.

Nous allons commencer cette cession par une présentation de Jean-Marie Apostolidès sur représentation politique et représentation théâtrale, qui nous permettra ensuite de rebondir sur le pouvoir en représentation.

Représentation politique et théâtrale, par Jean-Marie Apostolidès.

JEAN-MARIE APOSTOLIDÈS : Merci Gérald, merci à vous tous d'être là. Je souhaite vous présenter quelques réflexions, quelques hypothèses, à la fois dans la prolongation des petits travaux que Gérald a eu la gentillesse de rappeler ici, et en réponse ou en prolongation à un livre, *Political Actors*, d'un historien américain que je trouve remarquable et qui s'appelle

Paul Friedland. C'est dans ce contexte que je présenterai simplement des hypothèses, sans avoir l'ambition d'aller plus loin. Ces hypothèses ont un cadre historique précis, celui du XVIIe et du XVIIIe siècle français, libre à vous ou à nous de prolonger ces hypothèses, de les critiquer, de les démolir dans un autre cadre. Je partirai de mon hypothèse de départ : la représentation constitue un système général de compréhension et de construction du monde, système qui a dominé en France pendant une époque précise qui court de la fin du XVIe siècle jusqu'à la moitié du XXe siècle environ. Ce système de la représentation est une vision politique du monde, qui prend la place d'un système précédent qui était fondé sur une vision globale religieuse du monde, et que j'appellerais : « le règne du simulacre ». Il me semble que depuis la Seconde Guerre Mondiale – mais je placerais plus précisément la rupture en 1968 – un nouveau système s'est mis en place, fondé sur une vision technologique du monde et que j'appellerais, après Jean Baudrillard et beaucoup d'autres : « un système de la simulation ». La représentation se situe entre les deux et *grosso modo* couvre la période pendant laquelle l'État se structure, d'abord sous forme d'absolutisme et ensuite dans les diverses formes de l'État moderne que nous avons connues. Il me paraît exister, dans ce système de la représentation, trois pôles importants – et je vous prie de considérer les mots que je vais employer dans leurs diverses significations : celui de l'auteur, celui du spectateur et celui de l'acteur. C'est dans l'équilibre entre ces trois pôles, ou entre ces trois cases, ou « personnages », que l'on peut cerner l'histoire de la représentation. Car le système de la représentation lui-même a une histoire et c'est un moment charnière de cette histoire que je voudrais essayer de mettre au jour.

Le corpus mysticum

Je vais vous parler d'un premier moment de la représentation, moment qui est lié à l'absolutisme. Je vais commencer par la représentation politique. Au XVIIe siècle, au moment de la monarchie absolue, c'est-à-dire des Bourbons, la nation entière s'incarne dans le corps du roi. La nation représente une espèce de *corpus mysticum*. Le roi est l'acteur principal en même temps qu'il tient, en un sens, la place de l'auteur, cumulant entre ses mains le pouvoir législatif et le pouvoir exécutif. Tandis que les spectateurs – et j'ai tout à fait conscience de schématiser ce que je suis en train de vous dire – sont muets puisqu'ils ne peuvent parler qu'à travers la fiction du corps du roi. Ce système est valable sous Louis XIV. Ceux qui d'entre vous connaissent l'Histoire savent qu'à partir de Louis XV, dans la séance dite de flagellation du Parlement, il y a des tentatives de paroles en dehors du corps du roi. Louis XV a rappelé que la nation s'incarne tout entière dans son corps, qu'il n'était pas question pour lui d'aboutir si je puis dire à un démembrement au bénéfice d'une autre structure représentative. Je ne vais pas trop entrer dans le détail de cette première représentation, puisque ce sont des choses que j'ai jadis développées dans quelques travaux et qui sont relativement bien connues depuis.

Je vais parler en parallèle de la représentation théâtrale. Le théâtre au XVIIe siècle n'est pas véritablement un théâtre en rond mais si vous me permettez cette expression : « un théâtre en rectangle », en ce sens que le bâtiment théâtral est la plupart du temps un ancien jeu de paume. L'auteur se tient en un sens comme une réincarnation de la tradition : regardez les préfaces de Racine qui, modestement en même temps que d'une façon très arrogante, se veut simplement la voix d'une *auctoritas* qui le dépasse beaucoup et qui remonte à la Grèce ancienne. Tandis que l'acteur, qui est en un sens le personnage principal, joue devant les spectateurs qui l'entourent, à la fois ceux qui sont sur la scène : les nobles, ceux qui sont dans les galeries, et devant le parterre, qui est debout et est le sujet du discours, puisqu'il appartient à un ordre différent. Je propose comme hypothèse que le rôle de l'acteur était d'abord de faire croire en son rôle, et d'y croire lui-même, d'être un incarnateur d'une voix qui le dépassait. La représentation n'était d'ailleurs pas réaliste : l'acteur, maquillé de blanc, complètement statique, sans espace sur scène, ne joue pas, il est en face des spectateurs et prononce les vers d'une façon presque ritualisée, cérémonielle, dans un décor qui est toujours le même et dans lequel, de toute façon, il ne peut pas jouer. L'acteur tient donc un rôle très différent de celui du comédien d'aujourd'hui. Les spectateurs, eux, sont vus dans une espèce d'unité et dans leur division, dans leur diversité, dans leur hiérarchie en fonction des ordres, puisque cette hiérarchie est reproduite dans les places. Vous n'oubliez pas qu'au XVIIe siècle le système de la représentation n'est pas du tout la même chose que pour nous : les bougies restent allumées autant dans la salle que sur la scène, l'éclairage est probablement presque le même, et toute une partie de la représentation consiste moins dans la récitation du texte de l'auteur que dans les jeux de regards et d'investissements sociaux, politiques, imaginaires, entre les différents groupes de spectateurs. La représentation théâtrale est un ensemble de phénomènes qui pour nous n'existent plus pour les raisons que vous pressentez. J'ai défini jadis la représentation théâtrale au XVIIe siècle comme une espèce de cérémonial empruntant à la fois au religieux et au politique. Ce cérémonial cherche d'une certaine façon à sacraliser la figure du roi en montrant sur scène ce que le roi lui-même ne peut plus être fondamentalement : un être à la fois sacrifiant et sacrifié. Dans la réalité du pouvoir, le roi est un gestionnaire, un administrateur, mais dans l'imaginaire collectif, il est encore un sacrifié. Est-ce que lui-même ne peut plus risquer sa vie dans un enjeu qui serait la bataille comme le faisaient les rois médiévaux ? Et bien cela est représenté d'une façon théâtrale, mensongère si vous voulez, dans le sens marxiste du mot. J'ajouterai pour terminer cette très brève et très caricaturale présentation que l'émotionnalité était probablement extrêmement forte, que l'on n'a pas d'idée du rapport immédiat entre la voix du comédien – j'insiste sur le terme *voix* – le texte dit et la réaction du spectateur. Au niveau sensible – si on pouvait reconstituer la sensibilité des humains qui nous ont précédés – on se trouve dans une époque de passion. Il y a un véritable investissement du comédien, un risque pris sur son âme. C'est peut-être pourquoi les comédiens sont si fascinants à l'époque, mais c'est peut-être aussi la raison pour laquelle ils sont des excommuniés : ils s'emparent d'une âme autre que la leur, pour incarner une image. Ceux qui d'entre vous ont une « bonne éducation », je veux dire une éducation catholique, comprennent qu'il y a une présence réelle du comédien dans le rôle qu'il joue, et donc un investissement spirituel, sentimental, qui fait qu'on sera beaucoup plus proche de la réalité du théâtre du XVIIe si on le voit en parallèle avec la messe catholique plutôt que comme un genre littéraire ou artistique, comme nous aurions tendance à le voir aujourd'hui. On pourrait maintenant pousser plus loin en montrant ou en dressant le parallélisme entre la représentation monarchique à l'intérieur du corps du roi et la représentation théâtrale. Beaucoup d'éléments apparaîtraient certainement non pas en causalité l'un avec l'autre mais relevant l'un et l'autre d'un système général de représentation dont nous comprendrons mieux les mécanismes si nous comparons ce qui s'est passé au moment de l'absolutisme à une autre période, et ce sera donc mon deuxième point.

Le mythe du quatrième mur

Je fais un saut immédiat dans l'histoire pour vous parler de la représentation un peu avant et au moment même de la Révolution française. Je vais commencer curieusement, pour mieux me faire comprendre, par parler de la représentation théâtrale. À partir de 1750-1760, les nouvelles salles construites sont plus ou moins des salles à l'italienne. Elles se caractérisent surtout par la coupure entre la scène et la salle. Vous savez qu'à partir de 1753, le comte de Lauraguais rachète les places sur la scène de façon à ce qu'il n'y ait plus de spectateurs sur le plateau. Une autre innovation très importante consiste à mettre des bancs dans le parterre. Le prestige économique du parterre change : de place la plus misérable, le parterre devient petit à petit la place importante. Il s'y fait un mélange des couches sociales et le parterre ne représente plus une classe d'individus mais beaucoup plus un groupe anonyme. Les lumières s'éteignent et la salle entière plonge dans une espèce d'anonymat. Les réactions avec les comédiens changent, le jeu du comédien lui-même change : il n'est plus cette espèce de rituel religieux qui plaisait tant au XVIIe siècle et devient un jeu plus réaliste selon nos critères. Ce qui implique une importance du costume : petit à petit, on va associer des costumes à leur époque historique. Ce qui implique aussi un certain réalisme des décors, décor dans lequel le comédien va jouer alors qu'il servait auparavant de simple fond, de tableau. De toute façon, d'après ce que l'on sait de l'histoire du théâtre, c'est le même décor qui servait pour toutes les tragédies, de même que le décor était le même pour toutes les messes dans l'église. Les comédiens, chose très importante, commencent à jouer entre eux, ils se donnent la réponse et ne s'occupent plus des spectateurs, font comme si les spectateurs n'existaient plus. C'est le début d'un mythe qui a gouverné l'histoire théâtrale pendant très longtemps : le mythe du quatrième mur. Les comédiens sont entre eux et presque toute l'esthétique du théâtre commence alors à changer, c'est-à-dire que la responsabilité de la performativité, si vous me pardonnez un mot aussi barbare, ne repose plus sur le comédien mais sur le spectateur. C'est au spectateur qu'est déléguée la croyance en la crédibilité ou non du spectacle. L'acteur se sait un acteur, un joueur, donc un hypocrite, il ne s'investit plus. Au niveau de la sensibilité, cela a été montré jadis, on passe de l'époque des passions à celle du sentiment, le sentiment étant dans l'optique que j'utilise ici une passion dominée, maîtrisée, beaucoup moins violente. L'auteur lui-même change de statut : il devient propriétaire de ses textes, vise petit à petit non plus à se situer dans une lignée, mais au contraire à innover, à amener des solutions qui étaient inattendues auparavant. Au moment de la Révolution française, sous l'influence de Beaumarchais, va se créer une Société des Auteurs qui existe toujours. Le théâtre au XVIIIe siècle, après 1760 et surtout à la veille de la Révolution Française, ne représente donc plus du tout une espèce de cérémonial mais au contraire devient presque une œuvre d'art autonome, selon des critères qui nous sont plus proches puisque jusqu'à un certain point ils sont encore les nôtres.

Dans mon point suivant, je vais essayer d'approfondir un peu plus les caractères de la représentation théâtrale mais gardez en mémoire que cela vise aussi à faire comprendre la représentation politique. La représentation en général est tare, c'est-à-dire fausseté, fiction, théâtralisme. La croyance en la vérité repose, je l'ai dit, sur l'invention de techniques nouvelles de la part du comédien et de l'auteur, mais elle repose en fin de compte sur le spectateur puisque c'est lui qui décide si cela marche ou pas, si le spectacle est vrai ou faux, s'il est croyable ou incroyable. Le spectateur suspend pendant le temps de la représentation – et c'est la magie du théâtre – son incrédibilité : sur scène, ce n'est pas Néron que je vois mais Talma ; mais pendant le temps de la représentation, c'est Néron que je vois. On est donc passé, si vous me permettez la continuation de ma métaphore religieuse, d'une représentation de type catholique à un modèle protestant. Vous vous souvenez que ce qui différencie les catholiques des protestants c'est que pour les catholiques quand le prêtre prononce les mots sacrés *Hoc est corpus meum*, l'hostie devient réellement le corps et le vin devient réellement le sang de Jésus Christ, tandis que pour les protestants, ce n'est qu'un symbole. Au théâtre, s'en est fini de la transsubstantiation, on passe à un modèle protestant de représentation dans lequel il n'y a plus transsubstantiation de l'âme du roi dans le corps du comédien mais au contraire imitation, terme qui définit d'ailleurs toute l'esthétique théâtrale de l'époque. Une autre chose qui n'a pas toujours été observée par les historiens du théâtre, si je puis me permettre cette petite remarque en passant, c'est qu'on passe au niveau des sens de l'entendre au voir. Je pose comme hypothèse qu'au moins au XVIIe siècle, l'élément principal est la voix de l'acteur, et que l'espace théâtral est moins défini par les limites, par le mur du jeu de paume, que par la portée de la voix des comédiens mâles et femelles qui englobent les spectateurs dans une espèce de corps vivant, entier, chaud, chaleureux. On passe donc, je l'ai dit, de la passion au sentiment, et de l'entendre au voir. Ce qui détermine cette deuxième période du système de représentation c'est la domination du visuel, la domination du voir et donc l'esthétique visuelle. Le parterre lui-même – il faudrait développer chaque fois pendant une demi-heure mais je ne vais pas abuser de votre gentillesse ni du temps que Gérald m'a donné – forme une masse d'individus silencieux qui auparavant participaient d'une façon très forte à l'intérieur du corps du roi si je puis dire. Ils sont en masse, en silence, en regard, devant ce qui se passe.

L'invention de l'opinion publique

Qu'en est-il de la représentation politique ? Un premier élément à rappeler ici, très important et que beaucoup de penseurs ont analysé, que ce soient Habermas en Allemagne ou Richard Sennett aux États-Unis, c'est l'invention de l'opinion publique. Il se passe de nouveaux phénomènes sociaux où l'opinion publique commence à agir et à créer une masse générale. Sur cette opinion publique repose la croyance ou non dans les acteurs, non seulement sur scène mais politiques. Au niveau politique, je me restreindrai à un seul exemple parce qu'il me semble important, mais on pourrait en prendre beaucoup d'autres : la convocation des États Généraux. Puisque dans l'Ancien Régime le seul moment où ce *corpus mysticum* se visualisait lui-même – quoique sur ce point je ne suis pas tout à fait d'accord avec certains historiens : je pense que le *corpus mysticum* se représente dans toutes les entrées solennelles – c'est dans les États Généraux. Or ces derniers cessent d'être convoqués pendant cent cinquante ou cent soixante ans et le sont de nouveau en 1788 pour les raisons économiques et politiques que l'on sait. À travers cette convocation des États Généraux, la monarchie absolue essaie de retourner aux sources de la représentation traditionnelle, c'est-à-dire de mettre en scène le corps du roi unifié dans sa totalité, dans sa visualité immédiate. Mais les ruses de l'Histoire sont telles que la convocation des États Généraux n'est sous le contrôle ni du clergé ni du deuxième ordre mais passe sous le contrôle du Tiers État qui va, petit à petit, se constituer en Assemblée législative Constituante. À ce moment-là, sans entrer dans le détail de tous les débats, il se passe quelque chose d'important. Au départ, chaque député aux

États Généraux avait un mandat précis : représenter les cahiers de doléances de son patelin, de sa ville, de son groupe, et s'en tenir à ce mandat ; il était donc l'immédiate expression d'un groupe particulier concret. Les députés des États Généraux, après de multiples débats que je ne peux exposer ici, décident qu'ils ne sont plus les représentants d'un ordre et d'un lieu particuliers mais plutôt les acteurs généraux d'une nation collective et que le vote ne se fera pas en fonction de leur ordre mais de leur individualité. Ils rompent donc avec leur mandat pour monter sur la scène de l'histoire en costume romain, comme le dira Marx dans un texte fameux, et surtout pour prendre la parole comme des acteurs qui vont jouer entre eux, entre lesquels la vérité du pouvoir de la représentation va se situer ; ils vont discuter entre eux, jouer entre eux, et vont représenter non plus le corps politique mais une légitimité nationale, j'allais dire : presque le corps national. C'est donc une rupture totale avec ce qui se passe auparavant. Dans l'Assemblée Constituante, comme pour les comédiens, le système ancien de la représentation va se dissoudre pour peu à peu donner naissance à un nouveau système qui va nous marquer quasi jusqu'à aujourd'hui. Ce qu'il y a de plus fort, c'est que les acteurs politiques, c'est-à-dire les députés, vont eux-mêmes se voir, se comprendre, comme des comédiens, vont jouer comme des acteurs, vont utiliser la tribune de l'assemblée comme des acteurs et vont prendre un ton théâtral entre eux, tout en se sentant acteur. Les spectateurs vont interpréter les acteurs politiques comme de véritables acteurs. Ils vont eux-mêmes essayer d'intervenir dans la représentation mais vont petit à petit en être éloignés. Les acteurs politiques ont donc reçu un mandat et désormais la légitimité politique ne passe plus par le corps du roi mais par le corps de la nation.

Je vais donc passer immédiatement à mes conclusions pour être dans les temps. Je dirais simplement qu'il me semble que la sphère théâtrale et la sphère politique ne sont pas en relation de causalité l'une avec l'autre mais ne sont pas non plus autonomes l'une à l'autre. Elles me paraissent régies l'une et l'autre par un système général que j'ai appelé le système de la représentation, et dont il me paraît que les lois sont pressenties, par vous, par moi, mais demanderaient encore à être approfondies et comprises. Parce qu'elles impliqueraient peut-être un autre pôle du réel qui permettrait de mieux en comprendre la logique analogique et de créer, dans un modèle plus ou moins foucaldien, une espèce de compréhension générale des champs épistémologiques à travers ces notions de simulacre, représentation, simulation. Si cette hypothèse est exacte – et je n'en sais rien puisqu'elle n'est qu'une hypothèse – on peut se demander ce qu'il en est pour nous. Quelle est la place du théâtre pour nous et quelle est la place de la représentation politique ? Comment considérons-nous nos hommes politiques ? Quelle croyance avons-nous dans nos hommes politiques, dans le système de la simulation ? Est-ce que nous les considérons au même titre que les comédiens ou est-ce que nous considérons les comédiens professionnels comme plus crédibles ou plus valables que les acteurs politiques ? Je ne sais pas. Je n'ai pas de jugement. Je n'ai même pas d'hypothèses à ce niveau mais simplement l'intuition que ce parallélisme entre la représentation théâtrale et la représentation politique ne s'est pas arrêté avec la fin du système de la représentation, qui intervient pour moi en 1968. Je n'ai pas plus que cette intuition à vous fournir sur les temps contemporains, sauf à nous inviter, nous, les hommes et les femmes de bonne volonté, à réfléchir sur les temps qui nous gouvernent actuellement.

La pouvoir en représentation

GÉRALD GARUTTI : Merci beaucoup, Jean-Marie, pour cette performance trois fois passionnante. La première gageure était le temps puisque sur un tel sujet, on aurait pu parler quelques jours, le fait d'avoir réussi à en parler en aussi peu de temps est déjà admirable.

JEAN-MARIE APOSTOLIDÈS : Vraiment, monsieur, le temps ne fait rien à l'affaire.

GERAL GARUTTI : Absolument. Tu as développé un propos d'une belle clarté et d'une belle netteté, avec des hypothèses sur le passage d'un système de représentation à un autre, et surtout sur le lien entre représentation politique et représentation théâtrale, ou encore entre présence réelle et présence symbolique. C'est sur ce lien entre théâtre et pouvoir, entre les deux types de représentation, qu'on peut ouvrir la discussion. Dans quelle mesure peut-on considérer qu'un acteur politique est un acteur au sens premier du terme ? Jusqu'où peut-on filer la métaphore ? Dans quelle mesure le pouvoir est-il théâtral ? Et qu'en est-il aujourd'hui ? On a eu l'exemple avec *Coriolan* d'un système de représentation qui fonctionne avec des ratés. C'est peut-être à Dominique Reynié qu'on peut commencer par poser cette question.

DOMINIQUE REYNIÉ : Tout d'abord, merci Gérald pour votre invitation à prendre part à cette discussion qui me ramène à des travaux que j'ai un peu délaissés, pour partie, mais qui touchent à des questions centrales. Beaucoup de choses viennent d'être évoquées. Il y a beaucoup de choses à dire. Je vais dire un mot sur l'extrait de *Coriolan*. Je rappelle, vous le savez probablement tous, que la démarche de Coriolan est assez proche de la démarche du général de Gaulle. Il a même dit explicitement, au moment où il a décidé de faire élire le chef de l'État au suffrage universel direct : « Ce n'est pas pour moi que je le fais ». C'était très impressionnant car il a écrit ceci, il a dit : « Je tiens ma légitimité de l'Histoire et de mon engagement dans la guerre, mais c'est pour les autres qui viendront après moi et qui n'auront pas, il faut l'espérer, à être couvert de cicatrices pour convaincre le peuple de leur aptitude à les gouverner ; la grande épreuve qu'ils devront subir, ce sera précisément celle d'aller demander au peuple de bien vouloir les désigner ». Il le dit donc : « Ce n'est pas pour moi ». Deuxièmement, j'ai pensé à Daladier. C'est peut-être un peu incongru, on n'y pense pas souvent. Vous vous souvenez qu'à son retour de Munich, la foule l'accueillant au Bourget l'acclame – parce qu'il a sauvé la paix, bien sûr – alors que Daladier sait parfaitement ce qui va se produire, que c'est bientôt la guerre : il a rencontré Hitler, il a vu que c'était impossible, que c'était un fou. Mais les gens l'acclament, et on rapporte qu'il dit entre ses dents : « Les cons ». On retrouve un peu le sous-texte évoqué tout à l'heure, même si c'est plus difficile d'en être certain. Troisièmement, par rapport à ce qui a été dit – je ne connais pas le monde du théâtre sinon du point de vue de la comparaison qu'on peut essayer d'établir avec le monde de la politique, je dis donc cela avec beaucoup d'humilité, de modestie, et j'annonce par avance que je peux absolument me tromper – il me semble que l'acteur de théâtre cesse d'être acteur à un moment donné. Je ne veux pas dire qu'il cesse d'exercer son métier. Pour être plus précis et plus simple, je vais le poser sous forme de question : l'acteur est-il dans son personnage du matin au soir, y compris lorsqu'il n'est plus en train de jouer la pièce, ou bien cesse-t-il – ce que j'imagine, sans quoi il ne s'agirait pas d'un acteur mais d'un fou – de jouer son personnage ? Je ferais l'hypothèse qu'il cesse de jouer à certains moments. L'homme politique ne le peut pas, jamais. Qu'il s'agisse du tyran ou bien du chef ou prince démocrate, pour simplifier la classification des régimes, on ne cesse jamais d'être un homme politique tant qu'on en exerce la charge. Une personnalité politique qui cesse à un moment donné de faire de la politique commet une faute. Pour prendre un exemple récent – il est, au sens propre, scabreux mais cela ne fait rien –, ce qui est arrivé à Dominique Strauss-Kahn à Washington nous montre un homme politique qui cesse à un moment donné d'être politique. Cet exemple me paraît intéressant parce qu'il met en évidence le système actuel de surveillance des politiques. Dans notre histoire tyrannique, pour aller très vite, dans les temps très durs ou très violents qui nous ont précédés, les politiques ne pouvaient pas cesser de faire de la politique parce que leur vie était en question. Il y a ce monarque, dont j'ai malheureusement oublié le nom – c'est une image très belle et authentique – qui la nuit, de peur d'être assassiné, se faisait hisser par un serviteur dans une cage, seul, et en accrochait lui-même la chaîne de sorte qu'on ne puisse pas le faire descendre pendant son sommeil. Car un homme politique ne peut avoir confiance en personne, c'est une clé, il faut vraiment le prendre comme tel. On ne pouvait donc pas cesser d'être politique parce qu'on pouvait mourir réellement. Je crois qu'on ne peut pas le faire davantage aujourd'hui parce qu'on peut mourir politiquement. C'est moins grave mais il est tout à fait frappant de constater qu'il y a une continuité. Ma question est donc de savoir si le comédien peut, il me semble que ce serait nécessaire, sortir de son rôle.

Je voudrais soulever un deuxième élément de discussion en rapport avec ce que nous venons d'entendre. Une chose me frappe dans le jeu entre les espaces et les publics concernés : les acteurs, le public. Il y a dans *Coriolan* un moment absolument prodigieux où la multitude se joue sur scène. Je trouve que jouer la multitude sur scène est un point limite du théâtre, parce qu'il s'agit précisément de ce qui n'est pas représenté. Le public n'est pas la multitude. Les citoyens n'ont pas toujours été la multitude. Il n'y a pas équivalence. Et le monde du théâtre qui enferme acteur, auteur et spectateur – je reprends votre classification ternaire – n'enferme pas tout le monde cependant. Il y a « l'en dehors » et c'est précisément le problème de la politique. Cet « en dehors », c'est la multitude. Elle n'est même pas et n'a pas toujours été majoritairement citoyenne, c'est-à-dire invitée à donner son point de vue. Si on prend le cas d'Athènes, de la démocratie athénienne si déterminante dans la construction du mythe, on sait bien que ni les femmes ni les métèques ni les esclaves ne sont invités à donner leur point de vue. On trouve cet « en dehors » y compris dans la Révolution française, où le peuple n'est jamais que le peuple parisien, un peuple d'ouvriers n'ayant rien à voir avec le peuple paysan qui forme pourtant la très large partie du peuple français. Ce dernier n'a rien à dire dans cette Révolution française qui se passe à Paris et va déterminer son destin sans qu'il ait son mot à dire, voire qu'il en soit informé puisque, dans bien des parties de France, la Révolution française arrivera comme information assez tard par rapport à l'avènement, si je puis dire, de l'événement. Il y a donc cette question de la multitude. Habermas – il y a été fait référence – ne sait pas penser cela, il est tellement incapable de penser la multitude qu'il dit dans *L'Espace public* : « En parlant d'opinion publique, je ne parle pas de l'opinion plébéienne ». Il le dit explicitement : « Elle n'est pas éclairée, formée, je la laisse de côté ». Tout le problème du politique est peut-être d'arriver à convaincre l'opinion éclairée, et d'avoir à tenir fermement l'opinion plébéienne, la multitude, puisqu'au fond la comédie de la représentation consiste à déléguer le pouvoir à une minorité qui va l'exercer au nom de tous, dans une forme de fiction acceptée. Il y a cette espèce de pression, je ne sais pas si on peut l'appeler anthropologique, qui me préoccupe toujours, que je trouve tout à fait centrale, et par laquelle je vais terminer en disant que cette multitude, qu'on peut reconstruire en peuple, est aussi l'objet d'un mythe, et que, reconstruite très largement, de manière inorganique ou anomique, elle est capable du pire. Il y a donc à la fois un scandale de la représentation : quelques-uns pour tous, et une monstruosité de l'absence de représentation : le chacun pour soi, qui est une forme de violence sans aucun contrôle ni régulation, et sans aucun monopole dans les grandes crises de nos histoires.

GÉRALD GARUTTI : On se trouve au coeur de l'aporie présentée par *Coriolan*. Sans représentation, c'est le chaos. Avec la représentation, c'est la mystification, le détournement. À propos de ce que vous venez de dire sur cette mise à l'écart de la multitude, on trouve la même remarque chez Kant qui dit : « J'appelle public la société des gens qui lisent ». Autrement dit, il faut en effet avoir déjà une forme de conscience éduquée pour faire partie non pas de la multitude, mais de ce qui serait le public. En fait, on se trouve dans la même logique censitaire que celle de la monarchie de Juillet au XIXe siècle, et que celle d'Athènes que vous décriviez : une partie va représenter le tout. Ce qui m'amène à poser à Geneviève Fraisse, sur ce rapport entre pouvoir et représentation, la question suivante : n'y a-t-il pas systématiquement une forme non seulement de théâtralité mais de détournement, de déperdition ? Quelle en est la part et est-ce que cette part, notamment par rapport à la question sexuelle, n'est pas insurmontable ?

GENEVIÈVE FRAISSE : Insurmontable ? J'ai eu un immense plaisir à aller voir *Coriolan* à Nanterre et la chose stupéfiante, c'est que le dénouement se fait à la suite du pouvoir de la mère ou de cette femme qui est aussi une mère. Cela doit se discuter. C'est Volumnia qui va pouvoir demander la paix, pour les raisons qui sont les siennes, et qui fait le dénouement de la pièce. Ce qui nous met du coup immédiatement dans l'Histoire et non hors de l'Histoire. Mais avant d'en venir à cela, je voudrais parler de la scène que nous avons vue tout à l'heure et je vais prendre un éclairage oblique par rapport à ce que vient de dire Dominique Reynié. Au fond, Coriolan est contraint, dans le déroulement logique de l'histoire, à devenir représentant à partir du moment où il est vainqueur. Je trouve qu'on ne peut pas minorer cette dimension, et je le dis d'autant plus facilement que je me suis trouvée, à mon petit niveau, dans cette situation. On m'a effectivement demandé de faire ce que j'appelle un service politique, c'est-à-dire de devenir déléguée puis députée... toute chose qui n'était ni dans mon programme ni dans mon parcours ni dans mon ambition ni dans mon envie... Cela veut dire qu'une logique peut survenir dans ce système démocratique en raison d'une compétence, dans le cas de Coriolan : le fait qu'il a gagné la guerre et porte les blessures qu'il faut. Je livre cette réflexion à la discussion commune parce qu'elle éclaire autrement l'acteur, et le fait qu'il puisse décoller de son rôle ou pas, parce qu'il est, à ce moment-là, dans ce que j'appelle un service, comme on faisait sa conscription. Les femmes aussi font l'histoire dans *Coriolan*... Même s'il y a trente et un hommes sur trente-quatre comédiens en scène, il y a quand même trois femmes.

GÉRALD GARUTTI : Vingt-sept hommes et cinq femmes.

GENEVIÈVE FRAISSE : Il y a cinq femmes ? Pourquoi est-ce que je n'en vois que trois : la mère, l'amie et la femme ?

GÉRALD GARUTTI : Il y a une femme du peuple et une femme qui joue également le petit garçon. Elle ne joue pas uniquement le petit garçon.

GENEVIÈVE FRAISSE : En tous cas, Shakespeare nous dit clairement que les femmes font l'histoire : alors que le vieil ami n'obtient rien, Volumnia obtient de Coriolan qu'il renonce à la destruction de sa ville. Mais je voudrais remonter le fil généalogiste. Rousseau dit, un peu plus tard : les femmes sont « la précieuse moitié de la République ». Passons donc de la démocratie à la république si vous le voulez bien, parce qu'il s'agit dans *Coriolan* de la République romaine. J'ai beaucoup utilisé cette formule de Rousseau, qu'on trouve dans la dédicace du *Discours sur l'origine de l'inégalité*, parce que je ne m'intéresse pas seulement à la question de la moitié – qui nous renverrait aux affaires de la parité, dont on peut bien sûr parler – mais surtout au fait qu'elle est « précieuse ». Qu'est-ce que cela veut dire ? Ce n'est pas la question de la démocratie de savoir si la représentation va concerner tout le monde ou bien quelques uns, c'est-à-dire une seule des deux catégories sexuées du monde. « Précieuse » veut dire ce qu'ils disent tous, à savoir que les femmes font les mœurs et les hommes les lois. Shakespeare le montre parfaitement. Faire les mœurs, c'est éduquer le guerrier à venir. Volumnia a éduqué son fils et l'importance de la mère nous oblige à nous poser cette question. On ne sait pas où est le père, mais je veux justement y venir. Les femmes font les mœurs, elles sont la « précieuse moitié », elles peuvent rester dans l'espace familial, que je n'appellerais pas l'espace privé. Rousseau va consolider le propos des théoriciens du contrat social, surtout à partir de Locke, pour dire : il n'y a plus d'analogie entre le père et le roi. Shakespeare nous parle aussi de cela. Les énoncés du patriarcat de Filmer disent que, du père au roi, la conséquence est bonne, que c'est parce qu'il y a des pères qu'il y a des rois et que la légitimité de l'un et de l'autre sont assurées. Hobbes, lui, va dire une chose : la mère intervient plutôt au début et le père vient ensuite. Il y a donc un flottement. Tout cela intervient quelques années après l'écriture de *Coriolan*, en pleine sécularisation de la question monarchique britannique, en plein dans ces questionnements de la construction du contrat social. Shakespeare est aussi là-dedans. C'est donc peut-être la mère plutôt que le père que l'on trouve au départ dans la famille. En tous cas, l'homme devient chef de famille et va se trouver dans cet autre espace qu'est la chose publique, la *res publica*, le guerrier comme l'homme politique. Hobbes sépare les deux choses sans vraiment le dire, Locke dira qu'il n'y a plus d'analogie entre la famille et l'État, et Rousseau s'aperçoit effectivement de la question démocratique et non pas seulement de la question républicaine. C'est-à-dire que si l'on conserve l'analogie, les femmes vont demander ce qu'elles ont demandé depuis deux siècles, depuis la fin du XVIIIe jusqu'au début du XXIe : que de la démocratie entre dans l'espace familial. C'est ce qu'on vient de faire en deux siècles. Cela ne fait que quelques années par exemple que l'autorité parentale est partagée entre les hommes et les femmes. C'est extrêmement récent. Vous citiez un chercheur américain, on pourrait citer la chercheuse Carole Pateman sur la question du contrat sexuel et pas seulement celle du contrat social. Moi qui ai davantage travaillé sur la Révolution française, je dirais autrement le puzzle de ce que j'appelle « la démocratie exclusive », non pas excluante mais exclusive, c'est-à-dire qui va permettre l'inclusion ensuite.

Disons deux choses pour résumer. Premièrement, Shakespeare nous parle bien de république avec cette « précieuse moitié ». Deuxièmement, si on pousse le geste jusqu'à celui que fera Rousseau, puisqu'il faut qu'on parle aussi d'aujourd'hui, on passe à un système démocratique où l'égalité dans la chose publique, l'égalité dans la cité, fera retour dans l'espace familial. Ce sont deux siècles de pratique d'émancipation et de droits des femmes depuis la Révolution française. C'est ce que Tocqueville ne veut pas : que de l'espace public à la famille, la conséquence pourrait être bonne ; parce qu'il s'agirait alors de la représentation de l'égalité et non plus de la représentation dans l'autre sens : du père au roi. Je vais évidemment trop vite, pour en arriver à un autre point important, à savoir cette distinction entre la femme et la mère. La question de la mère, avec les tâtonnements de Locke et de Hobbes, et l'absence de tâtonnement de Filmer, pose tout de même la question de l'origine du pouvoir. Finalement, Volumnia n'arrête pas de dire qu'elle possède le pouvoir et elle a effectivement le pouvoir sur son fils : elle l'a fait guerrier comme elle le fera renoncer à la destruction de sa propre ville et de sa lignée, puisqu'il faudra passer sur son ventre et sur le ventre de sa femme. J'en déduirais qu'il est facile de parler de l'analogie patriarcale comme le fait Filmer. Quelle est la dimension sexuée de la démocratie ? Il est trop facile de le penser comme un espace privé. Puisque, comme le dit Shakespeare, c'est Volumnia qui produit le dénouement, et c'est sur ce point que je m'arrêterai : il faut réfléchir au fait que c'est bien elle qui produit le dénouement.

GÉRALD GARUTTI : La pièce aurait pu s'appeler *Volumnia*. Elle s'appelle *Coriolan*, qui est la figure de l'échec. Il y a une forme de minorisation du personnage de Volumnia, peu présente dans la pièce, mais en réalité elle est en effet à l'origine du pouvoir. Volumnia fait l'histoire et s'il y a un chef de parti, un souverain, et finalement une reine de la représentation, c'est bien Volumnia.

GENEVIÈVE FRAISSE : Mais elle a tout perdu. Elle le dit à la fin de la pièce. Elle finit quand même par demander la paix alors que ce qui l'intéressait, c'était que la guerre l'emporte.

GÉRALD GARUTTI : À mon avis, elle a au contraire tout obtenu : la victoire et la fusion des peuples, ce qui vaut mieux encore que l'écrasement. Volumnia fonde un nouvel ordre.

GENEVIÈVE FRAISSE : Oui, on peut le dire comme cela mais on peut aussi penser qu'elle a perdu. Je suis très frappée aussi par la façon dont le petit garçon est traité dans cette histoire, dont la femme et le fils sont traités.

GÉRALD GARUTTI : En l'occurrence, il n'y a de place que pour la mère.

GENEVIÈVE FRAISSE : Mais si on traduit ce que vous dites en terme de fabrique de l'Histoire, Coriolan ne transmet rien à son fils.

GÉRALD GARUTTI : Oui, Coriolan n'a pas de père et de fait, son fils est une ombre. Mais encore une fois, c'est parce que tout repose sur Volumnia, qu'elle est à la fois productrice de cette lignée de guerriers et qu'elle a voulu produire une lignée de chefs politiques. Comme elle ne peut pas accéder elle-même au pouvoir…

GENEVIÈVE FRAISSE : Cher Gérald, simplement, le fait est que comme le dit Hobbes quelques années après l'écriture de cette pièce, les hommes et les femmes sont égaux dans l'état de nature, les femmes mettent au monde… Mais ensuite il y a ce que Locke appellera le « consentement tacite », le fait que les femmes vont accepter par le contrat conjugal, par le mariage pour dire les choses simplement, de perdre leur pouvoir. La question du contrat social va se faire par la suite entre hommes. Shakespeare ne dit donc pas qu'elle a tout gagné, de ce point de vue, puisque cela ne va conduire nulle part. Elle a seulement sauvé sa peau et celle de sa descendance.

GÉRALD GARUTTI : Et celle de Rome, accessoirement. Qui va devenir un empire mondial, et grâce à cette absorption du peuple volsque voisin pour commencer.

GENEVIÈVE FRAISSE : Bien sûr, mais il y a quelque chose qui s'arrête dans le rapport à son fils.

GÉRALD GARUTTI : Je crois que nous avons une vraie divergence sur le sens de cette figure shakespearienne. Cela dit, je vous rejoins totalement sur le fait qu'il s'agit d'une figure de pouvoir, pouvoir qu'elle redéfinit. À cet égard, il y a une révolution qui s'opère dans la pièce. Durant le grand moment rhétorique de Volumnia, une prise de pouvoir s'opère. Alors qu'elle ne peut pas accéder à la représentation, au pouvoir, elle tente de l'enseigner, sans y parvenir, à Coriolan, et se montre capable de l'exercer sous la forme d'un pouvoir d'ordre théâtral, au service d'un projet politique. Je voudrais maintenant questionner Jean-Pierre Siméon sur ce rapport entre pouvoir et représentation à la lueur de ce qui a été dit, notamment sur la théâtralité, sur la parole du pouvoir.

JEAN-PIERRE SIMÉON : Je ne suis pas un maître du savoir comme ceux qui sont à côté de moi. Je ne dis pas cela pour me défausser, simplement, je veux parler en poète. On n'entend pas assez les poètes donner leur point de vue sur des questions aussi essentielles que les questions politiques et les questions du pouvoir. Quel peut-être l'angle de vue du poète sur cette question ? Dans le spectacle qu'il a mis en scène, Christian Schiaretti a une intuition qui me fascine, que je trouve formidable, qui au fond est toute bête : Coriolan arrive, se présente, et fait descendre le cadre. Ce cadre, ce petit signe polysémique, dit énormément de choses sur l'image, du rapport à l'image, du pouvoir en représentation, c'est-à-dire qui se met en représentation, fait le beau, donne de lui-même une image… Voilà ce qui me préoccupe. Je crois que c'est une des questions essentielles pour la démocratie aujourd'hui. De mon point de vue, la démocratie est très malade, bien sûr, parce qu'elle souffre de façon massive d'un effondrement du langage. Un effondrement du langage dans la double relation du sujet au réel, c'est-à-dire la médiation entre nous et le réel, qui se faisait et s'est faite, au moins historiquement, sur une grande période, dans une langue, une langue sous tous ses avatars idiomatiques, une langue qui était prioritairement le lieu de traversée pour arriver au réel, dans la relation du sujet au réel et dans la relation des sujets entre eux. La question se pose pour moi de savoir de quel langage nous disposons pour communiquer du point de vue du pouvoir, du dominant, du dominé. Or, ce qui me frappe, c'est que nous sommes aujourd'hui dans une hyper-domination du visuel, de l'image, ce qui n'est pas sans conséquences. J'ai lu il y a quelques années un livre de Roger Munier, philosophe et poète, un petit bouquin qui s'appelait *Contre l'image*, paru en 1963 et qui disait des choses essentielles. Aujourd'hui, nous sommes gouvernés par l'image, et Roger Munier disait, d'une façon bien plus fine que je ne pourrais le faire, que le statut de l'image, notamment objective, celle de l'écran, celle de la photo, celle de la télévision, est à discuter et à critiquer de toute urgence parce que l'image objective a au moins cette caractéristique de pétrifier la pensée, d'être dans une immédiateté de la réception, de passer le cap du langage, de faire l'abolition du langage. L'image parle d'elle-même, dit-on. Sauf qu'elle ne parle d'elle-même que dans une tautologie. Elle dit : je suis, je suis le monde, me voici telle quelle. Chez les jeunes – j'ai beaucoup enseigné à des étudiants –, on voit à quel point aujourd'hui le médium image façonne leur rapport au réel. Il y a bien sûr de l'image qui est aussi interprétation du monde, je veux dire de l'image dessinée qui demande d'emblée à être déchiffrée, qui est forcément polysémique, l'image peinte… Mais si on prend le système dans son ensemble, on se trouve dans une saisie du réel qui fait plus ou moins, et plutôt plus que moins aujourd'hui, l'économie du truchement vers le réel, celui de la langue – et je parle de la langue complexe, celle qui permet de restituer la polysémie du réel.

Qui, en tous temps, dans toute société, dans toute culture, en a eu la charge ? Ce sont les poètes, ceux qui font tout le temps confiance à la langue, la contestent sans cesse, dès qu'elle s'appauvrit, s'affaiblit – c'est la tendance, la pente fatale, de toute langue, elle se dévalue sans cesse – ceux qui sans cesse la réarment, c'est-à-dire l'opacifient sans cesse, de nouveau, sans cesse lui redonnent sa polysémie. Ils disent sans cesse : nous revendiquons une langue opaque, polysémique, compliquée, il faut le dire : emmerdante, inconfortable, parce que le réel est inconfortable, polysémique. Quand il y a abandon à ce niveau, démission, il me semble que c'est tout le système social qui souffre. L'exclusion des poètes du système au profit du récit, de la narration est un signe très fort, me semble-t-il, de dégénérescence de la démocratie. Je crois que, plus que jamais, on a besoin de mettre en jeu la langue, la langue complexe, incertaine, indocile, des poètes. C'est un vrai enjeu politique. Sans quoi nous tombons dans une immense logosphère, bourrée de langue, je veux dire de fausse langue, d'ersatz de langue. Si l'on réfléchit un instant (des savants vont peut-être me contredire), je crois que jamais dans l'histoire de l'humanité, l'homme n'a produit autant de textes : à chaque instant, vingt-quatre heures sur vingt-quatre, sur tous les coins de la terre, des milliards de mots sont émis par la télévision, la radio, les publicités… Jamais on n'a vécu dans autant de langage, sauf que cela parle mais ne dit rien. Si on cherchait un précipité, le sens résiduel dans le magma de paroles dites par exemple aujourd'hui en France sur vingt-quatre heures, qu'est-ce qu'il resterait vraiment ? À quel moment sommes-nous dans une intensité du sens ? Dans quelque chose qui rend compte d'une complexité intense du réel ? Voilà ce qui me préoccupe et je pense que revendiquer la poésie veut dire revendiquer la préoccupation majeure d'une langue complexe. Or, on voit bien que tout se fait aujourd'hui à travers l'image, qui porte un sous-texte immédiatement simplificateur : regardez les talonnettes de Sarkozy, la bague de Rachida et la tunique bleue de Ségolène Royal. L'image porte bien sûr en elle quelque chose comme un texte mais un texte sans langue, appauvri, avec une sorte de monosémie immédiate. Cette manipulation est une manipulation grave. Voilà le propos qui me semble devoir me revenir : dire qu'il faut revendiquer plus que jamais un partage démocratique d'une langue qui complexifie le réel et accepter l'obstacle que représente la langue.

On doit, d'abord par objection de conscience et par pratique, exercice citoyen, sans cesse assumer une langue poétique, je veux dire une langue qui fait un bras d'honneur à toutes les dévaluations de la langue, tous les bavardages. Parce que je dis qu'un poème ridiculise la plupart des discours. Parce qu'un aphorisme d'Héraclite ou de Char envoie en l'air des tonnes de discours, et c'est cette intensité et cette densité dans la langue qu'il faut revendiquer. Or, le lieu dans la cité destiné à l'exercice quotidien, pour tous, l'exercice démocratique d'une langue insolite et indocile, c'est le théâtre. Et si Shakespeare est grand, c'est simplement parce que ce qu'il nous dit, il nous le dit dans le poème. Son texte est truffé de métaphores tellement polysémiques qu'elles peuvent nous faire discuter encore pendant des siècles. La poésie a ceci de désespérant qu'elle n'épuise jamais notre interprétation et c'est en même temps notre chance : elle rend dignité à la complexité du réel. Je crois qu'aujourd'hui la poésie n'est pas le supplément d'âme, comme on le dit trop souvent, mais une objection à cet effondrement du langage dont je parle.

GÉRALD GARUTTI : Jean-Marie Apostolidès, dans quelle mesure cette hégémonie de l'image, du spectacle, a transformé le pouvoir même ?

JEAN-MARIE APOSTOLIDÈS : Je dirais une seule chose en réponse à ce que vous venez de dire. Je comprends votre suspicion vis-à-vis de l'image, je comprends les risques qu'elle pose. Simplement, je crois quand même que l'avènement de l'image est une chose importante, riche, et pour ma part je pense que c'est ce qui nous a fait passer dans une nouvelle structure. J'aimerais le poser, d'une façon naïve mais claire, en termes marxistes. Je dirais que parmi les phénomènes très importants de la société occidentale, il y a l'invention de la monnaie qui permet un système de représentation et d'équivalence générale de toutes les marchandises. Si on reprend la division de Marx, qui me semble encore valable, entre valeur d'usage et valeur d'échange, je dirais que la monnaie est à la valeur d'échange ce que l'image est à la valeur d'usage. Et la multiplication de l'image me paraît aujourd'hui un phénomène aussi essentiel que la multiplication de la monnaie. Nous n'allons pas revenir en arrière. Cela aboutit à un nouveau niveau de complexification, très probablement pendant au moins un certain temps à un appauvrissement de la parole, mais il faut être optimiste sur le fait que les humains arriveront à rétablir la balance. Personnellement, je ne suis pas un inconditionnel de l'image mais j'en vois l'immensité, la nouveauté, et le fait qu'elle est en train de transformer radicalement la sensibilité humaine. Il me paraît que c'est un phénomène très important. Je comprends parfaitement ce que vous avez dit, je le partage aussi, mais sur le long terme je suis optimiste en me disant que l'image est là, ne changera pas, va prendre une place de plus en plus grande, et qu'il faut jouer avec. Si vous m'autorisez avec un peu d'arrogance ou de prétention de parler de mon propre travail de mise en scène, je divise mon activité de metteur en scène entre la mise en situation d'un côté, ce qu'on appelle en anglais le *blocking*, et la mise en tableau de l'autre côté, qui est l'intervention dans les textes d'images. Parce que contrairement à vous je pense que l'image permet une grande complexité et permet au contraire de dépasser le niveau un peu immédiat de la pièce. Personnellement, je ne dis pas que je suis un inconditionnel de l'image mais je suis face à l'image, et cela me semble probablement un des phénomènes sociaux les plus importants de ce début de XXIe siècle.

JEAN-PIERRE SIMÉON : Il y a évidemment une complexité de l'image, une syntaxe complexe de l'image chez Godard, Tarkovski, Bosch ou Bram van Veld… Il y a un traitement savant et complexe de l'image, j'entends bien. Sauf que la question se pose de savoir s'il est dominant, ce que je ne crois pas. Ensuite, le problème n'est pas seulement celui de la diffusion mais de la réception. Quelle lecture avons-nous de l'image ? Je parle de l'ici et maintenant, dans la démocratie française. À quelle lecture complexe de l'image le citoyen est-il formé ? Il n'y a pas de démocratie sans éducation, sans formation. Du point de vue de la poésie, il y a un déficit de lecture de la langue complexe, y compris dans l'intelligentsia. Je fréquente des gens dans l'intelligentsia qui me disent : « La poésie, je ne peux pas ». Ils sont incapables de lire un poème d'Éluard ou de René Char. Voilà qui est grave. Ne pas être capable de cette lecture, de cette réception attentive d'une langue complexe, est un déficit majeur dans la relation au monde. Et je dis la même chose à propos de la lecture de l'image. La majorité des gens, je crois, n'ont pas de formation pour cela. Les gens sont donc dans une réception passive, émotive, intuitive et soumise à l'image, qui n'est pas du tout l'image dont on parle.

DOMINIQUE REYNIÉ : Je ne veux pas accabler le poète et la poésie mais les hommes politiques, vous le savez, se targuent de lire beaucoup de poésie.

JEAN-PIERRE SIMÉON : Pas Sarkozy.

DOMINIQUE REYNIÉ : Il n'y a pas que Sarkozy dans la vie. Simplement, l'argument que ces hommes politiques donnent, c'est que les poèmes peuvent se lire rapidement. Je comprends parfaitement ce que vous avez dit sur l'image mais il y a une chose que je veux ajouter pour essayer de donner un contrepoint. Au fond, vous avez fait une hiérarchie entre des images riches de sens, construites patiemment par de grands artistes, et des images ordinaires, sans doute produites à foison. Ces dernières ont au moins une raison d'être aimées : nous ne savons pas comment faire aujourd'hui pour être ensemble en tant qu'humanité. C'est ce que nous essayons de faire depuis quelques années. Nous faisons de la politique en tant qu'humanité, ce qui ne s'est jamais produit auparavant. Nous ne trouvons pas facilement de langue commune, sinon par l'image. Je pense que c'est extrêmement important. Je suis d'accord avec ce que vous avez dit mais, même s'il y a des effets compliqués, jamais dans notre histoire l'humanité n'a été en mesure de s'éprouver elle-même, de quasiment se voir et même un peu de parler avec elle-même. Mais comme vous l'avez très justement dit, pour parler et décrire ou dire des choses considérées comme profondes et belles, dans le cas de la poésie, il faut bien sûr une sacrée langue. Sauf à imaginer aujourd'hui qu'une langue pourrait avoir l'empire, ce que personne ne souhaitera. L'alternative, c'est l'image. Et la blogosphère, cette immense conversation qui est dépréciée, je trouve, exagérément, est aussi la caractéristique, du moins à mes yeux, d'un monde faisant la part à des personnes qui n'avaient pas le droit de parler. Il y a une histoire du droit de prendre la parole. On sort effectivement d'une culture aristocratique encore très prégnante. Si des personnes parlent et blablatent sur leurs blogs, conversent, donnent leur point de vue, multiplient les fautes d'orthographe, inventent des mots épouvantables… c'est l'opinion plébéienne. Dans l'histoire de l'homme, c'est principalement le monde qui n'avait vraiment pas le droit d'ouvrir la bouche. Quand ils commencent à parler, effectivement comme jamais, cela devient une forme de bruit insupportable. Cela pose quand même une question. Parce qu'assumer le fait que la démocratie est un régime où les masses sont sages parce qu'elles écoutent ce que leur disent les élites éclairées est une position qui a, évidemment, des conséquences.

Je ne veux pas renvoyer ce qui a été dit à des débats antérieurs mais le même débat est apparu chaque fois que s'est produite une extension de la quantité des personnes autorisées à donner leur point de vue. Quand les femmes se sont mises à parler de droit, on a considéré qu'il y avait un excès de conversation. Lorsqu'on est passé de vingt et un à dix-huit ans pour la majorité : excès de conversation. Chaque fois qu'il y a une ouverture, même dans le simple fait de donner au peuple – y compris quand le peuple, c'est la bourgeoisie – le droit de choisir ceux qui vont gouverner, le thème le plus prégnant de la critique est l'excès de conversation, le blabla. « Dix millions d'ignorances ne font pas un savoir », disait Hippolyte Taine à propos du suffrage masculin en 1848. C'est une constante. Même s'il ne faut pas ignorer les problèmes posés par l'extension du droit de dire ce que l'on veut, je crois qu'il faut déplacer la question : comment faire pour que le grand nombre, jamais atteint jusqu'à ce jour, de celles et ceux qui ont le droit de parler, soit compatible avec un discours entendu, qui pèse sur leur propre destin, et ne soit pas simplement une forme de voix sans écho ? Mais je pense que l'anomalie n'est pas du côté du grand nombre de prises de parole.

GÉRALD GARUTTI : Nous allons passer, justement, la parole au grand nombre.

Échange avec le public.

UN SPECTATEUR : Je suis magistrat. Je ne suis pas choqué par le fait que l'image ait pris le pas sur le langage, parce que l'image unit, parce que tout le monde peut comprendre une image alors que le langage divise : c'est Babel. Monsieur Reynié, vous avez pensé à De Gaulle, moi j'ai pensé à César. Dans l'extrait que nous avons vu, on aperçoit dans la foule, dans cette multitude, un barbu, qui prend un peu le pas charismatique sur les autres, et qui leur dit : « Suivez-moi, je vais vous montrer comment faire… » Et la foule le suit, laissant l'homme politique, plutôt mauvais, qui joue le jeu sans véritablement gagner. Ma question est finalement la suivante : dans cette démocratie représentative de moins en moins comprise, parce qu'on veut de plus en plus intervenir, même quand on a élu quelqu'un, pour le bloquer ou modifier sa politique, le risque n'est-il pas plutôt l'émergence d'un nouvel impérialisme ou d'un César, quelqu'un qui serait plus malin que Coriolan, peut-être moins honnête que De Gaulle, et un peu plus porté sur le coup d'État? Parce qu'après la République est venu l'Empire.

JEAN-PIERRE SIMÉON : Sans répondre à cela, je voudrais simplement reprendre l'une de vos remarques à laquelle je m'oppose frontalement. Vous dites que l'image rassemble et que les langues divisent. Je pense exactement le contraire. À mon avis, le rassemblement sur une image est factice. À travers la multiplicité des langues, il y a au contraire le lieu d'un pot commun. D'ailleurs, la poésie universelle – la poésie existe dans tous les pays du monde – est peut-être cet *esperanto* dont on parle, une langue commune où justement on parle radicalement de la même chose : l'homme réduit à ses éléments essentiels. Dans toutes les époques, sous toutes les latitudes, d'Homère à Emily Dickinson, on parle tous de la même chose. Par ailleurs, il n'y a pas mieux pour comprendre et se lier à une autre humanité que de traduire. Vous pouvez regarder pendant des heures des images de la Russie, vous connaîtrez moins la Russie que si vous essayez pendant quelques heures de rentrer dans la langue russe, d'entendre de la poésie russe. Je le crois profondément. Mais c'est une conviction et non un savoir.

UN SPECTATEUR : J'essayais de m'imaginer le citoyen idéal d'une démocratie idéale, et je donnerais cette formule : il s'agirait d'un homme à tout moment prêt ou en mesure d'assumer la fonction de représentant. Alors, la dichotomie entre le représenté et le représentant diminuerait, car chacun dirait : non seulement je peux mais je devrais assumer la fonction de représentant.

GÉRALD GARUTTI : La conséquence logique de votre proposition, c'est le tirage au sort.

GENEVIÈVE FRAISSE : C'est aussi ce que je disais tout à l'heure à propos de l'extrait de *Coriolan* : il doit logiquement devenir représentant en raison de ses actes, ce qui ne signifie pas qu'il en a envie. Le texte qu'on a appelé le *off* tout à l'heure montre bien qu'il n'a pas cette ambition que l'on prête nécessairement à toute personne en statut de représentation politique. Je voudrais que l'on fasse une analyse, par exemple à Sciences Po, sur les personnes qui se sentent obligées d'y aller. Je me suis sentie obligée d'y aller. D'une certaine façon, à un moment donné, on n'a pas le choix. C'est ce que cet homme raconte dans l'extrait. Ce n'est pas seulement la question du tirage au sort, c'est aussi un temps. On le remarque souvent dans des représentations locales, les gens exercent une fonction puis arrêtent en disant : cela suffit, je l'ai fait, j'ai été adjoint au maire. Il est intéressant de voir ce qui se passe pour eux à ce moment-là. Ce n'est donc pas seulement la question du tirage au sort mais aussi celle de la représentation tournante.

GÉRALD GARUTTI : Ce que vous décrivez suppose qu'une personne ait une légitimité, disons civile, et soit par conséquent investie d'une responsabilité politique. Pour Coriolan, c'est en l'occurrence une légitimité militaire puisqu'on se trouve à Rome. Je pense que ce qui a été dit allait plus loin : le fait que chacun puisse se sentir prêt suppose que chacun puisse à tout moment intervenir sans aucune légitimité.

GENEVIÈVE FRAISSE : Si, parce qu'il est en lui-même, dans la représentation de sa légitimité, celle-ci n'a pas à être octroyée de l'extérieur. Je ne ferais pas d'opposition entre les deux.

GÉRALD GARUTTI : Ce que je veux dire, c'est que dans votre cas, on vous a demandé d'exercer certaines responsabilités au vu d'un certain nombre de vos travaux…

GENEVIÈVE FRAISSE : Oui. Lorsqu'on rencontre des élus – j'ai eu l'occasion d'en rencontrer un certain nombre – certains y vont parce qu'à tel moment, cela leur paraît nécessaire. Je me suis intéressée aux femmes sollicitées pour constituer des listes paritaires, parce qu'il fallait absolument constituer des listes paritaires pour les Européennes. C'était amusant parce qu'on a pu tout à coup trouver l'amante de… Ce n'est pas ceux qui travaillent le moins bien, je veux dire : celles qui travaillent le moins bien. C'est pourquoi j'annulerais l'opposition que vous faites entre ce qui viendrait d'une compétence et ce qui viendrait d'une légitimité spontanée dont on parle. Je mettrais les deux choses éventuellement côte à côte.

GÉRALD GARUTTI : Je parlais moins de la compétence que de la reconnaissance sociale.

GENEVIÈVE FRAISSE : J'entends la compétence, moi.

GÉRALD GARUTTI : Mais il est vrai que *Coriolan* pourrait s'appeler *L'Acteur malgré lui* ou *Le Chef malgré lui*, de même qu'il y a *Le Médecin malgré lui*.

GENEVIÈVE FRAISSE : Cela me paraît très important, je l'entends beaucoup dans la pièce.

CHRISTIAN SCHIARETTI : Je voudrais intervenir sur ce qui a été dit sur le rapport à l'image. Premièrement, il ne faut pas confondre image et pictogramme. Il faut faire la différence entre un usage d'une image nous permettant de nous réconcilier tous dans une indication, une direction, de sensibilité commune, et l'image en tant que pictogramme. Je trouve qu'on va un peu vite. Nous sommes profondément liés à ce travail sur l'image : on ne peut pas dire qu'en mettant en scène ce *Coriolan*, je fasse un spectacle sans images. Un autre débat est de savoir quelle est son origine, quelle part elle fait au public qui la regarde et quelle ouverture est la sienne. Rappelez-vous que dans la pièce Volumnia dit à son fils que l'ignorant est plus enseigné par ses yeux que par ses oreilles et que pour séduire l'ignorant il faut utiliser l'image. C'est tout de même le lieu de démagogie élémentaire, et nous savons très bien le faire, mieux que beaucoup de politiques.

Je voudrais revenir à la question de Volumnia parce que vous avez exprimé ce qui nous a taraudés. Je vous livre deux ou trois explications sous forme d'énigmes et non de résolutions, si vous le voulez bien. L'actrice qui la première a créé le rôle ne voulait pas le jouer. Nada Strancar trouvait que c'était un petit rôle installé dans une conscience de lui-même. Je lui ai dit qu'elle se trompait, que l'œuvre devait tourner autour de cela et que nous y trouverions la résolution même de l'œuvre. Nous avons dans le secret de notre élaboration déplacé les actes et reconstruit la pièce en fonction des scènes de Volumnia. Car lorsqu'on travaille, on a une conscience énergétique de l'œuvre qui ne nous met pas forcément aux endroits de lecture dramaturgique justes, et nous avons déplacé les choses du point de vue de Volumnia. Lorsque Nada Strancar m'a dit qu'elle ne comprenait pas où je situais cette résolution pour l'actrice, qui optimisait totalement le rôle, je lui ai dit que c'était la suite de *Père* de Strindberg que nous avions travaillé auparavant et qui est pour moi une immense pièce contemporaine ainsi qu'une vraie tragédie moderne. Lorsque Laura dit au capitaine : imagine que tu n'es pas le père de ton enfant et que tu n'as plus aucun pouvoir, c'est la capitulation d'un capitaine ayant tout le potentiel de pouvoir, tous les signes militaires de la représentation du pouvoir. Parce que la question qui en l'occurrence se trouve derrière cela, celle de la simulation, est une donnée fondamentale dans le rapport de guerre des cerveaux qu'établit Strindberg.

À l'intérieur de l'œuvre, Volumnia apparaît dans l'absence de père comme l'Immaculée Conception. C'est-à-dire que la référence généalogique de Coriolan ne peut se vérifier à aucun moment. Elle ne se vérifie pas. Elle avance donc comme un mystère, constituant un terme, une immobilisation totale du devenir de son fils qui, pour sa part, se situe dans un univers de finitude et doit constamment faire la preuve des marques garantissant son accession au pouvoir, qu'il s'agisse de ses cicatrices ou de celles du discours, car s'il y a une suspicion de l'image chez Coriolan, il y a la même suspicion vis-à-vis de la parole. S'il appelle sa femme son « divin silence », ce n'est pas un mépris misogyne mais un refuge contemplatif. J'en veux pour preuve la première scène où l'on voit Volumnia et qui est une scène sur la représentation : vous devez sortir, dit-elle, parce qu'il est nécessaire que nous assumions ensemble, en l'absence du héros, du combattant, la représentation de la famille dans la cité et la femme de Coriolan dit : non, je n'irai pas. Cette première scène est un conflit sur la question de la représentation que Volumnia mène et perd. Elle constitue donc pour Coriolan un refuge d'essence contemplative. C'est-à-dire que Coriolan tend vers l'inaction. Il résout son désir dans l'état de guerre permanent puisque l'alternative stratégique proposée à Coriolan est la suivante : prendre Rome très vite – ce sont les deux meilleurs généraux, ils pourraient prendre Rome très vite – ou bien ne pas le faire et créer une société d'hommes en guerre perpétuelle, une razzia. Nous avons bien sûr beaucoup pensé à *Au cœur des ténèbres* de Conrad. Il y a un moment d'aboutissement où une cité en guerre perpétuelle est finalement créée. Elle n'est plus liée à des enjeux électoraux mais uniquement à la hiérarchie des militaires et au mérite objectif, et elle exclut toute possibilité de descendance, de procréation. Nous avons évidemment pensé à Élisabeth I et à l'image de la Vierge Marie. La comparaison avec Héraclès est également très claire. On perçoit bien les comparaisons Christ / Héraclès ou Junon / Élisabeth. Il nous est apparu très clairement qu'il y avait deux devenirs d'un pouvoir stabilisé, momentané. Je suis d'accord avec vous : la prise de pouvoir de Volumnia n'est que momentanée, puis l'histoire recommence – c'est de toute façon l'histoire du vivre en commun. Elle crée un moment d'équilibre, dans deux alternatives qui ne se posent pas la question d'une résolution sexuée du pouvoir.

GENEVIÈVE FRAISSE : Vous dites que cette pièce vient après *Père* de Strindberg, je dis non. On voit effectivement à l'œuvre cette fameuse « précieuse moitié de la République », selon l'expression de Rousseau et, comme vous le dites, la première scène, dans laquelle elle demande à sa fille de sortir et que celle-ci refuse, interroge bien la manière de faire le lien avec l'espace public en l'absence du héros. *Coriolan* ne peut pas être la suite de *Père* parce que le problème de Strindberg concerne, dans le cas de cette pièce, la question de la paternité, et dans d'autres pièces d'autres questions, qui est cette chose terrible qui arrive : l'égalité des sexes. Voilà le problème de Strindberg : l'égalité des cerveaux et l'égalité tout court. Strindberg aime d'ailleurs les femmes qui ont du cerveau en général, cela fait aussi partie de l'histoire : il les aime plutôt cérébrées que décérébrées. Je ne peux donc pas mettre ces pièces l'une à la suite de l'autre, parce que l'enjeu de Strindberg est la démocratie et que l'enjeu de Shakespeare est la république, ce qui n'est pas la même chose.

CHRISTIAN SCHIARETTI : Je parlais d'un cheminement intime entre un metteur en scène et une actrice, un cheminement créatif à travers des questions que nous devions aborder, notamment cette question du fini et de l'infini avec, en son centre, la question procréative. Nous retrouvions cette question fondatrice en travaillant sur Shakespeare et nous trouvions une résolution, du moins une possibilité de résoudre le cheminement, qui n'est pas simple, de Volumnia, en nous aidant du travail antérieur sur Strindberg. Nous n'avions évidemment pas l'innocence de penser que c'était une démonstration intellectuelle.

UN SPECTATEUR : Je voudrais faire deux remarques qui se contredisent, si vous acceptez qu'elles se contredisent. Premièrement, cette remarque n'a pas été faite et je souhaiterais qu'elle le soit : il apparaît clairement au fil des siècles que le pouvoir dans notre système patriarcal est essentiellement de nature masculine. Il est difficile pour une femme – Madame Fraisse y a échappé – d'accéder au pouvoir sans reprendre les schémas masculins. Vous posiez la question de savoir si le pouvoir est sexué. Je crois qu'il faut s'interroger sur le rôle de la mère, Volumnia, dans *Coriolan* : elle a mis au monde, fabriqué, engendré, développé un général. Cela nous interroge quand même. Quelle conception de la femme ? Quel est le rôle de cette femme dont la seule fonction est de produire des généraux ? C'est ma première remarque. Ma deuxième remarque, qui contredit la première, c'est que Volumnia est une mère castratrice. Que fait-elle ? Elle met au monde un général d'une cruauté énorme. Or, ce général cruel fabriqué par une mère castratrice est incapable d'accéder au pouvoir politique. Ma deuxième remarque contredit donc la première.

GÉRALD GARUTTI : Contradiction relative.

GENEVIÈVE FRAISSE : Je me méfie des gros mots. Qu'est-ce qu'on a dit une fois qu'on a dit « castratrice » ? Je vous suis parfaitement par ailleurs mais certains mots font parfois écran.

LE SPECTATEUR : Absence d'autonomie de décision. On a vu aussi en germe la manière d'élever le petit fils. C'est-à-dire absence de volonté propre, absence d'autonomie. Interrogezvous sur le fait que Coriolan n'est pas un homme pour sa femme. C'est quand même gênant, et je trouve que l'acteur aurait pu jouer cela aussi. Qu'est-ce que c'est, sinon être castratrice ?

GENEVIÈVE FRAISSE : C'est la définition de ce mot. J'ai du mal à le définir.

GÉRALD GARUTTI : Avec Coriolan, on a le paradoxe d'un produit qui a été formaté mais à moitié fini. On a l'impression que Volumnia a réussi la première partie du programme : faire de Coriolan un guerrier, et échoué la seconde : en faire un chef politique. Il y a effectivement une manière de résister au désir de la mère en refusant la puissance. D'une certaine manière, c'est presque une autocastration, pour reprendre votre terme. Que veut Coriolan et que ne veut-il pas ? Que refuse-t-il ? Ce refus de la représentation, de jouer le jeu du pouvoir, s'opère manifestement contre sa mère. Au point que Coriolan, quand il se retourne contre Rome, affirme : « je suis comme un homme qui serait l'auteur de lui-même ». Manière de dénoncer le lien maternel, en le coupant. Ce qui est très intéressant, je trouve, dans cette conversation, c'est comment cette question du pouvoir de la mère, donc d'un éventuel pouvoir féminin et de ses dérives, est liée à la question de la représentation.

GENEVIÈVE FRAISSE : Il faut tout de même faire le rapprochement entre deux choses. On peut dire que *Coriolan* est une pièce d'hommes, que la question de la représentation n'intéresse que les hommes, et une fois de plus on « oublie » les femmes. En même temps, cela revient au cœur même de la construction du fait historique, dans la pièce mais aussi dans nos propres représentations. C'est ainsi que cela fonctionne aujourd'hui, je ne parle pas que de la pièce. Est-ce que vous avez lu le *Monde* daté d'hier matin ? C'est extraordinaire. On nous explique tout le week-end que le comité central que vient de créer Martine Aubry est paritaire et vous découvrez en ouvrant le journal cinq portraits d'hommes. Alors vous vous dites que c'est la même histoire. Ils n'ont pas réussi à mettre un seul portrait de femme. C'est tout de même génial. Il n'y a plus qu'à rire.

GÉRALD GARUTTI : Dominique Reynié, j'aimerais revenir sur cette question de la représentation dans le cas particulier de la démocratie. Existe-t-il à votre avis un type de représentation du pouvoir propre au régime démocratique ? Puisque nous avons eu un passionnant parcours tracé par Jean-Marie Apostolidès entre monarchie absolue et moment révolutionnaire, qu'en est-il aujourd'hui ? Quel serait, disons, le schéma représentatif dans le contexte actuel de la démocratie ?

DOMINIQUE REYNIÉ : Je vais faire état d'une sensation. Il me semble que vous la partagez mais il est possible que je me trompe. Il me semble que nous nous trouvons aujourd'hui dans une espèce de sensibilité consistant à penser spontanément que la représentation n'est pas le fin mot de la démocratie. Je ne le pense pas mais je le ressens profondément en observant, par exemple, le scandale que provoque la ratification d'un traité européen par les parlementaires, parce que seul vaut le référendum. Notre époque interroge beaucoup l'illégitimité des élus, des représentants, et il y a aujourd'hui une espèce de cycle de la crédibilité ou de l'adhésion qui me paraît s'achever. Je reprendrais, non pas *verbatim* mais dans l'esprit, Machiavel, qui a dit une chose très puissante et très belle, qui d'une certaine manière me hante : « Toutes les formes politiques sont des formes mortelles ». Machiavel est, je pense, un grand théoricien de la démocratie : il est tout de même le premier à justifier de manière systématique le choix des représentants et des gouvernants par le peuple lui-même, et pour des motifs qu'il est le seul à développer à ce point et à cette époque. J'ai l'impression que nous nous trouvons à un moment de corruption, au sens ancien, du corps démocratique qui suppose (sans quoi il ne fonctionne plus), à la différence de la tyrannie, l'adhésion de ceux qui sont gouvernés. L'adhésion profonde est le propre du régime démocratique, puisqu'on demande aux citoyens de choisir ceux qui vont leur donner des ordres, pour aller vite, et que le cœur de la démocratie se joue dans cette espèce de situation invraisemblable. C'est cela même qui paraît aujourd'hui fragilisé. Des formules – vous le disiez à l'instant, monsieur – comme « démocratie participative » sont des énoncés faisant état de ce sentiment ; de même que le retour en force de la question du tirage au sort dans les discussions, les débats voire les pratiques politiques : au Brésil, par exemple, des communautés urbaines choisissent leurs gouvernants locaux par tirage au sort. Ce dernier n'est plus simplement aujourd'hui une référence érudite mais à nouveau une pratique.

Au sujet de cette espèce de moment de fin de ce qui avait jusqu'alors fonctionné, au moins dans l'ordre de la croyance et de la participation, pour être empirique, il y a une sorte de confusion entre trois modèles que je crois mêlés. Dans la représentation telle que nous la vivons, il y a premièrement, me semble-t-il, une dimension archaïque que j'appellerais la représentation / incarnation. On trouve une espèce de tentation populiste dans le moment démocratique, et singulièrement chez nous à travers cette élection invraisemblable qui consiste à élire le chef de l'État au suffrage universel direct. Il faut être psychotique, je le pense profondément, pour vouloir être élu Président de la République et avoir un destin, rencontrer le peuple. Si vous n'avez pas cette disposition psychologique, vous ne pouvez pas être élu. Si vous êtes distrait, si vous avez des moments de bonheur simple, envie de passer un week-end à la campagne, vous n'êtes pas élu président, c'est impossible. Il faut que ce soit obsessionnel – je suis sérieux. Il y a donc une étrangeté de la représentation / incarnation. Même si l'on s'en défend, on voudrait tout de même que le chef soit un peu de nous-mêmes. Ce dernier joue souvent d'ailleurs à être un peu nous-mêmes. Je change de régime politique, mais Mussolini, quand il était le Duce, a posé dans une série d'autoportraits – il faudrait d'ailleurs faire un album avec cela, je ne sais pas si cela existe déjà – où il se mettait en scène comme ouvrier, comme aviateur, comme paysan… Il ne l'a jamais fait comme femme mais en revanche, il mettait en avant le nombre de courriers qu'il recevait d'Italiennes lui déclarant leur flamme, comme une espèce de sondage affectif puissant. Là encore, il était une forme d'incarnation.

Le deuxième modèle, qui est le plus souvent évoqué, est celui de la représentation / délégation : ils gouvernent à notre place. Il y a une ambiguïté parce qu'il est confondu avec le troisième modèle, celui de la représentation / reflet : ils nous ressemblent. Je pense qu'il y a là une confusion importante entraînant un grand nombre de problèmes. On peut défendre l'idée que nos élus nous ressemblent un peu, ou bien qu'ils soient un peu dissemblables, mais pas au point par exemple en France d'avoir 88 % d'hommes à l'Assemblée nationale, c'est-à-dire un peu plus qu'au Sénat. Vous savez qu'aujourd'hui le Sénat est plus féminisé que l'Assemblée. Il y a donc une asymétrie qui fait dire : ils ne nous ressemblent pas. L'idée est donc la suivante : être bien représenté ne signifie pas être bien gouverné mais être ressemblant. Le procès intenté aujourd'hui aux représentants est celui de la dissemblance. Et les représentants s'efforcent en conséquence de ressembler à ce qu'ils pensent être le peuple leur demandant de lui ressembler. D'où ces comportements populistes essayant au fond de donner le change alors que cela me paraît évidemment impossible.

Je vais terminer par deux remarques. L'idée de désigner des personnes qui, pour aller très vite, vont nous commander est une idée absolument géniale. C'est une grande trouvaille de l'ingénierie politique humaine, surtout associée à la rotation. Ce n'est pas une fois pour toutes : ceux qui commandent sont donc certains d'être commandés au terme de leur mandat. C'est évidemment très important de gouverner en sachant qu'on le sera à son tour. Cela donne une autre image de l'exercice du pouvoir. L'idéal serait de se gouverner soi-même. Voilà ce que nous n'osons pas vraiment exprimer, parce qu'on ne sait pas comment l'organiser, tout en le pensant : idéalement, il faudrait pouvoir se gouverner soi-même. Ma deuxième et dernière remarque porte sur le détachement de l'opération consistant à désigner des représentants de la circonscription territoriale qu'est la nation. Ce détachement s'est opéré de deux manières. Premièrement, ce qu'on appelle la souveraineté nationale n'est plus repéré comme un opérateur de pouvoir par ceux qui y participent : c'est la globalisation, les grandes forces se distribuent, et la nation, surtout dans le cas de nations moyennes ou petites comme les nations européennes, n'est pas capable d'agir sur ce monde. Cela ne sert donc à rien de désigner des gouvernants qui n'en sont pas. Il y a là une espèce de comédie. Deuxièmement, nous avons inventé – et c'est une spécificité européenne – une assemblée transnationale élue au suffrage universel direct. La seule instance démocratique transnationale dans l'histoire de l'humanité, jamais encore imitée à ce jour, est le Parlement européen, qui suscite année après année une abstention croissante, devenue majoritaire au niveau européen, et absolument massive chez les jeunes générations. On constate donc une forme de désertion de ce modèle qui apparaissait pourtant comme une relance du modèle représentatif s'émancipant du fait national. Comme vous le savez, en Union européenne, nous sommes les premiers à avoir dissocié citoyenneté et nationalité, étant les seuls à pouvoir prendre part en tant que citoyens électeurs à la décision politique électorale dans un pays dont nous ne possédons pas la nationalité. Cette espèce d'agencement très original et au fond très moderne ne suffit pas, on le voit bien, à relancer le système représentatif au début du XXIe siècle. Je dirais que ce sytème est devenu très confus aujourd'hui dans ce qu'il promet et qu'il semble susciter une forme, non pas de rejet, mais de perte de croyance.

GÉRALD GARUTTI : De désaffection. Ce qui est très intéressant dans ce que vous dites sur la représentation / reflet, c'est qu'on la voit également s'opérer, me semble-t-il, sur le plan de l'héroïsme, thème dont on parlera lors de la troisième journée de débats. Il fut un temps où le héros était un demi-dieu, un autre où il était un prince. Aujourd'hui, le héros est monsieur tout le monde. Dans le domaine du sport, c'est bien sûr toujours de l'ordre de l'exceptionnel. Mais si on prend par exemple le chanteur, on est dans cette espèce de fantasme que le héros c'est nous, celui qui peut nous ressembler.

GENEVIÈVE FRAISSE : Le livre dont vous êtes le héros.

GÉRALD GARUTTI : Absolument. Il y a comme un point limite du gouvernement de soi et de l'identification de soi au chef et au héros. Je trouve que c'est effectivement un point limite capable de ruiner totalement le système. Nous allons terminer cette session, si tu le veux bien, Jean-Pierre, par la lecture d'un texte que tu as écrit, un Sermon joyeux.

JEAN-PIERRE SIMÉON : Un extrait, seulement. Le Sermon joyeux est un genre médiéval, discours en vers qui était dit par des bateleurs, parodies de discours politiques et tout simplement de sermons, à fonction polémique, satyrique... Il faut préciser que ce sont bien sûr des textes de mauvaise foi, paradoxaux. Vous savez que Marina Tsvetaïeva disait qu'être moderne, c'est aller contre les neuf dixièmes de son temps. Vous allez comprendre quelle modernité je revendique. Cela s'intitule : *Au vrai chic parisien* (Diatribe contre les revenus de tout).

Lecture d'un extrait du Sermon joyeux par Jean-Pierre Siméon

TROISIEME JOURNEE
Le héros et la masse

4. Qu'est-ce qu'un héros ?

Table ronde animée par **Gérald Garutti**, avec **Christian Schiaretti** (metteur en scène), **Marc Goldberg** (auteur et metteur en scène) et **Jean Gillibert** (écrivain et homme de théâtre).

GÉRALD GARUTTI : Merci à vous d'être venus au Théâtre des Amandiers pour entendre parler de démocratie, ou du moins de ce qu'il en reste, le thème de notre cycle de débats étant : « La fin de la démocratie ? ». Il reste un point d'interrogation et donc des raisons d'espérer. C'est d'ailleurs l'une des questions que nous aborderons aujourd'hui avec cette session consacrée au héros. Avant même d'évoquer cette notion de héros, je vous propose de vous présenter trois extraits de *Coriolan*. Certains d'entre vous ont vu la pièce, d'autres non. Je vous propose trois moments présentant le héros sous trois visages. Le premier est celui du héros militaire qui, seul, réussit à prendre une ville ennemie donnée vainqueur. Ce héros, c'est Caius Martius, général romain, patricien arrogant, que nous allons voir en pleine action face à l'ennemi volsque.

Projection du premier extrait : Acte I, scènes 4 et 5.

GÉRALD GARUTTI : Ce premier extrait nous montre le héros tel qu'en lui-même, c'est-à-dire capable à lui seul d'écraser une ville entière, de la conquérir, contre l'avis même de ses hommes qui, comme le dit l'un des soldats, pensent que c'est de la folie. Le héros va donc au-delà de la folie et accomplit l'impossible, semble-t-il, à mains nues. Nous allons voir maintenant un deuxième temps, assez canonique, qui prend la forme du duel, dans lequel un héros affronte non plus une troupe, une armée, mais un autre héros, celui du camp adverse, en l'occurrence le général Aufidius.

Projection du deuxième extrait : Acte I, scènes 8 et 9.

GÉRALD GARUTTI : Ce deuxième extrait nous montre un héros en combat singulier, qui surpasse son ennemi, Aufidius – il l'a d'ailleurs surpassé de nombreuses fois et lui est donc essentiellement supérieur. Il s'agit en même temps d'un héros malgré lui, puisque confronté à son triomphe, à la célébration de son acte, Coriolan se déclare trop modeste, réclame la part commune, le même sort que tout le monde. C'est un héros paradoxal qui commet des exploits mais ne supporte pas d'être considéré comme extraordinaire. On touche à l'une des problématiques fondamentales de Coriolan. On voit qu'il y a une faille dans ce héros, qui s'avérera héros militaire incapable de devenir chef politique de Rome. Nous allons maintenant voir le troisième temps, qui est la conclusion logique de cette faille, à la fois refus de la louange et haine sociale, refus de jouer la comédie politique : le bannissement du héros.

Projection du troisième extrait : Acte III, scène 2 et Acte IV, scène 1.

GÉRALD GARUTTI : « On m'aimera quand on ne m'aura plus », dit Coriolan. Le héros bannit la Cité, en un renversement qui rappelle le mot de Brecht, lorsqu'en juin 1953, après la mort de Staline, le peuple de Berlin se soulève et que le gouvernement réprime ce soulèvement : « Le gouvernement devrait dissoudre le peuple ». Par un renversement, le héros se place au-dessus de la masse, méprisant le peuple. Accusé de vouloir devenir un tyran et donc de renverser la République romaine, il est banni et, ce faisant, va devenir, de défenseur de Rome, son pire ennemi, menaçant de détruire la cité qui l'a vu naître. A partir de ces trois moments, nous allons réfléchir à la notion même de héros, et notamment en contexte de démocratie, à l'ère des masses. Il s'agit évidemment d'une figure particulière puisque Shakespeare fait résonner plusieurs époques : celle du début de Rome, celle de la Rome des guerres civiles, qui pointent, ainsi que sa propre époque ; et puisque la mise en scène est d'aujourd'hui, les résonances fonctionnent évidemment avec notre propre époque. Nous allons maintenant pouvoir accueillir les trois intervenants de cette première partie.

Jean Gillibert a une histoire de théâtre immense puisqu'il a été l'un des pionniers du Groupe de Théâtre Antique, un ami et collaborateur de Jean Vilar. Il a dirigé Maria Casarès, Alain Cuny, travaillé avec Niels Arestrup, Philippe Léotard... Il a à son actif plus d'une centaine de mises en scène, de Shakespeare à Brecht, Eschyle, également des traductions, des textes de théâtre, des textes autobiographiques… Outre son activité théâtrale considérable, Jean Gillibert a également une activité de praticien en psychanalyse et en psychiatrie.

Marc Goldberg est philosophe de formation, metteur en scène, traducteur, auteur. Il a travaillé sur des textes qui vont du Moyen Âge, dont il est traducteur, jusqu'à nos jours, récemment Cassavetes, et la problématique du héros traverse son travail depuis longtemps.

Christian Schiaretti, directeur du Théâtre National Populaire depuis 2002, a à son actif de très nombreuses mises en scène, dont *Coriolan* que vous pouvez voir en ce moment même, le désormais mythique *Par dessus-bord* au Théâtre National de la Colline, *Mère Courage* de Brecht, *Père* de Strindberg…

Nous allons tenter ensemble de réfléchir à la notion même d'héroïsme, à partir de *Coriolan* mais de manière plus générale à travers l'histoire, en examinant également ce qu'il peut en rester aujourd'hui, avant d'accueillir dans la deuxième partie de cet après-midi Alain Badiou pour réfléchir à la régénérescence et à la dégénérescence de l'héroïsme. Qu'est-ce que l'héroïsme ? Quelles sont les différentes formes d'héroïsme ? On peut peut-être commencer, Marc Goldberg, par se demander ce qu'est l'héroïsme en particulier dans *Coriolan*.

MARC GOLDBERG : Dans *Coriolan*, à mon avis, il y a deux niveaux d'analyse, qui sont absolument essentiels pour la notion d'héroïsme, et qui sont conjoints : le thème politique, au niveau collectif, et un autre niveau d'analyse qui se situe au niveau du personnage, au niveau individuel. Au niveau politique, l'histoire de Coriolan est en un sens l'histoire d'un échec. Le personnage a toutes les qualités pour devenir un héros : la noblesse, le courage, le panache, les actions héroïques. Mais – et c'est le nœud de la première partie de la pièce – il refuse absolument tout le processus d'appropriation de son destin par la collectivité. Je crois que Shakespeare nous dit une chose absolument essentielle : il n'y a pas de héros objectif. Aucun héros ne résiste à une analyse critique de son action. Si héros il y a, c'est parce que son destin a été repris par une collectivité. On le voit très clairement au Moyen Âge avec les chansons de geste. Qu'est-ce qu'une chanson de geste ? Une reprise de l'histoire par la collectivité, d'abord dans l'oralité puis dans l'écrit, qui transforme des évènements historiques en évènements légendaires. Il y a une sorte de fusion entre la personne et le personnage, mais au fond le héros est un personnage, et Coriolan refuse absolument tous les rituels par lesquels la cité va s'approprier son action. C'est ce qui apparaît dans le deuxième extrait. Ménénius se veut toujours le chantre des actions de Coriolan mais Coriolan le refuse, et à plusieurs reprises. Il y a ce très beau passage dans le cinquième acte où ils se retrouvent dans le camp des Volsques. Ménénius dit qu'il tenait la chronique des exploits de Coriolan en les exagérant, il le reconnaît lui-même. Ce à quoi Coriolan répond : « *He goded me* », il me transformait en Dieu, il me déifiait. C'est précisément ce que Coriolan refuse. Refusant ce processus d'appropriation par la collectivité, refusant aussi de montrer ses blessures, tout ce qu'il juge humiliant, il ne deviendra pas le héros de Rome. *Pride*, l'idée d'orgueil, est un mot qui revient sans cesse dans la pièce. Coriolan a toutes les qualités pour devenir un héros, mais également un énorme défaut qui va tout ruiner : cet orgueil démesuré. Coriolan est trop un individu pour devenir le héros d'une collectivité. On pourrait même interpréter la trahison de Coriolan comme la conséquence logique de ce que je viens de dire. Comment faire pour être certain qu'il ne sera pas manipulé et que son destin ne sera pas repris par la collectivité : devenir traître. En devenant l'anti-héros absolu, Coriolan empêche les historiens, les tribuns du peuple, les sénateurs, de faire de son histoire ce qu'il n'a pas lui-même choisi. De ce point de vue, il se place au-dessus, radicalement, de la collectivité.

Je pense que cela rejoint le deuxième point de l'analyse, c'est-à-dire l'analyse au niveau individuel : Coriolan est un héros shakespearien exemplaire, peut-être le plus abouti de ce point de vue de tous les héros de Shakespeare. Je pense au très beau texte sur le héros shakespearien dans *L'Esthétique* de Hegel. Hegel nous dit que le héros shakespearien est un caractère à l'état de nature, qu'il est « conduit par l'impulsion violente d'une passion personnelle ». C'est-à-dire que pour Hegel, le héros shakespearien en général n'a pas d'idée universelle, pas de motifs rationnels. Il ne réfléchit pas, n'a pas de sentiment religieux, pas de sentiment moral. Il agit d'une façon radicalement individuelle et sous sa propre impulsion : la personnalité, la subjectivité, est portée au plus haut point, l'indépendance de caractère à son plus haut degré. Selon Hegel, qui parle d'énergie et d'opiniâtreté, c'est cette énergie radicale, cette indépendance radicale, qui nous font admirer les personnages de Shakespeare et les traiter comme des héros, même lorsqu'il s'agit d'anti-héros absolus comme Richard III. Richard III est un monstre et a pourtant une dimension héroïque qui soulève l'admiration. La même admiration est présente face à Coriolan, qui est pourtant un traître. On voit bien qu'il s'agit de personnages qui s'élèvent au-dessus des valeurs morales. Dans le vocabulaire de Nietzsche, ce serait exactement ce qu'il considère être un surhomme, un créateur de valeurs, ou du moins quelqu'un qui échappe totalement au modèle des valeurs convenues. De ce point de vue, Coriolan est un héros absolu. Il y a un problème dans l'articulation du héros abstrait si l'on veut, au niveau de l'individu, et du héros dans une collectivité. En particulier avec toute la problématique du héros national qui a tellement marqué le XIXe siècle et le début du XXe siècle.

GÉRALD GARUTTI : On trouve en effet systématiquement cette notion d'absolu chez Shakespeare, où le dramaturge nous force à l'admiration. Le mot « absolu » est d'ailleurs prononcé par la mère de Coriolan, qui lui dit : vous êtes trop absolu, trop entier, comme si ce héros n'avait pas sa place et ne pouvait pas participer à cette communauté. Ce que tu dis du rapport entre le héros et le personnage est évidemment très important. C'est comme si, tout entier dans l'entièreté de sa passion, de son caractère, Coriolan se refusait à jouer un rôle autre que le sien. Ce rôle, qui serait par exemple un rôle politique, dans les deux sens du terme : à la fois théâtral et d'action, il ne peut pas y rentrer. Il est trop grand pour lui. Tu parlais du XIXe siècle et de Nietzsche, du rapport entre héros et anti-héros, de la question de la trahison, du dépassement des valeurs, du renversement de la morale, on peut à cet égard demander à Jean Gillibert, qui a notamment mis en scène *Vautrin*, comment s'agencent pour lui ce mélange d'héroïsme et d'anti-héroïsme et ce renversement des valeurs, en écho à Coriolan mais aussi à cet autre personnage monstrueux qu'est Vautrin.

JEAN GILLIBERT : Je crains de ne pas être à la hauteur de la situation devant *Coriolan*, que je connais mal. Je crois qu'il faut faire une différence entre le héros littéraire, qu'il soit théâtral ou romanesque, et le héros politique, le héros social. Il y a là une marge beaucoup plus grande qu'on ne l'imagine. L'art théâtral, mais tout art de manière générale, consiste en premier lieu à représenter le monde, ensuite à se représenter lui-même comme art, enfin à réaliser une synthèse qui est à la fois la conception du monde et la conception de l'art. Nul mieux que Shakespeare n'a représenté ces valeurs. Je ne doute pas que Coriolan ait une vérité historique, mais ce qui m'intéresse, c'est le héros théâtral et le héros littéraire, en l'occurrence Vautrin, que je connais quelque peu. Quelque chose m'est quand même apparue dans la lecture que j'ai faite il y a quelques jours du *Coriolan* de Shakespeare. Le personnage semble osciller entre le robot et le sauveur. Il n'est d'ailleurs ni l'un ni l'autre, mais artistiquement, lyriquement, il passe de l'un à l'autre. Les deux notions que j'aimerais dégager avant de parler directement de Vautrin sont l'engendrement et le vide, le vide intérieur. On ne peut pas ne pas penser à la Révolution et aux héros de la Révolution, à savoir le peuple. Le héros, c'était le peuple. Dans Shakespeare, le peuple devient la plèbe, très vite, ce qui n'est pas la même notion.

J'en arrive à ce pour quoi j'ai pensé être mobilisé par la notion de héros, à travers le héros littéraire et en même temps contre-héros qu'est le Vautrin de Balzac. Tout le monde connaît l'aventure du bagnard qui devient héros. Victor Hugo avait déjà tenté de montrer l'héroïsme de Jean Valjean dans son grand roman, *Les Misérables*. Valjean est condamné au bagne pour une pécadille : le vol d'un chandelier. C'est un merveilleux roman, mais il se positionne d'une façon très morale sur la mainmise de la société, sur un héros qu'elle culpabilise alors qu'il n'a pas fait grand chose de répréhensible. Balzac – que je préfère à Hugo, je dois le dire – va beaucoup plus loin. Il choisit la figure du bagnard Jacques Collin, qui a commis un ensemble de crimes et va sans cesse permuter dans toutes les présentations. Du bagnard Jacques Collin, il va devenir un bon bourgeois, Vautrin, puis suite à un crime commis en Espagne sur l'abbé Carlos Herrera, il va devenir l'abbé Carlos Herrera lui-même, de sorte qu'il agira dans *Splendeurs et misères des courtisanes* en tant qu'abbé Carlos Herrera. Chose curieuse – et c'est pourquoi la notion d'engendrement me paraît très importante y compris dans *Coriolan*, puisqu'on ne voit pas son père, si j'ose dire – dans Vautrin, alors que Balzac ne cesse de lutter avec force violence avec l'état civil, Vautrin n'a pas de parents : on ne sait pas de qui ni de quoi il est né. À un moment, Balzac dit que Vautrin est né de Jean-Jacques Rousseau, mais le Jean-Jacques Rousseau qui est un herboriste. Il est né de la Révolution, c'est tout ce qu'on sait. On ne lui connaît pas de parents. Vautrin va dire : « Je suis père, je suis mère, je suis fou », comme si la folie de son ambition héroïque était une résultante du fait d'être à la fois père et mère. Ecrivant au moment de la Restauration, Balzac ne cesse d'évoquer la Révolution et bien entendu Napoléon – enfin Bonaparte puis Napoléon après le Directoire – qui reste le grand héros historique. On sent très bien que Vautrin-Balzac est hanté par l'image de Napoléon. La Révolution a apporté une liberté libérale de la volonté générale. Or Vautrin a agi de sa propre volonté en tuant l'abbé Carlos Herrera, en devenant, après le bourgeois, un personnage reparaissant cher à l'écriture de Balzac – tous les personnages de Balzac sont des personnages reparaissants, selon une technique romanesque – pour finir, sous l'aspect d'un curé, par séduire et parvenir à ses fins dans le monde.

Que veut-il, ce personnage de Vautrin ? Il va obéir à ce qu'on pourrait appeler – on peut me critiquer sur l'expression allemande que je vais prendre – le *Führerprinzip*, qui donna bien sûr le héros du mal que fut Hitler. Vautrin sera appelé Trompe-la-mort. Car chaque fois qu'il risque sa vie, il trompe la mort. Il finira bien sûr directeur de la Sûreté, alias Vidocq, dont Balzac a utilisé l'histoire. Il y a une notion d'engendrement, qui me paraît capitale, dans le fait que Vautrin n'est pas engendré. L'engendrement n'est pas du même ordre que la naissance sexuelle. Je vais citer *Macbeth* de Shakespeare. Commettant tous les crimes que l'on connaît, tyrannique, se voulant héros, Macbeth n'a qu'une peur qu'il exprime très vite : être tué par quelqu'un qui ne serait pas né d'une femme. Ce personnage existe : Macduff qui, à la fin de la pièce, va tuer Macbeth en lui apprenant qu'il n'est pas né d'une femme. Shakespeare n'est pas un Grec, il dit que la mère de Macduff a accouché prématurément, ce qui fonctionne comme une valeur mythologique : il n'est pas né d'une femme. L'engendrement n'a rien à voir avec la naissance sexuelle, avec la parturition de la mère, de la femme. Athéna est née de la tête de Zeus. Dionysos est né, comme on le dit vulgairement, de la cuisse de Jupiter, de la cuisse d'un Zeus romanisé. L'engendrement est à nos portes : le clone va exister, le clone humain pourrait très bien exister s'il n'y avait pas de lois qui l'illégitiment. Le clone, c'est l'engendrement et non une naissance sexuelle. Dans l'histoire juive, naissance sexuelle et engendrement sont liés très étroitement. Dans le christianisme, Jésus n'est pas créé mais engendré, c'est devenu un dogme de l'Église. La notion d'engendrement est capitale. Dans Shakespeare, elle est prégnante de façon prodigieuse, essentiellement lyrique, poétique, bien sûr.

Vautrin, pour en revenir à lui, est engendré on ne sait par qui, sinon par l'auteur, par Balzac. C'est un héros littéraire engendré par une notion si on veut mythique, où la Révolution et Napoléon jouent un rôle considérable. Balzac le dit comme tel. Sous la forme de l'abbé Carlos Herrera qu'il a tué et dont il a pris la dépouille à savoir la soutane, Vautrin fait cette fameuse rencontre, qui a hanté toutes les Lettres après Balzac – Proust le premier – avec Lucien de Rubempré. Lucien est un petit jeune homme, très beau, très androgyne, ayant les qualités masculines et féminines conjuguées dans son physique, un poète qui écrit des choses assez médiocres, qui est monté à Paris dans un esprit de conquête, a échoué et est rentré chez lui à Angoulême. Lorsqu'il sort d'Angoulême pour remonter à Paris, c'est dans l'idée de se suicider. Arrive, au moment où Lucien va passer à l'acte, la voiture dans laquelle se trouve l'abbé Carlos Herrera-Vautrin, qui voit ce jeune homme et jette évidemment son dévolu sur lui. Ici se situe certainement le dialogue le plus extraordinaire de la littérature française. Vautrin séduit Lucien, lui dit qu'il va l'emmener avec lui à Paris, le faire connaître, lui faire épouser une grande aristocrate, faire de lui un grand poète. Vautrin agit alors par personne interposée, en réalisant son ambition. Vautrin se cache, non seulement sous l'habit de l'abbé Carlos Herrera, mais également dans Paris. Il fait agir Lucien qui épouse effectivement une aristocrate et réussit admirablement dans la société. On voit alors une espèce de Napoléon, pourrait-on dire secret, méconnu, vivant avec deux femmes – qui s'appellent Asie et Europe, rien que ça – ayant une soi-disant sœur qui fut la maîtresse de Marat… Enfin un salmigondis invraisemblable où la Révolution et la figure de Napoléon sont présentes de manière occulte mais capitale. Lucien de Rubempré gagne tous ses galons, devient un personnage connu, et Vautrin dit : je ne suis personne, je ne suis rien, il y a un vide en moi, je ne suis que Lucien de Rubempré.

Cette parole est capitale car j'ai remarqué qu'il y a toujours un vide considérable, un vide au sens métaphysique du mot, dans les personnages d'héroïsme. Je ne connais pas assez *Coriolan* pour en parler. Mais le vide, sans lequel il n'y a ni ambition ni goût du pouvoir, est capital. Le héros naît avec un sentiment de vide intérieur que la littérature théâtrale ou romanesque a admirablement cerné. Jean-Jacques Rousseau lui-même, qui pourtant n'avait pas l'intention de devenir un héros, en est devenu un d'une certaine façon à travers ce qu'il a écrit – qui est assez génial – et à travers la Révolution française. Mais il avait exprimé admirablement ce sentiment de vide intérieur, qui l'a d'ailleurs fait délirer, je ne veux pas trop en parler mais Jean-Jacques est devenu un paranoïaque incontestable quand il a écrit cette chose magnifique : *Rousseau juge de Jean-Jacques*.

J'ai eu la chance de connaître Antonin Artaud quand il était à Ivry après ses hospitalisations à Rodez pendant la guerre. Je retiens d'Artaud – qui est pour moi l'une des figures capitales du théâtre – un sentiment de vide intérieur considérable qui le faisait rejoindre par certains côtés la divinité, tout en le faisant bafouer aussi bien le christianisme que n'importe quel dieu.

Vautrin exprime ce sentiment de vide en disant : je ne suis pas moi, je suis Lucien. Vautrin ne s'est jamais senti l'égal de la société. Ce n'est pas un homme politique. Dans cet immense discours fait à la sortie d'Angoulême, Vautrin dit à Lucien que la politique n'est rien, ne compte pas, que ce qui compte est une chose – c'est un peu paradoxal ce que je dis – proche de la sainteté, d'une sainteté laïque, bizarre – héros et saint sont quelquefois conjugués – et du *soter*, le sauveur. Je rappelle que *Œdipos tyranos*, traduit littéralement, veut dire : « Pieds enflés le tyran », et qu'Œdipe est le héros sauveur de Thèbes, puisqu'il la guérit de la peste et tue les monstres qui la hantent. Il devient le sauveur mais se découvre – et c'est ce qui fait l'horreur tragique de la fin – *tyranos*, tyran qui prend le pouvoir, c'est-à-dire ne répond pas à une lignée généalogique. Du tyran *Œdipus tyranos*, il devient *Œdipus basileus*, car il est bien, en fin de compte, le fils de son père et de sa mère : Laïos et Jocaste. À un moment d'ailleurs dans *Œdipe roi*, le fils et la mère en ont assez des dieux et d'Apollon – qui est un dieu du néant, un dieu qui néantise l'être humain quand il n'obéit pas aux paroles oraculaires, ou du moins quand il les écarte – et Jocaste dit à Œdipe (je vulgarise) : nous allons établir une société fondée sur la rencontre de la mère et du fils. Œdipe acquiesce à ce que dit Jocaste. Quand il se sera crevé les yeux à la fin de la pièce, il ira jusqu'à dire et revendiquer en le chantant : ce n'est pas Apollon qui a crevé mes yeux mais moi, Œdipe, qui les ait crevés. Si j'ai donné tous ces signes – qui sont insuffisants, je m'en rends compte – à partir de Vautrin, c'est qu'il y a je pense chez Vautrin un seuil où un vide total et absolu doit être rempli, impliquant une conquête du *socius*, une conquête de l'amour. Pour Vautrin, ce sont bien sûr les jeunes gens. Tout cela à condition qu'il y ait une notion d'engendrement qui précède, à savoir : mes parents n'ont aucune importance, ce n'est pas d'eux que je suis né, ce qui rappelle que je ne suis et ne serai jamais présent dans la scène où j'ai été engendré. C'est une notion de profonde amertume et de profond désarroi dans certaines pathologies de la folie. La scène primitive, l'*Urszene* décrite par Freud, est une toute petite chose à côté de la scène de l'engendrement, car tout le monde peut imaginer la scène primitive, un gosse se l'imagine en voyant des chiens copuler dans la rue… Mais la scène de l'engendrement, je n'y serai jamais. Et devant cette nécessité qui se dédouble, cette limitation de l'humain – je ne parle donc pas du divin – l'angoisse, la naissance du héros peut avoir lieu.

GÉRALD GARUTTI : Merci, Jean, pour cette magnifique évocation qui fait résonner Œdipe, Coriolan, Vautrin et Macbeth. Ce qui me semble essentiel dans votre propos, c'est cette double notion d'engendrement et de vide, le vide intérieur comme principe d'une démesure, d'une sorte d'emplissement de soi par l'action, par la transgression, par le débordement, par la conquête, au point qu'on peut se demander si ces héros ne sont pas à la quête de leur propre destruction ; si le néant qui travaille le héros, dans cette espèce d'appétit et de dévoration du monde, de l'autre, ne se retourne pas contre lui-même et si le héros ne cherche pas finalement sa propre destruction. En tous cas, on se le demande à propos de Coriolan ou de Richard III. De même que face à l'insistance avec laquelle Œdipe mène son enquête, en sachant tout en ne sachant pas de quoi il retourne, on peut se demander s'il ne vise pas d'une certaine manière sa propre fin. Ce qui est une manière de revenir à cette origine énigmatique et de l'annuler. Sur la notion d'engendrement, il me semble qu'on trouve un écho absolument évident dans Coriolan, qui dit : « Je suis comme un homme qui voudrait être l'auteur de lui-même » et se refuse à cette filiation impossible, refuse cette mère qui ne lui a pas laissé de place, et qui, comme vous le dites, n'a pas de père. On peut peut-être demander à Christian Schiaretti comment ces enjeux de vide, d'engendrement ou de refus de l'engendrement, cette question de l'absence de nom, également de Coriolan, ont constitué une pierre de touche du travail.

CHRISTIAN SCHIARETTI : Quelque chose m'a toujours amusé dans la figure de Coriolan : c'est un héros raté / réussi. C'est-à-dire que Coriolan a réussi son ratage. Je vais citer trois exemples. Pour comprendre la pièce de Shakespeare, il faut remonter à Plutarque et voir comment Shakespeare l'adapte. Dans les *Vies parallèles*, Plutarque met Coriolan en parallèle d'Alcibiade, lequel est reconnu comme un héros grec, du moins comme un citoyen grec au parcours tout à fait honorable, de traître, et de héros aussi, mais historique. Pour Coriolan, on ne sait pas. On peut donc supposer que s'il l'a été, il l'a tellement bien été qu'il n'a pas laissé de postérité crédible, historique. Vous comprenez ce que je veux dire en disant qu'il est réussi / raté ? Il l'est déjà dans Plutarque et j'aime à penser que Shakespeare lisant Plutarque devait lui-même être amusé par cette suspicion historique d'un personnage donné comme historique et qui ne fait que travailler à sa propre disparition. Le deuxième exemple concerne Shakespeare lui-même. *Coriolan* n'est pas une de ses pièces les plus montées, on a du mal à la nommer, à résumer ou à avoir, dans une sorte de geste qui serait la silhouette de la pensée, la même fulgurance pour Coriolan que l'on a pour Macbeth, Richard III, Richard II… La pièce, dans sa difficulté à être portée à la scène, achève ce que le héros recherche. Je suis très frappé par le fait que la pièce ne fait que parler de bannissement et de déjection et que le personnage lui-même, la pièce elle-même porte cela dès le départ. Certainement que la lecture qui fut la nôtre a fortement été inspirée par cela, par le fait de sans arrêt le percevoir. Pour rester dans la suite du discours de Jean Gillibert, il suffit de regarder le titre, qui est un oxymore : *Coriolanus*. Ce n'est pas un hasard. Deux choses sont présentes dans le nom : la victoire, la glorification, et l'anus. Ce double mouvement est inscrit tout de suite, et il existe une exégèse élisabéthaine qui recommande de jouer en disant : « Coriolanus » et non : « Coriolan ». Il y a une immense farce là-dedans et on peut parfois se demander où se situe la tragédie. Je trouve que tout est dans le titre.

Pour moi, le mot le plus important est prononcé par Volumnia dès le début, dans la troisième scène de *Coriolan* : le mot « renommée ». Parce que ce mot porte les deux acceptions dans la pièce : la renommée au sens où le héros, effectivement, ne peut être qu'un personnage. Il est donc facteur du récit qui le conditionne. L'objectivation est impossible. Il est forcément le résultat d'un positionnement qui passe par un récit ou une peinture, en tous cas par une description qui en fait un personnage. De ce point de vue, Volumnia le dit dès le départ : ce tableau ne vaudrait rien si la renommée n'était pas une plus-value à ce qu'il est. Elle le dit tout de suite à propos de son fils. Renommée dans le sens où il est achevé en tant que personnage, donc. Puis renommée dans le sens où Coriolan n'existe pas. C'est-à-dire que l'origine de Coriolan, l'absence de père, fait que son nom est toujours une hypothèse. D'ailleurs, je pense que le personnage est une hypothèse. La figure qui se trouve au-dessus de celle de Coriolan est évidemment celle d'Héraclès. Volumnia se compare à Junon, jamais à Alcmène. Derrière Héraclès, il y a bien évidemment le Christ. Derrière Volumnia, l'Immaculée Conception. Coriolan est ce lieu, cet être, qui va être obligé de s'inventer des personnages successifs : Caius Martius puis Coriolan, et autre chose ensuite, qui n'advient pas mais qui se réalise dans le double que constitue Aufidius, quand Coriolan dit : « Je voudrais être l'auteur de moi-même ». Il fuit constamment un vide, je suis tout à fait d'accord, qu'il doit non pas remplir mais habiller, et l'habillement est celui du nom.

De ce point de vue, toute la pathologie du personnage est une pathologie d'acteur. C'est une pièce sur le théâtre, fondamentalement. Toutes les manifestations pathologiques de Coriolan sont des manifestations pathologiques d'acteur. Trou de mémoire : « Comme un mauvais acteur, j'ai oublié mon rôle », dit-il ; refus du costume, de la toge d'humilité ; et je dirais aussi l'incapacité de la scène, en gros l'angoisse de l'acteur, tout son échec. Quand on le joue, on est obligé de se poser cette question, on est obligé en quelque sorte d'être au plus près de la vérité de cela, car c'est la vérité tangible de la représentation. C'est très difficile pour l'acteur de le gérer en tant que tel parce qu'à chaque fois Coriolan dit qu'il ne peut pas jouer le texte qu'on lui donne. Son problème n'est même pas qu'il ne puisse pas être Coriolan, c'est qu'il ne peut pas dire *Coriolan*, le texte. On peut entendre de ce point de vue le mot de Coriolan à propos de sa femme : « mon divin silence ». Quand la salle entend : « divin silence », elle pense qu'il s'agit d'un effet de la bestialité de Coriolan. Je ne pense pas. Je pense que ce silence de sa femme est divin précisément parce qu'il évacue la renommée, au sens strictement banal et vulgaire du terme : enjoliver et montrer le héros, mais aussi d'une façon plus profonde : le mot en tant que tel qui de toute façon nommerait la chose. Ce silence l'achève plus – et c'est là pour moi qu'intervient le vide dont parlait Jean Gillibert – que tous les discours ou toutes les tentatives de nomination qui sont les siennes. C'est pour cela que Coriolan est raté. En quelque sorte, nous l'avons manifesté dans l'effet de construction du spectacle en achevant sa mère, pas physiquement, mais en lui donnant une fin, en la faisant accéder à un pouvoir qu'elle assume dans une superposition à l'image d'Élisabeth I, reine qui avait pour figure tutélaire la Vierge Marie. Comme si le point de crise où se trouve la société à ce moment-là arrivait à se résoudre dans une image qui s'est débarrassée de la question de la procréation ou du moins la dépasse.

En face de cela, le fils s'installe dans un choix stratégique qui me paraît aussi important : celui de la guerre perpétuelle. L'hypothèse posée par Aufidius est celle de deux guerres possibles : une guerre fulgurante où l'on conquiert Rome – et rien n'empêche Aufidius et Caius Marcius de le faire, parce que ce sont les deux grands généraux du moment – ou une guerre qui consiste à tourner autour de Rome pour leur faire peur. C'est ce dernier choix qui est fait. Face à la figure d'Élisabeth, on trouve en quelque sorte une danse de morts, d'hommes qui se résolvent eux aussi dans l'exclusion complète de la question génitrice, et qui vivent entre eux. Nous avons évidemment pensé à Conrad, *Au cœur des ténèbres*, à un moment d'achèvement complet, une sorte de société qui ne se pose plus la question de son devenir puisque la question de son devenir n'existe pas physiquement. Elle est en quelque sorte dans une éternité où Dieu, un dieu, qui ne se nomme pas, peut advenir. Coriolan n'y arrive pas puisque sa mère arrive à temps pour qu'il ne se nomme pas. C'est alors qu'il dit : « Comme un mauvais acteur, j'ai oublié mon rôle ». Quand on travaille ce type de texte, on arrive à le résoudre comme un jeu d'échecs, et on est très présomptueux et très heureux de cela : on a réussi à ce que les gens lisent, comprennent. Une fois qu'on pense avoir résolu la question, être en maîtrise, on sent en réalité le terrain s'enfoncer à mesure que l'on avance. Il n'y a pas de fondations là-dedans mais une sorte de relativité de nos petits arrangements avec nos amoindrissements natifs : comment on peut vivre ensemble et comment on peut se débrouiller. Derrière cela, il y a une vaste machine, beaucoup plus molle, fort difficile à faire entendre et dont le moteur se trouve, je crois, dans les questions que je viens de soulever et qui s'inscrivent dans le droit fil de ce que je viens d'entendre.

GÉRALD GARUTTI : Ce personnage sans nom, on pourrait en traduire le nom, « Coriolanus », par « héros de merde », en allant jusqu'au bout, puisque Corioles est la ville de la victoire et Anus la dimension scatologique du rejet, qui est manifeste. On a une sorte d'annulation, du moins de contradiction, et le nom de Coriolan même ne cesse de faire problème. Il est censé être le fils de Mars, ce Caius Marcius, et on lui refusera jusqu'à son surnom. À la limite, ce personnage, comme tu le dis, est une hypothèse ou n'existe pas et tend à s'annuler. Marc Goldberg, sur cette question de l'annulation du héros et du vide, peux-tu prolonger ce que l'on vient de dire par rapport à Coriolan ou d'autres héros ?

MARC GOLDBERG : Tout cela résonne bizarrement avec ce que je vous disais tout à l'heure de l'analyse de Hegel, qui considère au contraire que le héros shakespearien est plein d'une énergie individuelle extrêmement forte. Vous allez me dire que dialectiquement on peut passer de l'un à l'autre assez facilement. Ce qui est certain, c'est que l'une des dimensions qui me frappent chez Coriolan, j'en ai parlé tout à l'heure, c'est cet orgueil qui le mène en permanence. Il a une discussion à ce sujet avec sa mère, je crois à l'acte III, dans laquelle elle lui dit, du point de vue de l'engendrement, que cet orgueil ne vient pas d'elle. Il y a cette idée qu'elle assume être sa mère pour tout sauf en ce qui concerne ce moteur extrêmement puissant qu'est l'orgueil. Cet élément ne viendrait donc pas de sa mère. Est-ce justement la trace du père absent ? Quelque chose qu'il faut absolument conquérir et en même temps cet orgueil, là encore, de s'être fait soi-même ? Je ne sais pas. Il y a quelque chose en tous cas qui me venait à l'esprit en vous écoutant parler : rapprocher cela à la fois de Hegel et de ce fil conducteur de l'orgueil et de l'énergie de Coriolan qui est absolument sans limites. C'est pour cela aussi qu'il s'installe dans une logique de guerre. Le lieu naturel de l'héroïsme, c'est la guerre. L'héroïsme est d'abord né dans la poésie épique. C'est d'abord Achille, la guerre de Troie, puis la grande période des héros médiévaux qui traversent toutes les chansons de geste et sont repris au XIXe siècle. Quand Wagner se ré-interroge sur la question de l'héroïsme, où va-t-il chercher toute la matière de *Tristan et Isolde*, de la Tétralogie… ? Dans des récits médiévaux, des récits de chevalerie, donc dans des récits de guerre. Le lieu naturel de l'héroïsme, c'est le conflit. Il y a une volonté de Coriolan de ne jamais mettre fin à la guerre sous peine d'être à nouveau dépossédé de lui-même, par le récit, la réification que l'on fera de son destin. Une fois que la guerre s'achève, c'est le temps de Ménénius, le temps du discours, et Coriolan est dépourvu de prise sur son destin. Il a en effet un problème avec la parole, comme d'ailleurs beaucoup des personnages de Shakespeare. En ce sens, on rejoint directement Hegel. Ce sont des personnages qui peuvent être dans l'action mais qui ont un problème de réflexion, et donc un problème de parole, des personnages qui ont du mal à dire ce qu'ils font et finalement à se nommer eux-mêmes.

GÉRALD GARUTTI : Qu'est-ce qu'un héros en temps de paix ? C'est une question problématique puisque, comme tu le disais, l'héroïsme s'enracine dans l'épopée. Le théâtre, à la limite, présente des héros qui sont, comme le disent les tragiques, des tranches découpées du banquet d'Homère. On trouve le grand récit héroïque dans ces batailles opposant des peuples entiers et où l'exploit est possible. Mais lorsque la toge prend le pas sur les armes, que peut-il rester du héros ? Peut-être une forme d'héroïsme civil ? Qu'est-ce que cela voudrait dire ? En tous cas, chez Shakespeare, on se trouve tout le temps dans une impasse à cet égard.

MARC GOLDBERG : Charles Péguy voit dans le père de famille le héros des Temps modernes. Il y a un petit peu chez Péguy cette idée qu'en temps de paix, le père de famille s'oppose au célibataire. On a l'impression que le célibataire est le héros mais finalement le célibataire, c'est le chevalier, le chevalier errant, il n'y a pas grande responsabilité là-dedans, il n'y a pas grande difficulté. Le vrai héros, c'est le père de famille. C'est un héros peut-être médiocre, à l'image des Temps modernes.

GÉRALD GARUTTI : Jean Gillibert, je crois que vous avez une expertise sur le père de famille.

JEAN GILLIBERT : Je rappelle que Péguy ne connaissait pas son père, son père était absent. On parle de la guerre de Troie, de *L'Iliade*. Les Grecs étaient les auteurs de la guerre de Troie et Achille a été le héros presque coriolanesque de la guerre de Troie. Qu'est-ce qui se passe à la fin du poème *L'Iliade* d'Homère ? Un moment qu'on peut appeler « Les nuits saintes de la Grèce » : Achille a perdu son aimé Patrocle ; Priam, le roi de Troie, a tout perdu, en particulier son fils, Hector ; sous la tente, Priam et Achille pleurent tous les deux et à travers les larmes pour l'être aimé perdu, ils se réconcilient. C'est la fin du poème *L'Iliade*. Il n'y a que les Grecs pour inventer cette fin, qui peut nous paraître un peu édulcorée, alors que la fin du poème de *L'Iliade* – qui se termine donc par cette image de deux hommes pleurant ce qu'ils ont de plus cher – est admirable, grandiose : on ne peut que s'arrêter un moment. Il se trouve que j'ai relu il y a peu de temps *Mein Kampf*, *Mon combat*, pour des raisons multiples. Le vide chez Hitler était permanent, il le dit, et le suicide par lequel il a terminé sa vie, si j'ose dire fort heureusement, lui est venu antérieurement à sa réalisation après la défaite. C'était la seule réponse qu'il trouvait au vide qu'il avait en lui. Jean-Jacques Rousseau dit dans les *Confessions* : « Il m'aurait fallu deux âmes dans le même corps, sans cela je serai toujours vide ». Il y a une anecdote que je peux me permettre de dire : j'étais pion au lycée Lakanal et il y avait un jeune homme que je trouvais très sympathique. C'était Paul Thorez, le fils de Maurice Thorez et Jeannette Vermeersch. Je suis devenu ami avec lui, on a travaillé ensemble, et un jour il m'a proposé d'aller à Villejuif pour rencontrer sa mère. C'était Volumnia avant la lettre, la militante absolue, remarquable, si l'on accepte le militantisme. Les parents de Paul Thorez n'étaient pas mariés. Ils vivaient, si j'ose dire, en concubinage, et Paul Thorez souffrait, je cite – je m'excuse de citer les morts – que ses parents ne soient pas mariés légalement. Il souffrait beaucoup, il était communiste, il a écrit deux ou trois livres… Et il a tellement souffert du vide qu'il sentait en lui qu'il s'est suicidé. Si je rappelle cela, c'est que c'est une chose que j'ai trouvée très douloureuse, très particulière, et qui se raccorde, peut-être de manière lointaine, avec Coriolan. J'ai évoqué le rapport entre Volumnia et Coriolan à travers le rapport de Paul Thorez et sa mère, Jeannette Vermeersch, qui était en effet une très grande militante du parti communiste.

La dernière chose qui m'est venue en vous écoutant concerne à nouveau Vautrin. À la Conciergerie, Lucien de Rubempré se suicide par pendaison. Vautrin se trouve toujours à la Conciergerie parce qu'on a découvert qu'il était « le plus grand criminel de son époque ». Vautrin apprend la mort de l'être aimé et demande à Rastignac, qui a assisté aux obsèques de Lucien de Rubempré au Père-Lachaise, de les lui raconter. Vautrin-Balzac a alors cette parole que je trouve prodigieuse : « Cela va m'arriver à moi aussi, je vais mourir et rejoindre Lucien, c'est encore un bonheur que de pourrir ensemble ». Vautrin n'est pas un héros au sens de Coriolan ou de Macbeth, tout criminel qu'il fut : il est sauvé, comme Achille et Priam, par une générosité… Quel mot dire, quel concept trouver pour exprimer ce que renferme cette parole de Balzac-Vautrin : « C'est encore un bonheur que de pourrir ensemble », en parlant de lui et de Lucien dans la mort, dans la tombe ? Dans *Macbeth*, on s'en approche. Dans *Coriolan*, je ne sais pas. Même Hitler, cet horrible personnage, qui n'aimait pas beaucoup les femmes, ne s'y intéressait pas, se pose la question au sujet d'Eva Braun : est-ce qu'elle va me suivre dans la mort ? Il ne s'agit pas de rédemption. Mais j'ai cité surtout *L'Iliade* et Vautrin pour parler de cette espèce de chose qui n'est plus liberté, égalité, fraternité, qui sont des valeurs morales abstraites, mais quelque chose de l'ordre de la générosité, de très particulier à l'être humain quand il se trouve tout d'un coup seul, abandonné, ou dans la plus grande détresse, celle d'un deuil futur et présumé.

GÉRALD GARUTTI : Rousseau et Schopenhauer diraient : « la pitié ». Ce que vous appelez la générosité, la manière de pouvoir aller vers l'autre…

JEAN GILLIBERT : Le mot est un peu faible.

GÉRALD GARUTTI : Compassion, amour, ou pitié au sens fort du terme. En tous cas, plusieurs choses me frappent dans ce que vous dites. D'abord, la notion du vide chez Hitler. Il faut savoir qu'Hitler avait fait faire des plans de Berlin en ruines, qu'il a imaginé Berlin après sa destruction. On est là aussi dans l'idée que la mort est le terme voulu, recherché, et on sait que la devise des SS était justement la mort. Dans *Le Silence de la mer* de Vercors, on trouve cette parole d'un officier allemand : « Grâce au Fürher, chaque Allemand aura son quart d'heure de gloire sous le ciel ». La gloire pour tous, comme si l'héroïsme était contagieux, comme si cette race de surhommes en construction bénéficiait à partir du Führer, qui est lui-même un noyau de vide, d'une sorte de contagion de l'héroïsme, même si ce n'est que pour un quart d'heure. Mais dans ce cas précis on parle d'un projet de masse, dans d'autres temps et dans un autre contexte, évidemment idéologique et historique. Ce qui me frappe, c'est ce rapport entre le héros et la collectivité, et dans le cas particulier de Coriolan, son impossibilité d'enclencher sur cette collectivité. Le bannissement est absolument inscrit dans le personnage. Ce bannissement du héros, on le trouve chez Œdipe, sorte d'auto-bannissement lié au crime. Vautrin, lui, se range : il devient chef de la Sûreté, chef de la police, sorte d'intégration qui est exactement l'inverse. On voit que les temps ont changé, la société bourgeoise du XIXe siècle n'est plus l'univers héroïque, épique, de *L'Iliade* ou des temps de Coriolan. C'est une question pour Christian Schiaretti. Tu as monté de nombreuses pièces, je pense récemment à *Père*, *Mère Courage*, *L'Opéra de quat'sous*, où la figure du héros est constamment malmenée, problématique, comment est-ce que tu définirais la relation du héros à l'autre, aux autres, à la collectivité, à partir de *Coriolan* mais aussi d'autres exemples que tu as pu traverser ?

CHRISTIAN SCHIARETTI : Une chose est certaine pour *Coriolan* – je file sur l'idée que c'est une pièce sur le théâtre plus que sur le politique : c'est la choralité assemblée qui fait ses spectateurs, qui définit le rôle qu'il a à jouer. En dehors du regard et d'une sorte de commande qu'on adresserait à un acteur selon la conjoncture et les moments de la pièce, on lui demande de changer de rôle, d'en jouer plusieurs. Lorsqu'il vient mater l'insurrection au début de la pièce, il est dans le rôle, il joue le rôle qu'on lui demande : celui du héros répressif, en quelque sorte, de l'alternative répressive. Les sénateurs arrivent tout de suite après et l'annonce de l'attaque des Volsques est prononcée. On lui demande alors de devenir le sauveur de la patrie, de jouer ce rôle. Il obtempère, il joue. Il monnaye mais il joue. Quand il revient, on va trouver cette succession incroyable de scènes strictement théâtrales, où le théâtre est le fond même : comment parler ou comment dire. On va avoir toutes les figures théâtrales possibles : l'improvisation, le texte écrit et le texte soufflé. Encore une fois, on n'arrive pas à l'objectiver. Il est fabriqué, construit par la nécessité historique du moment et par la qualité de l'auditoire qui est le sien. Auditoire qui peut le transformer à sa guise en libérateur ou en oppresseur. Après, il joue ou non. Il est dans la situation d'un acteur qui dirait constamment à la salle : « Mais c'est faux ». La salle dirait : « Oui, mais on le sait » et lui : « Non, vous ne le savez pas ». Donc, l'acteur qui joue le personnage le dénie. Ce qui ne serait pas le cas pour d'autres figures héroïques appartenant à une tradition peut-être moins réfléchie ou d'un geste plus réconfortant par lequel la salle elle-même est conviée à l'identification. C'est le cas de Mackie dans *L'Opéra de quat'sous*. À aucun moment, Mackie, ou plutôt Brecht, ne détruisait lui-même, à l'intérieur, le processus d'identification. Sauf peut-être à la fin lors de la pendaison. Dans *Coriolan*, c'est le théâtre lui-même, comme si Shakespeare jouait à faire tomber notre capacité à représenter un héros ou même à jouer un héros.

Ce n'est pas le cas non plus dans *Père*, qui est d'un cadre théâtral plus fermé. Ce n'est pas le cas dans *Mère Courage* non plus. La difficulté, ici, c'est que la dénégation de la partition est dans la partition elle-même.

GÉRALD GARUTTI : Est-ce qu'il n'y a pas de héros sans auditoire ou sans spectateurs ? Est-ce que tout héroïsme suppose cette assemblée de regards ?

CHRISTIAN SCHIARETTI : Oui.

JEAN GILLIBERT : Bien sûr. Je pense que l'héroïsme est littéraire, dans le théâtre, le roman. Mais si l'on accepte le héros civique, on peut dire qu'il relève aussi du théâtre, au sens métaphorique du mot, non au sens réaliste du mot. Vous citiez *Mère Courage*, que j'ai monté. Ce qui m'a le plus frappé dans l'aventure « héroïque » de Mère Courage, c'est qu'elle n'ensevelit aucun de ses enfants. Elle dénie Petitsuisse, dans une séquence qui s'appelle d'ailleurs « La dénégation », elle abandonne sa fille aux paysans et cette dernière est tuée. Or, ne pas ensevelir un être humain est évidemment contraire à toute civilisation. On l'a vu, si j'ose dire auprès de nous, avec Auschwitz : le non-ensevelissement est une anti-civilisation. Il y a quelque chose de très particulier chez Brecht, que j'admire… En même temps, je pense qu'il n'a pas résolu le problème théâtral. Shakespeare, à mon avis, a résolu le problème du théâtre, un problème essentiel, et j'adhère tout à fait à ce que vient de dire Christian Schiaretti. Brecht, quel que soit son génie qui est très grand, n'a pas résolu ce problème pour des raisons multiples, pas tellement à cause de son inféodation au marxisme, mais parce qu'il y avait en Brecht quelqu'un qui s'est révolté profondément contre le piétisme d'où il était issu et qu'il n'a jamais, à mon avis, complètement régulé. Il en a fait du théâtre, ce qui n'est déjà pas si mal.

GÉRALD GARUTTI : Mère Courage, qui vit du profit de la guerre, a cette parole : « Ne me dites pas que la paix a encore éclaté ». On peut se demander si la guerre n'est pas un état naturel du héros. Certes, Mère Courage, comme toutes les figures chez Brecht, n'est pas une héroïne, elle l'est peut-être encore moins que d'autres, comme Galilée…

JEAN GILLIBERT : C'est une héroïne de la destruction. Brecht le dit lui-même : elle est le personnage occidental de la destruction. Aux Indes, il existe un dieu de la destruction. En Occident, non.

MARC GOLDBERG : Par rapport à la question du héros en temps de paix, j'ai parlé de Péguy et de qui sont les héros en temps de paix. Mais il y a une autre question plus directement liée à *Coriolan* : Qu'est-ce qu'on fait de quelqu'un qui a été reconnu comme un héros une fois que la paix advient ? Il y a presque explicitement dans *Coriolan* une référence à ce que faisaient les Grecs du héros en temps de paix : l'ostracisme. C'est exactement ce qui se passe dans *Coriolan* puisque l'accusation de tyrannie, portée par les tribuns démocrates, a un sens. Coriolan veut s'installer dans la guerre. Coriolan est bien dans la guerre et de ce point de vue, c'est un dictateur en puissance et les accusations des tribuns, que l'on a toujours tendance à ridiculiser parce qu'ils seraient la voix du peuple, sont aussi une voix de sagesse, qui était la sagesse des Grecs face aux héros.

Je voudrais dire une dernière chose sur ce point. Il y a un personnage de Shakespeare qui, dans une de ses plus célèbres tirades, se demande comment devenir un héros en temps de paix. C'est la très énigmatique et fabuleuse première réplique de *Richard III*. Que dit Richard III ? Je n'ai pas l'occasion de faire la guerre. Nous sommes en temps de paix, comment montrer ma valeur ? Parce que le héros est finalement celui qui s'élève au-dessus des autres, celui qui sort du lot. Richard III dit : je ne peux pas sortir du lot, d'une part parce que je ne peux pas, à cause d'un problème physique, rentrer en compétition sur le terrain de la conquête féminine, d'autre part parce que je vis en temps de paix et qu'il n'y a pas de place pour les héros en temps de paix. La réponse de Shakespeare, c'est la pièce de *Richard III* elle-même : créer la guerre civile, introduire du conflit là où naturellement il n'y en aurait pas, parce qu'une âme héroïque, si l'on veut, n'a pas le moyen de s'exprimer en temps de paix.

JEAN GILLIBERT : À un moindre degré, Churchill, qui est un héros de la Seconde guerre mondiale, n'a pas été réélu tout de suite après la guerre. Quant à De Gaulle, cela n'a pas bien tourné à la Libération, alors en effet le problème est aigu.

GÉRALD GARUTTI : C'est la guerre d'Algérie qui le rappelle, une autre guerre. La paix le chasse et la guerre le rappelle.

CHRISTIAN SCHIARETTI : On a beaucoup pensé à De Gaulle en travaillant *Coriolan*. Qu'est-ce que tu voulais me demander ?

GÉRALD GARUTTI : Je voulais savoir ce qu'est un héros en temps de paix.

CHRISTIAN SCHIARETTI : Sincèrement, je n'en sais rien du tout. J'aimerais déjà savoir ce qu'est la paix. La paix de qui ? La paix de quoi ? Qu'est-ce que nous appelons la paix ? Dans *Coriolan*, on peut dire qu'on trouve une réponse très claire, énoncée par ces trois personnages, le cuisinier et les deux serviteurs : « Donnez-nous la guerre, s'il vous plaît, puisque la paix est génératrice de cocus ». L'une est violenteuse, porteuse d'énergie, l'autre fait des cocus. Mais je ne sais pas de quelle paix nous parlons. Si c'est la paix des puissants… On a les paix qu'on veut bien décrire et qu'on veut bien poser. Je dis cela parce qu'Alain Badiou va parler tout à l'heure. Nous nous sommes posé la question d'une figure littéraire, héroïque, mais je me souviens qu'à l'époque on revendiquait avec Alain la position d'un théâtre ayant besoin de héros. Parce qu'on pourrait aussi se demander si le théâtre en a besoin ou pas. La figure héroïque est-elle une figure requise au théâtre ? Il y a eu tout un théâtre contemporain pour nous dire que non. Moi je ne partage pas tout à fait l'idée. Mais on s'est donc posé la question et on a fabriqué, à un moment donné, un héros qui se débattait dans un temps de paix défini par les puissants, que lui vivait peut-être comme un temps de guerre, du moins d'oppression sociale, et qui était ce Ahmed, figure de la Commedia dell'Arte.

La comparaison avec Brecht m'intéresse et je suis assez d'accord avec Jean Gillibert pour dire qu'il y a quelque chose que Brecht n'a pas résolu totalement et que Shakespeare vit pleinement. Shakespeare est constamment, c'est en tous cas très clair dans *Coriolan*, sur un fil de rasoir entre la farce et la tragédie. Alors que chez Brecht, c'est moins sûr. À l'intérieur d'un processus de farce qui détruit les figures qu'il propose, en même temps qu'il les expose, il y a une résolution pour la figure héroïque au théâtre. Elle existe en tant que figure mais elle est détruite dans l'exercice même de la forme qui la présente. Je dirais qu'elle n'est pas « dangereuse », elle n'a pas un pouvoir mystifiant. Elle est à la hauteur de ce que le héros ressent lui-même, puisqu'il est constamment nommé et que le problème chez Coriolan, c'est ce nom, dont il se défie. Il a la pathologie du mauvais acteur, il est un mauvais héros. Donc la figure littéraire en période de paix, oui, la paix étant définie par qui ?

GÉRALD GARUTTI : Je vais préciser où je voulais en venir. Dans le cas de *Coriolan*, nous avons une guerre militaire...

CHRISTIAN SCHIARETTI : Sur fond de guerre civile, quand même.

GÉRALD GARUTTI : Sur fond de guerre civile, c'est exactement le point que je voulais soulever, c'est-à-dire l'illusion d'une paix sociale, totale, alors qu'on est dans la réalité de la lutte des classes, dans une radicalité extrême à Rome puisque s'oppose à la masse des plébéiens, pleins de ressentiments, le petit nombre des aristocrates, les patriciens, et que la guerre civile est toujours sur le point d'éclater. La lutte des classes est permanente. Et même au sein de ces groupes, on est dans une tension, une guerre non seulement civile mais universelle, qui ne demande que la moindre étincelle pour éclater. Si l'on part du principe qu'il faut pour le héros une occasion de manifester son caractère exceptionnel, son dépassement, voire sa démesure dans un schéma tragique par exemple ; si l'on considère que l'état civil, ou disons l'état qui n'est pas l'état de guerre militaire, est malgré tout un état de guerre sur un autre plan, je repose la question : quelle serait la forme de l'héroïsme ?

JEAN GILLIBERT : Un peu brutalement, je répondrais : Kleist. Et la folie qui intervient comme une réponse. Je ne parle pas du personnage de Kleist qui certes était fou, mais de ses héros, le prince de Hombourg et bien d'autres. C'est la folie au sens de la démesure, pas au sens nosographique et psychiatrique du mot. C'est ce qu'a vécu Artaud, pour qui la folie a été la réponse possible au théâtre qu'il n'arrivait pas à produire et à faire, à son impuissance au moment où la Seconde guerre mondiale débutait. Il ne faut pas oublier qu'Artaud a prophétisé la Seconde guerre mondiale. Je crois que la folie peut être une réponse et je pense à Kleist particulièrement, au *Prince de Hombourg*, à *La Petite Catherine de Heilbronn*, et à d'autres pièces où la folie prend le visage de cette démesure pour combler le vide et ne pas quitter la paix civique, civile. Cela me paraît incontestable chez Shakespeare, mais c'est à discuter.

GÉRALD GARUTTI : C'est drôle que vous évoquiez Kleist, je pensais précisément à Kleist quand vous avez parlé du suicide. Je pense à cet héroïsme paradoxal qui est un héroïsme de l'inconscience. Le prince de Hombourg est un héros par somnambulisme, par inconscience, par désobéissance. Et dans cette pièce absolument énigmatique, on ne saura finalement pas s'il doit être considéré comme un héros ou au contraire comme un trublion insupportable à la loi qui s'exerce. Marc Goldberg, sur cette question de la paix comme guerre latente ou effective ?

MARC GOLDBERG : C'est vraiment drôle que vous parliez de Kleist et du *Prince de Hombourg* parce que dans les pages de

L'Esthétique de Hegel consacrées au héros shakespearien, Kleist est le seul autre auteur mentionné, en tant qu'exact opposé de Shakespeare. Hegel dit précisément que les héros de Kleist n'en sont pas. Le héros possède cette énergie vitale, individuelle, absolue, qu'on retrouve chez Richard III, Coriolan ou Macbeth, et Hegel voit au contraire dans le prince de Hombourg un héros faible, somnambulique si l'on veut, hésitant. On en trouve un ancêtre chez Shakespeare, je pense, en Hamlet. Hamlet est un héros qui anticipe un peu sur cette attitude moins pleine d'énergie, beaucoup plus attentiste, qui va peut-être caractériser les Temps modernes, et pour le coup réellement rejoindre ce que Péguy avait au fond de la tête lorsqu'il parlait du père de famille. C'est à cette forme d'héroïsme du quotidien, le temps de paix comme guerre sociale, que le père de famille est confronté. Il se trouve au centre de toutes ces violences, aussi bien conjugales que sociales. La question est comment faire son chemin à travers cela, justement sans recours possible à l'héroïsme épique de Shakespeare, qui dans ce cadre-là est vécu comme une facilité.

GÉRALD GARUTTI : Sur cette figure du héros absent, je pense à l'une des premières répliques du *Prince de Hombourg*, qui est proférée par son ami Hohenzollern. Hombourg est assis dans un jardin. Arrive par la rampe l'ensemble de la communauté aristocratique : le prince, le prince électeur… toute la famille que rêve d'intégrer le prince de Hombourg. Et l'un des premiers mots de son ami est : « On cherche le héros ». Héros introuvable donc, qui est là sans être là. On a effectivement cette lignée : Hamlet, Hombourg, Lorenzaccio, avec la particularité que Lorenzaccio a un projet révolutionnaire. C'est là où je voulais en venir dans un second temps. Si guerre sociale il y a, est-ce que le héros n'est pas le révolutionnaire ? On peut penser à Ibsen, à *Ennemi du peuple*, qui ne va pas jusqu'au bout d'ailleurs, mais aussi à d'autres pièces. Christian, tu as quelque chose à dire sur le héros comme révolutionnaire, ou plutôt le révolutionnaire comme héros ?

CHRISTIAN SCHIARETTI : Je ne sais pas. Bien sûr. Encore une fois, comme c'est une figure essentiellement littéraire, qui est parlée par le récit et non en termes objectifs, je ne peux le constater que dans un retour historique, avec une distance historique. À ce moment-là, ce serait bêtise que dire non. Toutes les séquences révolutionnaires répertoriées ont fait fleurir des récits. De ce point de vue, ça me paraît donc très clair. Toute la question est de connaître la qualité du récit et son utilité, de savoir dans quel champ idéologique il s'applique. De ce point de vue, *Coriolan* m'intéresse à cause du fait que le support, donc le récit, est constamment dénié. Il y a une dénonciation soit du récit littéraire soit de l'image, à l'intérieur, par le héros lui-même. Il y a donc une incapacité de devenir. Mais évidemment que la période révolutionnaire porte du héros. Je dirais même que c'est la période héroïque par définition.

JEAN GILLIBERT : Par association d'idée, je voudrais dire qu'on ne peut pas mettre dans la même balance le héros social, au sens large du mot, et le héros littéraire ou théâtral. Parce que c'est le lyrisme de la poésie qui fait naître, entre autres, le héros. Tout à l'heure, on citait Brecht. Que fait Brecht quand un de ses personnages est au bord de l'héroïsme, non seulement Mère Courage mais bien d'autres ? Il fait intervenir la musique, un *Song*, délivrant le spectateur de la possibilité d'une identification à un héroïsme. Pour aller plus loin, je crois que le héros a une source lyrique, au sens de poésie lyrique, fondamentale, et qu'il ne peut pas aller sans cela. Car le théâtre en Grèce est né à travers des mutations, que l'on connaît mal d'ailleurs. Il est né de Dionysos, enfant coupé en morceaux et ressuscitant. Au moment même où le théâtre va naître, c'est à travers un culte qui ne ressemble plus en rien au culte de Dionysos, bien qu'il y ait permanence de la mort et de la résurrection. Je citerai *Antigone*. Au moment où Antigone, l'héroïne, est pourchassée, chassée par Créon, pour aller mourir étouffée vivante, le chœur en appelle à Dionysos : « Toi l'orgueil des Thébains, dieu aux noms innombrables, fils de Zeus, sauve-nous ». Dans Shakespeare, qui ne connaissait pas le théâtre grec, il y a une permanence de ce dionysisme de principe, mort et résurrection, sans lequel il n'y a plus de théâtre épique ni de théâtre en soi, tragique bien sûr. Shakespeare l'a gardé sous la forme de la *furor*, comme on le disait à l'époque élisabéthaine. Simplement, il ne pouvait pas aller là où les Grecs sont allés, parce que l'époque n'était pas la même, pour de multiples raisons. La musique n'a pas servi à Shakespeare comme elle a servi la tragédie grecque, dans laquelle, au moment où l'héroïsme se manifeste et que tout à coup la salle peut s'embraser et prendre le pouvoir – ce qui est arrivé – la musique intervient, le lyrisme musical faudrait-il dire. Ce n'est pas le cas dans Shakespeare. Quel que soit l'apport musical des tragédies du temps de Shakespeare, la musique n'y a pas de rôle. On a cité Wagner. C'est Wagner qui a cru être Grec, mais quel que soit son génie, il n'était Grec en rien au moment où il a amplifié exagérément le lyrisme musical pour arriver à l'héroïsme germanique. Le processus s'est inversé. Je pense que le héros littéraire, dramatique, théâtral ou romanesque, est né avec le lyrisme épique ou le lyrisme simple. S'il n'y a pas de lyrisme, il n'y a pas de héros. C'est incontestable.

CHRISTIAN SCHIARETTI : Je voudrais dire une chose, en tant que praticien : c'est ce qui est très compliqué à résoudre quand on joue *Coriolan*. Il dit à un moment donné : « J'ai souvent fui devant les mots ». On pense qu'il fuit devant les mots des autres. Ce qui est assez simple, on peut imaginer un personnage qui se méfierait de la dimension flatteuse de la parole de l'autre. Mais Coriolan ne parle pas des mots des autres mais des siens. L'acteur qui le joue devrait considérer qu'il a un problème de dire, de prise de parole, de rhéteur, de rhétorique. Encore une fois, son problème ne va pas être un problème de rhétoricien mais un problème d'acteur. Shakespeare lui donne des problèmes d'acteur, mais quand il parle et qu'il n'a aucun problème, c'est un excellent rhétoricien, il parle très bien. Il parle très bien à l'armée et l'armée perçoit son discours avec les débordements démagogiques nécessaires, c'est-à-dire que l'objectivation est la nécessité du héros dont on a besoin. On a besoin d'un héros disant qu'il ne faut pas que l'armée devienne flatteuse. « Il ne faut pas que l'acier ramollisse », on applaudit. « Je ne veux pas que vous applaudissiez », on applaudit. C'est sans fin. À l'intérieur de cela, l'acteur est obligé de jouer en même temps celui qui fuit devant les mots et qui est en maîtrise d'une rhétorique parfaite, ce qui est très compliqué : c'est contradictoire dans les termes.

GÉRALD GARUTTI : C'est impossible. C'est une situation intenable.

JEAN GILLIBERT : Que fait Rodrigue dans *Le Cid* au moment où son père, Don Diègue, lui demande d'être un héros en le vengeant ? Rodrigue chante, il dit les stances, qui sont le chant, le pur lyrisme. C'est essentiel à la compréhension de la tragédie.

Échange avec le public.

UNE SPECTATRICE : Je voulais poser la question des héroïnes : masculinité et héros, féminité et héros.

JEAN GILLIBERT : Cette question est très importante et nous ne savons pas bien y répondre, c'est vrai. On a cité Péguy tout à l'heure. Je dirais que pour Péguy, qui a écrit très peu de théâtre, Jeanne d'Arc est la seule héroïne. Il y a ici quelque chose de particulier à l'esprit français. Jeanne d'Arc et la Révolution française, qui sont de grands moments historiques, n'ont jamais fait l'objet de pièces de théâtre. Pour Jeanne d'Arc, il a fallu attendre Péguy, et encore c'est *Le Mystère de la charité de Jeanne d'Arc*... Et aucun Français n'a écrit de pièce sur la Révolution. Ce sont des Allemands qui écrivent sur Jeanne d'Arc et la Révolution : Schiller, avec *Die Jungfrau von Orléans* (*La Pucelle d'Orléans*), et Büchner avec *La Mort de Danton*. Nous sommes, nous, Français, incapables d'écrire sur un évènement aussi biographiquement énorme, considérable, que Jeanne d'Arc, et que la Révolution française surtout. C'est à mon avis lié sémantiquement à l'histoire de notre langue, au lyrisme particulier de la langue française, qui est grand, mais qui privilégie certaines choses. Nous n'avons jamais pu écrire de pièce de théâtre sur la Révolution, ni sur Napoléon.

MARC GOLDBERG : Il existe une pièce française sur Jeanne d'Arc, un mystère sur Jeanne d'Arc, un texte extraordinaire écrit moins de dix ans après sa mort et qui a été joué à Rouen plusieurs années consécutives pour les célébrations de la mort de Jeanne d'Arc. Mais c'est effectivement tombé dans les poubelles de l'histoire, cela n'enlève donc rien à ce que vous disiez.

JEAN GILLIBERT : C'est un problème de notre génie français qui se limite, n'arrive pas à parler, alors que les Allemands, les Anglais, Shakespeare le premier, l'ont fait à travers l'histoire de leur nation.

UNE SPECTATRICE : J'ai une question pour le metteur en scène au sujet de *Coriolan*. On voit à un moment Coriolan jouer parmi les détritus, des cageots… Ne faisiez-vous pas allusion à ce que vous avez dit à propos de « Coriolanus » ?

CHRISTIAN SCHIARETTI : Oui, toute la métaphore scénographique est relativement simple. Je dirais qu'elle procède d'une métonymie quasiment vulgaire. C'est-à-dire que le politique relève, dans sa pratique vulgaire, du refoulé, que le Forum romain était construit sur la *Cloaca Maxima*, les égouts, que Rome s'est fondée sur un crime initial, que c'est une civilisation militaire fondée sur l'accueil de l'autre, du repris de justice, une ville refuge qui assimile des techniques très diverses et édifie son pouvoir politique et militaire sur la *Cloaca Maxima*. Je trouvais drôle que nous jouions sur un espace vide ayant, en son centre, un orifice permettant aux acteurs d'être soit dans une force centripète, lorsqu'ils ne pouvaient échapper à l'attraction, jusqu'à l'absorption, soit dans une force centrifuge, le temps d'un pouvoir relatif, lorsque leur énergie était suffisante, puisque la question du héros est toujours la question du dépassement. À partir de ce moment-là, la métaphore file tout le long de *Coriolan* :

on évacue le sang, les eaux sales… Intervenir ou bloquer la société, c'est bloquer ses capacités de régulation de déjection. C'est ce que fait un des hommes du peuple. Il y a du coup un retour du refoulé, le politique patauge. La traduction est ici intéressante. Normalement, c'est au Forum que les sénateurs se donnent rendez-vous. Or, Shakespeare dit : *market place*, place du marché. Et il le dit plusieurs fois, c'est-à-dire qu'à aucun moment il ne fait une transposition complète sur Rome. Il donne rendez-vous place du marché. Dans la représentation, le peuple, dans sa bagarre primitive avec les cartons, encombre cet espace et l'eau qui s'évacue figure ce qu'est pour moi la fin d'un marché : quand on passe le jet d'eau et qu'il y a les cagettes. Cela nous permettait de changer de décor sans rien changer scéniquement.

Pour nous, une des questions fondamentales – on a parlé du héros, on ne parle pas beaucoup de la masse en l'occurrence – est qu'on ne peut pas représenter le peuple sur scène. Même avec six cent personnes sur scène, je crois que ce serait resté un extrait. Le héros, *via* le lyrisme, est représentable au théâtre mais le peuple y est toujours le lieu d'un excédent. Je l'ai vérifié en essayant tout ce que je pouvais faire. Le peuple reste une sorte d'hypothèse, d'ailleurs très complexe à manipuler. Nous en avions besoin de façon à ce que les rôles de Sicilius et Brutus, les deux tribuns du peuple, ne soient pas trop liés à la manipulation. Entre le militantisme consenti et la manipulation, l'écart est très étroit. Dans la représentation, il fallait une relative crédibilité donnée au combat ou à sa force, nous avons donc choisi de jeter ces cagettes. Évidemment, Coriolan se retrouve au milieu quand il en parle, mais Volumnia aussi, tout le monde traverse cela. C'est le fantasme que j'ai de Rome. Rome me fascine dans son histoire. Je trouve le Capitole, l'église, affreux, je trouve que c'est une architecture très laide, très lourde. Ils sont curieux, les Romains. C'est fondé dans le sang.

UN SPECTATEUR : Excusez-moi de me référer à un auteur peut-être controversé mais ne serait-il pas possible de voir dans le héros une figure du bouc émissaire de René Girard ? Si oui, n'y aurait-il pas une possibilité, à travers ce bouc émissaire, de représenter le peuple sur scène ? Étant donné que le bouc émissaire représente cette figure d'expulsion collective de la violence, alors qu'à travers la figure du héros on se focalise uniquement sur l'individu. Alors qu'en temps de guerre on l'assume, en temps de paix, je verrais bien dans ce héros une victime qui commence à devenir potentiellement sacrifiable, dans le sens où il voit dans l'émergence de son statut politique l'avènement de son double monstrueux, à savoir qu'il assume son rôle militaire, qui serait son vrai rôle, mais n'assume pas son rôle politique, qui serait son double monstrueux. À partir de là, je ne sais pas si on peut continuer avec le vocabulaire girardien : sacrificiel… Mais plus qu'un héros à expulser, peut-être s'agit-il de la violence de la masse. Pour essayer de faire le lien avec la masse qui n'a pas été forcément beaucoup évoquée.

GÉRALD GARUTTI : On va évoquer la masse. On l'a évoquée en creux, mais la question sera celle du passage du peuple à la masse. Ce sera aussi une question importante.

JEAN GILLIBERT : Cette question est très juste comme la question précédente. Le peuple héroïque s'est manifesté, si l'on veut, lors de la Fête de la Fédération et de l'Être suprême. Le peuple était là mais appelez-vous cela du théâtre ? On peut dire que c'est du théâtre mais c'est une métaphore qu'on utilise. Pour Rome, *L'Énéide* de Virgile est une glorification de Rome, du peuple romain, héroïque, mais c'est un roman lyrique et non du théâtre. La question du théâtre soulève un problème spécifique à l'aventure du théâtre. Dans *Les Perses*, pièce qui fête la victoire du peuple grec sur les Mèdes, Eschyle ne décrit pas la victoire de Salamine, du côté des Grecs. Il ne dit pas : nous sommes un peuple glorieux parce que nous avons vaincu les Mèdes. Eschyle décrit les Perses dans leur défaite. *Les Perses*, c'est la victoire des Grecs sur les Perses, mais le théâtre représente la défaite des Perses et non la victoire des Grecs. Et les écrivains qui ont décrit glorieusement la guerre de 1914 sont dans l'ensemble des écrivains médiocres : Paul Raynal, cela ne vous dit rien, *Le*

Tombeau sous l'Arc de Triomphe… C'est un problème de la vie du théâtre : peut-on représenter la glorification populaire, aussi bien de la Commune, que de la Révolution, que de la guerre ? Pour le moment, l'histoire du théâtre montre qu'on ne le peut pas.

CHRISTIAN SCHIARETTI : Avant de conclure, on n'a pas bien répondu sur la question de l'héroïne. Si on prend le personnage de Jeanne, pas dans le *Mystère de la charité*, sorte de paradoxe poétique de Péguy consistant à écrire une œuvre qui montée intégralement ferait vingt-deux ou vingt-trois heures, qui ne constitue donc pas une œuvre en tant que telle, ni dans le mystère écrit quelques années après sa mort, mais dans le plus beau texte écrit sur elle : les minutes de son procès. Jeanne a une phrase qui m'a toujours fasciné et qui est sans doute une clé pour la question du héros en tant que tel. Quand on lui pose la question de sa croyance, de sa foi, elle ne dit pas : « Je croyais », elle dit : « J'avais la volonté de croire ». Pour moi, le héros est à cet endroit de la « volonté de ». C'est une force. De ce point de vue, la question de son sexe est à mon avis une question relative. La question de son origine, oui.

JEAN GILLIBERT : Il y a Antigone.

CHRISTIAN SCHIARETTI : Dans les figures littéraires, mais dans les figures historiques… C'est plutôt la question de l'origine qui est fondatrice. « J'avais la volonté de croire », cette parole m'a toujours fasciné.

JEAN GILLIBERT : Elle dit aussi dans le même procès : « Si je n'y suis pas, que Dieu m'y mette ».

CHRISTIAN SCHIARETTI : Et : « Si j'y suis, que Dieu m'y garde ».

GÉRALD GARUTTI : Que Dieu nous garde et que Dieu nous y mette : dans un quart d'heure, nous nous retrouvons pour parler de l'articulation du héros et la masse, et de la résurrection éventuelle d'un héroïsme.

5. La dégénérescence du héros

Dialogue avec ***Alain Badiou*** *(philosophe), par Gérald Garutti.*

Héros, un terme aux multiples résonnances

GÉRALD GARUTTI : Après ce premier temps qui fut consacré à la question de l'héroïsme de manière générale où nous avons examiné un certain nombre de problèmes à la fois au plan historique, littéraire et théâtral, cette deuxième session est consacrée plus spécifiquement au rapport entre le héros et la masse, à la question de la possibilité d'un héroïsme en contexte démocratique et à sa réinvention éventuelle. Pour ce faire j'ai le très grand plaisir d'accueillir Alain Badiou, qu'il est totalement inutile de présenter tant son œuvre est notoire. Son œuvre protéiforme est évidement philosophique, essentielle, mais aussi dramaturgique et romanesque. Il s'est également inscrit dans un travail militant de longue durée indissociable de sa pensée philosophique, à la croisée du platonisme et du marxisme, et de surcroît à la croisée de l'art, de la philosophie, des mathématiques – et de l'amour. Dans un premier temps, Alain Badiou, peut-être pourrait-on réfléchir à la polysémie même de la notion d'héroïsme.

ALAIN BADIOU : J'ai été frappé en écoutant la discussion passionnante de tout à l'heure par le fait que dès qu'on parle du théâtre ou dès qu'on est dans l'élément littéraire, on voit bien se décoller les deux significations fondamentales du mot héros. D'une part, le héros au sens de l'héroïsme, je donnerai une définition plus précise tout à l'heure, au sens du dépassement, de l'énergie, donc le héros comme figure subjective. D'autre part, le héros de la pièce, le héros de roman qui peut être Vautrin, qui peut être Hamlet, et qui évidemment pose le problème de savoir dans quelle mesure il peut représenter ou identifier la première figure. Il y a toutes sortes de variantes : le héros de la pièce, qui est un héros, le héros qui n'est pas un héros, le héros qui est le héros de l'anti-héroïsme, le héros qui permet de dire « *Malheur au pays qui a besoin de héros* », comme nous disait Brecht. Il y a toute une dialectique extraordinairement compliquée des deux significations du mot héros dès lors qu'on est dans le plan historique, politique, littéraire et théâtral. Pour la question que vous nous proposez, je pense qu'il faut revenir sur la question de la définition du héros et sur la question de l'histoire de cette figure, si l'on convient d'adopter provisoirement le mot « figure ». Le héros est une figure subjective. Je crois que nous pouvons retenir plusieurs points, qui ne sont pas absents à la fois de *Coriolan* et de l'interprétation qui en est donnée par Christian Schiaretti et par toute votre équipe.

Le paradigme militaire

Premièrement, historiquement le paradigme dominant de la figure du héros a toujours été, dans un premier temps, militaire au sens large. Le héros c'est celui qui accomplit des exploits dans un élément où le risque est maximal. De ce point de vue, il est lié à la question du risque et à la question de la mort dans sa généalogie, dans son principe même. Au fond, il est celui dont l'énergie interne, dont la détermination est telle qu'il peut affronter le risque suprême, dans des conditions qui sont des conditions de l'exception. L'exception héroïque, c'est largement, non seulement, une exception positive de type : la grande force, la capacité à réaliser des exploits, le fait qu'il est très costaud, qu'il peut étrangler des grosses bêtes ; le côté herculéen, au sens natif du terme. Mais c'est aussi une nature particulière de l'exposition au risque, y compris le risque suprême. Même dans l'expression de Heidegger, « *l'être-pour-la-mort* », je pense qu'en définitive il y avait derrière un retentissement romantique de cette figure. Le modèle du héros est toujours lié à une proximité de ce risque suprême. Ce risque peut varier : la guerre, l'activité conflictuelle, l'activité violente, le duel, le monstre, il y a des déclinaisons considérables, en donnent le contenu des fables principales ou des récits principaux, finalement de la factualité principale.

Le résistant

Tout à l'heure quelqu'un a parlé des résistants, je reviendrai sur ce point. Dans le figure du résistant comme héros, une des dernières figures héroïques de notre histoire française, locale, il s'agit d'une décision solitaire de rejoindre un collectif limité, très minoritaire, exposé au risque suprême non seulement la mort, mais aussi la torture, la déportation, au nom d'un principe, d'une idée. Le thème de l'idée est très important, on le développera plus loin. En définitive l'action des résistants eux-mêmes se situe sous un paradigme militaire, elle relève de l'action de partisans, du maquis.

Deuxième point, puisqu'on parle de la masse, de la démocratie, je pense qu'il y a eu une grande cassure, ou une ovation dans ce paradigme militaire qui s'origine dans notre histoire, et qui gravite autour de la Révolution française. Dans le monde antérieur à cette ouverture historique du monde démocratique, l'héroïsme et le héros sont des singularités individuelles : c'est le chevalier errant, ce sont les héros de l'*Iliade*. Ces singularités individuelles sont au service de leur nom propre, le héros c'est celui qui rend fameux son nom propre, à la fois dans le récit et dans le réel, c'est celui qui porte et qui fait désormais quelque chose d'éternel avec le nom Achille, avec le nom Ulysse, avec le nom Jeanne d'Arc, ou le nom Chevalier Bayard. Autrefois on apprenait ces figures comme l'imagerie fondamentale de l'Histoire, ça allait de Vercingétorix, en passant par Jeanne d'Arc, aux dernières figures de ce genre. Dans un marxisme un peu étalé, on pourrait dire que ce sont les figures antiques ou féodales du héros, aristocratiques en dernier ressort, au sens de ce service du nom propre, dans lequel la catégorie de gloire est une catégorie convoquée. Il y a une gloire du nom qui exauce ce nom propre, qui le fait sortir au milieu des autres noms propres.

Le héros anonyme

Avec la Révolution française et plus spécifiquement avec la levée en masse de 1793-1794, surgit une autre figure qui est, pourrait-on dire, exactement à l'opposé, le héros anonyme, qui va amener au culte de notre Arc de Triomphe, le Soldat Inconnu. Il faut regarder le bouleversement qu'il y a à passer d'Achille au Soldat Inconnu. Le Soldat Inconnu c'est un héros, indubitablement. C'est un héros dont personne ne sait qui il est. Il représente anonymement une figure du héros qui peut être de masse, qui peut être collective, qui peut être honorée à ce titre. Si on veut simplifier la nomination, je dirais que la première figure est une figure du guerrier, alors que la deuxième figure est celle du soldat. Je suis très frappé de voir que le guerrier hante nos sociétés sous la forme abâtardie des jeux vidéo et des films à grand spectacle. C'est très frappant. Je pense qu'il y a comme une nostalgie de la figure singulière du héros qui est donnée dans un imaginaire quasiment commercial et qui vient de ce que probablement nous sommes dans une époque où aucun de ces deux paradigmes ne fonctionne, où le paradigme du guerrier comme le paradigme républicain du soldat sont tous les deux en déshérence, et où par conséquent ce qui est une figure du héros est entré dans un état de crise. Pour revenir au point de la distinction, on peut appeler guerrier cet imaginaire propre qui s'attache à des figures réelles ou à des figures du récit dans lesquelles l'exposition au risque suprême au nom d'un principe, d'un idéal, d'une idée ou au nom même simplement de sa propre gloire, cette exposition au service de son nom propre se réalise dans la figure de l'exploit individuel. Et de l'autre côté, on peut appeler soldat cette sorte d'héroïsme anonyme qui représente ou distingue, dans la mobilisation populaire, une exposition du même ordre au risque suprême, au nom également d'une idée qui généralement a été soit l'idée nationale, soit l'idée révolutionnaire, soit les deux en même temps, puisque telle est l'origine, la levée en masse ; se définit là les contours d'un héroïsme différent.

Le tombeau du héros

Si on essaie de se tenir plus près de cette différence, on dira aussi que dans le cas du guerrier et dans le cas du soldat, on a deux types différents, en dernier ressort, du rapport à la mort et du rapport au tombeau. Le tombeau du héros est une question très importante. Ce qui est honoré, c'est souvent le tombeau, la stèle, il y a un rapport funèbre mais essentiel entre le héros et son tombeau ou son bûcher. Les différentes figures de la mort, de l'ensevelissement, ou de la crémation du héros jouent un rôle imaginaire et réel tout à fait important. Ce qu'on honore auprès du soldat inconnu est une flamme qui ne s'éteint pas, c'est l'éternité visible de la sépulture, c'est comme s'il était incessamment dans la disparition de son bûcher. Ce que le guerrier met à l'ordre du jour comme figure et pensée de la mort est aux prises avec deux notions : la notion de destin, le guerrier est une figure destinée ou destinale, c'est une figure où le nom propre doit assumer son destin ou nommer un destin. Ça, c'est dans l'origine grecque de la chose et ça se poursuit. Il y aura toujours une sorte de geste du guerrier qui en retracera le destin et la mort est inscrite destinalement dans ce mode d'exposition.

Le martyr

Tandis que dans le héros anonyme, dans le soldat, il n'y a pas vraiment un destin, il n'est pas né pour être héros, il a été saisi par la circonstance, il a été appelé par la patrie, il a été mobilisé pour aller au front. Ce n'est pas une occurrence du destin. Il va être plus proche d'une autre figure, très importante aujourd'hui, comme vous le savez et avec laquelle il faut confronter le héros, qui est la figure du martyr. C'est une dialectique essentielle, celle du héros et du martyr à la fois pour les séparer, les distinguer et pour savoir quelles sont leurs relations. Dans le cas du soldat, on va de façon systématique parler de son sacrifice. Un sacrifice qui tend quand même vers le martyr, même si quelque chose l'en sépare. Ce sacrifice est dû au fait qu'il n'y a pas l'accomplissement d'un destin, il y a une saisie par l'histoire, par le risque, il y a l'idée de la patrie qui plane au-dessus de tout cela, et on va demander à des masses, à des millions de gens, cette exposition sacrificielle à la mort et ensuite on va honorer éternellement ou dans une éternité virtuelle, on va honorer le sacrifice. Le héros, le guerrier a un destin. Alors que dans le cas du soldat anonyme, l'exposition à la mort est celle d'un sacrifice collectif.

GÉRALD GARUTTI : Cette articulation extrêmement stimulante entre guerrier et soldat, on la trouve nouée dans le mot célèbre de Napoléon : « *Soldats, je suis content de vous* », qui est sa parole à Austerlitz. Un héros national, qui était censé porter la Révolution française et même l'avoir achevée dans l'Empire, qui est une gloire légendaire, s'adresse aux soldats au service d'une idée. S'y conjuguent ces deux figures du guerrier et du soldat. Ce qui m'amène à vous poser la question de cette articulation entre le héros et la masse et entre ces deux figures que vous évoquez.

ALAIN BADIOU : Cette conjugaison est dans un paradigme militaire au sens strict. « *Soldats je suis content de vous* », c'est le général qui parle. Le général est celui qui militairement définit et met au service d'une pensée stratégique, tactique, la masse aveugle des soldats – en définitive à la fois héroïque et sacrificielle. Napoléon est une gloire nationale, vous savez que lorsqu'on lui avait fait des remarques sur les saignées humaines extraordinaires de la conquête impériale, après la bataille d'Hélios, qui avait été une boucherie bilatérale indécise où des dizaines de milliers de gens étaient morts, il avait dit : « *Ça n'a pas d'importance, en une nuit Paris en refera davantage.* » Là, on a un énoncé peu héroïque, un énoncé sur la reproductibilité indéfinie de l'anonymat du soldat, c'était un énoncé en apparence cynique, mais qui je crois éprouve et expérimente la difficulté de la connexion dont vous parlez. Elle est évidente dans le rapport entre la légende napoléonienne, et le réel de cette légende qui est que la figure du soldat s'est consolidée dans un enthousiasme réel, mais au prix de centaines de milliers de morts, d'un prélèvement humain considérable. La connexion est difficile parce que si on a un héros au premier sens du terme et le héros collectif et anonyme au second sens, c'est toujours en vérité que le premier fonctionne comme un nom qui concentre quelque chose des autres, qui est un concentré des autres. Nous entrons dans un problème extrêmement complexe et qui touche à la phrase de Brecht, « *Malheur au pays qui a besoin de héros* » : si l'héroïsme est strictement anonyme, la relève de son existence et de sa mémoire dans l'histoire et dans le temps est extraordinairement difficile. Même pendant la guerre de 14, dans les défilés après l'armistice, on voyait les généraux Foch, Joffre sur leurs chevaux marchant en tête de la masse des fantassins. Même eux avaient été repris par la figure que vous dites.

Ça amène à une hypothèse générale qui est que, y compris du point de vue de la masse anonyme des soldats considérée comme portant matériellement la nouvelle figure de l'héroïsme, se fait jour un besoin de nom propre. Il y a un besoin de nom propre, à la fois dans la citation des anonymes, mais aussi comme une possibilité de récollection de la figure dans son ensemble, de sa circonstance. C'est très important du point de vue de la question que nous nous posions, le rapport entre la masse et le héros, le rapport entre le caractère effectif de l'héroïsme collectif, c'est-à-dire le fait qu'il existe des héroïsmes collectifs, et puis un nom propre ou des noms propres qui récapitulent en quelque manière la circonstance et la grandeur de cet héroïsme. C'est pour ça que la question des dirigeants de masse est si complexe et si récurrente. Parce qu'on a parlé tout à l'heure de la question de l'héroïsme révolutionnaire, qui est largement dans le paradigme du soldat. En réalité, le militant au sens du XXe siècle, au sens du militant révolutionnaire de parti discipliné prêt à affronter le sacrifice suprême quelle qu'en soit la tendance ou la figure, c'est évidemment le paradigme de l'anonyme qui fait absolument ce qu'il peut et doit faire sous le signe de l'idée, du principe, de la conviction, y compris l'exposition à la mort. Ça, c'est un versant des choses.

L'autre versant c'est qu'il y a des noms propres : il y a Robespierre, Saint-Just, Lénine, Trotski… Ces noms propres sont nécessaires pour que la figure du soldat soit active, pour qu'elle puisse aussi être référée à des noms propres qui au fond désignent la séquence historique ou désignent le lieu de l'héroïsme collectif anonyme. Cette figure que vous évoquiez, Napoléon disant aux soldats : « *Je suis content de vous* », est paradigmatique du lien entre le symbole emblématique d'une séquence historique et la foule des anonymes qui constituent en réalité les héros véritables du point de vue du réel de la situation, mais qui ont besoin d'être enveloppés aussi dans la figure d'un nom propre. Un peu comme Napoléon nomme la bataille que les soldats font. On peut dire que c'est une injustice, mais le symbolique est rarement juste, le symbolique distribue sa puissance indépendamment de la question de la justice ou de l'injustice.

Il y a une phrase de Mao Tsé-Tung (lui c'est typiquement le nom propre qui se réfère à la masse anonyme dans la figure du soldat : l'Armée Rouge, la Longue Marche, on a toute une légende réelle de l'action militaire dans la figure du soldat) qui dit : « *Quand un soldat meurt il faut faire une cérémonie fut-il*, dit-il, *simple cuisinier* ». On trouve cette idée de la relève de l'héroïsme anonyme. Il y a une phrase où il emploie le mot héros : « *Les masses sont les véritables héros et nous nous sommes souvent d'une naïveté ridicule.* » Et nous c'est les gens du parti dont il parle, les cadres. C'est inversé à la discussion que nous avons en ce moment. Il y a un « nous » séparé quand même des masses anonymes, qui est le nous de la direction politique, du parti, de ceux qui ont des fonctions d'encadrement et de direction, mais les héros véritables ce n'est pas ce nous, c'est la masse anonyme de ceux qui sont les militants de la circonstance. C'est dire à quel point nous touchons à une question compliquée, centrale dans l'examen de l'héroïsme politique, qui est le rapport entre la maintenance prolongée du paradigme du soldat anonyme, absolument et inconditionnellement prêt à une exposition complète de lui-même à la circonstance y compris au risque de sa vie, et puis la question des noms propres qui elle vient de l'autre figure, qui elle est en dérivation de la figure légendaire et traditionnelle du guerrier, lequel est au service de son nom propre. Pour autant qu'apparaît un nom propre, il doit faire la preuve qu'il est au service non pas de la gloire de son nom, mais de l'anonymat des autres. C'est tout le problème.

GÉRALD GARUTTI : C'est le paradoxe d'un nom propre qui abolirait son propre destin au service de celui de la masse, au service d'une définition collective et, à cet égard, plusieurs questions naissent de votre propos. D'abord, la distinction entre peuple et masse. Vous citiez le mot de Mao, « *les masses sont les véritables héros* », phrase surprenante, pourrait-on dire, le peuple peut être héroïque mais la masse, elle, ne l'est pas : Qu'est-ce qui articule la différence entre ces deux notions, notamment au regard de l'héroïsme ? Deuxième question : vous citiez le paradigme du militant. Celui-ci déplace dans le champ politique des catégories militaires (militant / militaire) : la politique est la guerre continuée par d'autres moyens comme le dit Foucault. Là, on est dans un champ de guerre, en particulier en contexte de résistance, où la question de l'héroïsme se pose pour le militant. Quelles seraient les différences de nature entre l'héroïsme classique (donc militaire) et l'héroïsme politique ? La troisième question est celle du statut de l'idée. Vous évoquiez un héros au service de sa gloire ou d'une idée. Admettons qu'il ne soit pas seulement au service de sa gloire mais également d'une idée. Est-ce que l'articulation possible d'un héros et d'une masse pourrait se faire par l'oubli de sa propre gloire au service d'une idée ? Est-ce que l'idée n'est pas l'élément fédérateur qui permettrait à la fois de constituer un héros et le peuple ?

ALAIN BADIOU : Sur le premier point, le mot « masse » est pris dans un sens particulier. Il n'est pas pris au sens de la masse inorganique, ou de la masse numérique qui s'opposerait à des choses comme le peuple, le parti. Il est pris au sens du mot « masse », dans « mouvement de masse ». Il désigne ceux qui sont activement convoqués, mobilisés dans la situation dont il s'agit et où l'héroïsme est à l'ordre du jour. « Masse » a toujours joué un rôle critique par rapport à un usage formel du mot classe. La dialectique sous-jacente, c'est que « masse » c'est quelque chose qui est lié à la dynamique effective des mouvements en tant qu'un mouvement est démocratique au sens populaire du terme lorsqu'il est un vrai mouvement de masse. Là, ce n'est pas la considération de la classe qui est déterminante, c'est la considération du mouvement réel. Il y a une lutte sournoise et constante dans les circonstances révolutionnaires entre ceux dont la grille d'analyse est strictement théorique et scientifique en terme de classe, et ceux qui valorisent masse en ce sens là. Il n'y pas de contradiction entre peuple et masse. Le critère n'est pas le même. Classe, peuple sont des catégories objectives, tandis que masse est une catégorie dynamique, active. C'est le premier point. C'est lié chez Mao au remplacement progressif de la référence systématique à la classe par un remplacement systématique à l'analyse de la situation. Il y a un texte où il dit que pour connaître la position de quelqu'un, il est plus important de savoir s'il est ami ou ennemi de la révolution que de connaître sa classe. C'est plus important, parce que pour entrer dans une figure de masse, c'est la subjectivité qui va être déterminante. Peut-être que cette subjectivité est facilitée par l'appartenance de classe. C'est aussi pour ça qu'on retrouve la question du héros, de l'héroïsme : les masses sont les héros. C'est parce qu'on est dans l'élément subjectif, des figures subjectives.

Je passe au troisième point : l'idée. Il y a un point fondamental dans cette question du héros : c'est la fonction du désintéressement. Un héros est quelqu'un qui est prêt à sacrifier ses intérêts, à propos ou pour autre chose. Dans la figure du guerrier, la gloire est représentée comme quelque chose qui ne relève pas de l'intérêt, il est admissible d'être un héros au nom de sa propre gloire parce que la gloire, jusqu'à des temps qui se jouent vers le XVIIe- XVIIIe siècle, est elle-même une catégorie subjective, et non pas une catégorie de l'intérêt. C'est une dimension de l'intensité du sujet et de sa supériorité par rapport aux autres, mais pas de sa supériorité au sens de l'intérêt, de l'institution, mais de sa supériorité devant un tribunal qui n'est que le tribunal de lui-même. Il comparaît devant ce tribunal, il est jugé par lui-même au nom du critère de la gloire et cela reste dans l'élément du désintéressement. La figure du guerrier nous est étrangère, parce que ce point de la gloire est un point qui appartient à l'aristocratisme, c'est pour ça qu'il est en déshérence aujourd'hui. Aujourd'hui, la gloire est la catégorie la plus usée du point de vue de la question de l'héroïsme. On aura donc le héros dans la figure du désintéressement.

Mais qu'est-ce que ça signifie, « désintéressement » ? Y a-t-il même une action désintéressée ? C'est une des croix du marxisme. D'un côté, le marxisme nous explique que la figure du social comme figure du conflit des intérêts est la scène objective de l'action, incluant les déterminations pratiques, actives. Et d'un autre côté, il exalte aussi l'héroïsme désintéressé des révolutionnaires en tant qu'ils seraient au service de l'humanité toute entière. Là, on a une centration de la question du héros qui est complexe et dialectique. J'étais embarrassé par cette question. J'ai proposé dans mon livre *L'Éthique* le concept « d'intérêt désintéressé », qui était déjà chez Kant, mais que j'ai finalement assumé moi-même. Je voudrais le défendre : il faut dans l'héroïsme le plus pur qu'on imagine qu'il y ait un engagement de la subjectivité, et cet engagement de la subjectivité on peut toujours l'analyser comme un intérêt. On peut toujours démontrer qu'un sujet individuel particulier fait une action à travers tout un système de représentations complexes et éventuellement contradictoires de ses intérêts. Il n'est donc pas complètement vrai que nous ayons renoncé au concept de gloire. Avec la gloire, on avouait qu'il y avait un intérêt désintéressé, puisque la gloire était un intérêt de la subjectivité pour elle-même en tant que subjectivité. Ce n'était pas pour avoir de l'or, ce n'était pas pour avoir une position, ce n'était pas pour marcher sur les autres, c'était le nom de l'intérêt désintéressé dans la figure aristocratique ou finalement dans la figure du guerrier. Peut-être que c'est encore quelque chose comme ça qui existe, et que j'ai appelé intérêt désintéressé, faute de pouvoir lui donner un nom du type gloire précisément, et qui est que l'engagement subjectif représente nécessairement une figure d'intérêt. On ne peut pas spécifier pour cette figure d'intérêt un intérêt extérieur au sujet qui serait la cause de son engagement. C'est un intérêt qui comparaît devant lui-même et qui est en ce sens désintéressé. Intérêt désintéressé veut dire qu'en réalité ce dont il s'agit est une idée, c'est-à-dire que j'appellerais idée ce qui viendrait à la place de gloire. Cela peut être l'idée de la révolution, l'idée de l'émancipation, ça a été aussi l'idée nationale, l'idée patriotique, l'idée de résistance, l'idée de solidarité. Ces idées multiples viendraient occuper la position de la gloire dans l'héroïsme aristocratique ancien, dans la mesure où elles représentaient une figure au nom de quoi une subjectivité peut être engagée. Cet intérêt étant le porteur de quelque chose qui l'excède, qui est au-delà de lui-même, qui est en un certain sens dans une destination qui n'est pas représentable comme la survie de celui qui la porte.

Héroïsme militaire et héroïsme politique

Cela me pousserait à entrer dans une analyse de conjoncture contemporaine des questions de l'émancipation. La situation actuelle, en tout cas celle des pays qui sont les nôtres, est définie par le fait que la figure du guerrier et la figure du soldat sont toutes les deux obsolètes, dépassées, ont donné ce qu'elles avaient à donner historiquement. Si on prend notre histoire propre, la résistance a été la dernière figure véritable de ce type, dans un paradigme du soldat, l'armée de l'ombre, le soldat de la clandestinité. La Guerre de 14 et la Résistance portent encore une activité positive de la figure du soldat et de son anonymat sacrificiel. Par contre, lorsqu'on a convoqué des masses de jeunes gens dans le bourbier colonial en Algérie, ou dans le bourbier impérial comme au Viêt-Nam, on a soumis la figure du soldat démocratique ou républicain à une épreuve dont elle ne s'est pas relevée. La masse des jeunes gens, jeunes filles ne sont plus convocables pour le sacrifice anonyme dans les circonstances du présent. La figure du guerrier est une figure ancienne, qui n'a plus chez nous d'existence que dans l'imaginaire commercial. On est en réalité dans un élément où la figure héroïque est atteinte, ne plus avoir de modèle, de paradigme, être démonétisé ; parce que les figures successives de la guerre ont usé et anéanti la figure du soldat, parce que la figure du guerrier est une figure ancienne, parce que la vie commerciale privée hédoniste est aux antipodes de l'idée héroïque sous toutes ses formes. L'idée normale, ordinaire d'exposer son existence pour une idée a disparu du champ subjectif dans des pays comme les nôtres.

Cependant, une politique d'émancipation, une politique qui serait au service générique de l'humanité, une politique égalitaire, je ne pense pas qu'une politique de ce genre-là puisse se passer subjectivement d'un intérêt désintéressé, donc elle ne peut pas se passer d'une figure de l'héroïsme. Cela ne veut pas dire que cette figure de l'héroïsme sera nécessairement convoquée à des expositions radicales. Elle doit exister comme possibilité subjective. Le problème c'est de découvrir, de faire entrer en scène un paradigme non-militaire de l'héroïsme, donc de voir ce que peut être l'héroïsme en temps de paix. Quand je dis en temps de paix c'est au sens large, au sens où on ne traite pas immédiatement des contradictions qui sont antagoniques. Où on n'est pas convoqué dans l'élément de la violence. Comment fonctionne subjectivement un intérêt désintéressé ? C'est une nécessité que je reconstruis abstraitement du point de vue de la philosophie, en disant que malgré tout vivre vraiment, vivre d'une vie qui mérite son nom, c'est en tout cas que cette possibilité lui soit coprésence, qu'elle ne l'exclut pas et que donc on admette au regard de soi-même une vision des choses qui n'est pas sécuritaire. Le sécuritaire peut être collectif, peut être l'idée qu'il faut se protéger contre tout, les jeunes, les étrangers, le climat, etc. Le sécuritaire le plus intime, c'est l'idéologie de la survie à tout prix, c'est-à-dire l'intérêt intéressé, qui est inévitable. Je pense que le monde contemporain est un monde qui nous enjoint, qui nous ordonne de vivre sans idées, d'être toujours en dehors de l'intérêt désintéressé, de toujours normer l'intérêt par son intéressement. Le chemin est difficile à trouver et il sera probablement formalisé ou découvert dans des expériences d'idées fragmentaires, de solidarité avec telle ou telle situation, dans des expositions pour l'instant limitées. Mais cette limitation est nécessaire. Je suis persuadé que nous sommes dans l'ouverture d'une troisième figure de l'héroïsme. C'est pour ça d'ailleurs que nous discutons de cette question.

Au fond je me dis souvent que l'histoire des révolutions au XXe qui a toujours été considérée classiquement comme un fiasco total, comme une chose terrible, totalitaire, c'est en réalité l'histoire du maintien dans l'héroïsme politique de la figure de l'héroïsme militaire. C'est-à-dire l'emprise sur l'organisation politique et l'organisation du combat politique du paradigme de l'héroïsme militaire, le maintien subjectif du paradigme militaire et d'un héroïsme de combat, de dévouement et de solidarité organisée qui n'est pas à l'aise, ne sait pas quoi devenir dans le temps de paix. Les grands épisodes révolutionnaires du XXe siècle étaient liés à la guerre. La révolution bolchevique c'est la guerre de 14-18, la révolution chinoise c'est la guerre de 40, les grands soulèvements asiatiques et au Moyen-Orient ce sont les guerres de libération nationale. Ça, c'est un bilan qu'on peut faire qui a donné de véritables épopées, des figures épiques de la politique. Qu'est-ce que c'est qu'une figure non-épique de la politique ? On pourrait le dire comme ça : c'est le train-train de l'ordre établi. Ce qui voudrait dire qu'on renonce explicitement à toute figure héroïque dans le champ de la politique, ce que je crois une décision très risquée sur le devenir même de cette politique.

GÉRALD GARUTTI : Vous évoquiez le discrédit de la figure du soldat lié aux guerres coloniales et impériales. On peut en effet penser au contraste entre ce que l'historien allemand Kantorowicz décrivait de la guerre de 14 dans *Mourir pour la patrie,* c'est-à-dire le fait de pouvoir mourir pour une cause, et l'optique du zéro mort des guerres impériales modernes, c'est-à-dire que les héros anonymes, par exemple les GI américains, sont censés ne pas mourir. Donc on ne doit plus mourir y compris pour ses idées. Définiriez-vous le fait héroïque comme l'acceptation de mourir pour ses idées ?

L'héroïsme comme création et affirmation vitale

ALAIN BADIOU : Je l'ai dit au début, je ne ramènerai pas l'héroïsme à cette définition purement et simplement. Ce serait trop unilatéral et ça convoquerait trop directement et frontalement la question de la mort dans la définition de l'héroïsme. Ce que je cherche à faire, c'est définir d'abord l'héroïsme du point de vue de la vie, ce qui a des conséquences sur la question de la mort. Mais je ne procède pas en sens inverse. Je définirais l'héroïsme comme la possibilité d'engager des processus vitaux, véritables, affirmatifs, créateurs qui soient supportés par un intérêt désintéressé. C'est ce que l'on trouve de façon commune dans les autres procédures de vérité, vous rappeliez le quatuor des procédures de vérité, c'est-à-dire : la politique, la science, l'art et l'amour. Dans l'art ? On trouve des exemples courants où le processus de création n'est pas porté ou supporté directement par un intérêt. Je pense que ça doit être possible en politique aussi, collectivement et individuellement. Que quelque chose qui prétend inventer, changer l'ordre politique tel qu'il se présente, puisse être assumé dans sa création même. Il faut partir de là. Si la défense de cette création, ce qui vient autour, le fait qu'elle est menacée par des ennemis effectifs, oblige à la défendre, il faut bien accepter que cette défense soit aussi dans le processus. Même si on définit un héroïsme de temps de paix, un héroïsme qui ne convoque pas immédiatement la question de la guerre et de la mort, il n'en reste pas moins qu'on doit prévoir, savoir que ce qu'on crée selon l'idée qui est le noyau de ce à quoi on est attaché peut avoir à être protégé, défendu, et savoir que le degré d'exposition au risque dont on est capable ne peut pas être limité d'avance. Il y a bien d'autres risques que la mort. Mais ça peut l'inclure. Il faut dire que la figure défensive de ce qu'on crée positivement sous le signe héroïque de l'idée peut avoir à être défendue. Sinon on en viendrait à l'idée que ce type de création n'a pas d'ennemi. C'est typiquement ce qu'on veut nous faire croire, qu'il peut y avoir une politique sans ennemis, une politique du consensus. Si votre adversaire n'est pas un ennemi, c'est qu'il y a une grande zone d'accord avec lui. C'est bien ce qui se passe dans notre société entre la majorité et l'opposition. On sait très bien que l'opposition n'est pas prête à mourir pour ses idées, elle a raison d'ailleurs parce qu'elles n'en valent pas la peine.

Il faut prendre acte que la zone d'accord avec l'adversaire partenaire est suffisamment consistante pour que ça soit comme ça. Si on se lance dans un processus d'affirmation créatrice plus ouvert et plus novateur, on ne peut pas conserver cette idée qu'on reste d'accord avec les adversaires, sauf sur la durée des congés payés et la rémunération des heures supplémentaires. Forcément, il y a une zone de conflit plus serrée, même s'il ne faut naturellement pas tout de suite convoquer la mort. Je suis prêt à assumer les conséquences du point que je tiens. Ces conséquences sont de toutes sortes d'ordres, mais quand vous risquez quelque chose pour défendre la patrie, vous essayez de ne pas mourir : même le bon soldat ce n'est pas celui qui se fait tuer au premier coup de feu, c'est celui qui est capable de creuser un trou, de s'enterrer, de survivre, de tenir le coup, de porter des coups à l'adversaire. Il y a une exposition au risque et le risque peut être maximal. Ça on ne le sait pas d'avance. La convocation prématurée et essentielle de la mort va définir une conception que je ne dirais pas héroïque, mais que je dirais une conception du martyr. Naturellement le héros peut devenir un martyr pour les autres. Mais en subjectivité, ce n'est pas quelqu'un qui vit dans l'être pour la mort, c'est quelqu'un qui vit dans l'être pour la vie. Sinon ça n'aurait pas d'intérêt ni de sens pour les autres. Ceux qui disaient : « Vive la mort ! », c'était les fascistes, ce n'était pas les révolutionnaires. Les révolutionnaires étaient pour la création, l'ouverture, l'internationalisme, la généralité des choses, la solidarité des peuples. On est sur la lisière où il est important que la figure affirmative de l'héroïsme politique, particulièrement en temps de paix, premièrement, ait des composantes, des contenus et des déterminations subjectives essentiellement affirmatives ; deuxièmement, assume l'exposition au risque, parce qu'il y a des ennemis, parce qu'il faut défendre les choses, et troisièmement, ne soit pas dans une subjectivité du martyr : « Je vais gagner mon salut par la mort ». Là on entre dans une figure qui a des analogies formelles avec l'héroïsme mais qui s'en distingue par son côté mortifère.

Héroïsme, notoriété, ressemblance

GÉRALD GARUTTI : Merci pour cet appel pour la vie, que j'espérais bien de votre part. Dans la dissolution de cet héroïsme que vous évoquez, on peut se demander s'il n'entre pas en cause un phénomène observé contemporain, qui est dans la logique représentative de la démocratie, l'idée du semblable, de la ressemblance ; celui qui nous représente doit nous être semblable ce qui aboutit dans un cas à un président qui nous ressemble. Par ailleurs, les figures dites « héroïques », qui relèvent généralement du pur vedettariat, sont censées de plus en plus nous ressembler. La logique de prendre un anonyme, n'importe qui, et d'en faire quelqu'un, une star, n'est-ce pas la faillite même de l'héroïsme, ou en tout cas d'une forme de singularité ?

ALAIN BADIOU : Nous sommes sur une lisière théorique et pratique importante et difficile. Il était absolument évident que ce que vous décrivez là nous obligerait à définir héroïsme et vedettariat, ou héroïsme et exposition publique, ou héroïsme et nom propre circulant. Depuis le début nous avons beaucoup parlé du nom propre, mais bien entendu pas en ce sens là, même celui qui est au service de la gloire de son nom ne comparaît que devant son propre tribunal, en réalité il ne reconnaît pas le tribunal extérieur. Donc c'est tout à fait différent. Là, on a l'exposition publique d'un nom propre en tant qu'elle est à elle-même sa propre fin. La circulation du nom, non pas son intensité ou sa qualité particulière, est la norme. Pour ce qui est de la ressemblance, il faut bien assumer que, à supposer qu'il y ait un héroïsme politique contemporain, il sera un héroïsme égalitaire, ça c'est sûr, et d'ailleurs il l'a déjà été. Puisque la figure du soldat, c'était en partie l'introduction de cet égalitarisme foncier dans la figure du héros, ce qui faisait qu'on admettait tout à fait qu'il y ait un héros anonyme, un soldat inconnu, et qu'on allait honorer comme tel, il y avait une reconnaissance d'un héroïsme égalitaire dans cette figure-là. Et nous ne pouvons que prolonger, déployer et rendre moins effroyable qu'elle ne l'a été cette figure, sans la limiter, la renfermer dans le paradigme militaire. Il faut donc distinguer similitude et égalité. La similitude prend les traits extérieurs de l'appartenance sociale, les traits les plus communs de la vie ordinaire, c'est-à-dire commence par considérer que vie et survie, c'est la même chose, que la vie n'est jamais que la répétition archétypale d'elle-même. À partir de là, on va sortir de cette vie ordinaire les héros ordinaires de cette vie ordinaire et en faire des vedettes. Pourquoi ceci n'a rien à voir avec ce que nous discutons ? Ce dont nous discutons est toujours référé à des processus créateurs. Il n'y a pas d'héroïsme sans création affirmative de quelque chose. Et donc l'héroïsme même, s'il est collectif et égalitaire, est toujours dans une figure d'exception, qui n'est pas nécessairement une figure aristocratique. Il y a une exception collective, je dirai une exception générique, au sens où elle est en un certain sens destinée et valable pour tous sans pour autant être dans le mécanisme simple de la circulation. Il faut opposer le générique et l'universalité à la simple circulation de l'image. Parce qu'en plus, ce qui n'est que similitude est de l'ordre de l'image, pas de l'ordre du réel, le semblable va être exhibé comme image en tant qu'image de moi-même. Et on va dire en voyant cette image : je pourrais être à la place de cette image, alors qu'en vérité les hommes réels sont insubstituables. L'égalité véritable, c'est l'égalité entre des individus insubstituables, parce que ce n'est pas l'imaginaire, c'est le réel, donc c'est complètement différent du processus où une image peut être remplacée par une image. L'apologie de l'ordinaire et de la transformation en image spectaculaire de l'ordinaire fait partie de ce que j'appellerais la contre-révolution permanente, qui distrait de ce que serait un héroïsme véritable de l'ordinaire, de ce que serait véritablement la création générique, c'est-à-dire la création qui n'aurait pas besoin d'exception aristocratique mais qui se ferait au niveau le plus élémentaire de l'existence collective ou sociale.

GÉRALD GARUTTI : Donc un héroïsme démocratique n'est pas une contradiction dans les termes ?

ALAIN BADIOU : Pas du tout, ça dépend comment on définit démocratie.

Définir la démocratie

GÉRALD GARUTTI : Alors comment définit-t-on démocratie ?

ALAIN BADIOU : Je définirais la démocratie comme la capacité d'invention du collectif humain au regard de son propre destin, comme ce qui est capable de le rassembler non pas sous une règle extérieure, qui le convoque périodiquement dans des conditions préformées à une pseudo-décision, mais à des formes de mouvement, d'organisation, de réunion, de rassemblement qui, sous le signe d'une idée, traitent un problème, traitent un point. Point dont on doit toujours être en état de démontrer qu'il a une portée ou une valeur universelle, qu'il est adressé à tous dans sa substance même. Et Dieu merci, il y a des choses qui se passent qui sont de cet ordre. Ce n'est pas une utopie, il y a des processus concernant le destin des ouvriers de provenance étrangère, il y a des processus concernant l'interdiction par collectifs de l'expulsion des enfants des écoles, il y a des processus concernant la mobilisation ou l'indignation de la jeunesse, il y a des processus concernant le destin inqualifiable fait à telle ou telle situation industrielle et du travail, il y a une histoire concrète de tout cela. Mais le cadre général est flou pour la raison que nous ne pouvons plus faire avec les paradigmes qui ont servi aux grandes constructions du XXe. Mon état d'esprit n'est pas de dire ça a été une horreur. Non. Ça a été l'expérience du XXe siècle en la matière, l'expérience de son héroïsme particulier, meurtrière, terrible, guerrière avec tout ce que ça comportait d'usage immodéré de la violence et nous devons faire autrement. L'argumentaire de cet échec est actuellement uniquement utilisé dans le sens de la résignation, c'est-à-dire

« restez dans votre coin », « survivez comme vous pouvez », « de toute façon il n'y a qu'une seule possibilité », « tout le reste a échoué donc ne vous en occupez pas », c'est-à-dire, en effet, vivre sans idées. Et autrement dit, si l'injonction contemporaine est de vivre sans idées, eh bien il est inéluctable que vivre autrement que sans idées requiert une certaine subjectivité héroïque, puisque l'ordre établi est de vivre sans. Il faut que la subjectivité elle-même accepte cette idée d'une tension au-delà d'elle-même, c'est-à-dire d'une tension de son intérêt comme intérêt désintéressé, au moins en partie, une figure héroïque au sens élémentaire du terme pour pouvoir réellement tenir dans un contexte comme celui-là.

Vivre avec des idées en tenant un point

GÉRALD GARUTTI : On définit parfois votre œuvre comme une tentative de repenser l'héroïsme moderne, vous avez déjà donné un certain nombre de pistes, si vous deviez cristalliser cette question ?

ALAIN BADIOU : La difficulté de la question de l'héroïsme dans le monde contemporain, tel que nous le pratiquons nous, et tel que nous le connaissons ici, c'est qu'on a tenté d'établir une confusion et on tente tous les jours d'établir une confusion entre sujet et individu. C'est cette confusion qui ferait de l'individu le seul support possible d'une subjectivité véritable qui rend impossible l'avènement d'une nouvelle figure du sujet. Je me suis donc engagé dans le travail considérable d'une rénovation de ce que c'est qu'un sujet, d'une façon qui soit opposable premièrement à la stricte notion d'individu, que j'appelle « l'animal humain », pour bien le mettre à sa place, c'est-à-dire, l'intérêt non désintéressé ; mais d'un autre côté compatible avec l'individu, en admettant qu'en un certain sens, la matière première d'un sujet, c'est l'individu. C'est avec l'individu ou avec des individus que se façonne une figure subjective rénovée. J'ai donc tenté de définir un sujet qui soit tel qu'il n'est pas réductible à l'individu mais pas non plus contraire. Parce que si le sujet est contraire à l'individu vous allez au martyr, vous allez martyriser l'individu pour que le sujet soit. Il faut veiller à la distance et veiller à la compatibilité.

J'ai montré que dans ce cas, un sujet, c'est un processus de création au service d'une idée, qui peut être une idée artistique, un amour radical, une invention scientifique. Quelque chose se passe en relation avec la puissance d'une idée ; un individu peut s'incorporer à cette puissance, il peut faire corps avec cette puissance. Il y a incorporation de l'individu, et quand il s'incorpore à ce processus, il advient comme sujet. L'individu se subjective lui-même en s'incorporant au devenir concret, réel de l'idée dans le monde qui est le sien. On peut montrer que ainsi conçu, le sujet répond aux deux précautions initiales : d'un côté, un sujet est un résultat qui est distinct d'un individu ; d'un autre côté, l'incorporation indique qu'il n'y a pas non plus de sujet sans individu qui s'y incorpore.

Par conséquent, le sujet est finalement une possibilité pour l'individu, une proposition qui lui est faite en général par le monde. Quelque chose advient et à laquelle il peut s'incorporer pour faire l'expérience de sa subjectivation. Si on résonne ainsi, on peut dire qu'on rénove la question de l'héroïsme : ce devenir sujet va devoir à son tour inclure des protections, des expositions, et évidemment renoncer, abdiquer, laisser tomber. Le moment où vous vous désincorporez, le moment où vous redevenez l'individu que vous êtes, où vous retombez dans le support individuel, le moment où chez vous l'individu prend sa revanche sur la subjectivation existera toujours. J'ai été très marqué par ça. Je suis de la génération de la lutte contre la guerre d'Algérie et Mai 68 et j'ai pu voir dans les années 80 un très grand nombre de mes compagnons laisser tomber, considérer que tout ça n'avait été qu'illusion et impuissance. Je les ai vus sous mes yeux redevenir des individus, reprendre les règles traditionnelles de l'intérêt, se réinstaller. Ça m'a beaucoup marqué comme expérience, car c'est aussi une expérience de solitude. Cette expérience m'a stimulé pour reconstruire les choses de telle sorte qu'on puisse montrer qu'on peut subjectiver l'individu, qu'on est dans des expériences très diverses et que ça requiert quelque chose comme un héroïsme, mais cet héroïsme est récompensé, c'est un héroïsme heureux, même s'il est amené à se défendre. Il est plus heureux que l'individualisme.

Il a une chose qui m'a toujours frappé dans la philosophie de Platon, c'est l'extrême importance pour lui de démontrer que le philosophe, c'est-à-dire celui qui subjective la vérité dans son langage à lui, est plus heureux que le cynique. Pendant longtemps, je me suis demandé pourquoi vouloir montrer qu'il est plus heureux, puisque de toute façon il est plus grand. En vieillissant, je deviens sensible au point de Platon, je pense que c'est important de montrer qu'il est plus heureux et de le transmettre ; de montrer qu'on n'a pas à choisir entre le bonheur et la grandeur. Il y a une grandeur de la subjectivation, en ce sens-là, ça excède l'individu qui s'y incorpore. Mais l'idée qu'à ce moment-là, il faut choisir entre la grandeur et le bonheur, donc l'idée que finalement toute subjectivation est un martyr, ça revient à dire qu'il va falloir payer la grandeur en terme de malheur, de souffrance, de mort, de déréliction. Cette idée est inexacte. Et donc il faut la combattre et tenter de prouver qu'on est plus heureux comme sujet que comme individu, que l'intérêt désintéressé apporte plus de satisfactions que l'intérêt brut, et que vivre sans idées est moins heureux que vivre avec idées. Après ça rentre dans des problèmes sur : qu'est-ce que c'est qu'être heureux ? C'est toujours un peu circulaire. On finit toujours par dire qu'être heureux, c'est être plus que ce qu'on est. Ça tourne un peu en rond. Je reconnais. Mais alors à ce moment-là, on en appelle à tout le monde, est-ce que ce n'est pas plus heureux d'être passionnément amoureux que tout seul ? Alors que c'est un grand risque. On retrouverait sur l'amour absolument toutes les données qu'on a remaniées. Il y a un héroïsme amoureux, c'est bien pour ça que c'est finalement difficile et rare. Il y a un héroïsme amoureux de tenir le « deux », les points qu'il impose, les choix qu'il exige, la durée qu'il construit, l'expérience nouvelle qui est la sienne. Il suffit d'être amoureux, d'être dans un amour pour être dans une subjectivation qui n'est pas réductible à l'individu. C'est une expérience intéressante, parce que c'est l'expérience du collectif minimum.

GÉRALD GARUTTI : Je suis sûr que nombre d'entre nous définirait bien l'amour comme un héroïsme. Vous définissez, dans *De quoi Sarkozy est-il le nom ?*, ouvrage qui a eu la fortune qu'on connaît, la résistance à la capitulation actuelle comme le fait de tenir un point. Or vous venez justement de dire que l'héroïsme amoureux, c'était tenir le « deux ». Dans quelle mesure cette notion de tenir est constitutive de l'héroïsme ?

ALAIN BADIOU : Elle l'est de façon évidente au travers de toutes les figures de l'héroïsme que nous avons tenté de classer, de reparcourir depuis le début. Déjà le guerrier médiéval ou antique est quelqu'un qui, comme aurait dit mon maître Lacan, ne cède pas sur son désir, quelqu'un qui tient ce qui lui est imparti de tenir. Même lorsque ceci est dans la figure du destin, il va le tenir. C'est le paradoxe du héros antique : Les travaux d'Hercule, ça lui est imposé, il n'avait peut-être pas tellement envie de tuer l'Hydre de l'Herne, ou le Sanglier d'Érymanthe. On ne lui a pas demandé probablement. Cependant il le fait, comme on tient un point, avec la ténacité, la conscience subjective et héroïque qu'il faut pour le tenir. Et il en va ainsi de toutes les figures héroïques, qu'elles soient dans le paradigme du guerrier, du soldat ou dans le paradigme à venir de la figure héroïque assimilable au temps de paix. Dans les figures de la subjectivation que je propose, il y a toujours cette idée de tenir sur les conséquences de l'incorporation première. Si on est dans la conviction absolue de tenir les conséquences, alors on va avoir un héroïsme minimal mais réel. Cette idée de tenir, tenir un point c'est la matrice de l'incorporation, c'est la matrice du devenir sujet et malgré tout. Sarkozy, mais malheureusement bien au-delà de Sarkozy, le monde ambiant, c'est : « *Ne tenez rien du tout parce que je m'occupe des affaires* », « *si vous tenez vous allez être aussitôt désindividualisé* ». C'est un chantage chronique qui est l'essence même de la propagande, c'est pour ça que toute propagande est sécuritaire. Ça, c'est un point très important qui est bien compris par les politiciens du capitalisme malade. Toute propagande consiste à dire qu'il y a des risques contre lesquels il faut vous protéger, toute vie doit être une assurance-vie. L'assurance, c'est le contraire de l'héroïsme ; si vous partez, vous savez que quoi qu'il vous arrive, vous serez payé. C'est l'intérêt intéressé sous sa forme pure.

GÉRALD GARUTTI : Sous toutes garanties.

ALAIN BADIOU : Oui, c'est une autre entrée dans cette question de l'héroïsme et je vous remercie de la proposer. La question que la procédure et la tenue des conséquences est en règle générale sans garanties. Non seulement il n'y a pas de garanties extérieures qui seraient des garanties de succès, de réussite, mais il n'y a pas non plus de garantie interne. Il n'y a pas de garantie qui vous permettrait de vous appuyer sur autre chose pour tenir la subjectivation elle-même. La subjectivation doit s'auto-entretenir dans le processus. C'est pour ça que c'est tellement important de bien veiller soi-même à ce que le moindre succès soit comptabilisé. Ça, c'est un point très important que la vie militante m'a appris. Il ne faut absolument pas se laisser convaincre par la propagande adverse, que ce qu'on a fait était si limité que ce n'était pas important. L'importance du nouveau est toujours d'abord une importance qualitative. Et par conséquent elle est forcément limitée. C'est très important pour tenir la subjectivation que le fait que ça ait lieu soit déjà par lui-même une incitation à continuer. C'est ce que je dis souvent : il se peut très bien qu'une réunion de trois personnes dans un coin soit quelque chose de formidable, il faut être alimenté par ça. Si on commence à demander quand est-ce que ça va réussir, quand est-ce ça va être gros, quand est-ce qu'on va être des millions, on n'est pas beaucoup, on est foutus d'avance. Là, c'est une forme particulière d'héroïsme. C'est l'héroïsme qui consiste à ne pas entériner ou intérioriser la norme adverse du succès. Tout processus doit définir de l'intérieur ce que c'est que son propre succès, c'est un point capital. Dans la création artistique, il y a beaucoup de modèles de ce genre. Aujourd'hui, on s'extasie devant les œuvres de Rimbaud. Mais il faut voir ce que ça a été, Rimbaud. C'était une expérience absolument solitaire, soutenue par trois personnes. Et un livre aussi mondialement connu qu'*Une saison en enfer* a terminé dans une édition à 300 exemplaires, dont 289 étaient dans un garage. C'est vraiment la circulation imaginaire du vedettariat qui est terrible en la circonstance. L'impératif, c'est continuer. Les propagandes sur l'obstination stupide, la butée, la persistance dans l'erreur et dans l'illusion, ne m'impressionnent pas du tout. Je sais très bien ce qu'il y a derrière : la volonté de vous ramener à la voie commune par découragement. Toute propagande vise d'abord au découragement de l'adversaire beaucoup plus qu'à sa destruction.

GÉRALD GARUTTI : Bien. Puisque nous sommes deux, c'est-à-dire la forme minimale de la sociabilité, comme vous le disiez, on va proposer l'ouverture à d'autres paroles.

Échange avec le public

UN SPECTATEUR : Vous avez parlé de l'importance de la désignation de l'ennemi. Avant de vous demander d'y revenir, et d'exposer plus avant cette importance pour vous, je me demandais si on ne pouvait pas penser que chaque procédure avait elle-même ses propres ennemis et qu'on pouvait les identifier. À savoir pour l'art : l'Académie. Pour la science : l'obscurantisme. Pour la politique : l'État. Et pour l'amour : la pulsion. Ils seraient donc les ennemis identifiables de chaque procédure. J'aurais notamment aimé souligner un deuxième point. Vous avez parlé, en vous référant à Lacan, de l'éthique du désir, qui était derrière la question du « ne pas céder sur son désir ». Est-ce que vous ne pensez pas que l'héroïsme moderne serait plutôt dans une éthique, non pas du désir, mais dans une éthique de la volonté ? Et là Lacan aurait raté la dernière marche.

L'héroïsme serait donc de ne pas céder sur sa décision, et plutôt que de ne pas céder sur son désir, à l'inverse, en miroir, ne pas céder à la pulsion, il y aurait une dialectique désir / pulsion qui serait à rapprocher de la dialectique sujet / individu ?

ALAIN BADIOU : Je vous remercie de ces deux questions qui sont tout à fait intéressantes et importantes. En ce qui concerne la première, je crois en effet que le repérage, l'identification, la nomination, la désignation de ce qui est dans un processus de subjectivation constitué comme l'ennemi de ce processus est un point important à l'intérieur du processus, un point beaucoup plus compliqué qu'il n'y parait. Très souvent, une définition prématurée ou trop globale de l'ennemi tend le processus dans des conditions qui le rendent extrêmement difficile. Il faut identifier l'ennemi à la mesure et de façon interne au processus lui-même. Étant donné une situation, une question politique, formelle ou créatrice, l'ennemi doit être défini en fonction du fait qu'il est l'ennemi de ce processus, pas par une espèce de détermination extérieure, globale et floue de l'ennemi en général. Je me méfie beaucoup, y compris dans le marxisme orthodoxe, d'une identification trop structurale de l'ennemi, c'est-à-dire une identification qui dirait on sait : il y a le peuple, il y a les bourgeois. Et en fin de compte, l'ennemi est à la fois extrêmement global et extrêmement abstrait. Donc je crois que c'est toujours du point de vue de l'intérieur de la subjectivation, de l'intérieur de ce que j'appelle dans mon jargon un « processus de vérité », que les ennemis de ce processus doivent être identifiés pas à pas, en gardant toujours ce principe de tactique et de stratégie qui est de se soucier de réduire la cible de l'attaque plutôt que de l'élargir.

Sur le deuxième point, je serais assez d'accord avec vous. On pourrait définir une vraie décision comme un point subjectif où la distinction entre désir et volonté n'importe pas. Une vraie décision, c'est une décision où entrent le désir et la volonté (qui sont des facultés distinctes, que je n'identifie pas du tout), il est très difficile de départager. Peut-être même qu'on pourrait définir une vraie décision comme un point de croisement de la volonté et du désir. Après quoi, le point c'est de tenir les conséquences de la décision. Je crois que c'est ça, la maxime. En ce sens, si le désir n'y va pas, il faudra que la volonté y aille. On connaît dans toutes les procédures de vérité des moments de cet ordre. L'exemple sempiternel de l'amour est parfaitement adéquat. Il y a des moments où le désir n'y va pas mais il faut que la volonté y aille. Parce qu'il faut passer un point et le désir peut revenir. Mais liquider la chose dès que le désir n'y va pas est en général ruineux. C'est pour ça que j'ai proposé, dans *Logique des mondes*, de dire que la vie véritable est une vie qui met fin aux pulsions, qui se soulage de la pulsion. Ce qui ne veut pas dire la supprime, l'anéantit, mais qui travaille dans un élément qui est celui de la fin des pulsions. On aurait toute une gamme de descriptions subjectives sous-jacentes à l'héroïsme de la subjectivation, où la question de la dialectique entre volonté et désir est centrale, et où finalement le point est un point de caractère plus logique que psychologique. S'il y a une décision véritable, peu importe son analyse intime, le point ce sont les conséquences. Moi, je pense toujours que ce qui est encore plus important que la décision, qui la valide rétroactivement, c'est la tenue des conséquences. Et tenir un point, ça veut dire ça aussi.

UNE SPECTATRICE : J'aimerais intervenir sur la notion de la collaboration. Le « collabo », c'est la figure type de l'intérêt intéressé. Ça me paraît assez actuel parce que si on se réfère aux séquences de la Deuxième Guerre mondiale, il y a des livres canoniques qui rappellent, mais on ne le dit pas souvent, que si le nazisme a pu avoir lieu c'est parce qu'il a trouvé de façon si extraordinaire tant de collaborateurs partout. Il y a d'autres ouvrages qui pointent cette question dans le destin des pays africains. La figure fondamentale du collaborateur. Ça me parait important par rapport à la question que tu développais. La propagande d'aujourd'hui, cette « vie sans idée », c'est finalement l'idée que tout le monde doit être un collaborateur. Et il y a des tas de propositions et d'évidences quotidiennes qui sont l'évidence du collabo. Donc il y a une question de l'héroïsme immédiat qui est le refus de collaborer, et qui pourtant n'est pas directement critique, qui n'est pas d'opposition. Quelle est la proposition de liaison entre cette figure immédiate qui se donne dans « ne pas collaborer » et ce que tu as développé ?

ALAIN BADIOU : Je crois que cette question est centrale et rejoint celle qui a été posée. L'identification de l'ennemi, c'est l'identification des figures subjectives à travers lesquelles passent sa puissance beaucoup plus que l'identification de lui-même. Donc l'identification de l'ennemi, c'est dans une large mesure l'identification des formes subjectives de la collaboration, internes à la situation, internes aux gens. Il est évident que le « ne pas collaborer », l'impératif négatif de ne pas collaborer, est une figure de subjectivation, même si elle est minimale. Pourquoi ? Parce que ne pas collaborer se donne dans un réseau de conséquences immédiatement beaucoup plus dense qu'on ne le croit. C'est d'ailleurs bien pour ça qu'il y a tant de collaborateurs. Mais jusqu'où ça va? Ça n'est pas mesurable au départ. La collaboration est aujourd'hui, dans la conjoncture présente dans notre pays, un point de toute première importance, parce que ce qui fait du gouvernement Sarkozy un gouvernement un petit peu différent de ses prédécesseurs, c'est qu'il y a une conscience aiguë de la nécessité d'obtenir par tous les moyens une collaboration très étendue, en même temps que se profilent des résistances qui pourraient l'être aussi – les deux vont de pair. C'est un gouvernement qui cherche de façon systématique à transformer les gens en complices, délateurs, etc. C'est rampant, mais c'est absolument essentiel.

CHRISTIAN SCHIARETTI : Merci Alain. Ça fait beaucoup de bien et de plaisir de te retrouver dans le champ théâtral. Je voudrais rappeler que nous avons collaboré ensemble, pour le moins, que nous avons été des héros d'un intérêt désintéressé. Que nous avons repéré les marques d'un succès, que nous n'avons pas envié et avons laissé aux autres – ils nous l'ont bien fait savoir, du reste. Je voudrais simplement citer de mémoire les derniers mots, et ce sera une conclusion de la philosophie que défendait Ahmed sur son petit tréteau devant le public, « que chacun choisisse son point et s'y tienne » et il ajoutait : « Debout les morts. »

UNE SPECTATRICE : Un mot : je pensais à cette formule de Péguy à propos de subjectivation et de sublimation « *dans le théâtre de Corneille, l'amour est honoré d'honneur et l'honneur est aimé d'amour.* » C'est exactement aux antipodes de ce que vous disiez à propos de la vie comme assurance-vie.

GÉRALD GARUTTI : Corneille est avec nous ! Merci Alain Badiou. Et à défaut de constater la fin avérée de la démocratie, longue vie à l'héroïsme, fût-il en métamorphose et à réinventer.

Directrice de la publication / Publication director : Françoise Meltzer
Responsable d'édition / Managing Editor : Sébastien Greppo
Corrections / Editing : Thomas Dodman, Maïa Gabily
Couverture / Cover Design : Toon

Impression: BEAUDOIN – Coulommiers – 01 64 03 08 79
Dépôt légal : Septembre 2014
ISSN : 1776-2650 – ISBN : 9782952596251
Prix du numéro : 20 euros